QICHE SILUN DINGWEI CAOZUO XIANGJIE YU ANLI FENXI

汽车四轮定位

操作详解与案例分析

刘春晖　主编

化学工业出版社

·北京·

本书系统地介绍了汽车四轮定位基础知识，与四轮定位相关的汽车底盘系统，汽车四轮定位设备，四轮定位操作过程及定位调整工具，四轮定位故障诊断与案例分析五个方面的内容。本书可帮助读者认识及熟知汽车四轮定位仪，掌握四轮定位的基础知识以及四轮定位与轮胎、悬架、转向系统的关系。本书内容实用，概念清楚，图文并茂，注重全书理论的系统性和各部分内容的相对独立性。

本书可用作职业院校汽车类专业相关学习参考教材，也可作为汽车新技术培训参考教材，同时还可供汽车维修一线人员学习参考。

图书在版编目（CIP）数据

汽车四轮定位操作详解与案例分析/刘春晖主编. —北京：化学工业出版社，2020.1（2025.12重印）

ISBN 978-7-122-35544-7

Ⅰ.①汽… Ⅱ.①刘… Ⅲ.①汽车-车轮-定位 Ⅳ.①U463.34

中国版本图书馆 CIP 数据核字（2019）第 250958 号

责任编辑：辛 田　　文字编辑：冯国庆

责任校对：张雨彤　　装帧设计：王晓宇

出版发行：化学工业出版社（北京市东城区青年湖南街 13 号　邮政编码 100011）

印　　装：北京天宇星印刷厂

787mm×1092mm　1/16　印张 13¾　字数 356 千字　2025 年 12 月北京第 1 版第 8 次印刷

购书咨询：010-64518888　　售后服务：010-64518899

网　　址：http://www.cip.com.cn

凡购买本书，如有缺损质量问题，本社销售中心负责调换。

定　　价：68.00 元

前言

随着人们生活水平的不断提高以及汽车保有量的不断增加，现代汽车除了要确保有良好的行驶性能、转向性能以及制动性能之外，汽车的行车安全性及舒适性的要求也越来越高，现代汽车正在向高质量、高性能、高附加值方向发展。

为了适应这一要求，轿车特别是高级轿车悬架系统有了非常大的改进。目前大多数高档汽车采用全铝合金多连杆支架，以提高舒适性，如奥迪 A8L 采用可调整空气悬架、宝马新 7 系采用主动式车身稳定系统。为解决底盘行驶的平顺性问题，新速腾轿车采用优化性能的麦弗逊滑柱前悬架和全新四连杆后独立悬架技术，前后悬架皆使用了副车架，加强车身和底盘的刚度。电动助力转向为车与路之间提供更精确的感觉，随着车速的提高，车辆操控性能得到大幅度提高，动力性大大增强，同时安全性和舒适性得到全面提升。

随着汽车行驶的不同路况以及行车速度的不断提高，轮胎厂商不断研制具有特种胎纹、使用特种材料、各种特制规格的异形轮胎，增大路面附着力，增大轮胎扁平率，提高排水性及抓地力，从而不断改善汽车行驶安全性及舒适性。

随着汽车技术的发展并走向成熟，目前对于汽车发动机和变速器的维修比例逐渐减少，四轮定位及底盘系统的检测保养服务将成为汽车维修行业越来越重要的检测维修项目。对于轮胎专营店及汽车快修店来说，四轮定位的服务显得更为重要。如何才能提供标准的四轮定位服务，保证汽车处于良好的运行状态，将是目前轮胎专营店、汽车快修店甚至是汽车 4S 店良好经营的必备要素之一。

四轮定位仪是所有汽车维修企业必备的维修设备，目前其品牌众多，如元征、圳天元、百斯巴特、艾尼森、中德众联、战神、战斧等，虽然各品牌产品的使用方法和功能各异，但基本工作原理是相同的。由于很多维修人员对汽车四轮定位仪的使用方法、检测步骤和检测功能知之甚少，因此，四轮定位仪的技术发展和相关知识的普及对于汽车 4S 店及各类汽车维修企业的技术人员是十分必要的。

本书由刘春晖主编，参加本书编写工作的还有王桂波、郭长保、张洪梅、陈明、刘凤阁、尹文荣、方玉娟、魏代礼、张文志。

本书在编写过程中借鉴和参考了大量国内外的汽车技术资料、维修资料和相关书籍，在此向各类资料的作者及编者深表感谢！由于笔者水平所限，书中难免有不当之处，恳请广大读者批评指正。

编者

目 录

第一章

汽车四轮定位基础知识

第二章

与四轮定位相关的汽车底盘系统

第三章

汽车四轮定位设备介绍

第四章

四轮定位操作过程及定位调整工具

第五章

四轮定位故障诊断与案例分析

第一章 汽车四轮定位基础知识

合适的四轮定位参数是确保车辆各种性能的前提，否则将影响整车的行驶稳定性、安全性、舒适性，而且还会造成油耗增加、轮胎磨损加剧、底盘部件加速老化等不良后果。很多时候即使我们把四轮定位的参数都调成了“绿色”（合理范围之内），车辆依然有跑偏、“啃胎”的故障现象。做四轮定位不是简单的“拧几下扳手”就能解决的事情，而是要在熟悉四轮定位原理的基础上，正确测量各个参数，并有针对性地准确调整各个定位数据。要想分析四轮定位对车轮跑偏、“啃胎”的影响，首先有必要了解一下与四轮定位相关的基本概念。

第一节　汽车四轮定位的概念和作用

一、汽车四轮定位的概念

1. 四轮定位的定义

现代汽车中，为了使汽车直线行驶、转向轻便、操控性好，减少轮胎非正常磨损及相关部件的磨损，在轮胎和前、后轮的悬架系统均设置车轮定位角度，也就是四轮定位参数。四轮定位对于保证车辆的舒适性和安全性至关重要，然而由于轮胎或减振器机械的磨损，机件在剧烈颠簸中疲劳变形，或车架和机件在碰撞后变形，都会导致四轮定位参数发生变化。

四轮定位是指以后轮平均的推进方向为定位基准，来测量及校正四轮相关的定位角度，使车辆在行驶时，车轮、悬架系统元件以及转向系统元件能保持适当的几何关系，使驾驶员能正确地、舒适地驾驶车辆，保证汽车行驶的稳定性和安全性，减少汽车的磨损和油耗，延长轮胎及底盘相关零件的使用寿命。

2. 做四轮定位的原因

车辆在出厂时，其悬架定位角度都是根据设计要求预先设定好的，用来保证车辆驾驶的舒适性和安全性。车辆在使用中，这些定位角度会由于悬架系统零件的磨损、路面颠簸、交通事故、更换相关零件以及更换轮胎等原因而发生变化。改变定位角度，就有可能产生轮胎异常磨损、油耗增加、转向沉重、方向盘不正或抖动、行车飘浮、偏向行驶等现象。良好的四轮定位能够使车辆保持相对稳定的直线行驶，并且使转向轻便，减少轮胎与转向机构的磨损，降低油耗，增加车辆的高速稳定性能、操纵性能，减少驾驶疲劳，提高驾驶安全性能。在汽车维修领域，四轮定位是非常重要的维修手段。

汽车为什么要做四轮定位？我们要从汽车的构造说起。以最为常见的轿车为例，轿车的转向车轮、转向节和前轴三者之间的安装具有一定的相对位置，这种具有一定相对位置的安装称为转向车轮定位，即前轮定位。前轮定位包括主销后倾（角）、主销内倾（角）、前轮外倾（角）和前轮前束（角）四个主要基本定位角度，这是对于两个转向前轮而言。对于两个后轮来说，也同样存在与后轴之间安装的相对位置，称为后轮定位。后轮定位包括车轮外倾（角）和后轮前束（角）两个主要基本定位角度。前轮定位和后轮定位总称起来就是四轮定位。

二、四轮定位角度的设定

汽车定位测量分为两大类：一是动态测量；二是静态测量。动态测量主要应用在汽车总装生产线上，其测量设备昂贵。维修时，绝大多数采用的是静态测量方式。也就是说，在测量时汽车车体处于相对静止状态。由于汽车的自重、载重范围、用途、使用区域不同，各汽车悬架系统构造和软硬程度也有所不同。汽车直行时和转向时的俯视图如图 1-1 及图 1-2 所示，为了行驶的安全性以及使轮胎磨损最小化，汽车在行驶（直行和转向）时，要保证车轮平面与车辆行进方向一致（直行时平行，转向时同心），且车轮相对于地面处于垂直状态。汽车在设计时，通过对样车的行进状态进行反复测算，计算出车辆在静态时的各个定位角度值区间，即我们所说的汽车四轮定位规范值。

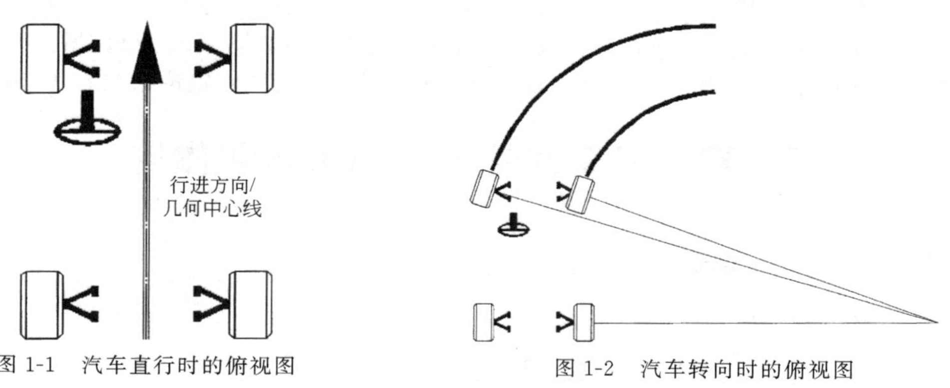

图 1-1　汽车直行时的俯视图

图 1-2　汽车转向时的俯视图

由于车辆设计不同，有的车轮定位角度可调，有的车轮定位角度不可调。做四轮定位就是通过四轮定位仪，检测出被测车辆的各车轮定位角度值是否符合原厂标准。如果不符合规范，可进行调整。只有车辆的定位数据准确，它的操控性能、稳定性能才能达到最佳状态，轮胎的寿命才能达到最长。四轮定位的作用就是要使汽车保持稳定的直线行驶和转向轻便，并减少汽车在行驶中轮胎和转向机件的磨损。

三、定位参数调整的必要性及其作用

1. 定位角度参数调整的必要性

多年来，汽车制造商了解到他们的产品在使用一段时间后会出现老化和磨损。例如，弹簧老化，开始变形；悬架部件和转向部件磨损、松旷；车架弯曲或轻度变形。所有这些情况都会使驾驶失去乐趣，也使油耗变得更高，部件磨损加速，轮胎磨损加剧。为了减少这些问题，汽车制造商设计了一种调整悬架和转向系统的方法。这些调整允许技术人员补偿相应变化所产生的磨损。针对特定车型，汽车制造商制定出一套带有允许公差的车轮定位规范，用以检测车辆，并将测量值与规范值进行比较。那些不在公差范围内的测量值必须调整。正像任何检测参数（如制动蹄厚度或火花塞间隙）一样，必须使用一个可靠、准确的检测设备。依照推荐值来检测和调整后，这些定位角度应能恢复车辆原始设计的驾驶性能、车身高度和轮胎寿命。

2. 主要定位参数及其作用

《汽车和挂车的术语及其定义》（GB/T 3730.3—1992）规定了关于车轮定位有关参数的定义，考虑了有些汽车车桥无主销的结构，注意到有关零件和几何要素（面、线、点）相对位置的空间性，淡化了前束、外倾、后倾等参数的单一方向性，明确了前束测量的具体位置。随着汽车技术的发展，前轮定位的作用和取值范围也有较大的变化。

从行车的设计上看，汽车有两个重要的旋转轴。

① 汽车转向车轮转动时假想的转向轴线，即主销。

② 车轮在滚动时的滚动轴，即轮轴。

主销后倾角和主销内倾角都是转向轴线的两度空间角度；外倾角和前束都是车轮滚动轴线的两度空间角度。有关四轮定位各角度的定义及其功能，是比较容易理解的，但在四轮定位、底盘维修具体应用时往往很难将遇到的问题孤立考虑，其原因在于车体底盘的结构，所有四轮定位角度都是通过底盘的机械构件相连接的，具体介绍如下。

① 改变前束角会变动外倾角。由于改变前束角时车轮会沿着转向轴转动，因此外倾角会变动。后倾角越大，其外倾角改变越大。

② 调整后倾角会改变车轮偏角。当后倾角加大或减小时，由于转向轴上支点、下支点随之向前或向后移动，加大或减小后倾角会使前轮向前或向后滑动，因而改变了车轴偏角。为使前轮前后自由滑动，使用的转盘也必须具有前后滑动的功能。

③ 改变外倾角同时改变了内倾角，改变内倾角也会造成外倾角的改变。不同的悬架结构有不同的外倾角调整方法。如果向左右方向移动上支点或下支点，则不但外倾角改变，内倾角也会随之改变。因此即使外倾角被调标准了，但由于内倾角的变化，车辆行驶仍不平顺。这样解决了一个问题，同时又制造了另一个问题。

④ 后轮前束角改变会影响前轮单侧前束角。高级四轮定位是以推进线定位方法来确定前轮前束的。而后轮前束角决定后轮推进角，因此改变后轮前束角会造成推进线改变。虽然前轮总前束并没有改变，但由于前轮单侧前束的基准线（推进线）变动了，因此单侧前束也会跟着变动，如图 1-3 所示。

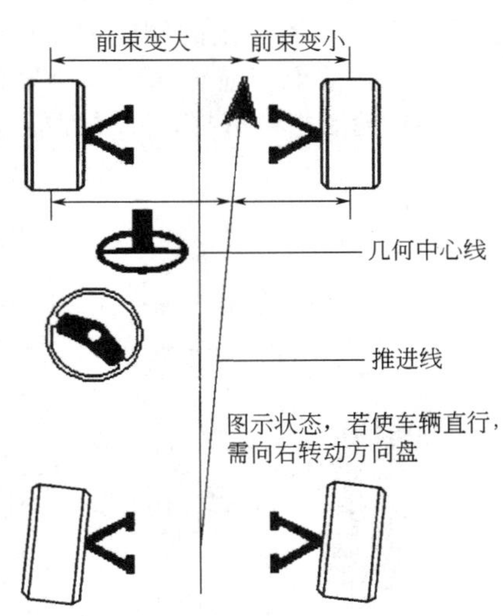

图 1-3　推进角对前轮前束的影响

第二节　前束

一、前束的定义

车轮前束是指车轮前端面与后端面在汽车横向方向的距离差（图 1-4），也可指车身前进方向与前轮平面之间的夹角，此时也称前束角。以车辆前进方向为参照，前小后大为正前束，前大后小为负前束。

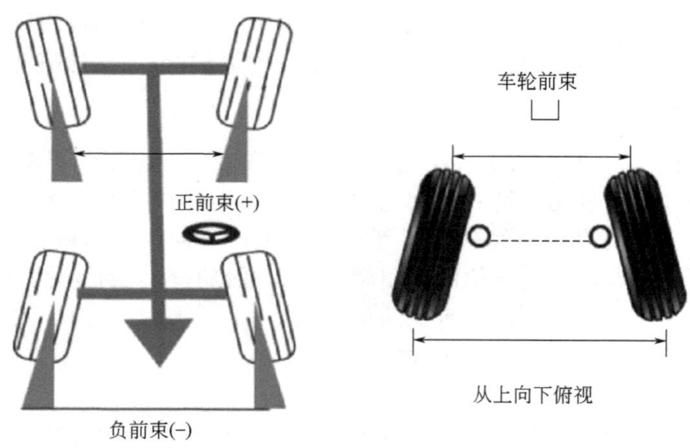

图 1-4　车轮前束

相关参数参考图 1-5 所示。

① 总前束：一个轴上的总前束由两个车轮的前束角之和计算得出。

② 后轴的单独前束：指车辆中心线与车轮中心线的夹角。

③ 前轴的单独前束：指几何轴线与车轮中心线的夹角。

正确的前束角与外倾角配合能够减少车辆行进时对轮胎的磨损。它补偿了由于车轮外倾角使得地面对轮胎产生的侧向力，使驾驶稳定。

过大的正前束（前轮前束）会导致轮胎外侧磨损，直线行驶差；过大的负前束（后轮前束）会导致轮胎内侧磨损，驾驶性能差。如图 1-6 所示横向磨损的羽状横纹是前束调整不当造成的。

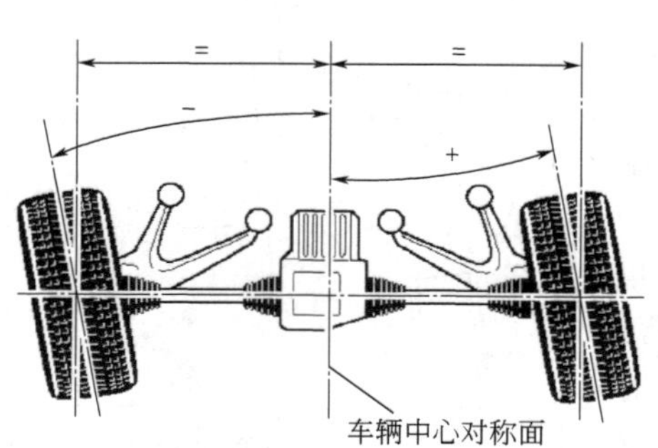

图 1-5　车轮前束的相关参数

图 1-6　横向磨损的羽状横纹

设置车轮前束的主要目的是修正上述车轮外倾角引起的车轮向外侧转动。车轮外倾，一方面会使得转向轻便；另一方面，也使得左右前轮分别有向外侧转动的趋势，为了修正这个问题，又设置了车轮前束，使得左右两轮带有向内的角度，则正负抵消，从而让左右两轮可保持直线行进，减少轮胎磨损。也就是说，车轮前束主要是为了消除车轮外倾的不良影响而存在的。

一般情况下，车辆的车轮外倾和车轮前束常常“正正”搭配或“负负”搭配，但考虑到车辆的整体性能，车轮外倾和车轮前束的搭配会有许多例外。一般载重汽车都设计为正外倾配合较大正前束，而现代轿车多采用较小的负外倾搭配小一些的正前束。表 1-1 是部分轿车的车轮定位数据。

表 1-1　部分轿车的车轮定位数据

车型	车轮外倾角	主销内倾角	主销后倾角	总前束角
克莱斯勒 300C	−0°06′	—	9°54′	0′
北京现代御翔	0°	9°27′	4°50′	0′
比亚迪 F6	−0°33′	0′	0′	0.04′
福特蒙迪欧	−0°35′	12°00′	2°56′	0°12′
东风标致 206	0′	9°42′	3°15′	−0°12′
日产轩逸	−0°06′	9°48′	4°48′	0°03′
本田雅阁	0′	—	3°47′	0′

从汽车的正上方向下看，轮胎的中心线与汽车几何中心线之间的夹角称为前束角。轮胎中心线前端向内收缩的角度为正前束角（即“向内为正”）；反之为负前束角（即“向外为负”）。总前束值等于两个车轮的单侧前束值之和，即两个车轮轴线之间的夹角。

如图 1-7 所示，如果测量一个轮胎前端到另一个轮胎前端的距离，会得到尺寸 A；测量这两个轮胎后端的距离，会得到尺寸 B。如果 A 比 B 小，则前束内收；如果 B 比 A 小，则前束外展，如图 1-8 所示。

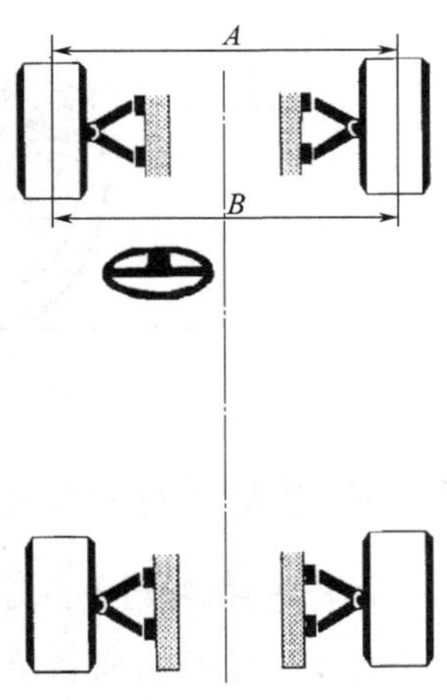

图 1-7　前束的原始定义

四轮定位仪能检测出车辆的几何中心线，而后计算出两个轮胎距几何中心线前、后端的距离，这样得到每个轮胎的读数，称为单侧前束（图 1-9）；将两个轮胎的单侧前束加在一起，得到一个值，称为总前束，这是汽车维修手册中的规范。如果总前束（最佳值）是 3.175mm（1/8in），那么轮胎单侧前束就是 1.59mm(1/16in)。

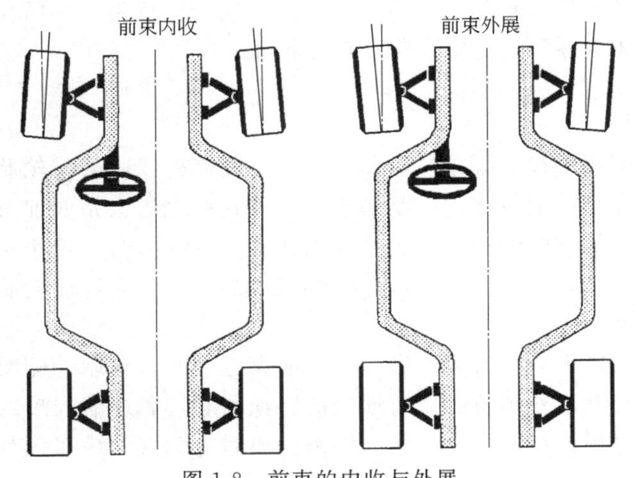

图 1-8　前束的内收与外展

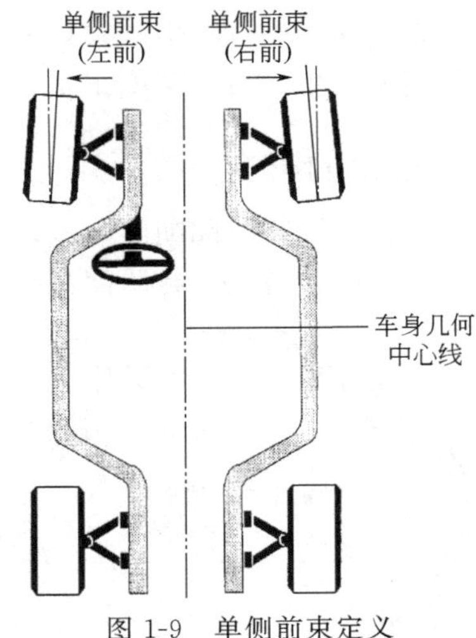

图 1-9　单侧前束定义

二、前束的作用

车辆被驱动时，正常的动态驱动力试图转动车轮偏离正直位置。它们所转动的方向取决于摩擦半径和悬架设计。前束向内或向外（偏离正直位置）用以补偿动态力、转向和悬架部件的正常间隙。

设计前束参数是为了补偿轮胎转离正直位置的偏差。如果调整前束不正确，轮胎将转向不足或转向过度。对于任何一种情况，车辆将不再直线行驶。如果车辆不直线行驶，轮胎将被“摩擦”或与路面刮擦，这会引起轮胎磨损。经验表明：对于只有 3.175mm 的不正确前束，结果可导致每行驶 1km，轮胎向侧面拖滑 8.5m。

前束的作用就是要消除车轮外倾造成的不良后果。车轮外倾使前轮有向两侧张开的趋势，由于受车桥约束，不能向外滚开，导致车轮边滚边滑（图 1-10），增加了磨损。有了前束后可使车轮在每瞬间的滚动方向都接近于正前方，减轻了轮毂外轴承的压力和轮胎的磨损。

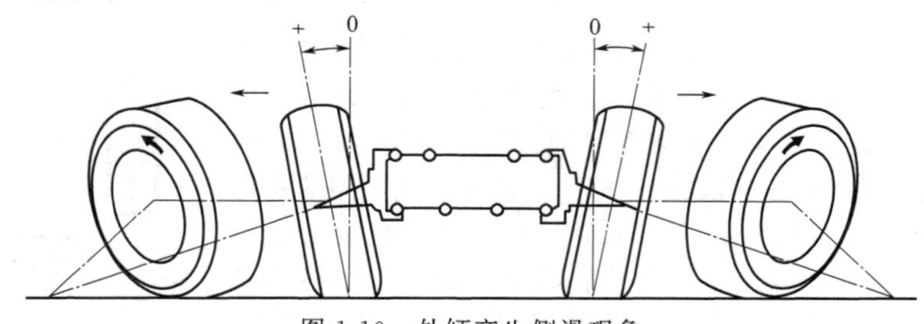

图 1-10　外倾产生侧滑现象

三、轮胎类型对前束的影响及刚性悬架与摆动角的关系

1. 轮胎类型对前束的影响

斜线轮胎的胎面和胎肩容易产生较大变形，从而产生较大的外倾推进，因此斜线轮胎采用的车轮前束值大于子午线轮胎所采用的车轮前束值。

2. 刚性悬架与摆动角的关系

车辆在行驶过程中，来自不同方向的作用力均施加在悬架上，使车轮产生后束，为防止这种现象产生，对于某些车型，当外倾角为零时，也需要较小的正前束。

四、前束的影响

就像人走路时脚朝向一侧，鞋会有磨损一样，如果轮胎前束向内，轮胎外缘就会比轮胎其他部分磨损得快。在胎面花纹上也会有一些羽状或锯齿状磨损。磨损花纹毛边会指明前束问题。前束向内时，毛边指向内侧；前束向外时，毛边正好相反，如图 1-11 所示，这样判断要比用尺子测量轮胎更容易。

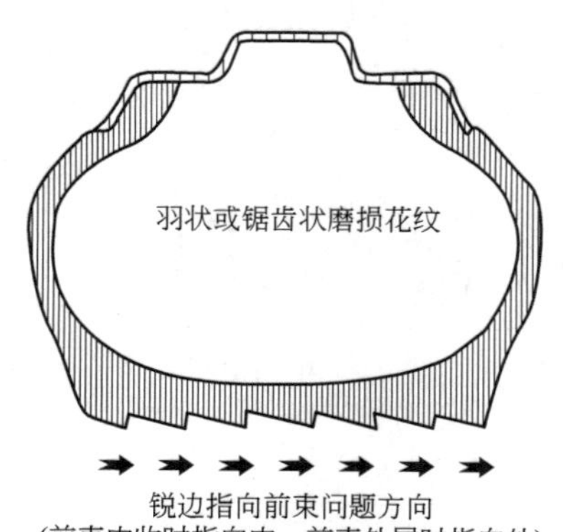

图 1-11　前束的影响

（1）正前束太大的影响　正前束过大时，轮胎外侧磨损，会有正外倾角过大所形成的磨损状态，胎纹磨损形式为羽毛状。当用手从内侧向外侧抚摸时，胎纹外缘有锐利的刺手感觉。

（2）负前束太大的影响　负前束太大时，轮胎内侧磨损，会有负外倾角太大所形成的磨损状态，胎纹磨损形式为羽毛状。当用手从外侧向内侧抚摸时，胎纹外缘有锐利的刺手感觉。

五、前束的调整

当车辆在路面上行驶时，每个轮胎必须与对应的轮胎平行，并且与车辆的几何中心线平行，也就是说，运动时前束接近于零。调整前束时，转动横拉杆球头上的调整杆（图 1-12）。转动调整轴时，横拉杆总成伸长或缩短。如果转向机构在轮轴中心线后方（相对于汽车后部），伸长横拉杆总成将增加前束内收。

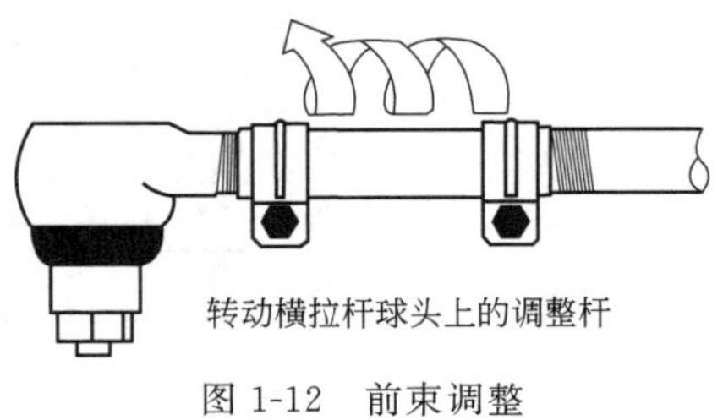

图 1-12　前束调整

在校正单侧前束之前，对正方向盘并安装方向盘固定器。对于装有动力转向的车辆，对正方向盘时必须运转发动机。当校正前束时，观察所显示的单侧前束读数。如果定位举升机转盘能自由转动，转动一侧调整轴会影响对面一侧的读数。如果校正过程中对面一侧的读数变化，要检查方向盘对正，并重新调整前束。

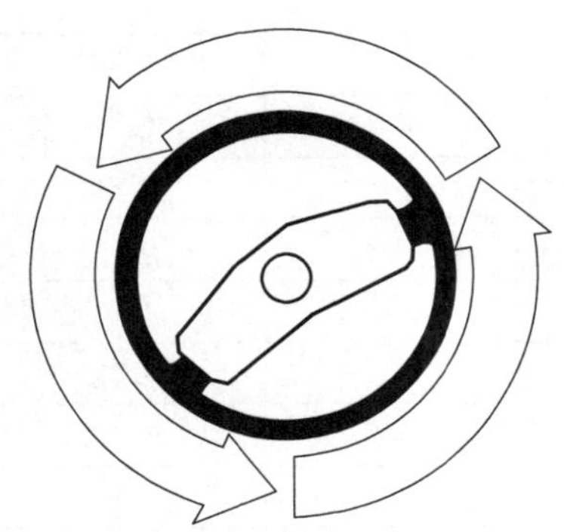

图 1-13　依据推进线调整方向盘可能不正

校正前轮单侧前束时，要参考所测得的车辆几何中心线或推进角。如果后轴与车辆中心线位置关系不当，参考车辆中心线可能会导致方向盘不正，如图 1-13 所示。一般来讲，参考车辆推进线可增加方向盘不正的概率。如果后轮前束是可调整的，在前轮校正之前总是先进行后轮前束校正，除非汽车制造商另有说明。

横拉杆与转向臂连接，转向臂是转向节的部件之一，用螺栓与转向节连接在一起。外倾角或后倾角有任何变化都将改变转向臂的位置，因此也将改变前束参数。正因如此，前束调整总是在外倾角和后倾角调整后进行。

调整前束一般在四轮定位仪上进行，但也有利用侧滑板进行调整的。调整前轮前束时，应先将后轮前束调整好。前轮前束的调整方法如下。

调整可调式拉杆即可实现前轮前束的调整。在调整前先将左、右两边球头锁止螺栓松开，将方向盘锁紧在正中位置，再根据定位仪显示值进行同步调整。如果原来的方向盘是在正中位置，调整前束时方向盘不可转动，直至前束调整到规范数值，然后路试看其是否有变动。

注意：正确的前轮前束调整后，方向盘在直行时是正的。反对利用试车时摘下斜的方向盘再将其装正。更要杜绝将这种方法用于方向盘上装有安全气囊的汽车，否则将造成方向盘螺旋电缆的损坏。

六、前束角与角度的换算

① 前束角以毫米值换算为百分度。

$$总束角=\frac{2.257\delta}{d}$$

式中　δ——束角，mm；

d——车轮辋尺寸，in（1in＝2.54cm，下同）。

前束角以毫米值换算为百分度，见表 1-2。

表 1-2 前束角以毫米值换算为百分度

轮辋直径/in	束角/mm	总前束/(°)	轮辋直径/in	束角/mm	总前束/(°)
12	0.1	0.02	13	10	1.74
12	0.2	0.04	14	0.1	0.02
12	0.3	0.06	14	0.2	0.03
12	0.4	0.08	14	0.3	0.05
12	0.5	0.09	14	0.4	0.06
12	0.6	0.11	14	0.5	0.08
12	0.7	0.13	14	0.6	0.10
12	0.8	0.15	14	0.7	0.11
12	0.9	0.17	14	0.8	0.13
12	1	0.19	14	0.9	0.15
12	2	0.38	14	1	0.16
12	3	0.56	14	2	0.32
12	4	0.75	14	3	0.48
12	5	0.94	14	4	0.64
12	6	1.13	14	5	0.81
12	7	1.32	14	6	0.97
12	8	1.50	14	7	1.13
12	9	1.69	14	8	1.29
12	10	1.88	14	9	1.45
13	0.1	0.02	14	10	1.61
13	0.2	0.03	15	0.1	0.02
13	0.3	0.05	15	0.2	0.03
13	0.4	0.07	15	0.3	0.05
13	0.5	0.09	15	0.4	0.06
13	0.6	0.10	15	0.5	0.08
13	0.7	0.10	15	0.6	0.09
13	0.8	0.14	15	0.7	0.11
13	0.9	0.16	15	0.8	0.12
13	1	0.17	15	0.9	0.14
13	2	0.35	15	1	0.15
13	3	0.52	15	2	0.30
13	4	0.69	15	3	0.45
13	5	0.87	15	4	0.60
13	6	1.04	15	5	0.75
13	7	1.22	15	6	0.90
13	8	1.39	15	7	1.05
13	9	1.56	15	8	1.20

续表

轮辋直径/in	束角/mm	总前束/(°)	轮辋直径/in	束角/mm	总前束/(°)
15	9	1.35	16	1	0.14
	10	1.50		2	0.28
16	0.1	0.01		3	0.42
	0.2	0.03		4	0.56
	0.3	0.04		5	0.71
	0.4	0.06		6	0.85
	0.5	0.07		7	0.99
	0.6	0.08		8	1.13
	0.7	0.10		9	1.27
	0.8	0.11		10	1.41
	0.9	0.13			

②“度与分”表示的数值（如 1°30′）转换为百分度表示时（如 1.50°），用分数乘以 0.0167 系数（如 30′×0.0167＝0.50°），再加上“度”与“分”中的度数（如 1°＋0.50°＝1.50°），见表 1-3。

表 1-3　度与分的换算表

度/(°)	分/(′)	度/(°)	分/(′)
0.1	6	0.6	36
0.2	12	0.7	42
0.3	18	0.8	48
0.4	24	0.9	54
0.5	30	1	60

第三节　外倾角

一、外倾角的定义

如图 1-14 所示，从汽车正前方看，汽车车轮的顶端向内或向外倾斜一个角度，称为车轮外倾。车轮外倾角是轮胎相对垂直参照线的倾斜角度（图 1-15）。外倾角与主销内倾角构成主销偏距。合适的主销偏距使车辆易于驾驶，既可以减小路面的冲击，又可以使方向盘有很好的回正能力。

如果轮胎上端向车辆外侧倾斜，则外倾角是正值（即向“外”为正），以正号（＋）表示；如果轮胎上端向车辆内侧倾斜，则外倾角是负值（即向“内”为负），以负号（—）表示；轮胎竖直时，外倾角是零，如图 1-16 所示。

注意：如果得到的定位读数是“0”，不意味着没有外倾角读数。它是外倾角的实际测量值，且通常是规范值。

所测量的正负外倾角值是相对于竖直位置（铅垂线）的角度值。外倾角测量是以度数表示的。“＋1°”读数是指轮胎相对于竖直位置向车辆外侧倾斜 1°。有些外倾角规范值以度和分数表示，如“＋3/4°”；有些外倾角规范值以十进制的度数表示，如“＋0.75°”；有些外倾角规范值以度和分表示，如读数“＋0.45′”，意为0°45′或3/4°。

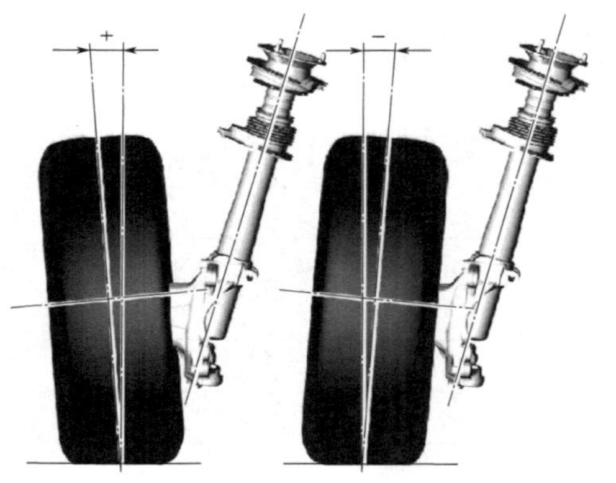

图 1-14　车轮外倾

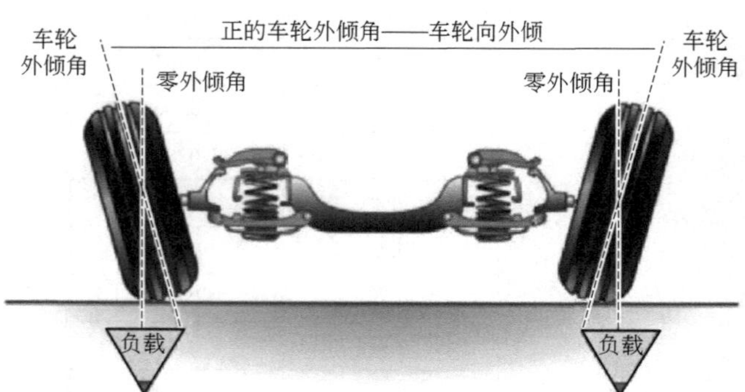

图 1-15　车轮外倾角

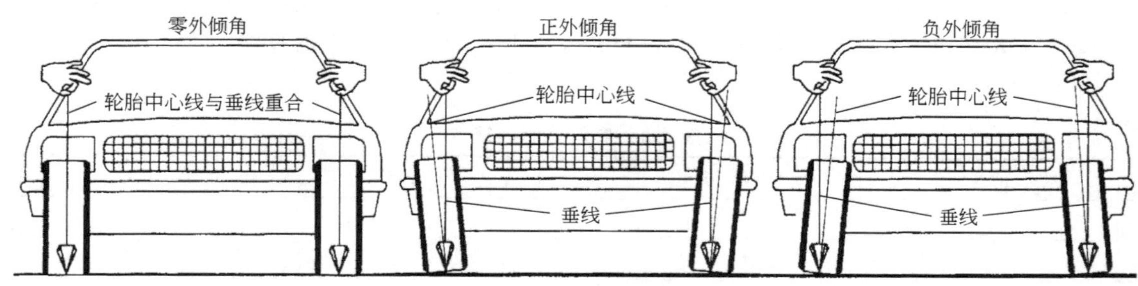

图 1-16　车轮外倾角定义

前轮外倾角一方面可以使车轮接近垂直路面滚动而减小转向阻力，使汽车转向轻便；另一方面又减少了轴承及其锁紧螺母的载荷，增加了使用寿命，提高了安全性。

之前的老款或载重汽车上，由于重载时的下压力，设计师会把车轮外倾设计正正值（防止重载时轮胎过分内倾），而现代汽车都有助力转向系统，并且为了提高车辆高速及转向时的稳定性，设计师会把车轮外倾角设计成接近于零或负值（图 1-17）。

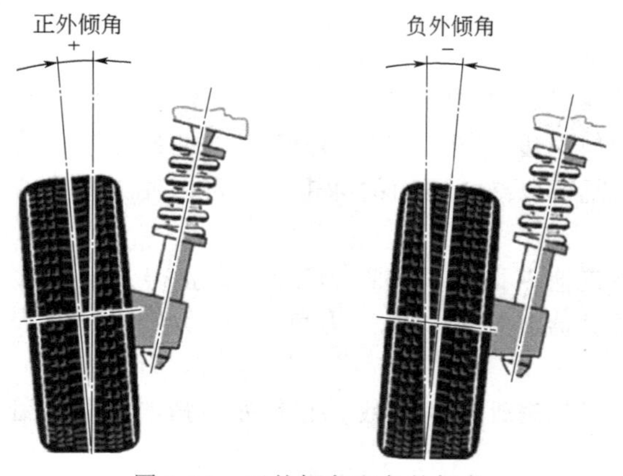

图 1-17　正外倾角和负外倾角

图 1-18　赛车的外倾角多为负值

转向时，过大的正向外倾，则会由于离心力的作用，使得外轮外倾加大，这会加大轮胎的磨损和变形，并且横向稳定性变差，同时也会加剧转向不足。

子午线轮胎的刚性大、胎面宽，若设定大外倾角会使轮胎磨偏，降低轮胎抓地力，再加上助力转向机构的推广，也使外倾角不断缩小。现代汽车一般将外倾角设定得很小，接近垂直或者负值（图 1-18）。较小的外倾角有助于操控和转向。符合技术规范的外倾角对轮胎的磨损几乎没什么影响，但是过大的外倾角会造成轮胎的磨损明显增加，从而缩短轮胎的寿命。

二、外倾角的作用

1. 外倾角的类比

轮胎是车辆上唯一与道路接触的部件，车体重量通过轮胎传到路面。每个轮胎必须支撑车重的1/4。如果以人的身体作类比，轮胎是脚，每只脚支撑体重的一半。以脚外侧走路时，好比汽车正的外倾角。如果像这样行驶数千千米，你的鞋会怎样呢？鞋的外侧会磨损。另外，你或许会注意到外脚踝疼痛和肿胀。那是因为你的体重直接通过外脚踝，而不是通过两个脚踝之间。对于汽车，脚踝就是车轮轴承，过大的外倾角会引起轴承早期磨损，尤其对正外倾角情况的外侧车轮轴承磨损更为严重。

2. 零外倾角的作用

无论采用正外倾角或负外倾角，由于车轮内侧和外侧转动的半径不一致，而车轮转速相同，必然造成车轮内、外磨损不均。所以采用零外倾角（图 1-19）的主要原因，是防止轮胎不均匀磨损。

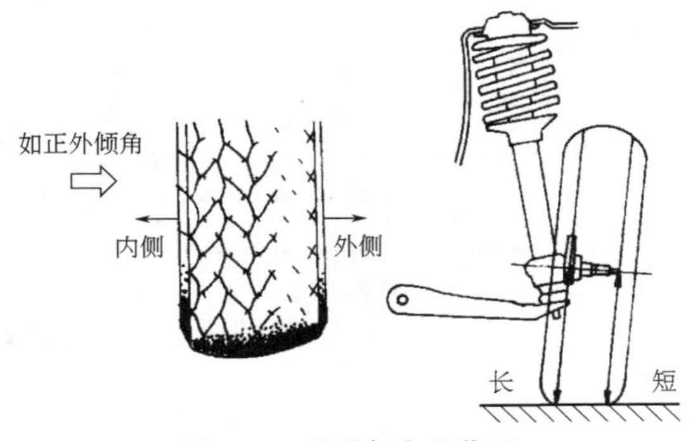

图 1-19　零外倾角的作用

3. 正外倾角的作用

外倾角设置必须正确，有如下原因。

① 优化轮胎面，与路面保持接触。

② 有助于确定悬架的最佳负荷点。

③ 如果外倾角不正确，可能引起车辆跑偏或侧倾。

④ 与其他角度共同来诊断弯曲悬架部件。

外倾角的作用就是增加汽车直线行驶的安全性。当有外倾角时，可使车轮在转向时偏移量减小，所以能减小转向力；另外，由于主销内倾，在垂直载荷作用下产生一个施加于轴心上的分力，使车轮向内压在轴承上，以防止车轮滑脱。外倾角的作用具体如下。

① 减小作用于转向节上的负载。当外倾角为零时，负载力 F'作用在转向节与轮胎中心线交点上，而正外倾角时，负载力 F'垂直作用于转向节头上，变成负载力 F'的分力 F。这样减小了作用于转向节上的负载，防止转向节产生弯曲，如图 1-20 所示。

② 防止车轮滑脱。路面的反作用力 F 与车辆的负荷大小相等，垂直作用在车轮上。F 可以分解为 F_1 和 F_2 两个力。F_1 垂直于轮轴轴线，F_2 与轴径的轴线平行，F_2 迫使车轮向内靠拢，有助于防止车轮从轮轴上滑脱。为承受这一载荷，车轮内轴承的尺寸大于外轴承，如图 1-21 所示。

③ 防止因载荷作用而引起不必要的外倾角。由于载荷作用在车辆上，悬架部件和相关衬套将产生变形，使车轮顶部会向内侧倾斜，而正外倾角有助于防止这一现象发生，如

图 1-22 所示。

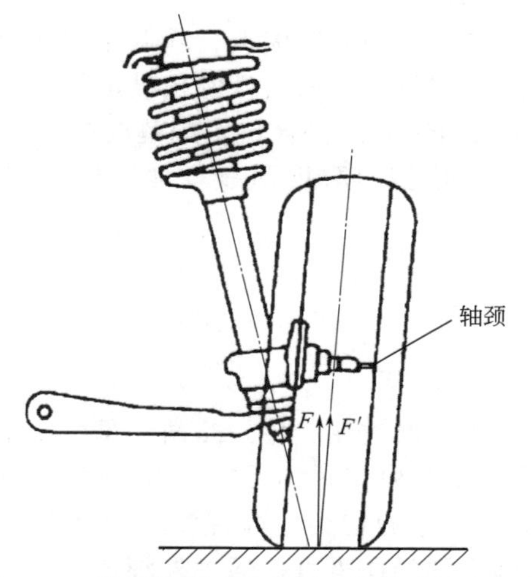

图 1-20　外倾角可减小作用在转向节上的负载

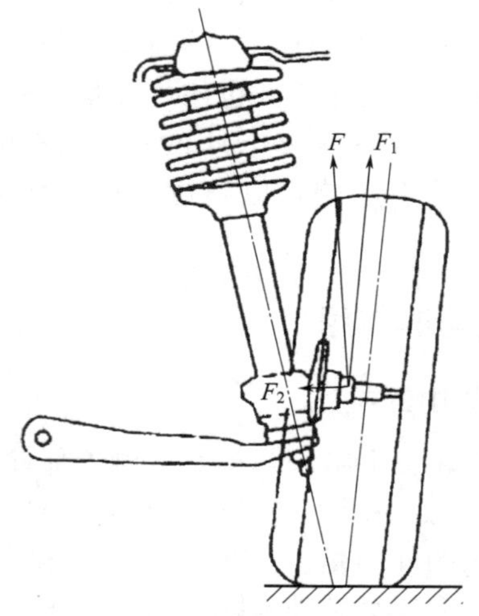

图 1-21　外倾角可防止车轮滑脱

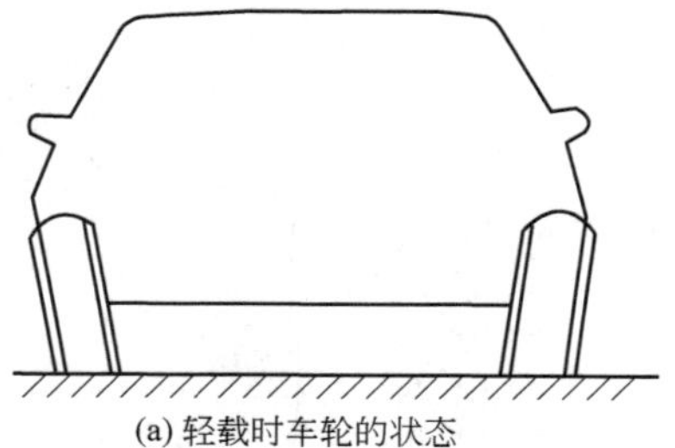

(a) 轻载时车轮的状态

(b) 重载时车轮的状态

图 1-22　载荷对外倾角的影响

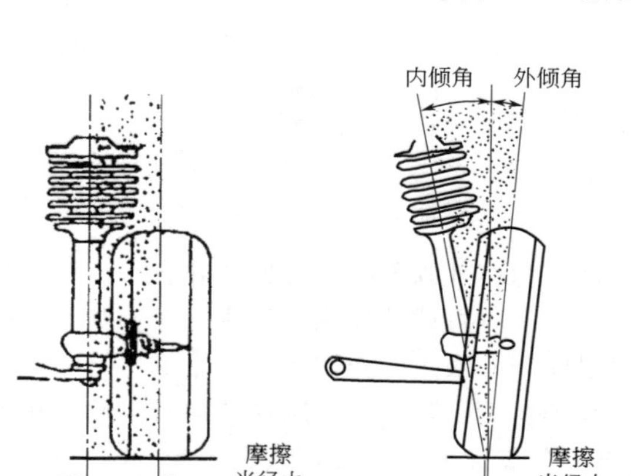

图 1-23　外倾角可减小转向操纵力

④ 减小转向操纵力。车辆转向就是使车轮以转向轴线为中心，借助摩擦半径，向左右转动。当轮胎的滚动阻力一定时，较大的摩擦半径会产生较大的转向力矩，也就是需要增加操纵力来实现转向。为尽可能减小转向时所需的操纵力，故通过设置外倾角可减小摩擦半径，如图 1-23 所示。

⑤ 减小轮胎磨损。为改善前桥的稳定性，早期汽车的车轮采用正外倾角，使车辆在重载时轮胎的胎面与路面完全接触，减少轮胎的磨损。现代汽车中，由于悬架和车桥比过去坚固，加上路面平坦，采用正外倾角的车辆越来越少，而采用零外倾角或负外倾角的车越来越多，这样可以改善转向时的稳定性和行驶时的平顺性。

4. 负外倾角的作用

在现代汽车中，由于悬架和车桥比过去的车辆坚固，加上路面平坦，所以采用正外倾角的车辆越来越少，而采用零外倾角或负外倾角的车辆越来越多，以改善转弯时的稳定性和行驶时的平顺性。

负外倾角的车辆在转向时外倾角减小，车辆倾斜程度也相应减小。轿车高速转向时，离心力增大，车身向外倾斜加大，产生了更大的正外倾，使外侧悬架超负载，加剧了外侧轮胎的变形。外侧轮胎与地面接触处的内外滚动半径不同（外侧小于内侧），这不仅加剧了轮胎的磨损，也会使转向性能降低。因此，现代轿车车轮外倾角减小甚至设置为负值（内倾），为的是使内外侧滚动半径近似相等，使轮胎的内外侧磨损均匀，提高车身的横向稳定性，如图 1-24 所示。

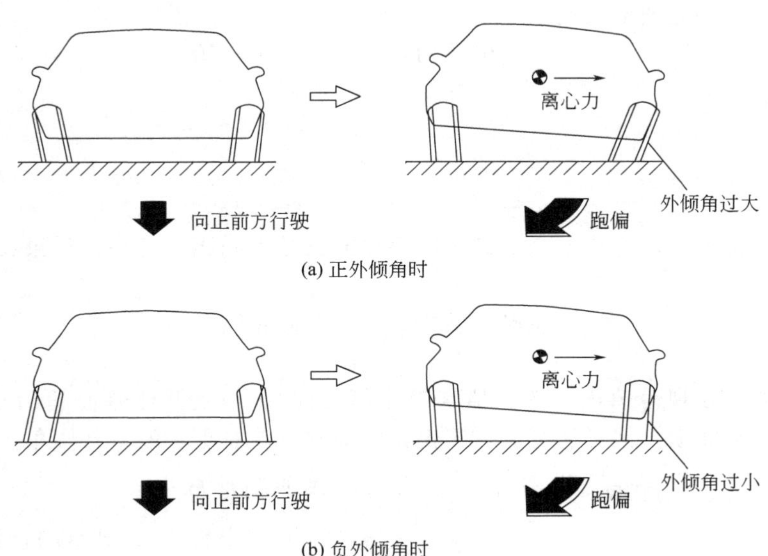

图 1-24　外倾角可减小轮胎磨损

三、外倾角的调整

1. 外倾角定位规范

如图 1-25 所示，对于车轮外倾角不正确的车辆，需要进行规范调整。如果稍微倾斜轮胎，而后滚动轮胎，轮胎会直线行驶吗？会发生什么呢？结果是轮胎将向倾斜的方向滚动。正因为如此，车辆会有一个跑偏趋势或向最大正外倾角一侧偏转。两侧外倾角读数差值不应超过 0.75°，除非制造商有特别说明。

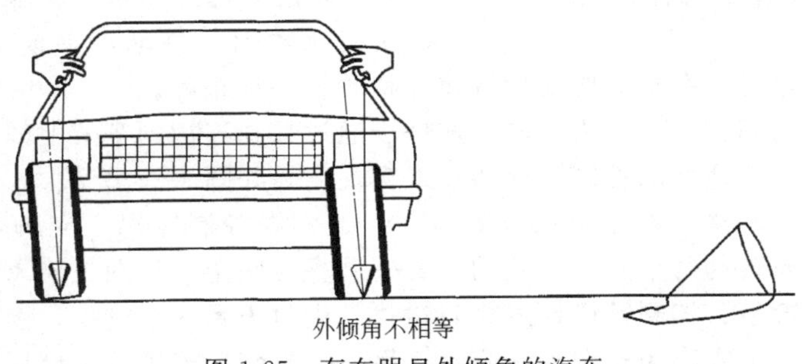

图 1-25　存在明显外倾角的汽车

通常，外倾角定位规范以如下格式标出。

最小值　最佳值　最大值

这些值告诉技术人员正确值（最佳值）会在最小值与最大值之间，且两侧差值要在规定值内。

举例如下。

最小值	最佳值	最大值
+0.25°	+1°	+1.75°

这些规范可指示出正确值是+1°，变化区间在+0.25°～+1.75°之间。因此我们可能会使用如下参数，两侧差值最大是0.75°。

左侧轮胎	右侧轮胎
+0.25°	+1°
+0.5°	+1.25°
+0.75°	+1.5°
+1°	+1.75°

这些值都是正确值，应该不会引起轮胎磨损或驾驶性问题。可是，如果我们以下列值设置车辆时：

左侧轮胎	右侧轮胎
+0.25°	+1.25°

尽管这些值仍在规范值内（最大值与最小值之间），但是两侧差值超出0.75°。对于该车，轮胎可能不会磨损，但可能会向右跑偏，因为右车轮有更大的正外倾角。

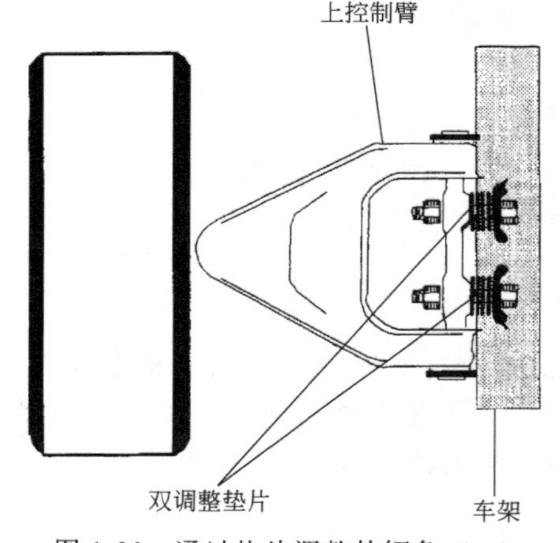

图1-26　通过垫片调整外倾角（一）

2. 外倾角的调整方法

外倾角的调整根据各车型不同，调整方法也不同，主要调整方法有调整垫片、调整大梁槽孔、调整不同心凸轮、调整偏心球头、调整减振器上支柱、调整减震器下部等。

（1）车架与控制臂轴之间加减垫片　外倾角调整方法很多，较为常用的方法之一是在车架与控制臂轴之间加装调整垫片，如图1-26所示，具体调整实例如图1-27所示。当加装或拆除垫片时，控制臂向内或向外移动，因此轮胎顶部向内或向外移动。如果垫片在车架内侧，加装垫片将使控制臂向内移动，产生一个负的外倾角变化。如果垫片位于车架外侧，加装垫片将使控制臂向外移动，导致一个负的外倾角变化。当只改变外倾角时，在轴螺栓前后端垫片移动量一定相等。

（2）大梁槽孔的调整　对于用车轴装配螺栓通过长孔连接到车架上的车辆，改变其外倾角是通过在长孔处等值地移动控制臂前后端来实现的，如图1-28所示。

（3）同轴凸轮的调整　对于克莱斯勒汽车，通常在控制臂每个支脚处使用一个偏心螺栓，通过等值、同向转动每个凸轮螺栓的方式来调整外倾角，如图1-29所示。

注意：有些情况下，控制臂设计成非对称式。相对于另一个支脚，控制臂中的一个支脚与球节直接相连。一个支脚用于调整外倾角，另一个支脚用于调整主销后倾角。

（4）偏心球头的调整　还有一种设计，几何角度控制臂的设计是不对称的，一边是调整后倾角，另一边是调整外倾角，见图 1-30。

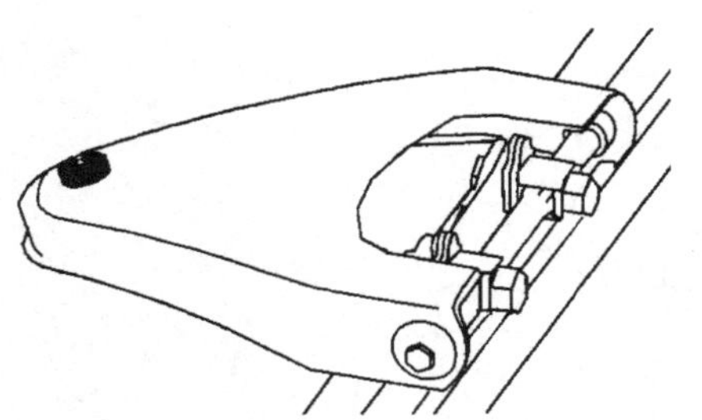

图 1-27　通过垫片调整外倾角（二）

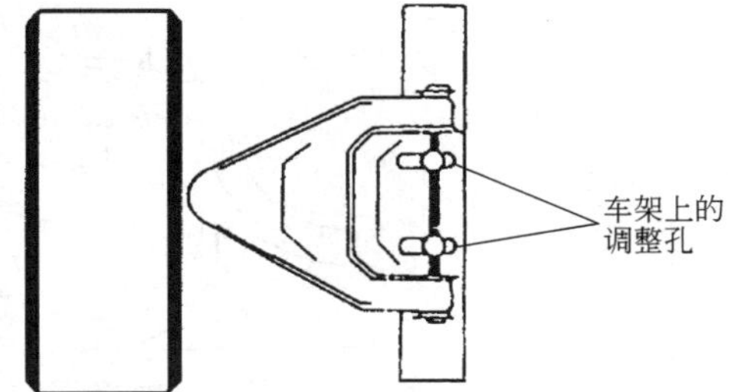

图 1-28　通过大梁槽孔调整外倾角

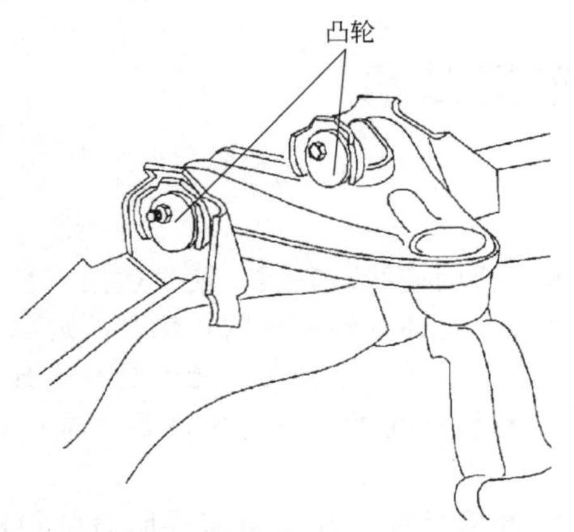

图 1-29　通过同轴凸轮调整外倾角

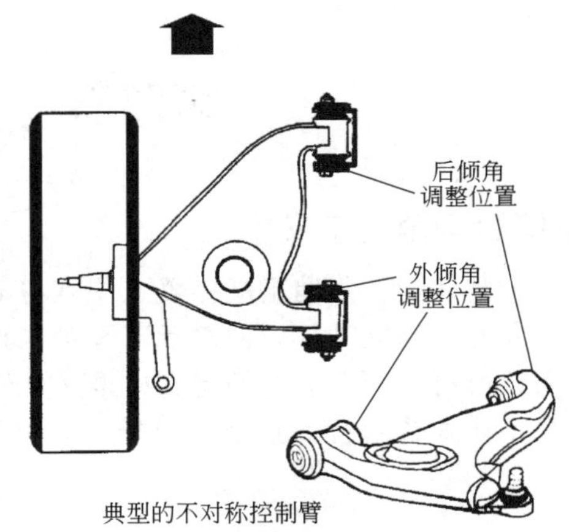

图 1-30　通过偏心球头调整外倾角

（5）减振器上支柱的调整　在减振器滑柱上方所使用的支座是由橡胶和钢板组成的，称为滑柱上支座。滑柱上支座与车架相连，将减振器上支柱向内（发动机内侧）或向外移动可改变外倾角的大小，如图 1-31 所示。

（6）减振器下部的调整　有的悬架在减振器下部直接与转向节相连，在此处可通过调整（或加装）偏心螺栓来调整外倾角，如图 1-32 所示。

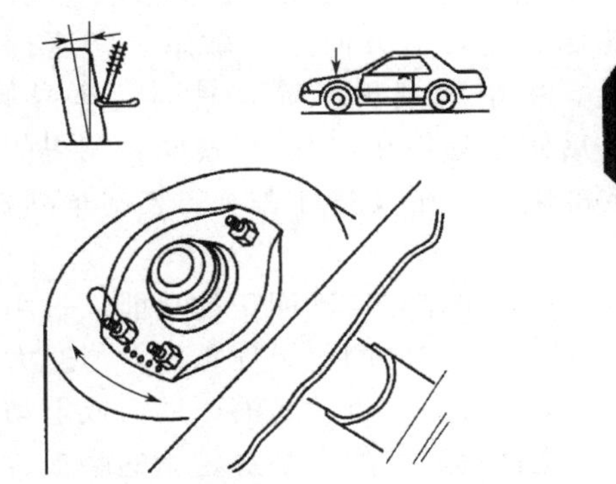

图 1-31　通过减振器上支柱调整外倾角

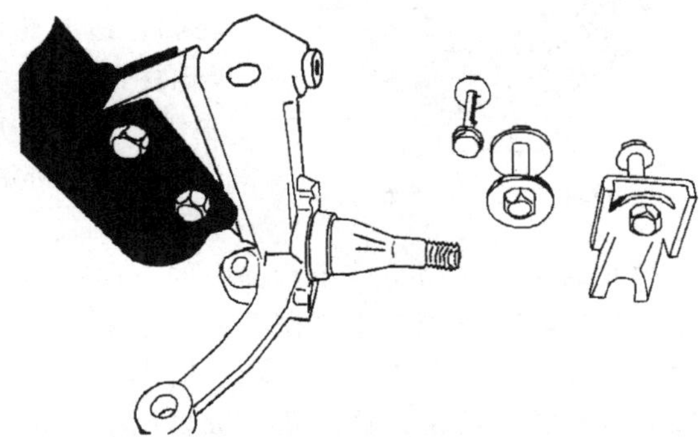

图 1-32　通过减振器下部调整外倾角

（7）转向节的调整　通过调整转向节的主销轴上下端，也可调整外倾角，如图 1-33 所示。

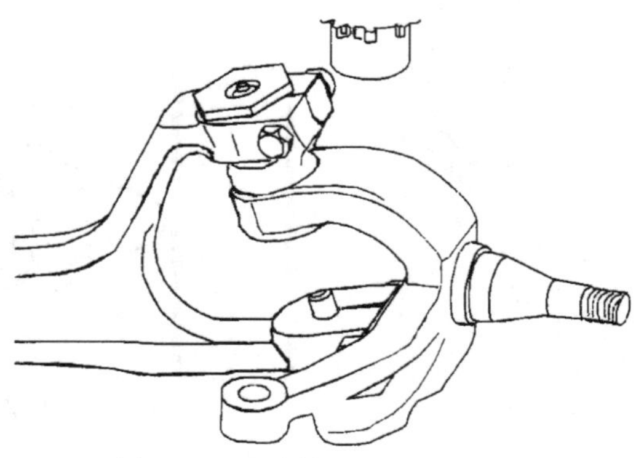

图 1-33　通过转向节调整外倾角

第四节　主销后倾角

一、主销后倾角的定义

很多人都认为，主销是减振器上支点与下支臂球头的连线。其实，这只适用于目前常见轿车的麦弗逊式独立悬挂，而对于双叉臂式独立悬挂、整体式转向桥的车辆则不适用。

适用于所有车辆上的主销定义应该是：转向轮转向时的回转轴线。无论是双叉臂独立悬挂，还是整体式转向桥，甚至是自行车，只要是带有转向轮的，其主销就是转向时的回转轴线。

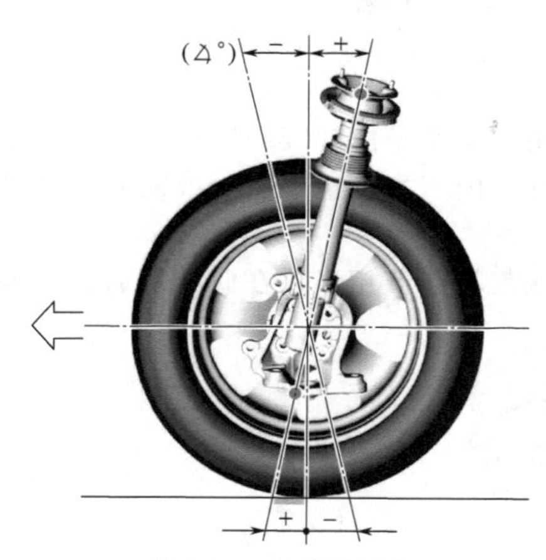

图 1-34　主销后倾角

主销后倾角是指转向轴线向前或向后倾斜的角度（图 1-34）。**需要注意的是，测量主销后倾角时，是从汽车的侧面测量转向轴线至垂直线之间的角度。**另外，某些独立悬架的汽车无实际转向轴，其主销后倾角只是一个虚拟角度。

主销后倾角为正，方向控制能力与制动力增强。但后倾角正向过大，会使转向能力降低，操控性下降。主销后倾角过小或为负，转向复位能力变差，易损坏轮胎，造成轮胎打滑，对方向过于敏感，高速行驶时车辆稳定性差。主销后倾角不等容易引起车身倾斜。主销内倾角和后倾角都是在左右 20°转向时测得的。为了保证测量的准确性，在检测时必须安装刹车踏板锁，将车轮刹住。

主销后倾的主要作用是减小行驶中的方向跑偏，使方向盘有自动回正的功能。过小的主销后倾角容易使转向系统产生偏摆振动。主销后倾角越大，方向的稳定性越好，但过大的主销后倾角会导致转向时费力。由于现代轿车普遍采用动力转向，也就是液压助力或电动助力系统，因此现代轿车的主销后倾角一般设计得较大。主销后倾角的大小对轮胎的磨损速度没有影响。

事实上，在我们日常生活当中，除了汽车外，主销后倾的应用还有很多，如自行车和摩托车（图 1-35）。主销后倾角分为正后倾角、负后倾角、零后倾角三种。

图 1-35　主销后倾在自行车和摩托车上的应用

1. 正后倾角

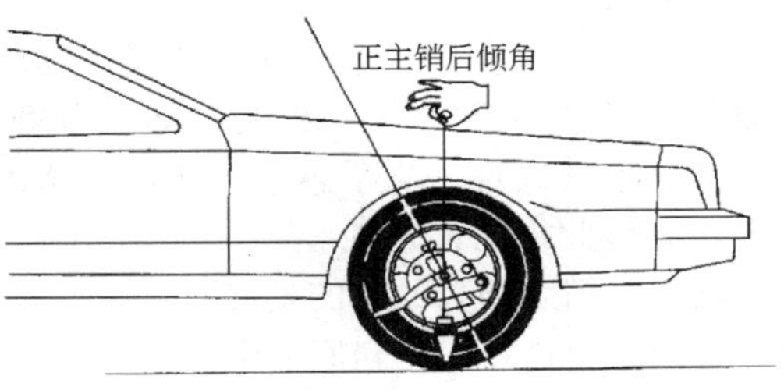

图 1-36　正主销后倾角

从车辆的侧面观察，上球头或支柱顶端与下球头的连线（假设的转向轴线）向后倾斜，即转向轴线与地面的垂线之间的夹角是正主销后倾角（即“向后为正”），如图 1-36 所示。过度后倾，转向困难。

2. 负后倾角

从车辆的侧面观察，上球头或支柱顶端与下球头的连线（假设的转向轴线）向前倾斜，即转向轴线与地面的垂线之间的夹角是负主销后倾角（即“向前为负”），如图 1-37 所示。过度前倾，方向不稳。后倾角过小，车易跑偏。

3. 零后倾角

从车辆的侧面观察，上球头或支柱顶端与下球头的连线（假设的转向轴线）不倾斜，即转向轴线与地面的垂线重合为零主销后倾角，如图 1-38 所示。

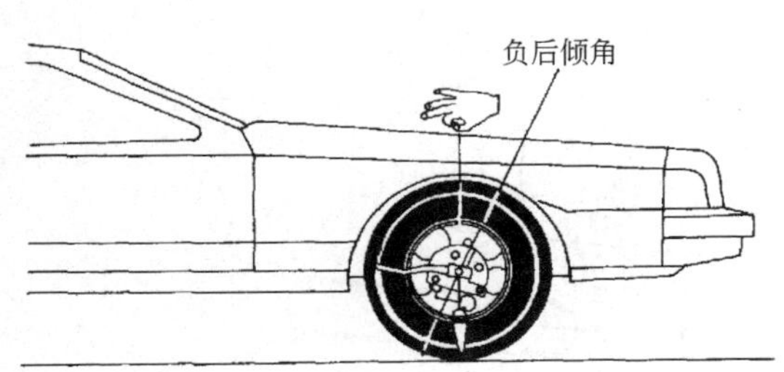

图 1-37　负主销后倾角

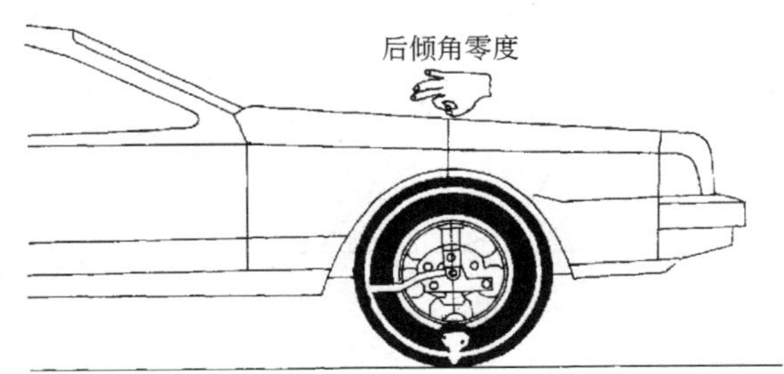

图 1-38　零主销后倾角

二、主销后倾角的作用和影响

主销后倾角有助于保证正确的转向。主销后倾角是通过向前或向后倾斜车辆转向支点（轴）来实现的。从车辆侧面观察，该轴是一个通过上、下转向支点的假想线。对于 SALA 悬架系统，这些支点可能是上、下球节。对于装备传统滑柱的车辆，它们是下球节和上轴承板。对于装有中心销的车辆，中心销相当于支点。

通常在汽车行驶的过程中，主销后倾角应为正值。主销后倾一般是在安装时，通过悬架元件相互位置来保证的。主销后倾的作用是当汽车直线行驶偶然受外力作用而稍有偏转时，主销后倾将产生车轮转向反方向的力矩使车轮自动回正，可保证汽车直线行驶的稳定性。主销后倾角越大、车速越快，稳定力矩越大，但主销后倾角不宜过大，否则在转向时会导致转向沉重。主销后倾角是在前桥连同悬架安装到车架时形成的。

主销后倾角的主要功能（方向操控稳定性）是通过轮轴负载来实现的。如果主销后倾角是正值，当前轮转动时，内侧转向轮轮轴将稍微向下移动，同时外侧转向轮轮轴将稍微向上移动。由于轮胎和车轮处在轮轴与路面之间，轮轴不可能向下移动，结果是轮轴试图向下移动将使底盘上升，增加了轮轴负荷。由于轮轴寻求相等负荷，如果两侧主销后倾角相等，车辆自动趋于转向正直位置。该趋势使底盘恢复到最低位置（正直位置），使方向盘回正。该位置被认为是最稳定位置。增大正主销后倾角，将提高方向稳定性，并提高转向效果；减小主销后倾角，将降低方向稳定性，并减弱转向效果。

一般来说，主销后倾角不是轮胎磨损角度，该角度有助于稳定车辆，使转向偏离正直位置更容易或更难。如果车辆配装的是手动转向，通常主销后倾角会很小（可能甚至是小的负后倾角），使转向更容易。但是，如果车辆装有助力转向，通常主销后倾角设计成更大的正值，给驾驶员以更“有手感”的转向。增加正后倾角，转向时需要向动力转向系统提供更大的力，并因此提高稳定性。

设置主销后倾角的目的是使汽车在行驶中若偶遇外力作用而产生方向偏离时，能产生回正力矩，使车轮自动回复到原来中间的位置，如图 1-39 所示。作用在车轮的地面垂直反作用力 F_z 与主销轴线在空间相错，设距离为 b。将 F_z 按图 1-39(b) 所示分解为 F_z'和 F_z''，其中 F_z'与主销轴线平行，F_z''与 F_z'相垂直，则 F_z''将产生促使车轮绕主销转动的力矩 M_y。左轮产生的转动力矩 $M_{yl}=F_{zl}''b$，右轮产生的转动力矩 $M_{yr}=F_{zr}b$，如图 1-39(c) 所示，M_{yl} 有使左轮绕主销向右偏转的趋势，M_{yr} 有使右轮绕主销向左偏转的趋势。显然，由于左、右转向轮是通过转向梯形机构相互联系的，若 M_{yl} 与 M_{yr} 大小相等，则两者相互抵消，行驶方向不会产生偏离；若 $M_{yl}>M_{yr}$，行驶方向将向右偏离；若 $M_{yl}<M_{yr}$，行驶方向将向左偏离。

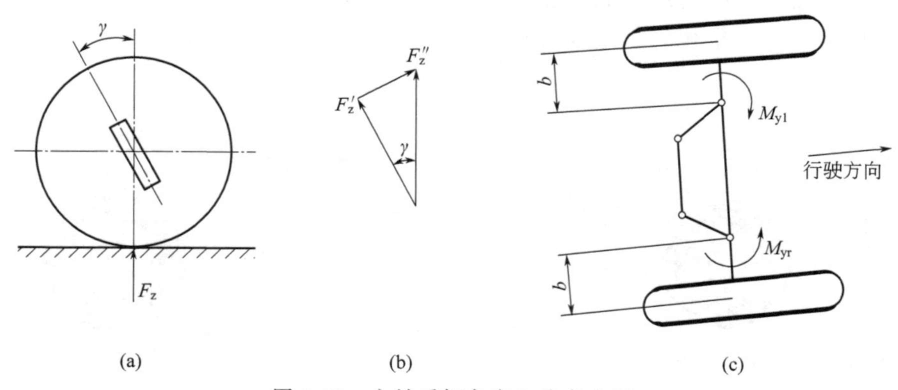

图 1-39　主销后倾角产生稳定力矩

三、主销后倾角的调整

主销后倾角的调整有多种方法，应根据车型不同，首先进行分析判断，然后进行调整。其调整方法有下列几种：调整垫片、调整大梁槽孔、调整偏心凸轮螺栓、调整滑柱杆、调整不对称控制臂等。

（1）车架与控制臂之间垫片的调整　如果在车辆的控制臂上装有垫片，可通过在前支点上加装垫片并从后支点上拆下等厚的垫片，来改变主销后倾角，将不会影响主销外倾角，如图 1-40 所示。要先调整主销后倾角，再调整主销外倾角。如果调整主销外倾角，再调整主销后倾角，主销外倾角大小将发生变化。

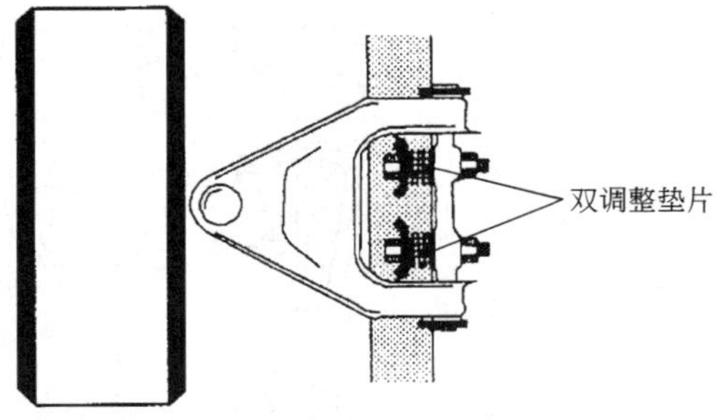

图 1-40　通过垫片调整主销后倾角

（2）大梁槽孔的调整　如果控制臂安装在长孔上，按相反方向移动控制臂的前后支点来调整主销后倾角，将不改变主销外倾角，如图 1-41 所示。

（3）偏心凸轮螺栓的调整　同样地，对于那些有偏心凸轮螺栓的控制臂，按相反方向对等地转动两个凸轮来改变主销后倾角，也不影响主销外倾角，如图 1-42 所示。

（4）滑柱杆的调整　早些时候，滑柱杆经常用作主销后倾角调整器。滑柱杆前、后被连接到车架上。如果连接到前端（通过调整螺母延长连杆），向汽车后部移动下球节时，可减小主销后倾角。缩短连杆，将向正向改变主销后倾角，如图 1-43 和图 1-44 所示。

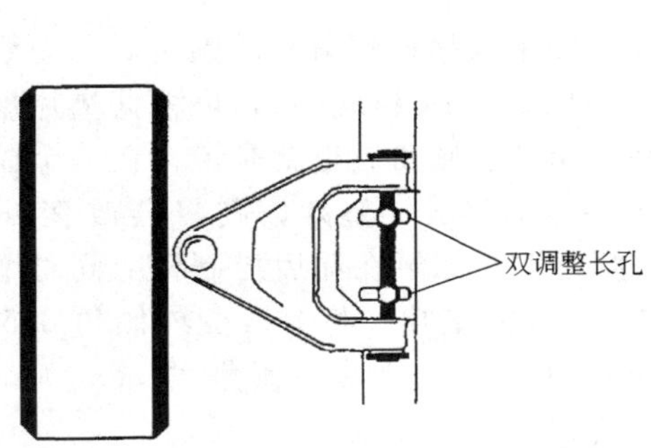

图 1-41　通过大梁槽孔调整主销后倾角

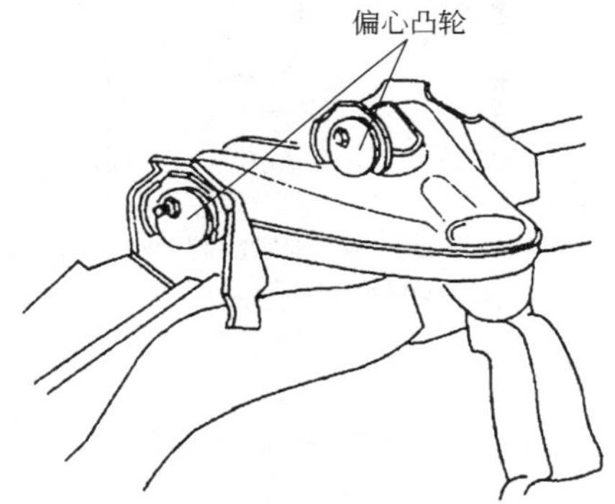

图 1-42　通过偏心凸轮调整主销后倾角

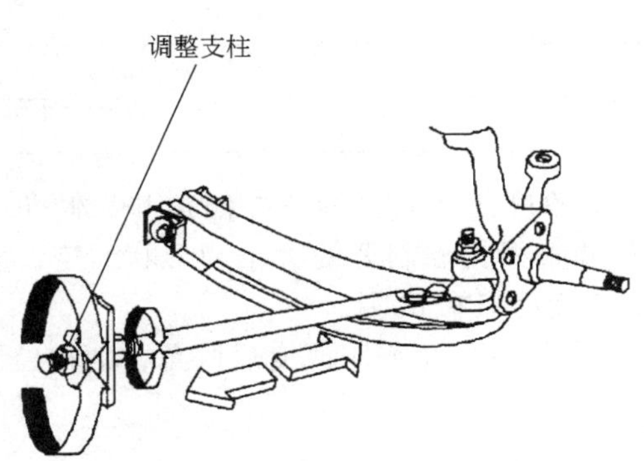

图 1-43　通过滑柱杆调整主销后倾角（一）

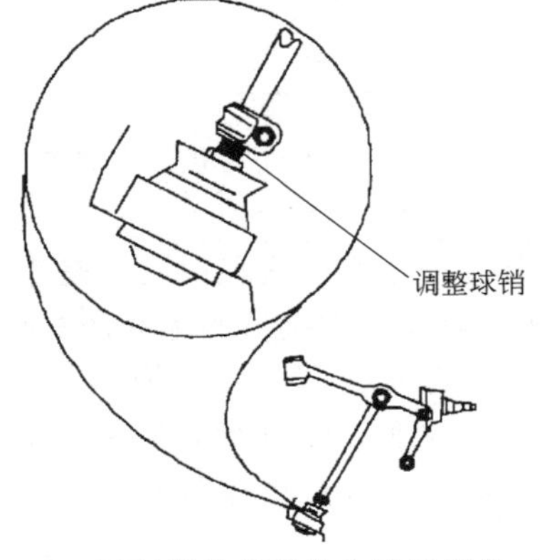

图 1-44　通过滑柱杆调整主销后倾角（二）

（5）不对称控制臂的调整　在不对称控制臂的调整中，通过调整长控制臂一边可调整主销后倾角，通过调整短控制臂一边可调整主销外倾角，如图 1-45 所示。

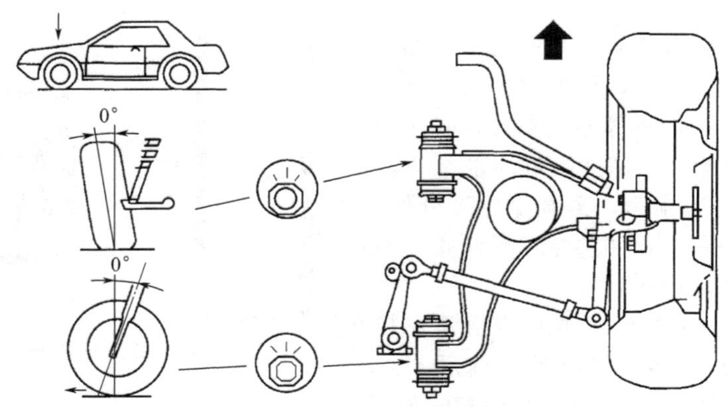

图 1-45 通过不对称臂调整主销后倾角

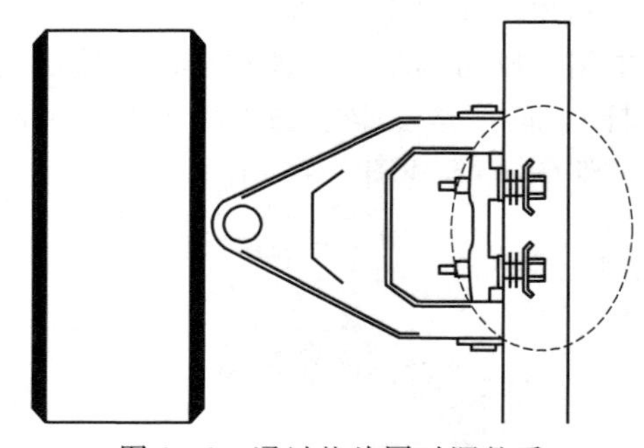

图 1-46 通过垫片同时调整后倾角和外倾角（一）

四、同时调整后倾角和外倾角

前面所介绍的都是改变后倾角和外倾角其中的一个角度，而另一个角度不会受影响。如果外倾角和后倾角同时需要调整，则应先调整后倾角，再调整外倾角。

以控制臂来调整外倾角和后倾角时，一般使用“经验法”，见图 1-46 和表 1-4，可根据垫片规格表来调整后倾角和外倾角。也就是说，在一个控制臂的末端改变 3.175mm 垫片，则将会改变外倾角 0.5°和后倾角 1°，如果在前后控制臂上同时增加或减少 3.175mm 的垫片，将会改变外倾角 0.5°；同样，一端加 3.175mm 的垫片，另一端减少 3.175mm 垫片，将改变后倾角 2°。

表 1-4 垫片规格表

垫片尺寸/mm(in)	外倾角变化/(°)	后倾角变化/(°)
3.175(1/8)	0.5	1
1.59(1/16)	0.25	0.5
0.79(1/32)	0.125	0.25
0.4(1/64)	0.0625	—

调整时根据实际情况而定，是单独调整一个角度还是同时调整外倾角和后倾角。这种“经验法”只是非常接近实际的调整数值，这种调整根据控制臂的大小和形状而定。实际上这种方法存在 40%的误差，换而言之，调整的正确性只有 60%。

（1）只改变外倾角而不改变后倾角　如果只改变外倾角而不改变后倾角，则在控制臂的前、后端同时加或减垫片即可，见表 1-5。

表 1-5 只改变外倾角时垫片使用表

项目	外倾角	后倾角
测量结果	0.5°	3.5°
标准值	0	3.5°

续表

项目	外倾角	后倾角
变化量	−0.5°	0
垫片规格	3.175mm	0
垫片组合及加装位置① 前：减 3.175mm(＝外倾角＋后倾角)	减 3.175mm	0
后：加 3.175mm(＝外倾角＋后倾角)	减 3.175mm	0

① 垫片加装位置如图 1-47 所示。

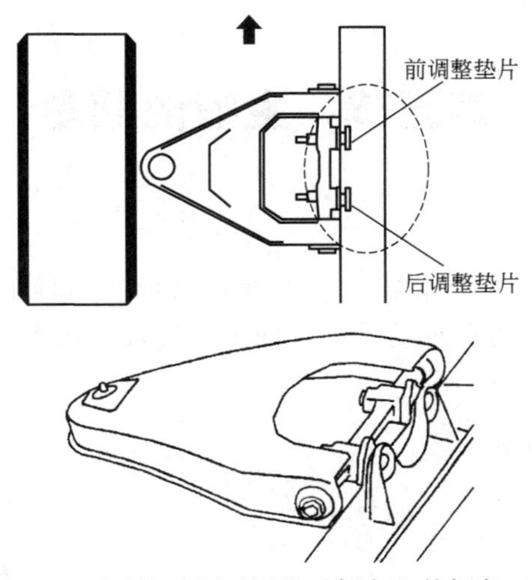

图 1-47　通过垫片同时调整后倾角和外倾角（二）

（2）只调整后倾角　如果只调整后倾角，将改变垫片尺寸，平均分成两份，一份加在一端，另一端取下相同的数量（表 1-6）。

表 1-6　只调整后倾角时垫片使用表

项目	外倾角	后倾角
测量结果	0.5°	3.5°
标准值	0.5°	2.5°
变化量	0	−1°
垫片规格	0	3.175mm
垫片组合及加装位置① 前：减 1.59mm(＝外倾角＋后倾角)	0	减 1.59mm
后：加 1.59mm(＝外倾角＋后倾角)	0	加 1.59mm

① 垫片加装位置如图 1-47 所示。

（3）外倾角和内倾角一起调整　如果外倾角和内倾角一起调整，那么增加或减少垫片数量是调整前后垫片之和（表 1-7）。

表 1-7　外倾角和内倾角一起调整时垫片使用表

项目	外倾角	后倾角
测量结果	0.5°	3.5°

续表

项目	外倾角	后倾角
标准值	0	2.5°
变化量	−0.5	−1°
垫片规格	3.175mm	3.175mm
垫片组合及加装位置① 前:减 4.76mm(=外倾角+后倾角)	减 3.175mm	减 1.59mm
后:减 1.59mm(=外倾角+后倾角)	减 3.175mm	加 1.59mm

① 垫片加装位置如图 1-47 所示。

第五节　主销内倾角

一、主销内倾角的定义

内倾角如图 1-48 所示，即从车辆的前方看转向轴线与地面铅垂线所形成的角度。如图 1-49 所示，主销内倾角是指在车辆横向方向上，转轴（减振支柱转轴）中心线与路面垂直线之间的夹角。

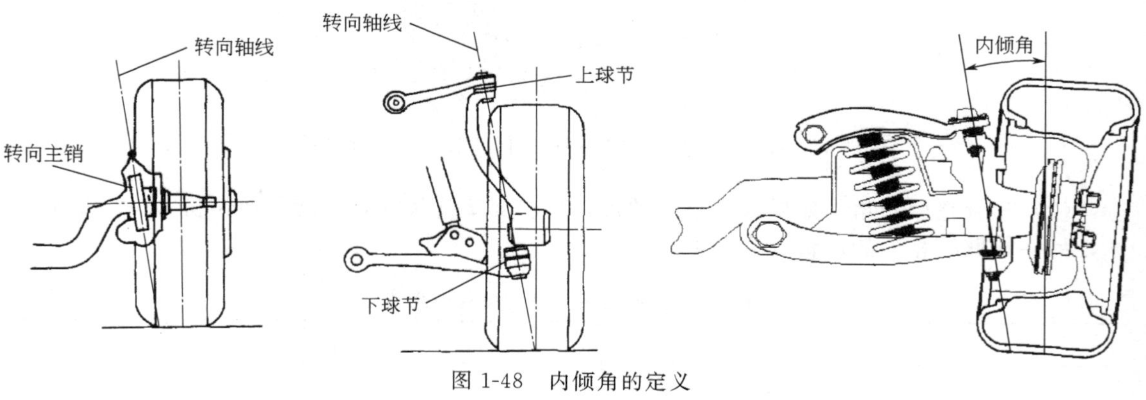

图 1-48　内倾角的定义

主销内倾角是定位仪在第一次对中后，向左右转 20°转角时测得的。主销内倾角过大，转向力与制动反力过大；主销内倾角过小，转向装置回复能力差，车轮容易受损，导致车辆倾斜。

如图 1-50 所示，当车轮以主销为中心转动时，车轮的最低点将陷入路面以下，但实际上车轮下边缘不可能陷入路面以下，反而是将转向车轮连同整个汽车前部向上抬起一个相应的高度。这样，完成转向后，在重力的作用下，转向车轮就有自动回复到原来中间位置的效应，使得方向盘很容易复位。

也就是说，在转向时，主销内倾角有抬升车桥的作用，松开方向盘后，方向盘具有自动回位的功能。需要注意的是，主销内倾角也不宜过大，否则将加速轮胎的磨损。另外，主销轴线与路面交点到车轮中心平面与地面交线的距离称为主销偏置距，通过减小主销偏置距，可减小转向时驾驶员加在方向盘上的力，从而提高转向系统的操纵轻便性，同时也可减少从转向轮传到方向盘上的冲击力。

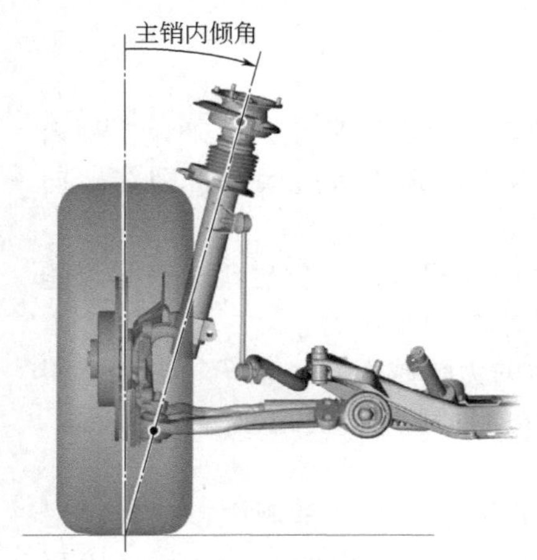

图 1-49　主销内倾角

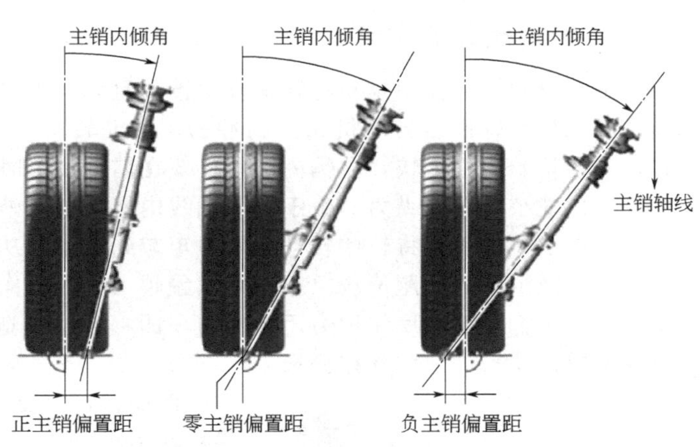

图 1-50　主销偏置距

主销内倾角还有一个作用是在转弯时，倾斜的车轮给车身提供支撑力，以保证车辆在转弯时的车身稳定性。对于这个作用的理解，我们可以举一个更直观的例子：自行车或摩托车在拐弯时，尤其是速度比较快的时候，都会将车身向内倾斜，让车轮与地面有一个夹角（图 1-51），防止车身被甩出，提高稳定性。汽车也是一样，右侧车轮在向右转弯的时候在主销内倾角和主销后倾角的共同作用下会向右侧倾倒，而左侧车轮虽也有主销内倾角，却不会向左侧倾倒，因为还有主销后倾角，可以将其拉回来，甚至也能向右微微倾斜。不仅如此，两侧车轮的转动还使右侧车身降低，左侧车身抬高，整个车身也向右倾斜，于是产生了足够的向心力，这样就可以大大提高汽车在弯道上行驶的极限，避免高速转向时失控打滑。

图 1-51　摩托车过弯时车身向内倾斜

主销后倾角与主销内倾角都有转向回位的作用，但它们的作用机理不同。主销后倾角的转向回正是依靠在转弯时由离心力所产生的地面对车轮的侧向反力，而离心力与车速的平方成正比，车速越快，离心力越大，产生的回正效果越强。主销内倾角主要是由于转向时，将车辆抬起依靠车身的重力来回正转向轮的，与车速无关，只与主销内倾角度和转向的角度有关。因此，高速行驶时转向回正主要靠主销后倾角的作用，而低速行驶时转向回正主要靠主销内倾角的作用。

在日常维修中，如果客户抱怨转向不回位时，除了检查动力转向助力、轮胎外，一定要注意检查主销内倾角和主销后倾角，同时正确区分是低速还是高速时转向回正问题。

车轮左右转动时会绕一条轴线转动，该轴线称为转向轴线。实际就是减振器上支承轴承和下悬臂球节之间的假想直线。从车辆的前方看，该轴线向内倾斜，所以称为转向轴线内倾角或转向节主销角。从车辆侧方看，该轴线向后倾斜，所以称为后倾角，主销后倾角和主销内倾角（SAI）都是转向轴线的两度空间角度。

对于不同悬架的车辆，其转向轴线也不同，具体主要有如下几种。

① 整体式悬架：转向主销轴线就是转向轴线。

② 双叉式悬架：上、下球节之间的连线就是转向轴线。

二、主销内倾角的作用

主销内倾角的作用是车轮在受外力偏离直线行驶时，使车轮会自动回正。另外，主销内倾还可减少前轮传至转向机构上的冲击，并使转向轻便。但内倾角不宜过大，否则在转向时，会使轮胎磨损加快，主销内倾角一般在前轴制造时形成。

（1）减小转向操纵力　由于转向轴线内倾角以及外倾角的共同作用，偏置距离被尽可能地减到最小，也就是将轮胎转动所需力矩减到最小，从而减小转向操纵力。

（2）减少回跳和跑偏现象　如果偏置越大，该反作用力的力矩越大。如果车轮遇到障碍物时，车轮将被拉向反作用力矩较大的一侧，这样会造成方向回跳和车辆跑偏现象；反之，减少偏置也就减少回跳和跑偏现象。

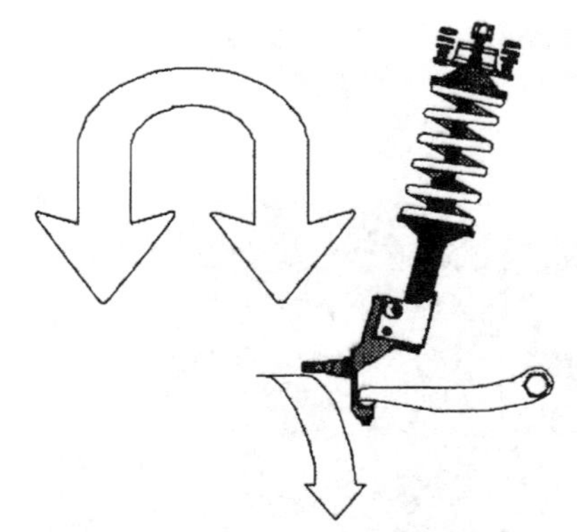

图 1-52　主销内倾角和主销后倾角影响轮轴弧线

例如，在前置发动机前轮驱动的车辆中，偏置一般保持在很小（零或负值）的范围，以防制动或碰到障碍物时，车轮所产生的振动传至方向盘，并将快速起步或急加速时驱动力所产生的绕转向轴线的力矩减至最小。

（3）有助于提供动态稳定性（当车辆运动时）和方向盘回正　改变主销内倾角，可改变摩擦半径，使车辆操控性更适合驾驶员需要。

转向轴线的内倾角同转向轴线的后倾角一样，具有改善车辆直线行驶稳定性的作用。

你可能注意到：转动方向盘后，松开方向盘，汽车的轮胎能回到正直位置；当转动方向盘时，也许车辆会一侧升起而另一侧下降。所有这些都是因为主销内倾角和主销后倾角影响了轮轴弧线，如图 1-52 所示。

如果车辆主销内倾角和主销后倾角均是零，则两个支点上下正对。对于零主销内倾角和主销后倾角，转动转向节时，轮轴在水平面上转动；如果主销内倾角是倾斜的，则轮轴在弧面上转动。弧的高点是在车轮处于正直状态时。车轮转动时，轮轴试图沿着弧下降。由于有轮胎连接在轮轴上，轮胎已接触到地面，轮轴不可能下降，反而将转向节向上推动。这会引起下控制臂推动弹簧，依次将车身向上推。实际上，这会引起车辆重心升高。重力会阻止物体升高，因此它试图将车辆拉回降至稳定位置。哪里是稳定位置呢？在弧心上，是当车辆正直时的位置。该弧可与任意主销后倾角复合。零后倾角时，弧是简单的，车辆正直时通过弧的中点。如果主销后倾角是正值时，弧是倾斜的，这样车辆正直时不再在弧的中点。

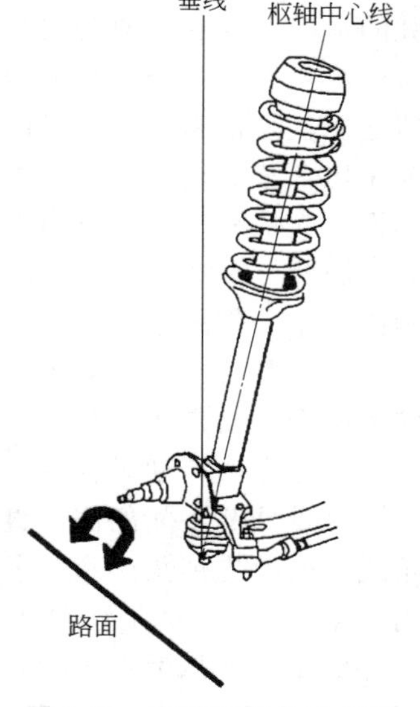

图 1-53　主销后倾角和主销内倾角的回正作用

当车轮转向时，一侧在弧下部，而另一侧在弧上部，这就是为什么在转向时会产生车身“倾斜”效果的原因。车辆设计时，会有适当的主销内倾角、主销后倾角和车轮外倾角。在转向时，由于车辆一侧下降，主销后倾角和主销内倾角引起车轮外倾角，连同弹簧压缩的变化，这会形成一个对车辆的“举升”效果，有助于转向时的稳定性。主销后倾角和主销内倾角有助于在转向后将轮胎拉回正直位置，如图 1-53 所示。

注意：如果有跑偏或驾驶操控问题，要非常仔细地检查主

销后倾角定位是否正确。检查这个角度时，重要的前提是确保尽可能首先调整外倾角。

第六节　相关定位参数及其作用

一、包容角和摩擦半径

1. 包容角

从汽车正前方看，主销轴线和车轮轴线之间的夹角称为包容角（included angle）。它在数值上等于主销内倾角和车轮外倾角之和，如图 1-54 所示。如果车轮外倾角是正值，包容角需要加上车轮外倾角；如果车轮外倾角是负值，则要减去车轮外倾角。例如，如果主销内倾角（SAI）是 13.0°，车轮外倾角是＋0.5°，则包容角是 13.5°；如果 SAI 是 12.0°，车轮外倾角是－1.25°，则包容角是 10.75°。

包容角是一个非常重要的车轮定位诊断参数，可用来诊断悬架系统结构定位失准或悬架组件变形。

2. 摩擦半径

如图 1-54 所示，摩擦半径是指从车辆正前方看，转向轴线与地面的交点到轮胎接地点之间的距离。摩擦半径能够影响与稳定性和回正性有关的转向性能，然而摩擦半径不是前轮定位参数，它不能从常规的定位仪中测量出来。

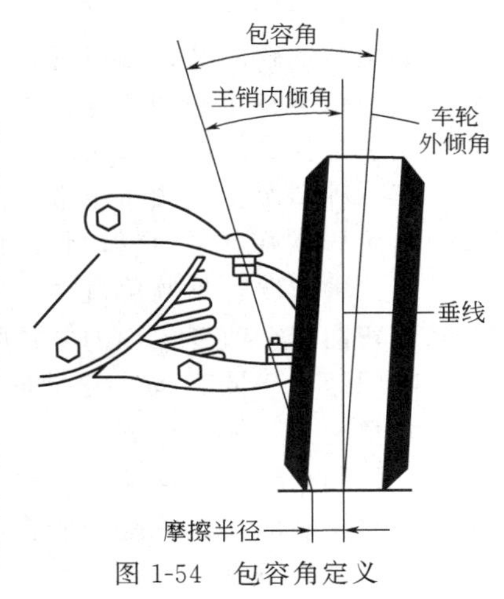

图 1-54　包容角定义

摩擦半径越大，反作用力的力矩越大。当车轮遇到障碍物时，车轮将被拉向反作用力矩较大的一侧，这样会造成方向回跳和车辆跑偏现象；反之，减小摩擦半径也就减少了方向回跳和车辆跑偏现象的发生。

在前置发动机前轮驱动的车辆中，摩擦半径一般保持很小（零或负值）的范围，以防制动或碰到障碍物时，车轮所产生的振动传至方向盘，并将快速起步或急加速时驱动力所产生的绕转同轴线的力矩减至最小。

转向轴线与地面的交点在轮胎接地点的内侧，称为正摩擦半径；若在外侧，则称为负摩擦半径。

一般的双横臂式前独立悬架通常有正的摩擦半径，也有许多前轮驱动车辆有负的摩擦半径。当前轮驱动车辆的摩擦半径为负时，在前轮左右制动力不等、制动失灵、轮胎爆胎、路面两侧附着系数不等情况下，仍能不跑偏或使跑偏程度减弱，大大增强了汽车的方向稳定性。

这是因为车辆向前行驶时，正的摩擦半径趋向于使前轮向外转，负的摩擦半径趋向于使前轮向内转。如果车辆的摩擦半径为正，假如只是右前轮制动器制动，单从两个转向前轮来看，有自动向右转向的趋势；而若从整个车辆的运动来看，仍有绕右前轮向右转动的趋势。这两种情况相互加强的结果导致车辆突然向右转向。

如果车辆的摩擦半径为负，情况则不同，假如仍是右前轮制动器制动，虽然从整个车辆的运动来看，有绕右前轮向右转动的趋势，但从两转向前轮来看，却有自动向左转向的趋势，这两种情况必将相互削弱，从而保证了方向的稳定性。

同样道理，上述的其他情况也能使汽车的方向稳定性大大提高。

一般而言，主销内倾角和摩擦半径是不可调整的，但是在调整主销外倾角或更换某些部

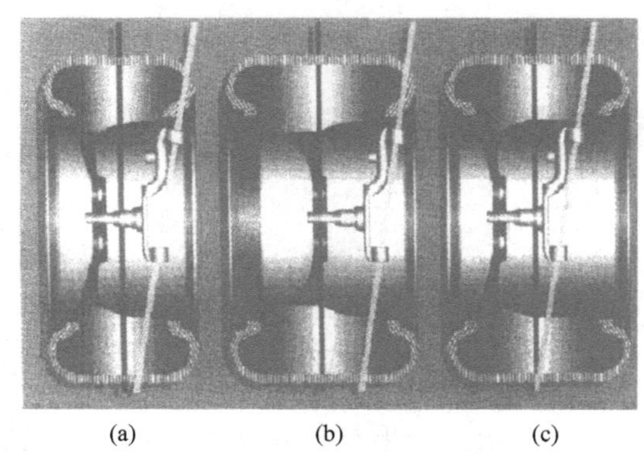

图 1-55　摩擦半径发生变化

件时则有可能改变主销内倾角及摩擦半径，有可能使操作稳定性降低。若改变了制造厂规定的轮胎或轮辋的规格尺寸，则会使摩擦半径发生改变。如图 1-55(a) 所示为标准轮胎。如图 1-55(b) 所示为轮辋内侧加大的轮胎，摩擦半径将变大。如图 1-55(c) 所示为车辆外侧加大的轮胎，摩擦半径将变小。

3. 转向节系统的诊断

主销内倾角、车轮外倾角和包容角可用来诊断转向节系统，以确认损坏的零件或定位问题。通过包容角可诊断出支柱是否损坏，通过主销内倾角则可诊断底盘定位是否良好。

对于 SALA 悬架系统上的转向节，有三个重要连接点：上球节连接孔、下球节连接孔、连接轮胎的轮轴。两个球节孔关系到主销内倾角，轮轴关系到车轮外倾角。如果用直线连接这些点，会得到一个角，该角即包容角，因为它们包括了主销内倾角和车轮外倾角。

如果转动转向节，或以任何方式移动转向节，三角形会改变形状吗？只要转向节是好的，包容角会是正确的。轮轴损坏或弯曲又会怎样？会改变三角形状吗？转向节上下部分弯曲时会引起什么问题？SALA 悬架的转向节或轮轴弯曲会引起包容角不正确。

第一种情况：外倾角正常，内倾角正常，包容角正常，轮轴正常。如果外倾角、内倾角和包容角均良好，说明轮轴状态良好，如图 1-56 所示，转向节是良好的。

第二种情况：外倾角过大，内倾角过小，包容角正常，轮轴正常。假如在一次事故中下控制臂弯曲，会改变主销内倾角吗？由于下控制臂球节向内移动，主销内倾角变小。由于转向节随同球节一同移动，轮轴向下倾斜。假如球节移动 2°，如果假设原主销内倾角是 8°，原外倾角是 1°，则原包容角为 9°(8°+1°)。向外移动 2°，主销内倾角变为 6°。由于轮轴向下移动，外倾角将正向移动 2°，总外倾角变为 3°。主销内倾角 6°加上外倾角 3°等于 9°。这样包容角是正确的，也就是说转向节是好的，但主销内倾角比规范值小，而外倾角比规范值大，如图 1-57 所示。

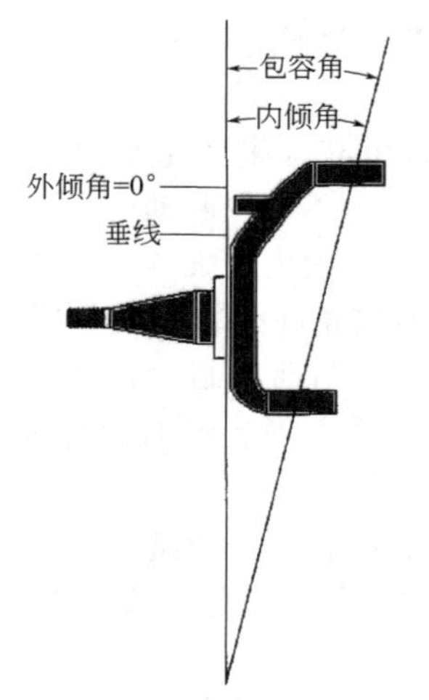

图 1-56　转向节系统诊断（一）

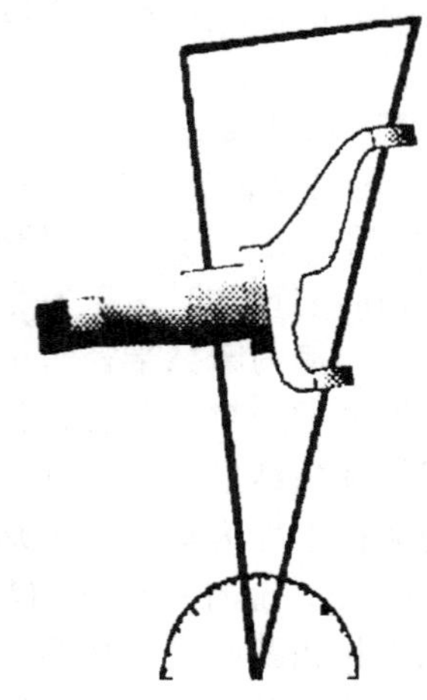
图 1-57　转向节系统诊断（二）
外倾角变大，内倾角减小，包容角不变

第三种情况：外倾角过小，内倾角过大，包容角正常，轮轴正常。这种情况表明转向节没有变形，如图 1-58 所示。

第四种情况：外倾角过小，内倾角正常，包容角减少，轮轴上翘。这种情况表明转向节变形，如图 1-59 所示。

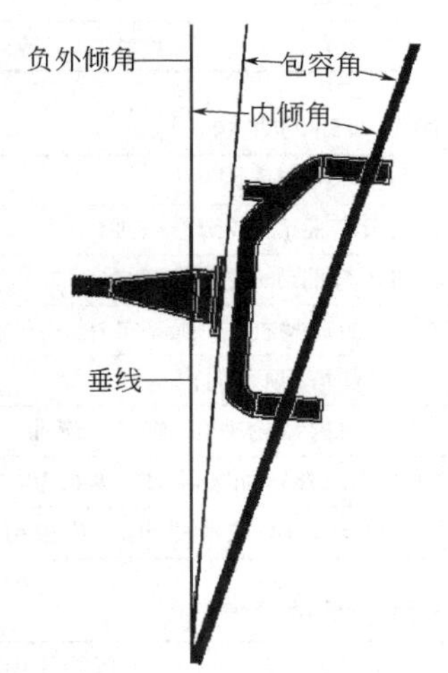

图 1-58　转向节系统诊断（三）

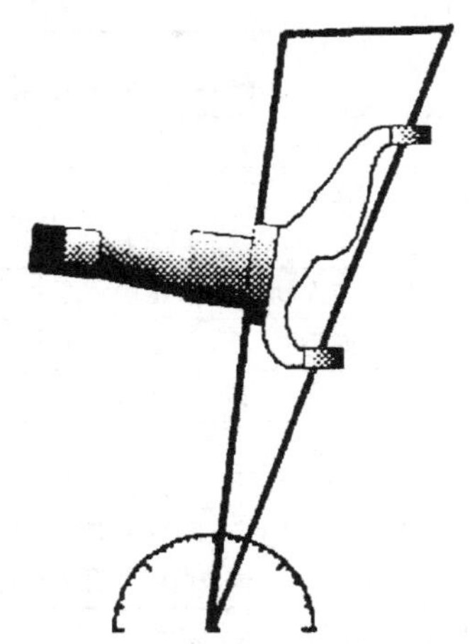

图 1-59　转向节系统诊断（四）
外倾角变小，内倾角不变，包容角变小

第五种情况：外倾角正常，内倾角过大，包容角过大，轮轴变形。这种情况如图 1-60 所示。

第六种情况：外倾角正常，内倾角过小，包容角过小，轮轴变形。这种情况如图 1-61 所示。

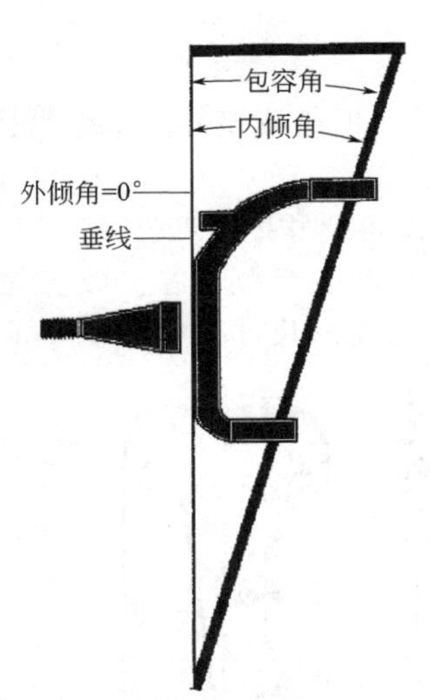

图 1-60　转向节系统诊断（五）

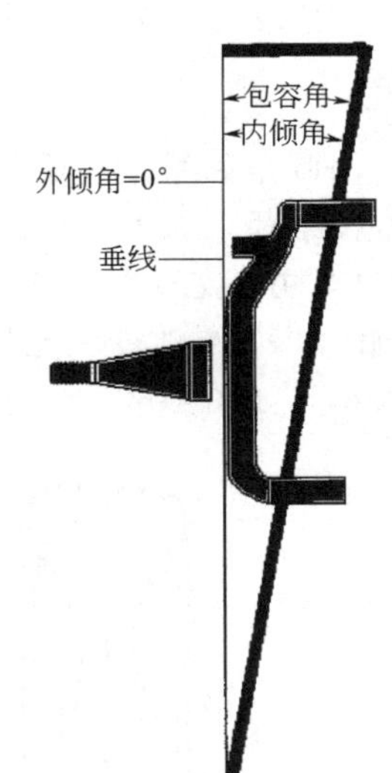

图 1-61　转向节系统诊断（六）

我们发现主销内倾角变小，外倾角变大，包容角却是正确的。那么什么会引起这一状态呢？请看下面的主销内倾角诊断对照表（表 1-8～表 1-10）。

表 1-8　短臂和长臂悬架系统主销内倾角诊断对照表

主销内倾角	外倾角	包容角	可能原因
正确	变小	变小	转向节弯曲
变小	变大	正确	下控制臂弯曲
变大	变小	正确	上控制臂弯曲
变小	变大	变大	转向节弯曲

表 1-9　麦弗逊滑柱悬架系统主销内倾角诊断对照表

主销内倾角	外倾角	包容角	可能原因
正确	变小	变小	转向节弯曲和/或滑柱弯曲
正确	变大	变大	转向节弯曲和/或滑柱弯曲
变小	变大	正确	控制臂弯曲或滑柱塔(顶部向外)
变大	变小	正确	滑柱塔(顶部向内)
变大	变大	变大	滑柱塔(顶部向内),轮轴和/或滑柱弯曲
变小	变大	变大	控制臂弯曲或滑柱塔(顶部向外),加上转向节弯曲和/或滑柱弯曲
变小	变小	变小	滑柱塔(顶部向外),转向节和/或滑柱弯曲,或控制臂弯曲

表 1-10　双 I 形梁悬架系统主销内倾角诊断对照表

主销内倾角	外倾角	包容角	可能原因
正确	变大	变大	转向节弯曲
变大	变小	正确	I 形梁弯曲
变小	变大	正确	I 形梁弯曲
变小	变大	变大	转向节弯曲

通过上面诊断对照表，正确测量主销内倾角和包容角，可以解决许多陷入定位困境的问题，也可判断出所用配件和劳务成本。使用该表前，要彻底进行车下检查，更换损坏或有缺陷部件，而后再使用该表诊断弯曲或损坏部件。

4. 实际应用

一般来说，内倾角和摩擦半径是不可调整的角度，但是调整外倾角或更换悬架件可能会改变内倾角及摩擦半径，如下所示。

① 通过移动支柱上支臂来调整外倾角，同时内倾角会发生改变。

② 更换轮胎时，如果改变了轮胎的中心点，也将改变摩擦半径。改变轮毂的规格将改变摩擦半径的大小，如图 1-62 所示。如果加大轮毂内侧的尺寸，轮胎的中心点将改变，摩

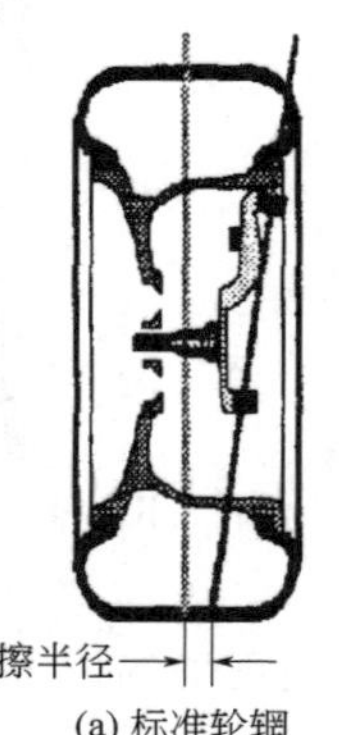

(a) 标准轮辋

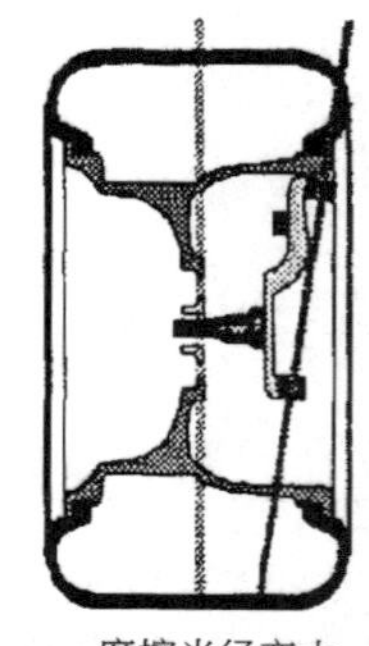

(b) 轮辋外侧加宽型

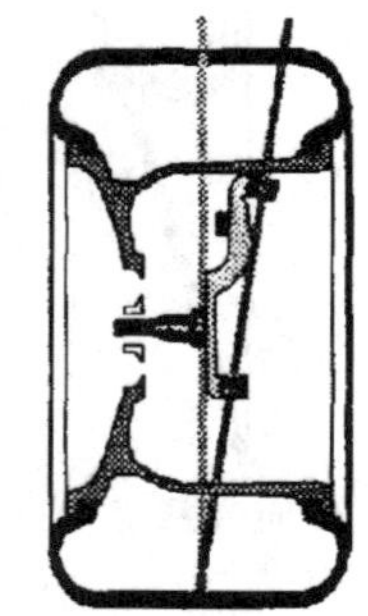

(c) 轮辋内侧加宽型

图 1-62　宽胎效应

擦半径变大；如果加大轮毂外侧的尺寸，轮胎的中心点将改变，摩擦半径变小。

二、推进线和推进角的作用及调整

1. 推进线（thrust line）和推进角（thrust angle）

此前，我们讨论过前轮单侧前束。检查所有车辆后轮时发现，当车辆行驶时后轮与车辆几何中心线平行。就像前车轮一样，后车轮规范已考虑到车辆行驶时的预变化量了。

测量后轮单侧前束与测量前轮一样，定位系统会计算和显示读数。测量后轮前束之前，前轮转至等前束值，这相当重要。

如果后轮前束不能调整到规范值时，我们讨论过的前轮前束磨损条件同样适用于后轮。除轮胎磨损之外，后轮还决定车辆行进方向。如果不正确调整行进方向，可能会引起车辆跑偏（车轮与车辆中心线不平行）。车辆行进方向是车辆推进线。测量后轮单侧前束时，是参考车辆中心线（几何中心线）进行的。通过后轮单侧前束平分点做一条直线与后轮中心相交，确定推进线，即汽车后轮总前束角的平分线，为汽车的推进线；推进线与车辆几何中心线之间的夹角称为推进角，如图 1-63 所示。

如图 1-64 所示，推进角是车辆推进线与车辆参考中心线（几何中心线）之间的角度。推进线与车辆几何中心线之间的夹角就是推进角，也被称为蟹形角。

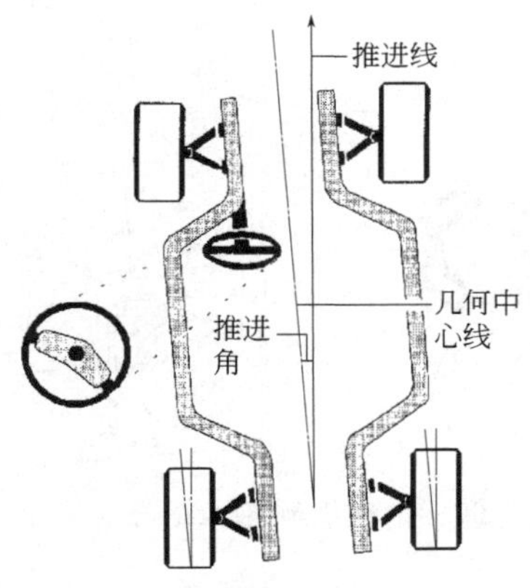

图 1-63　推进线及推进角定义

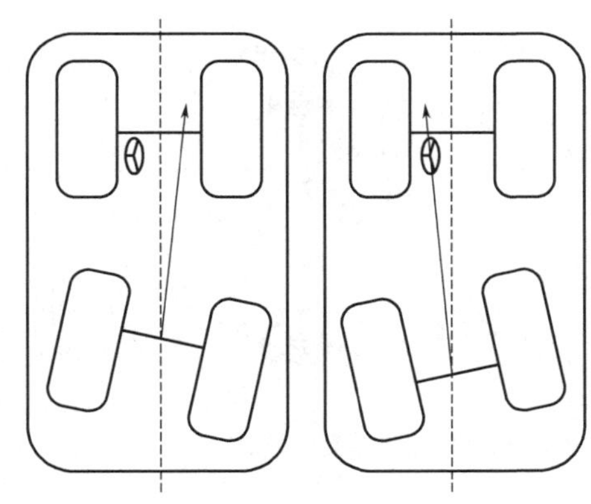

图 1-64　推进角

2. 推进线的作用

推进线是车辆在路上直线行驶时的实际方向。如果推进线与几何中心线不共线，驾驶员必须转向以使车辆直线行驶，这将导致在推进线方向上方向盘不正。后轮定位不准也与车辆几何中心线有关，它会引起车辆轨迹偏差（后轮与前轮行进在不同的轨迹上），如图 1-65 所示，一般称这种情况为“跑偏”。

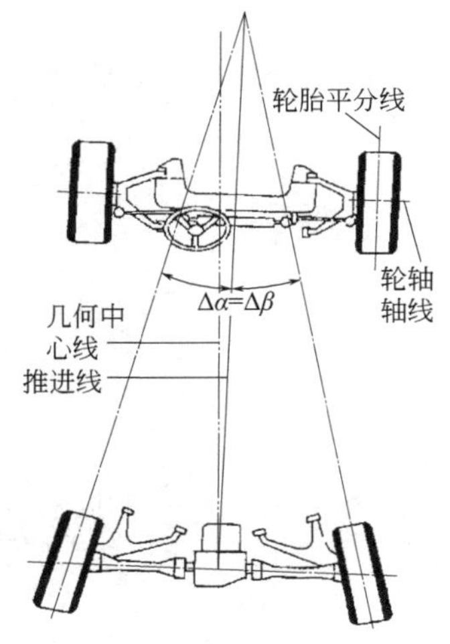

图 1-65　推进线的作用

高级四轮定位测量是以推进线为基准的。理论上讲，车辆推进线应该与车辆几何中心线共线。如果后轮前束是标准的，其实际行驶方向（推进线）应该和车辆几何中心线共线。如果后轮前束不标准，并且无法调整到标准值，其后轮的实际行驶方向（推进线）和车辆几何中心线不重合，形成夹角，造成汽车行驶跑偏。

3. 推进角的调整

如果前轮前束不在标准范围内，会引起轮胎的不正常磨损。前轮的左右单侧前束角允许有一个预期的变化差值，如果差值过大，会影响车辆的行驶方向。假设后轮前束没有调整到标准规范值，则后轮同样会产生与前轮胎纹磨损相同的情况。除轮胎磨损之外，后轮前束也会影响车辆的行驶方向，假如调整不当，将会导致车辆的行驶方向无法与车辆的几何中心线平行。车辆的行进方向也称为推进线，执行后轮单侧前束测量时，必须以车辆的几何中心线为参考，而高级四轮定位在测量前轮的单侧前束时，是以推进线为定位基准来测量的，定位系统会计算并显示读数，在测量后轮前束之前，要先将前轮转正（左右前束的指示值相同），这是一个非常重要的步骤，然后计算出后轮单侧前束差值的平均值。

推进角应总是接近于零。根据车规手册中制造商的推荐，调整推进角，即调整后轮单侧前束。

多数车辆既可以使用所安装的调整装置（图 1-66），也可以使用配件市场上的调整件（图 1-67）。对于装用固定式后桥或不可调整的独立式后桥，检查磨损或损坏的部件，包括后车轴本身。磨损的后弹簧安装座可能引起后轴发生位移。后控制臂轴套可能引起磨损，导致后轴位移。

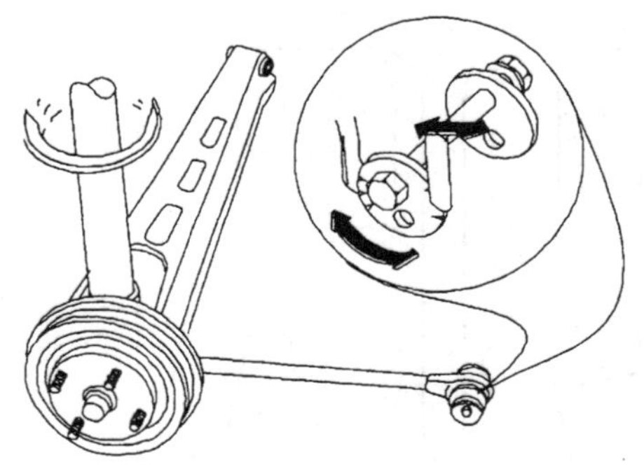

图 1-66　推进角调整（一）

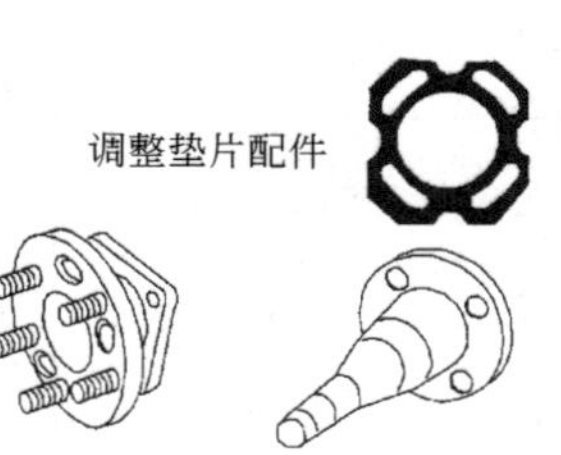

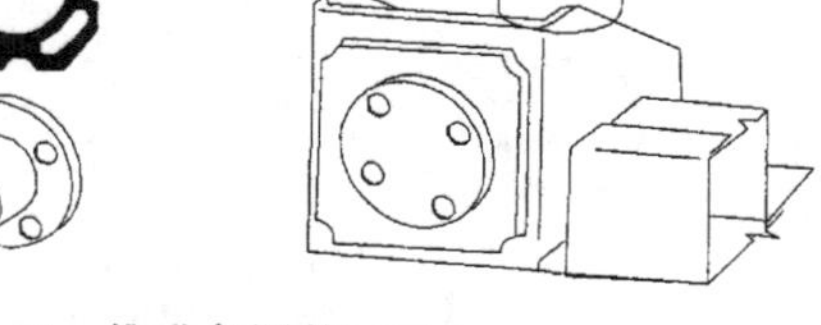

图 1-67　推进角调整（二）

如果没有发现磨损或损坏的部件，调整前轮单侧前束时要利用推进线作为参考。这样可以弥补推进线不良的情况，使车辆在路面直线行驶时，方向盘是正的，如图 1-68 所示。

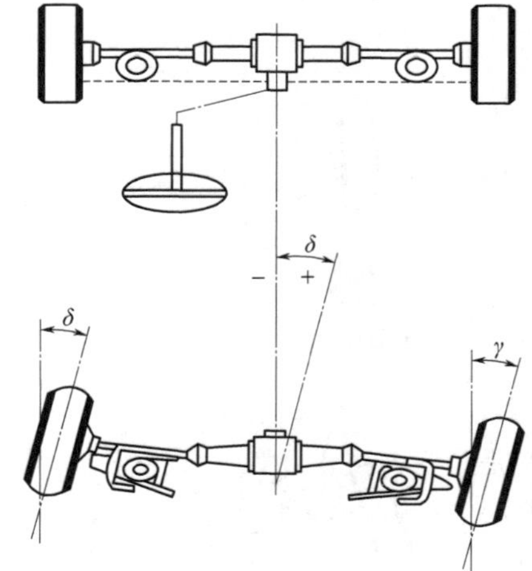

图 1-68　推进角调整（三）

三、转向角

车辆在转向时，前轮的相对位置称为转向角。当车辆直线行驶时，各车轮应保持在相互平行的位置，否则会造成轮胎磨损、行驶阻力过大；当车辆进入弯道时，如果左右车轮的转动量相同时，则两前车轮的转动中心不在一个交点上，这时会造成轮胎的磨损及车辆转向时不平衡。

实现方法：当车辆直线行驶时，各车轮相互保持平行；当进入弯道时各车轮绕同一转动中心转动，实际上，车辆转向机构经过改进，使左右前轮获得独自的转向角，以取得所需的转向半径。

转向机构的工作原理如图 1-69 所示。转向横拉杆移动量为 L，当转向横拉杆向左移动 L 时，左侧车轮的转向角为 α，而右侧车轮的转向角为 β，尽管移动量同样为 L，但转向角 $\beta>\alpha$。

对于转向机构经过改进的车辆，当其进入弯道行驶时，各车轮绕同一转动中心转动，使车辆转向平稳，车轮不会出现侧滑磨损，如图 1-69 所示。

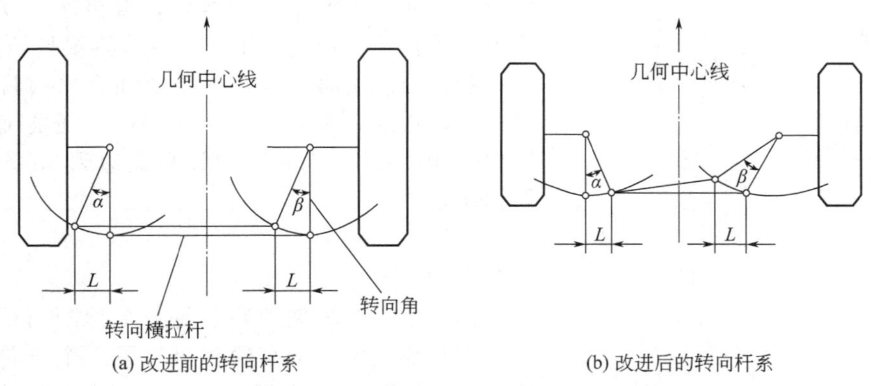

图 1-69　转向机构的工作原理

四、转向前展

当车辆转向时，车辆一侧轮胎所经过的弧线与另一侧轮胎所经过的弧线一定不同。车辆绕着一个共同的中心转动。如图 1-70 所示，两前轮轮轴中心线相交，且与两后轮轮轴中心线相交于一点，该点是共同的中心。其中一个前轮与另一个前轮必须以不同的角度转向(图 1-71)，这导致两轮前束相对外展，外展值的效果由转向臂角度确定。

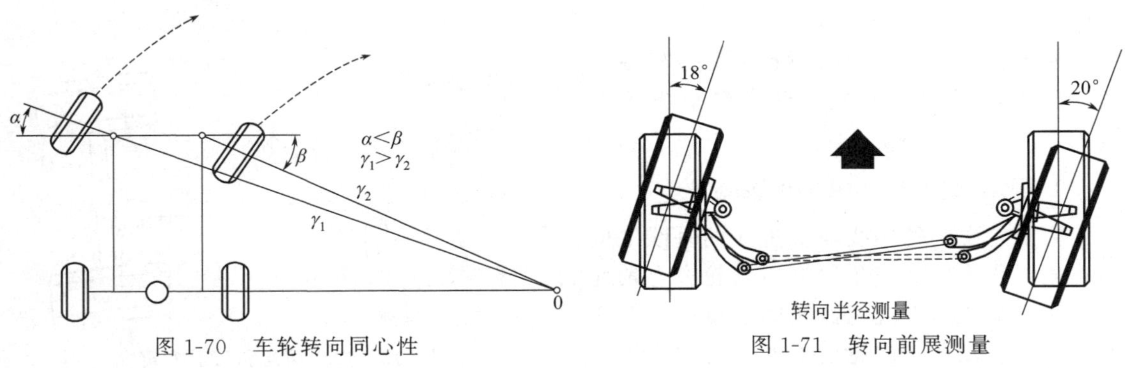

图 1-70　车轮转向同心性　　图 1-71　转向前展测量

如果我们看一下转向臂，你会发现两转向臂向内成角。如果我们在每个转向臂中心画一条线，并延伸这两条线，我们会发现它们交叉于后轮轴中心上（或是汽车独立后悬架轮轴上），这两条线形成的夹角使转向臂处于相似弧形的不同部分。转向时，我们会发现每个臂在弧上的移动量是不相等的。转向过程中，内侧转向臂所经过的弧长更大，这样形成了想要的前束外展效果。

定位规范手册中有一列转向前展角（转向角）。你会发现两个值不同：一个针对内侧车轮；一个针对外侧车轮。测量前展角时，以左侧轮开始，向左侧转动至规定角度。利用转角盘上的转向标尺测量转向角度。当达到规定角度值后，会得到对应车轮的读数。左右误差规范值应在 1.5°以内。

为校正转向半径，弯曲的转向臂必须更换。就像主销内倾角和包容角一样，转向前展角是主要的诊断角度。当客户报修转向时轮胎部位有异响，或当轮胎羽状磨损很明显而前束值正确时，就要检查该角。

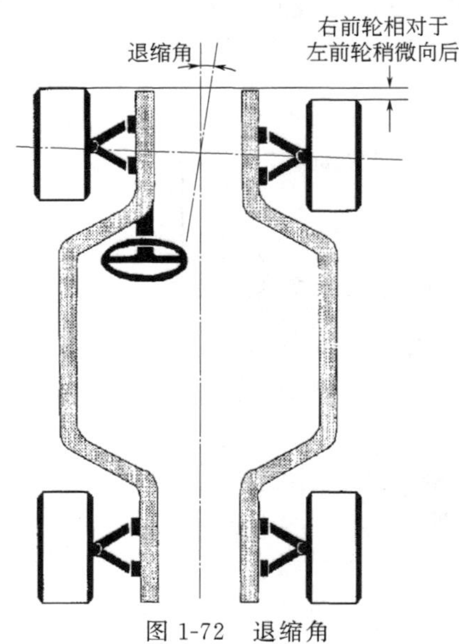

图 1-72　退缩角

调整步骤如下：向某一方向转动方向盘，当方向盘不能再转时，读内侧车轮转过的值。如果它不符合规范，则在车下调整转向挡块，直至达到规范值。如果外侧车轮不在规定的 1.5°以内，则更换转向臂。

测量前展角时，重要的是要在开始前将两转向标尺归零，且前束参数应该是正确的。还要确认转角标尺大于 35°。许多老式转角盘只能达到 35°，必须使用新款设备。

五、退缩角

退缩角（车轴偏角）也是一个诊断角度。它表示同一个车轴上的一个车轮相对于另一个车轮稍微向后的程度，如图 1-72 所示。有些车辆有向前的退缩角是制造误差和主销后倾角参数引起的。如果两侧主销后倾角不相等，则主销后倾角更大的一侧会有退缩角。如果主销后倾角是通过移动下控制臂来调整的，那么较小后倾角一侧将有退缩角。

退缩角有前退缩角和后退缩角之分，如图 1-73 所示。

不管使用什么样的四轮定位仪，测量退缩角时都要将车轮夹具垂直安装，确保前束值是正确的，不正确安装定位测量头会引起不正常的退缩角。测量退缩角时，要严格遵守定位仪操作指导。

注意：如果是被撞击所引起的车轴偏角，应先进行校正修复，使车轴偏角不超过 1°。

1. 前退缩角（front set back）

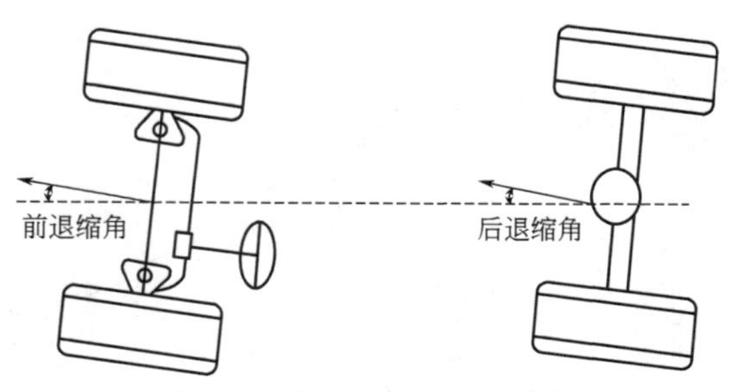

图 1-73　前退缩角和后退缩角

两前轮中心的连线与推进线的垂线之间的夹角，称为前退缩角。当右前轮在左前轮后面时，此状态下规定汽车的前退缩角为正值；当右前轮在左前轮前面时，此状态下规定汽车的前退缩角为负值。如果在汽车的规范值中，汽车的前轮距已知，则前退缩角既可以用角度值来表示，也可以转换成长度值来表示。

2. 后退缩角（rear set back）

两后轮中心连线的垂线与推进线之间的夹角，称为后退缩角。当右后轮在左后轮后面时，此状态下规定汽车的后退缩角为正值；当右后轮在左后轮前面时，此状态下规定汽车的后退缩角为负值。如果在汽车的规范值中，汽车的后轮距已经知道，则后退缩角既可以用角度值来表示，也可以转换成长度值来表示。

六、横向偏置角

1. 左横向偏置角

左侧前后轮中心连线与推进线之间的夹角称为左横向偏置角。当左后轮比左前轮更向外偏时，此状态下规定左横向偏置角为正值；当左前轮比左后轮更向外偏时，此状态下规定左横向偏置角为负值。如果在汽车的规范值中，已知汽车的前后轴距，则左横向偏置角既可以用角度值来表示，也可以转换成长度值来表示。

2. 右横向偏置角

右侧前后轮中心连线与推进线之间的夹角称为右横向偏置角。当右后轮比右前轮更向外偏时，此状态下规定右横向偏置角为正值；当右前轮比右后轮更向外偏时，此状态下规定右横向偏置角为负值。如果在汽车的规范值中，已知汽车的前后轴距，则右横向偏置角既可以用角度值来表示，也可以转换成长度值来表示。

七、车轮和车身的各个角度

1. 车辆中心对称面（longitudinal center plane）

如图 1-74 中的 A 所示，车辆中心对称面是汽车几何中心平面，它垂直于行驶平面并通过前后轴的轮距中点，它是后轴前束的测量基准，在定位仪的调整前检测中，第一次打正方向盘时测出。

2. 车辆的几何轴线（推力线）——（geometrical axis）

① 车轮中心线是轮胎上对车轮轴垂直的中心线（图 1-75）。

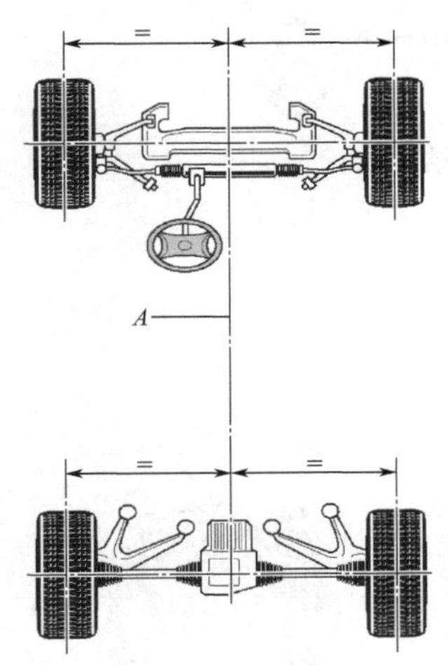

图 1-74　车辆中心对称面示意

A—车辆中心对称面

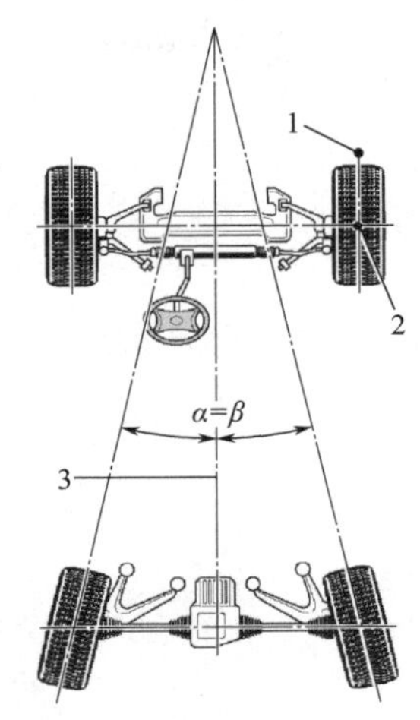

图 1-75　车辆的几何轴线（推力线）

1—车轮中心线；2—前轮中心线；3—几何轴线

② 几何轴线是后轴总前束的角平分线（后轴的前束是以前面中心对称面为基准测出的）。

用途：几何轴线由后轴前束决定，它是车辆行驶时的推力线，也是前轴前束的测量基准。

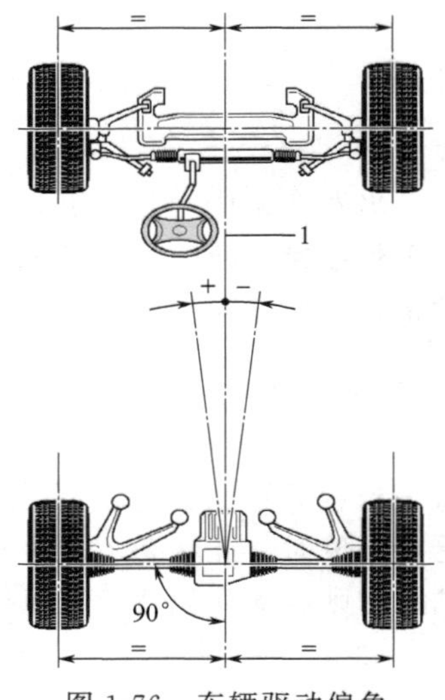

图 1-76　车辆驱动偏角
1—车辆中心对称面

3. 车辆的驱动偏角（geometrical angle）

如图 1-76 所示，驱动偏角是车辆中心对称面与几何轴线所形成的夹角。驱动偏角是由后轴的前束、横向偏移和斜向偏位产生的，汽车按照几何轴线方向行驶。

4. 转向时负前束（toe-out on turns）

如图 1-77 所示，前轴 3、转向臂 1 和横拉杆 2 一起组成转向梯形臂。它可以在转向时形成不同的转向角。车辆直线行驶时，横拉杆平行于前轴，转向时横拉杆不再平行于前轴。

如图 1-78 所示，转向时负前束是指转向时内轮相对外轮的前束差值。实际数值在左右 20°转向时测得。转向负前束表示当向左右转向时，转向梯形臂的工作状态。通过转向时负前束的测量值，可以判断梯形是否变形。

5. 最大总转角（maximum steering lock）

如图 1-79 所示，最大总转角是分别向左右最大转向时，内侧车轮和外侧车轮中心线与车辆中心线的夹角。通过左右的最大转向角可以判断车辆的横拉杆即球头工作是否正常。通过电子转角盘测出此角度。如果电子转角盘损坏，该角度不能被测量。

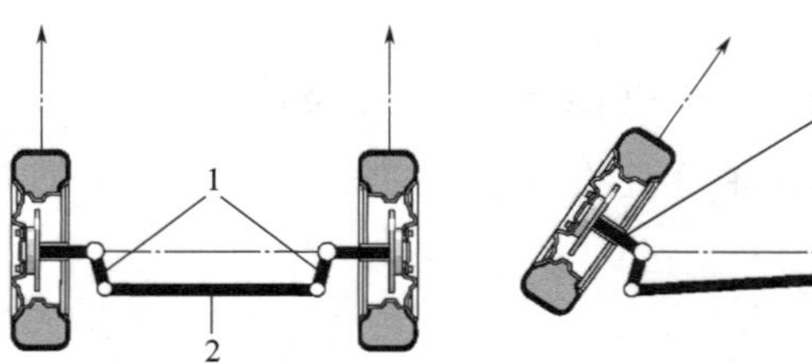

图 1-77　转向梯形臂结构
1—转向臂；2—横拉杆；3—前轴

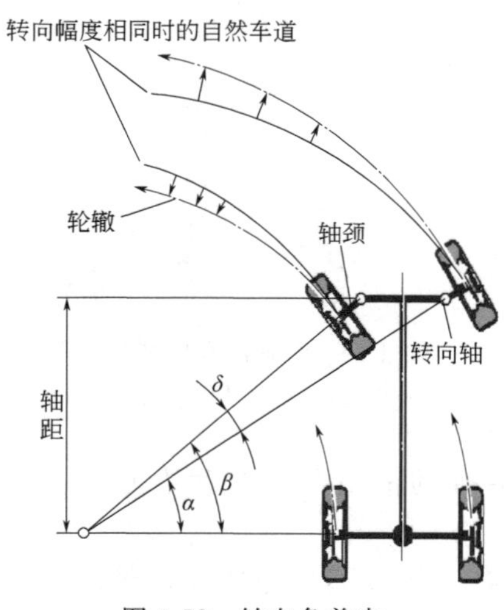

图 1-78　转向负前束

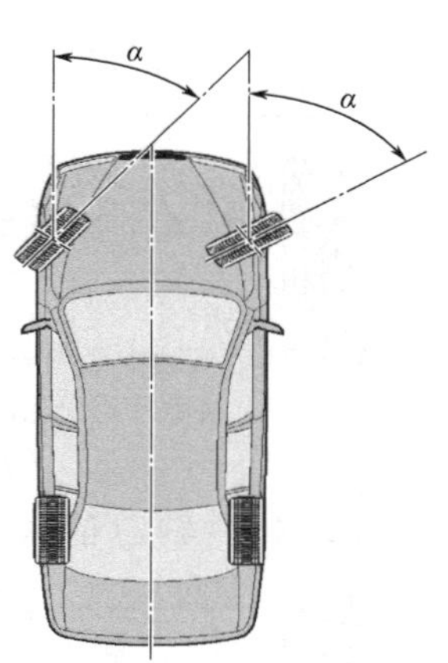

图 1-79　最大总转角

八、车身角度、定位检测参考角度

1. 轮轴偏移（wheel offset）——前轮偏位和后轮偏位

如图 1-80 所示，轮轴偏移是指两个前轮（或后轮）与地接触点的连线，同几何轴线的垂线间的夹角。当右侧车轮在左侧车轮前方时此角度为正，在左侧车轮后方时此角度为负。

2. 轴距偏差（wheelbase difference）

如图 1-81 所示，轴距偏差是两个前轮之间的连线与两个后轮之间的连线所形成的夹角。当右侧轮距大于左侧轮距时，此角度为正；反之为负。

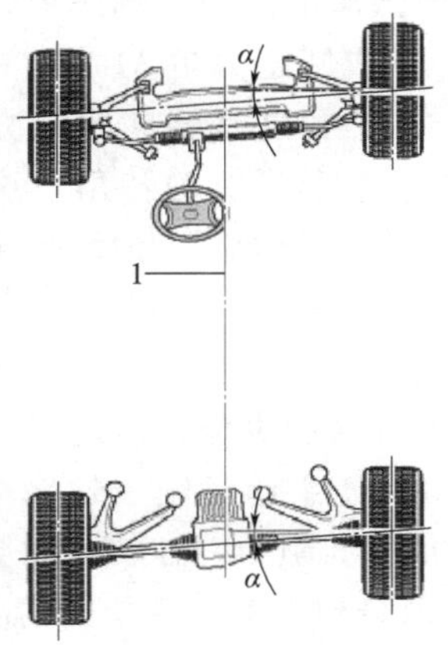

图 1-80　轮轴偏移

1—车辆中心对称面

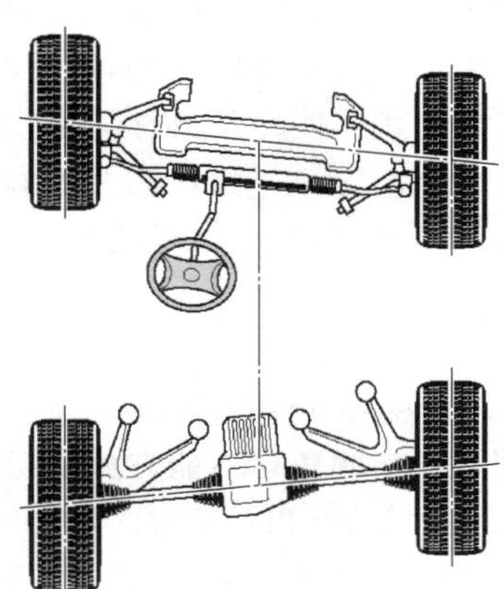

图 1-81　轴距偏差

3. 轮迹宽度偏差值（track width difference）

如图 1-82 所示，轮迹宽度偏差是指左前轮和左后轮与地面接触点之间的连线同右前轮和右后轮与地面接触点之间连线的夹角。当后轮宽度超过前轮宽度时，此角度为正。

4. 横向偏位（lateral offset）——单侧（左和右）

如图 1-83 所示，横向偏位是指左侧（或右侧）前轮和后轮与地接触点连线，同几何轴线之间的夹角，如果后轮超出前轮，此角度为正。

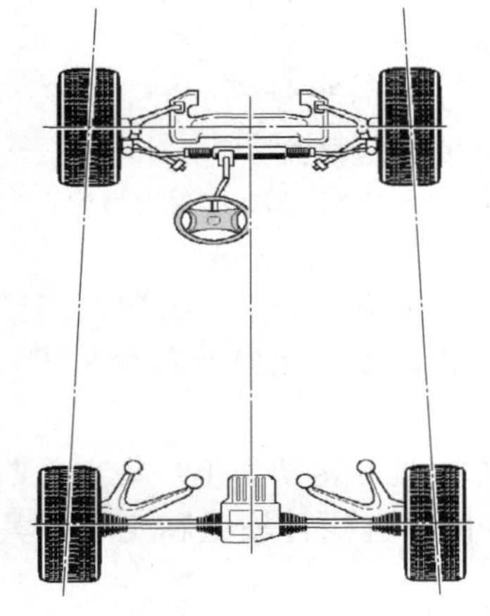

图 1-82　轮迹宽度偏差

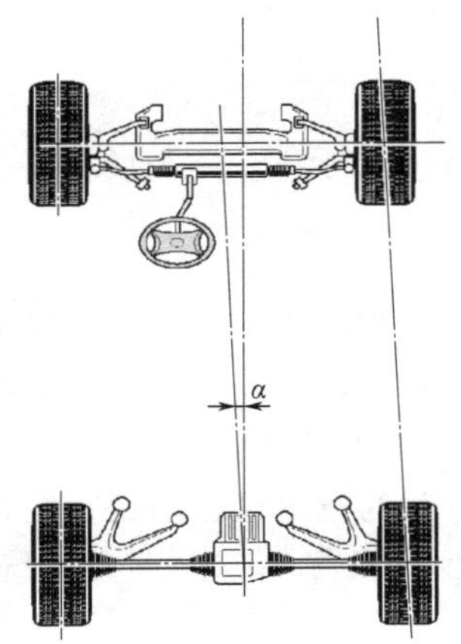

图 1-83　横向偏位

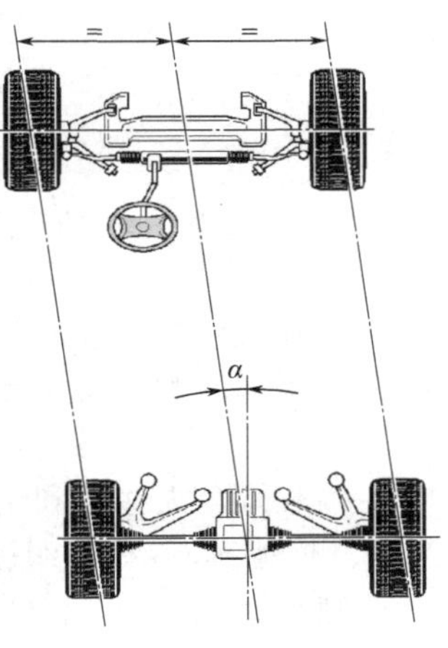

图 1-84　轴偏位

5. 轴偏位（wheel offset）

如图 1-84 所示，轴偏位是轨迹宽度偏差角的平分线与几何中心线的夹角，如果后轴偏移到右侧，该角为正。

第七节　车轮定位相关参数的关系

一、主销后倾角与前移量

主销后倾角 α 与前移量 a 如图 1-85 所示。a 与 α 对操纵稳定性的影响主要是通过后倾角拖距 ζ 表现出来的。后倾拖距 ζ 的存在使地面侧向力 F_y 形成回正力矩 M，这一方面由杆系和转向器传到方向盘，使驾驶员感到轮胎接地面的侧向力 F_y，这是转向轮的力反馈，也就是“路感”的来源；另一方面，该回正力矩 M 使车轮产生一个附加的转角，这是转向轮的角反馈。后倾拖距在汽车操作稳定性中所起的作用，就在于增加了力反馈与角反馈。由图 1-85 可知

$$\xi = a + \alpha r$$

大多数汽车前移量 $a=0$，因此后倾拖距 ζ 完全由主销后倾角决定。但现在也有一些汽车的 $a \neq 0$，这时主销后倾角 α 不能充分说明反馈的程度。虽然说主销后倾角越大车速越快，稳定力矩越大，但主销后倾角不宜过大，否则正后倾角会增加转向阻力，在转向时会导致转向沉重。如图 1-86 所示为宝马 2500 与宝马 2800 的滑柱摆臂式前悬架与前轮定位的情况。滑柱后倾 14.5°使得主销后倾角为 9.5°，但由于主销有很大的后移量，使后倾拖距仍然保持与同类汽车接近的数值（ζ=5.1mm），因而也保持与一般汽车大致相同的力反馈与角反馈程度。

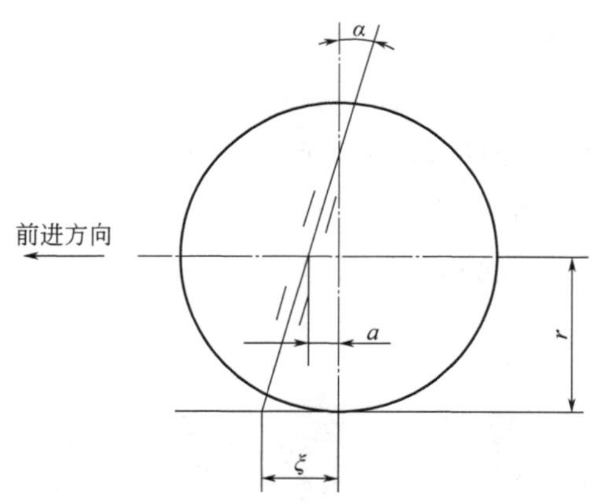

图 1-85　主销的后倾角与前移量

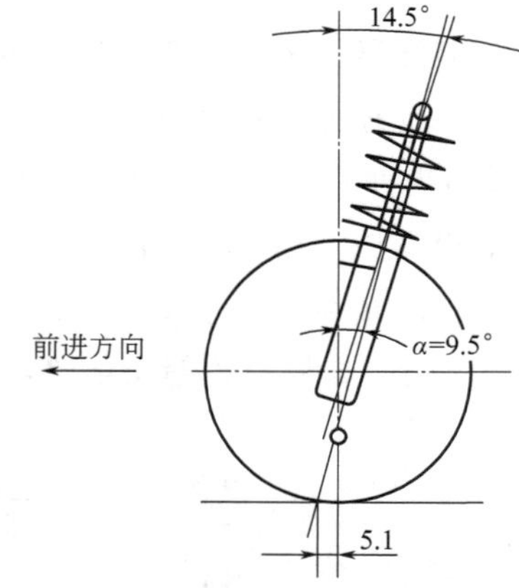

图 1-86　宝马 2500 与宝马 2800 的主销后倾参数

主销轴线向后时，主销后倾角为正；反之为负。主销后倾角一般取 2°～4°，目前高速轿车广泛采用低压胎，轮胎与地面接触面增大，从而使行驶稳定性提高了（能使方向盘在转向后自动回正），因此主销后倾角有减小的趋势。

主销后倾角大些有利于直线行驶的稳定性，但是也会加大方向盘的转动力矩。雷克萨斯 LS400、奔驰 S600 等高级轿车，因有良好的转向助力系统，为保持直线行驶的稳定性，其主销后倾角达到了 10°左右。

汽车左、右前轮主销后倾角相差过大，会引起汽车向主销后倾角小的方向跑偏。比如丰

田凯美瑞轿车的主销后倾角标准值为 1.56°±0.75°。实际左前轮主销后倾角为 2.25°，右前轮主销后倾角为 0.91°，总主销后倾角为 1.34°，但厂家提供的总主销后倾角为 0.75°，超了差不多一倍，所以汽车会向左跑偏（一般主销后倾角相差不能超 0.5°～1°）。

二、主销内倾角与内移量

主销的内移量 D 是指车轮中心与主销的水平距离，如图 1-87 所示。主销内倾角 β 是指主销在横向平面内与铅垂线所成的角。由于主销内倾，前轮转动时将使车身有抬高的倾向，这种系统位能的提高也会产生前轮的回正力矩 T。回正力矩 T 与拖距 ξ 造成的回正力矩有不同的特点。主销后倾角造成的回正力矩是与侧向力成正比的，或者说是与离心加速度成正比的。而由主销内倾角造成的回正力矩却与侧向力无关。因为离心加速度为 v^2/R，在转弯半径 R 一定时，它与车速的平方成正比。也就是说，由主销后倾角造成的回正力矩 M 是与车速成正比的，在低速时回正力矩很小，但是由主销内倾角造成的回正力矩 T 却与车速无关。即在低速下具有与高速时一样的回正力矩。在高速行驶时，M 要比 T 大得多，在低速行驶时 T 要比 M 大得多。因此可以说，主销后倾角在高速时起回正作用；而主销内倾角主要在低速时起回正作用。两者互相补充，使汽车在整个车速范围内都具有适当的回正作用。

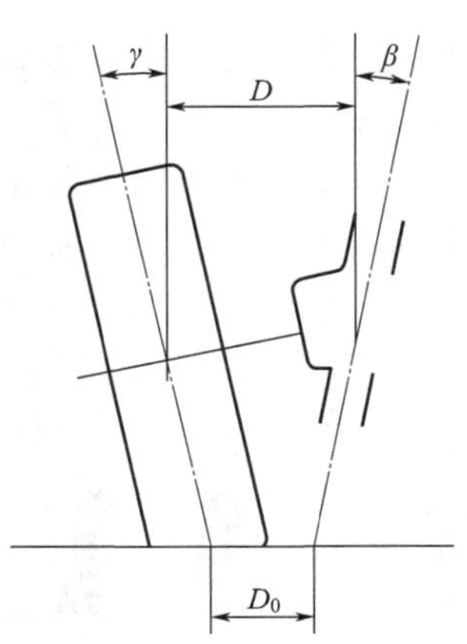

图 1-87　主销的内移量

主销内倾角一般不大于 8°，在设计转向节时已经设定，绝大部分汽车主销内倾角是不能调节的。

三、束角与阿克曼角

四轮定位就是确定四个车轮的位置？其实不然。与其说是确定四个车轮的位置，不如说是确定四个车轮在车辆行驶时的角度。

这里说的角度，其实是一个笼统的说法，更详细的则可以分为倾角、束角、主销后倾角等很多角度（图 1-88）。以几何学为基础，这些五花八门的角度在车辆行驶中，可以为车辆提供好的直线行驶能力、转弯能力、打方向和回方向的手感等。

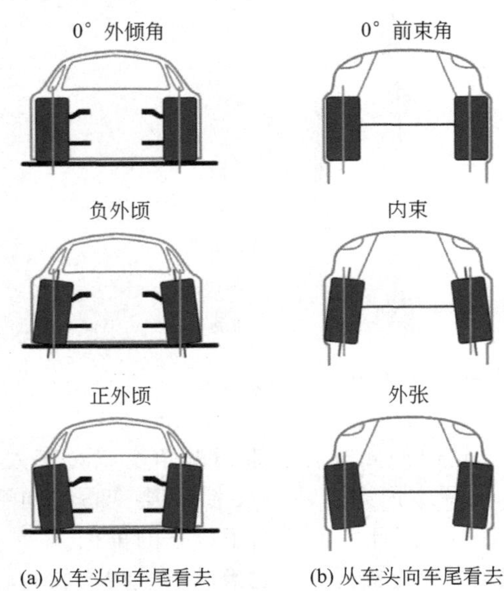

图 1-88　倾角和束角

1. 束角（toe）

当然，不同的车辆在原厂状态下，做四轮定位时，可以调整的地方和角度范围也不尽相同。如图 1-89 所示，束角不是“裹小脚”，束角可以简单地理解为把车轮前进方向约束起来。以前轮为例，通过俯视观察车辆的前轮，会发现有的车辆两个前轮呈“内八字”状，有的则呈“外八字”状，当然，也有的车辆两个前轮更接近于平行。为什么会有这些区别呢？要弄清楚这一点，我们就要从一辆车最常见的两种行驶状态说起，也就是直线前进和打方向转弯。

2. 阿克曼角

当车辆转弯时，由于外侧车轮比内侧车轮需行驶更多的路程，在差速器的作用下，外侧车轮会获得更多的动力。然而为了让车辆更好地入弯，仅仅使外侧车轮获得更大的动力，行驶更远的距离还不够，还需要让内侧车轮得到更多的入弯角度。原因很简单，内侧车轮的转弯半径更小，所以需要更大的角度才能更好地转弯，而外侧车轮因为转弯半径比内侧车轮大，所以不需要内侧车轮那么大的转向角度。这里，就产生了内侧车轮和外侧车轮在转弯时的角度差，而这个角度差则称为阿克曼角（图 1-90）。

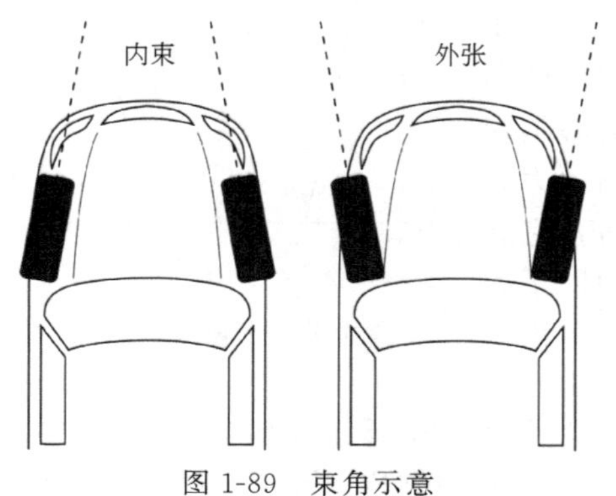

图 1-89　束角示意

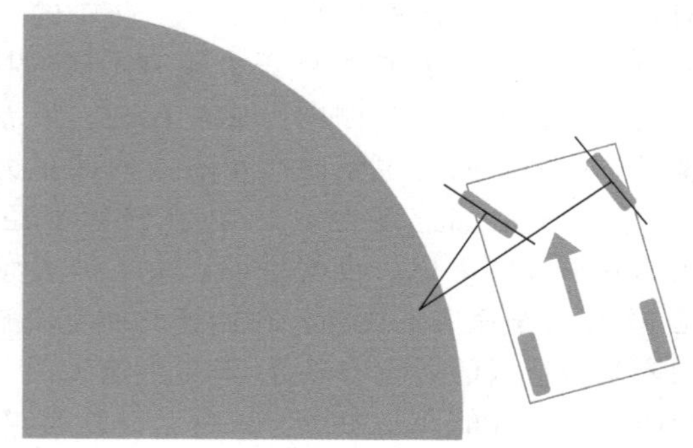

图 1-90　阿克曼角示意

当车辆处于直线行驶时，这个角度差被平均到左右两侧车轮，导致左右两侧车轮呈“外八字”状，这就是外张（图 1-91）。适当的外张，可以在转弯时提供更好的车辆灵活性，帮助车辆更好地入弯。

对于内束则和上面的情况恰恰相反。如图 1-92 所示，两个前轮呈“内八字”状。这意味着转弯时，车辆的灵活性会有所降低，车辆不太灵活，不过它也有自己的好处。如果转弯比较迟钝，那么势必意味着保持直线的能力反而更强。

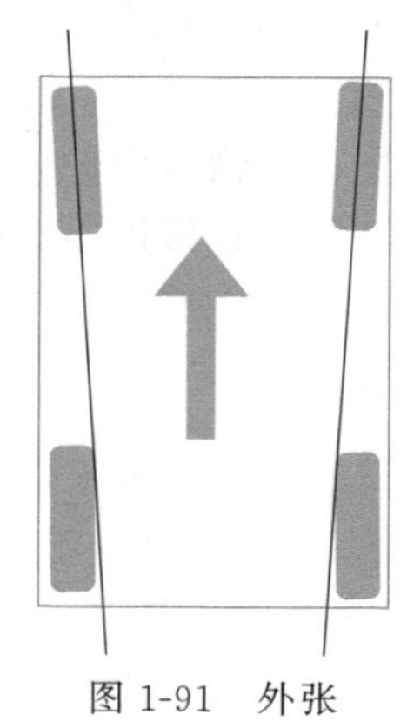

图 1-91　外张

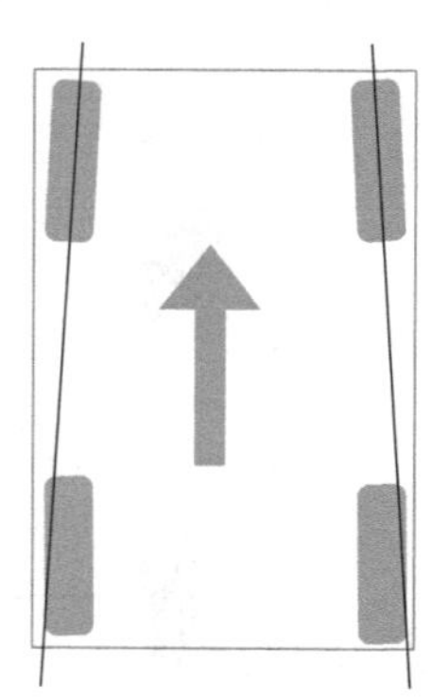

图 1-92　内束

在车辆向前行驶时，会受到不同的力，将两个车轮向外侧推开，束角的角度就会变大，这意味着，原本“外八字”的外张会更加“外八”，而原本内束的“内八字”，会变得趋向于两个车轮平行。而平行，意味着直线行驶时的阻力最小。因此我们得出了以下的推论。

① 在直线行驶时，“内束”会趋向于平行，也就是束角更接近 0°。这意味着直线行驶时轮胎的阻力更小，对轮胎的磨损也相对较少，并且直线行驶的稳定性更好，但转弯能力略显

迟缓。

② 在直线行驶时，“外张”束角会变得更大，也就是“外八”的状态会更加夸张，这意味着保持直线行驶的能力有所降低，但转弯的灵活性会得到提高。

③ 在直线行驶时，0°束角（平行）会趋向于“外张”状态，因此在直线行驶的稳定性、轮胎损耗和转弯能力上，处于内束和外张之间。

倾角也不是“罗圈腿”，外倾角从名字上就可以看出，它是指轮胎放置于地面时，是完全垂直于地面，还是与地面存在一定角度上的倾斜状态？如图 1-93 所示，假设我们站在车头，向车尾望去，看看车轮是否完全垂直于地面？如果完全垂直，那就是 0°外倾角；如果车轮上部向车辆中间倾斜，则称为负值倾角；如果车轮上部向车辆外侧倾斜，则称为正值倾角。

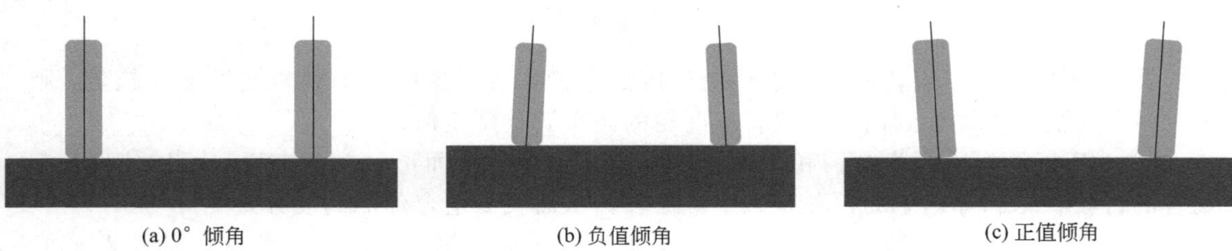

图 1-93　倾角示意

因为车辆在转弯时会向外侧倾斜，此时外侧车轮则会承担更多的驱动力（图 1-94）。为了保证外侧车轮在转弯时，可以得到更大的与地面的接触面，负值倾角在这时就提供了帮助。原本车轮底部和地面相接触的地方，更趋向于相对车辆的内侧，而转弯时，因为车辆侧倾的影响，导致轮胎正好完全与地面接触，此时轮胎内、中、外部与地面的压力相同，抓地力也可以得到完全的发挥。这意味着，外侧车轮可以更好地将驱动力发挥出来，从而帮助我们更好地过弯。

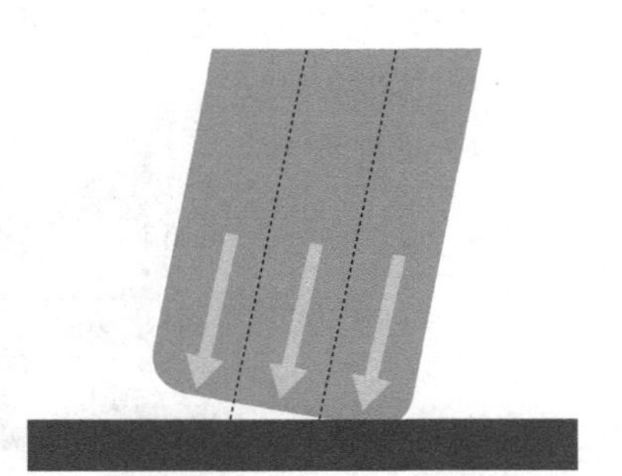

图 1-94　转弯时外侧车轮受力情况

但直线行驶时则恰恰相反。由于外倾角被设定为负值，导致车轮与地面接触压力最大的地方相较于轮距而言更窄，这意味着，直线行驶时的稳定性变差。

正值倾角设定和负值倾角设定是会有完全不同的效果。直线行驶时，正值倾角设定会略微增加轮距实际上的作用效果，从而提升直线行驶时的稳定性。但因为轮胎的压力过于集中在外侧，导致在转弯时，车辆在侧倾作用下，车轮并不能完全与地面接触，或者说车轮与地面的压力在车轮内、中、外三个部分的区别变大，导致车轮的抓地力变差，影响转弯能力。

再一次，我们得出以下推论。

① 正值倾角设定，可以提升车辆直线行驶的稳定性，但对转弯性能有一定的减弱。

② 负值倾角设定，可以提升车辆转弯的灵活性，但对直线行驶的稳定性有一定影响。

③ 0°倾角的设定，其直线行驶和转弯的能力处于正值倾角与负值倾角之间。

四轮定位（图 1-95）很重要，在不改装的前提下，通过四轮定位可以在一定程度上改变车辆的行驶状态。

应该怎样来调整四轮定位的数据呢？首先，通过上面的两组推论，可以得知以下几点。

① 对于前驱车，或者说偏向于转向不足的车辆来说，想提升车辆的转向能力，可以把前轮的束角调整到外张，还可以把前轮倾角调整到负值。

图 1-95　四轮定位的测试

② 对于后驱车，或者说偏向于转向过度的车辆来说，想减小车辆转向过度的趋势，则可以将前轮的束角调整到内束，或者把前轮的倾角调整到正值。

③ 对于四驱车，因为结构和传动形式不同，不可一概而论。总体来说，可以依照车辆现有的行驶状态和你期望的行驶状态来做比较，从而找到适合你的调校方式。

如图 1-96 所示，一般在做四轮定位时，都可以看到数据处于红色、黄色、绿色区域内，这里以绿色为最优。在不超出绿色区域内，进行倾角和束角的变化，既得到了一定程度上车辆行驶状态和性能的优化，又不至于有什么负面影响。

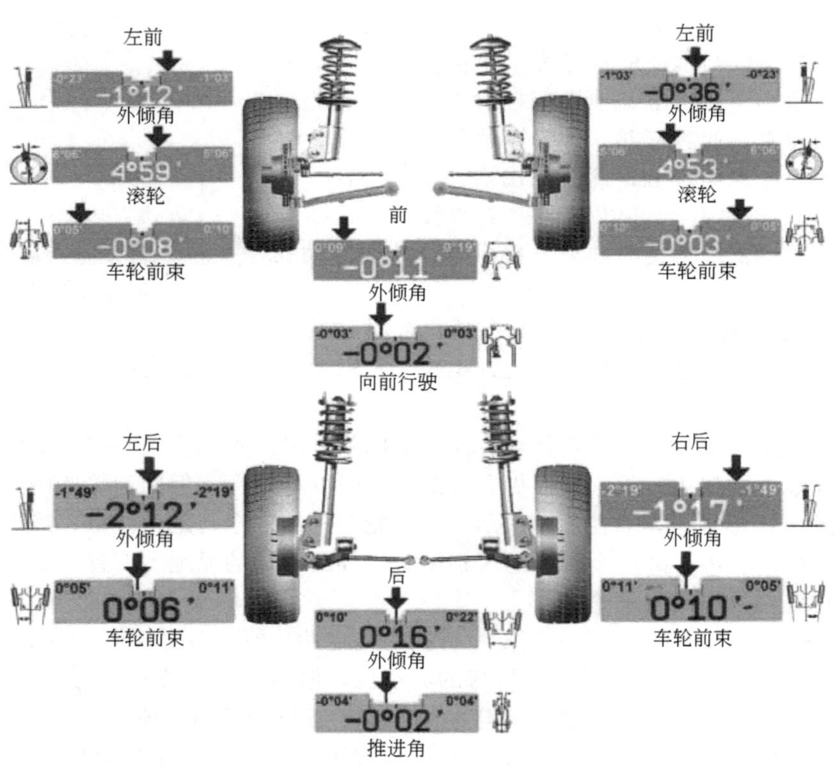

图 1-96　四轮定位时数据指示

如图 1-97 所示，在进行四轮定位的施工时，无论是激光、红外还是手工拉线，其实区别并不大。真正的能力，则是体现在对于车型数据掌握的准确性和技师的经验以及责任心上。有的维修店，几年不更新数据，用上一代车型的数据来给最新一代车型做四轮定位，这样的结果可想而知；有的技师，完全不考虑轮胎磨损，也不考虑驾驶者的驾驶感受，根据自己的一厢情愿草草调节了之，这样的后果当然也不是我们想要的。

图 1-97　四轮定位测试

第二章 与四轮定位相关的汽车底盘系统

第一节　汽车行驶系统

一、汽车轮胎相关知识

轮胎是车辆中唯一与路面直接接触的部件，它与盘式车轮一起使用。轮胎与路面直接接触，将车辆的驱动力和制动力传至路面，从而控制起步、加速、减速、停车和转向。车辆本身支撑在充有压力空气的轮胎上，所以车辆在不平路面行驶所产生的振动，通过轮胎可以有效地减弱。

1. 轮胎结构

如图 2-1 所示，车轮总成一般由轮毂、轮盘和轮辋三部分组成。轮毂通过圆锥滚柱轴承套装在车桥或转向节轴颈上。轮辋用于安装轮胎。轮盘和轮辋为一个整体，通过螺栓连接将轮盘安装在轮毂上，一起随轮毂转动。轿车轮毂外侧装有车轮装饰罩，如图 2-2 所示。

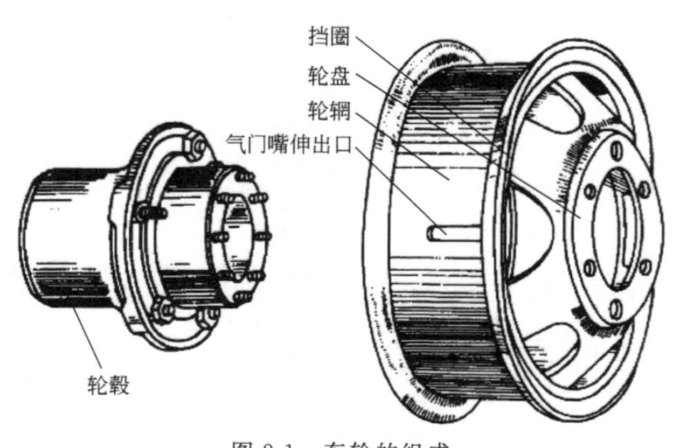

图 2-1　车轮的组成

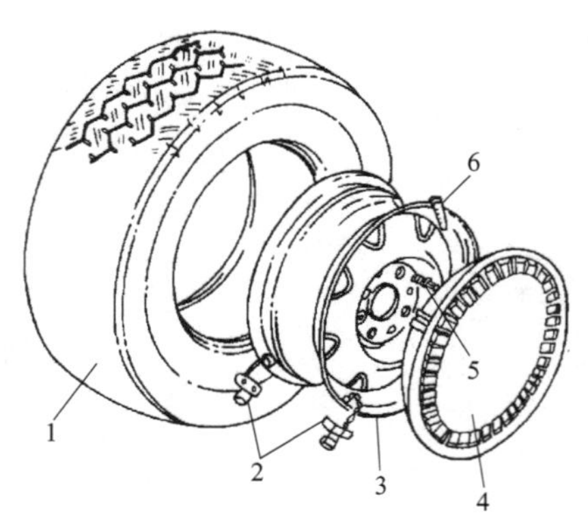

图 2-2　车轮总成

1—轮胎；2—平衡块；3—轮毂；4—装饰罩；5—螺栓；6—气门嘴

轮胎由胎体、胎面、胎壁等部分组成，如图 2-3 所示。

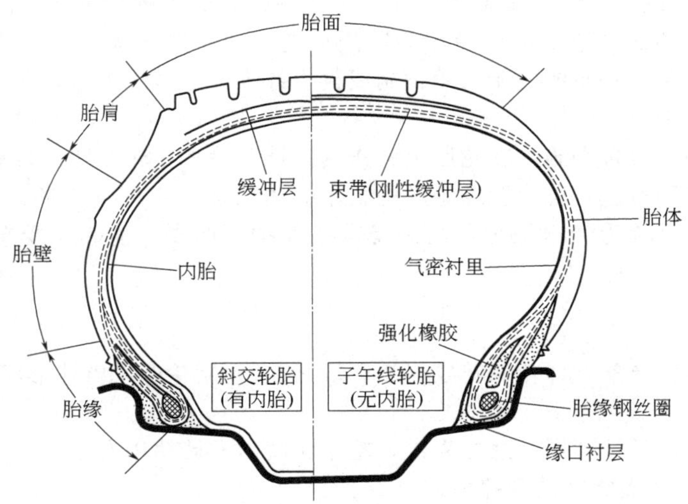

图 2-3　斜交轮胎及子午线轮胎的横切面图

（1）胎体（外胎）　胎体是轮胎的框架，它必须具有足够的刚性，以阻止高压空气外泄，又必须具有足够的弹性，以吸收载荷的变化和冲击。它由许多层与橡胶粘接在一起的轮胎帘线（多股平行的高强度材料层）构成。大客车和货车轮胎中的帘线，一般用尼龙或钢丝制成，而轿车轮胎的帘线使用聚酯或尼龙。根据其帘线方向，轮胎一般可分为子午线轮胎和斜交轮胎两种（图 2-4）。

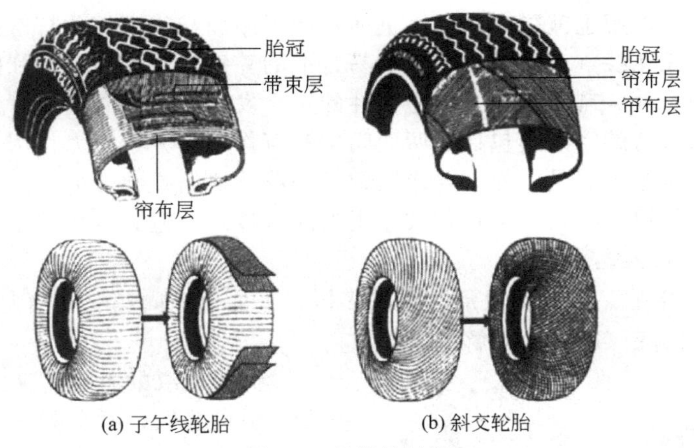

图 2-4　轮胎的结构

（2）胎面　胎面是外部橡胶层，保护胎体免受路面造成的磨损和外部损坏。胎面与路面直接接触，并产生摩擦阻力，使车辆驱动力和制动力得以传至路面。胎面花纹由压入胎面的模压沟槽构成，其设计目的在于帮助轮胎将驱动力和制动力更有效地传至路面。

（3）胎壁　胎壁由数层橡胶构成，覆盖轮胎两侧，并保护胎体免受外部损坏，是面积最大、弹性最强的轮胎部件。胎壁在行驶过程中，不断地在载荷作用下弯曲变形。胎壁上标有厂家名称、轮胎尺寸和其他资料。

（4）缓冲层　缓冲层是夹在胎面之间的纤维层，它可增强胎体与胎面的附着能力，同时也有助于减弱路面传至胎体的振动。缓冲层广泛用于斜交轮胎中。大客车、货车及轻型货车所用的轮胎都采用尼龙缓冲层；轿车所用的轮胎则采用聚酯缓冲层。

（5）束带（刚性缓冲层） 束带是一种用于子午线轮胎中的缓冲层。刚性缓冲层就像一条箍圈夹在胎体与胎面橡胶之间，沿轮胎圆周放置，使胎体牢固定位。轿车的轮胎圆周放置，使胎体牢固定位。轿车的轮胎采用钢制或再生纤维聚酯帘线束带，而大客车、货车的轮胎则采用钢帘线束带。

（6）胎缘 为防止各种施加在轮胎上的作用力扯开轮辋，轮胎胎上设有固定边缘，即各层侧边都缠绕有坚固钢丝，称为胎缘钢丝网。轮胎内的加压空气迫使胎缘胀紧在轮辋边沿，使其牢固定位。一种称为缘口保护层的硬橡胶条保护住胎缘，使其免受轮辋擦伤所造成的损坏。

2. 轮胎的花纹

轮胎设计有四大要素，即轮胎花纹（表面形状）、轮胎轮廓（整体形状）、轮胎结构和轮胎使用材料。

（1）轮胎花纹的设计功用 总体来讲，轮胎花纹的设计功用有以下几个方面。

① 增大轮胎与地面之间的摩擦力。

② 降低轮胎噪声，增强舒适性。

③ 为轮胎散热、排水。

④ 提升车辆的操控性。

⑤ 美观，提升视觉效果。

轮胎花纹的主要作用就是增加胎面与路面之间的摩擦力，以防止车轮打滑，这与鞋底花纹的作用如出一辙。轮胎花纹提高了胎面接地弹性，在胎面和路面间切向力（如驱动力、制动力和横向力）的作用下，花纹块能产生较大的切向弹性变形。切向力增加，切向变形随之增大，接触面的摩擦作用也就随之增强，进而抑制了胎面与路面间的打滑或打滑趋势。这在很大程度上消除了无花纹（光面胎面）轮胎易打滑的弊病，使得与轮胎和路面间摩擦性有关的汽车性能——动力性、制动性、操纵稳定性的正常发挥有了可靠的保障。有研究表明，产生胎面和路面间摩擦力的因素还包括这两面间的黏着作用、分子引力作用，以及路面微小凸起对胎面的切削作用等，但是，起主要作用的仍是花纹块的弹性变形。

（2）影响花纹作用的因素 影响花纹作用的因素较多，但起主要作用并与汽车使用有关的因素是花纹形式和花纹深度。

① 花纹形式的影响。轮胎花纹形式多种多样，下面对纵向花纹和横向花纹（图 2-5）进行分析，其他类型的花纹就容易理解了。

(a) 纵向花纹

(b) 横向花纹

图 2-5 轮胎的纵向花纹和横向花纹

a. 纵向花纹的影响。纵向花纹的共同特点是胎面纵向连续，横向断开，因而胎面纵向刚度大，而横向刚度小，轮胎抗滑能力呈现出横强而纵弱。这种花纹轮胎的滚动阻力较小，散热性能好。

b. 横向花纹的影响。横向花纹的共同特点是胎面横向连续，纵向断开，因而胎面横向刚度大，而纵向刚度小。因此，这种花纹轮胎抗滑能力呈现出纵强而横弱，汽车以较高速度转向时，容易侧滑；轮胎滚动阻力也比较大，胎面磨损比较严重。

② 花纹深度的影响。花纹越深，则花纹块接地弹性变形量越大，由轮胎弹性迟滞损失形成的滚动阻力也将随之增加。较深的花纹不利于轮胎散热，使胎温上升加快，花纹根部因受力严重而易撕裂、脱落等。花纹过浅不仅影响其储水、排水能力，容易产生有害的滑水现象，而且使光面轮胎易打滑的弊端凸显出来，从而使前面提及的汽车性能变差。因此，花纹过深或过浅都不好。

3. 轮胎的花纹类型

（1）纵向花纹轮胎　纵向花纹轮胎也称为条形花纹轮胎，由于其滚动阻力低、车头指向性好及噪声低，所以可以提供极好的运动操控性和驾驶舒适性。但由于只有纵向花纹，其提供的抓地力并不充足，所以其提供的制动力及驱动力都不够，因此，除去在F1赛车（图2-6）中使用外，日常中并不常见。

图2-6　装配纵向花纹的F1赛车

（2）横向花纹轮胎　横向花纹轮胎又称为羊角花纹轮胎，能够提供极好的抓地力，所以在提供制动力和牵引力方面有着得天独厚的优势。这种花纹轮胎在专业领域用途比较广，如一些农业机械（收割机、拖拉机等）以及一些工程机械和大型牵引车等都可能使用到横向花纹轮胎。但是，这种花纹的轮胎噪声大、易磨损、耗油高、高速性能差等，所以在民用领域中几乎没有市场。

（3）混合花纹轮胎　设计一条普通的民用轮胎需要进行全方位的考虑，既要满足晴天干地行驶要求，也要满足雨天湿地行驶要求，可以说需要把一年四季的气候特点都考虑进去，这样普通用户才可以不用根据天气经常去换轮胎。

轮胎上的纵向花纹主要起到快速排水的作用，但会导致轮胎的抓地力不足；而轮胎上的横向花纹拥有较高的抓地力，但排水能力及导向性不好。因此，设计轮胎的工程师们将两种花纹混搭在一起并达成一种“默契”，让中间能提供快速排水的纵向花纹与胎肩上提供抓地力的横向花纹完美结合，这样混合花纹轮胎就诞生了。目前，这种混合花纹轮胎（图2-7）被广泛运用于轿车、客车、货车等绝大多数车辆上，是一种最省心的选择。

普通的混合花纹轮胎使用限制较少，前、后、左、右均可调换，是一种综合平衡性非常好的轮胎，适合普通消费者日常城市出行使用。

（4）不对称花纹轮胎　不对称花纹轮胎（图2-8）即左、右两边拥有不同的花纹结构，由于不对称花纹轮胎的左、右花纹结构不同，所以通常设计时会更注重设计增大转弯时轮胎外侧抓地力的花纹，这也是为什么不对称花纹轮胎在某些情况下过弯时性能会相对较好的原因。考虑到日常使用的情况，不对称花纹轮胎外侧花纹的耐磨性也会得到相应提高。

不仅如此，由于两边的花纹采用不同的结构形式以及橡胶配方，所以轮胎的整体性能可以更强、更全面，如一边花纹可以侧重排水能力，一边花纹可以侧重抓地能力等。目前不对称花纹轮胎已得到广泛运用，并且取得了市场的肯定，是多数车主购买轮胎时的首选。需要注意的是，由于该种轮胎内外花纹不同，在安装时必须确定轮胎的内外花纹是否正确。采用这种花纹的轮胎，在进行轮胎对调时没有特殊要求，前后左右都可以，只要主要轮胎的内外花纹正确即可。

图 2-7　混合花纹轮胎

图 2-8　不对称花纹轮胎

（5）单导向花纹轮胎　单导向花纹轮胎（图 2-9）所有花纹均为一个方向，且具有胎块花纹较大、横切花纹较少等特点。这些特点决定了单导向花纹轮胎具有滚动阻力小、车头指向性好、抓地能力与排水性能强等性能优势，其速度级别可以做得很高，一般用于高速轿车。但同样安装轮胎时要注意，按轮胎上标志的滚动方向进行安装。如轮胎上无滚动方向标记，则以花纹的尖端先接触地面的方向安装。

（6）块状花纹轮胎　块状花纹轮胎（图 2-10）的花纹沟之间都相互连接，呈独立的花纹块结构。这种轮胎的优点是驱动力和制动力强，缺点是耐磨性差、使用寿命短、行驶摩擦阻力大、易产生异常磨损，因此更适合用在雪地及泥泞道路上。

图 2-9　单导向花纹轮胎

图 2-10　块状花纹轮胎

目前，这种轮胎一般用于轿车的全天候和雪地轮胎，商用车的后部轮胎，以及越野车轮胎等。

二、轮胎性能

在特定条件下行驶的汽车，要采用性能最合适的轮胎。

1. 滚动阻力

产生轮胎滚动阻力的原因有以下两个方面。

（1）轮胎与路面的摩擦阻力　轮胎在路面上滑动时，便产生了摩擦阻力。这种摩擦阻力占全部滚动阻力的5%～10%，并且随路面情况、轮胎结构、胎面花纹及其他因素而波动。

（2）轮胎变形所产生的阻力　车辆行驶时，与路面接触的胎面部分会不断改变，迫使胎面、胎壁等部分在轮胎旋转一周时完成一个变形周期。该变形周期消耗了车轮旋转所需的部分能量，并产生了阻力。它是轮胎滚动阻力产生的主要原因，占全部滚动阻力的90%以上。

轮胎滚动阻力的表达式为

$$R=KW$$

式中，R 为滚动阻力；K 为滚动阻力系数；W 为作用在轮胎上的负载。

影响轮胎滚动阻力系数 K 的因素包括路面、车速、充气压力、轮胎结构以及轮胎高宽比等。

2. 轮胎所产生的热量

轮胎所产生的热量与充气压力、载荷、车速、结构有关。由于轮胎材料由橡胶帘布层、帘线等组成，属于不具有完全的弹性及热的不良导体。当这些材料在轮胎扭曲时吸收能量转化为热量，而热量不能快速散发，因此热量积累在轮胎材料内部，造成轮胎内部温度上升。过量的热量积累会削弱各轮胎帘布层与轮胎帘线之间的粘力，最终导致各橡胶层分离，甚至使轮胎爆裂。

3. 制动性能

轮胎与路面间所产生的摩擦可使汽车减速和停车。所产生的制动力大小取决于路面条件、轮胎类型、轮胎结构及轮胎运作的其他条件。

4. 胎面花纹噪声

胎面花纹噪声是最突出的工作声音。与路面接触的胎面纹槽中含有空气，这些空气密封在纹槽与路面之间，并受到压缩。当胎面离开路面时，受到压缩的空气便从纹缝中突然冲出，产生噪声。

如将胎面设计成更容易将空气封闭在纹槽中的形式，则花纹噪声便会增大。例如，区间花纹或横向花纹就比纵向折线花纹更容易产生噪声。当车速升高时，噪声的音调（频率）也随之升高。鉴于花纹噪声取决于胎面花纹的图形，故可将花纹设计成使噪声降至最低的形式。例如，那些看上去似乎只是简单重复的横向花纹和锯齿形花纹，其花纹间隔之间可能包含了细微的花纹变化。

5. 驻波

车辆行驶过程中，随着胎面新的部分与路面接触，轮胎便不断挠曲。稍后，当该部分胎面离开路面时，轮胎内的空气压力及轮胎本身的弹性，便要将胎面和胎体恢复原状。但当车速较高时，轮胎旋转速度很快，没有足够时间来完成这一复原过程。在如此短暂的时间间隔中，不断重复这一过程，便会使胎面振动，这些被称为驻波的振动，在轮胎附近不断传播。储存在驻波中心的能量，大部分转化为热量，使轮胎温度急剧升高。在某些情况下，这种储存的热量会导致轮胎在几分钟内损坏，甚至爆裂。

6. 浮滑现象

浮滑现象也称为水滑现象，发生浮滑现象时，轮胎与路面接触的胎面可分为3个区域，如图2-11所示。

（1）排水区A　在此区域内，将水向两侧推开，或通过胎面上的锯齿形花纹和通道将水泵走。

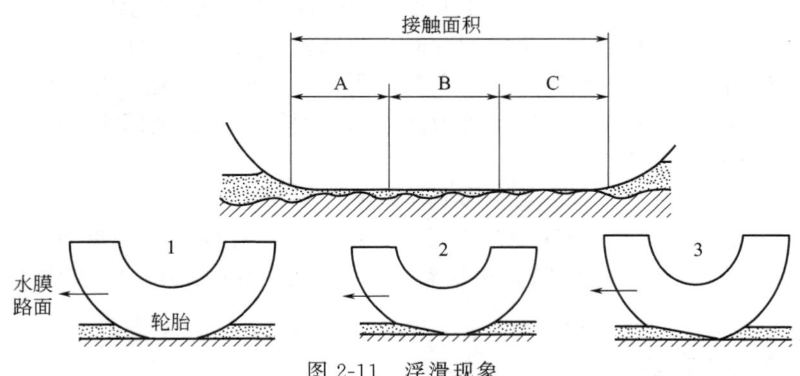

图 2-11　浮滑现象

(2) 在B区　刀槽花纹将残余的水膜擦掉。

(3) 附着区（摩擦区）C　在此区域内，胎面花纹附着在已干的接触面积剩余部分上。当车速提高时，A区域不断扩展，而B区域和C区域逐渐减小，直至使轮胎接触面与路面完全分离。不同车速下胎面与路面的接触情况如下。

较低车速1：胎面完全接触路面。

较高车速2：楔形水膜逐渐穿入胎面与路面之间（部分浮滑）。

过高车速3：胎面完全升离路面（完全浮滑）。

如果车速太高，胎面没有足够的时间从路面上排开积水，不能附着在路面上，车辆便会在积水路面上打滑。这是因为当车速升高时，水的阻力也相应增大，迫使轮胎“浮”在水面上。车轮做滑水运动，在低速时会沉入水中，而当速度升高时，便开始在水面上滑行。

浮滑现象不仅会造成转向失控，还会使制动作用降低或失效，从而使驾驶员无法控制车辆，这是极其危险的。所以，应采取以下预防措施，来防止发生浮滑现象。

(1) 不要使用胎面磨损的轮胎　轮胎磨损后，胎面纹槽便不能尽快排除轮胎与路面的积水，也就不能防止发生浮滑现象。

(2) 在积水路面降低车速　较高的车速会增大水的阻力，产生浮滑现象。

(3) 提高充气压力　水的压力会迫使积水垫在胎面之下，而较高的轮胎压力却可以对抗这种水压，延迟浮滑现象的产生。

7. 拐弯力性能

车辆转向时，总会伴有离心力，除非有外力可以提供给车辆足够的向心力来取得平衡，否则离心力会迫使车辆以大于驾驶员所希望的弧度转向。轮胎与路面间摩擦所造成的变形和侧滑，便会提供这种向心力，这种向心力也称为拐弯力。拐弯力可使车辆转向时保持稳定。车辆的拐弯性能，随以下因素的不同而不同。

① 轮胎规格（胎面花纹、帘线层、帘线角、帘布层级）。

② 施加在胎面接触区的载荷（拐弯力随载荷的增大而增大）。

③ 轮胎尺寸（拐弯力随轮胎尺寸的加大而增大）。

④ 路面条件（如道路滑或有积雪，则拐弯力也随之减小）。

⑤ 充气压力（轮胎在较高的压力下，刚性增加，拐弯力随之增大）。

⑥ 车轮外倾角（正外倾角减小，会使拐弯力增大）。

8. 轮胎磨损

轮胎在路面上滑动时所产生的摩擦力，会始胎面和其他部分橡胶遭受磨损或损坏，这就是轮胎磨损。轮胎磨损因充气压力、车速、路面条件、载荷、制动、温度及其他因素的不同而异。

（1）充气压力　充气压力不足，会使胎面在与路面接触时，产生过量挠曲，从而加速轮胎磨损。

（2）车速　作用在轮胎上的驱动力和制动力、转向时的离心力以及其他作用力，与车速的平方成正比。因此，提高车速会使这些作用力急剧增大，同时也增大了胎面与路面的摩擦力，从而加速了轮胎的摩擦。

（3）路面条件　粗糙的路面比平坦道路使轮胎磨损明显加快。

（4）载荷　与降低充气的作用完全相同，较大的载荷也会加速轮胎的磨损。重载车辆在转向过程中，较大的离心力促使较大的拐弯力与之相平衡，从而使轮胎与路面间产生较大的摩擦力。

9. 轮胎的均匀性

轮胎的均匀性，一般指质量、尺寸、刚度的均匀性。

质量均匀性要用到车轮平衡，车轮平衡包括静平衡（图 2-12）和动平衡。如图 2-13 和图 2-14 所示分别为动不平衡的受力分析及影响。

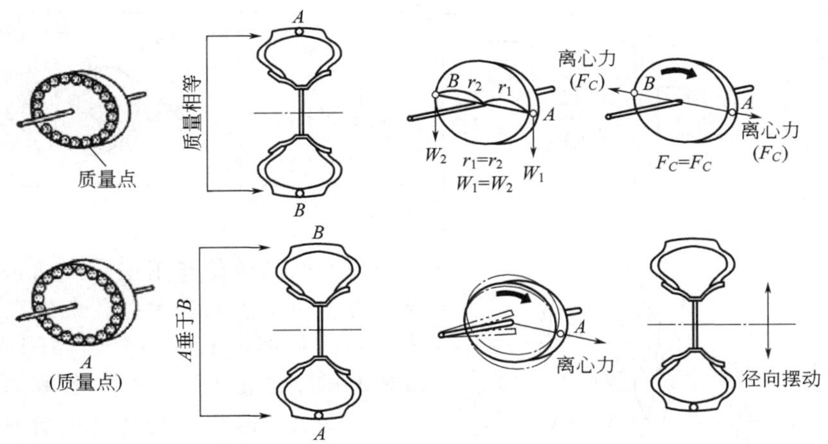

图 2-12　静平衡

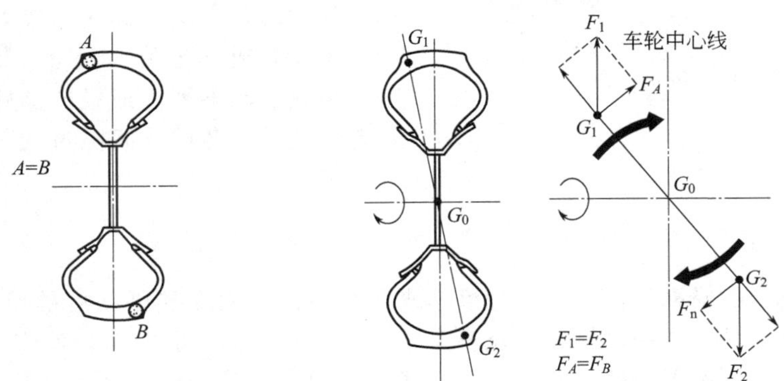

图 2-13　动不平衡的受力分析

尺寸均匀性要用到偏摆，偏摆包括径向偏摆和轴向偏摆（图 2-15）。

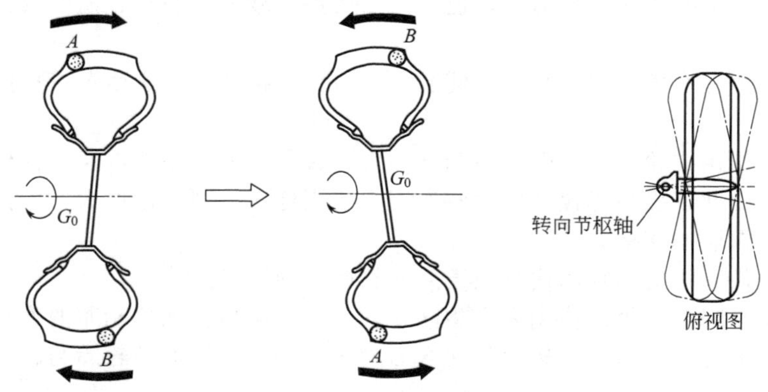

图 2-14　动不平衡的影响

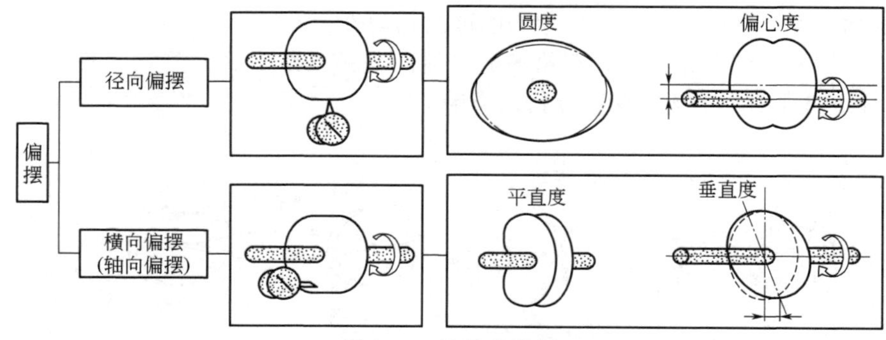

图 2-15　轮胎的偏摆

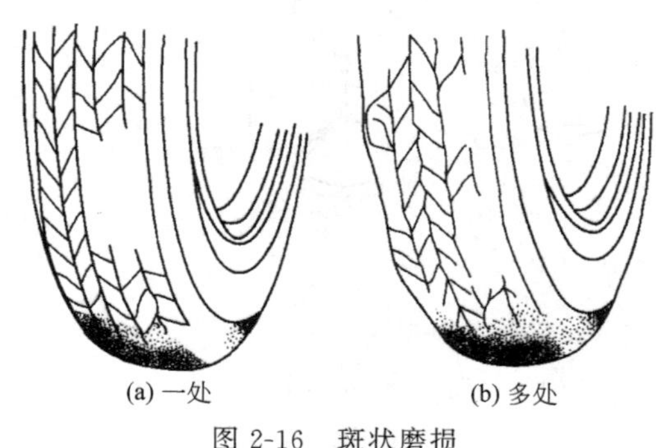

图 2-16　斑状磨损

轮胎受到载荷作用便会挠曲，其表现与弹簧无异。由于胎面、胎体、束带以及橡胶等构成轮胎的材料，不是绕轮胎周围均匀地分配，故轮胎的刚度也不均匀。轮胎的均匀性一般用均匀性测试器测量轮胎径向载荷的变化量来衡量，载荷量的变化越小，则均匀性越好。

斑状磨损（环状槽形磨损）如图 2-16 所示，其原因是车辆在高速行驶时，车轮发生摆振。车轮总成（轮胎、车轮、制动盘或鼓、轮盖、轮毂）动不平衡或径向圆跳动量过大，以及轮毂轴承、各球头间隙过大等都可能造成车轮发生偏摆。

三、车轮的平衡

随着道路质量的提高，汽车行驶速度越来越快，因此对车轮平衡度的要求也越来越高。由于发动机、操作系统、制动性能以及车身空气动力学方面不断改善，使汽车车速得以不断提高。高速行驶时，不平衡的车轮总成（盘式车轮加上轮胎）会产生振动，并通过悬架部件将这一振动传至车身，从而使驾驶员和乘客感到不适，如图 2-17 所示。所以，要正确地平衡车轮总成，以消除这种振动。

1. 车轮静不平衡

支起车轴，调整好轮毂轴承松紧度，用手轻转车轮，使其自然停转。在停转的车轮离地最近处做一个标记，然后重复上述试验多次。如果每次试验标记都停在离地最近处，则表明车轮静不平衡。这个车轮上所做的标记称为不平衡点或垂点；反之，若车轮经几次转动自然停转后所停标记的位置各不一样，或强迫停转消除外力后车轮也不再转动，则表明车轮是静平衡的。

对于静平衡的车轮，其重心与旋转中心重合；对于静不平衡的车轮，其重心与旋转中心不重合，车轮在旋转时产生离心力，如图 2-18 所示。

图 2-17　动平衡不良造成振动的示意

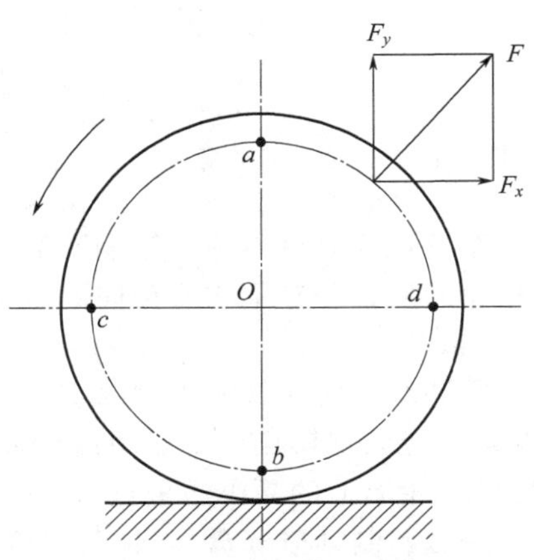

图 2-18　车轮静不平衡

离心力公式为

$$F=mr\omega^2$$

式中，m 为不平衡点质量；ω 为车轮旋转角速度，$\omega=2\pi n$，n 为车轮转速；r 为不平衡点离车轮旋转中心的距离。

从上式中可以看出，离心力 F 与不平衡点质量 m、不平衡点离车轮旋转中心的距离 r、车轮转速 n 的平方成正比。可见，汽车速度很快时，离心力 F 相当可观，对汽车行驶性能的影响就更为明显。

离心力 F 可分解为水平分力 F_x 和垂直分力 F_y。在车轮转动一周的过程中，垂直分力 F_y，有两次落在通过车轮中心的垂线上，一次在 a 点，一次在 b 点，方向相反，均达到最大值，使车轮上下跳动，并由于陀螺效应引起前轮摆振，为便于理解，先介绍一下陀螺效应。

所谓陀螺效应，就是物体在旋转过程中能保持轴的方向的能力。陀螺在高速转动时，它的轴会稳定地保持着一定方向，即使你故意用手拨它一下，使其轴暂时歪斜，但过不了多久，它又会自然地恢复到原来的旋转状态，这就是陀螺效应起的作用。接下来再做受力分析。

水平分力 F_x 有两次落在通过车轮中心的水平线上，一次在 c 点，一次在 d 点，方向相反，均达到最大值，使车轮前后窜动，并形成绕主销来回摆动的力矩，造成前轮摆振。当左、右前轮的不平衡点质量相互处于 180°位置时，前轮摆振最为严重。

2. 车轮动不平衡

即使是静平衡的车轮，即重心与旋转中心重合的车轮，也可能动不平衡。这是由车轮的

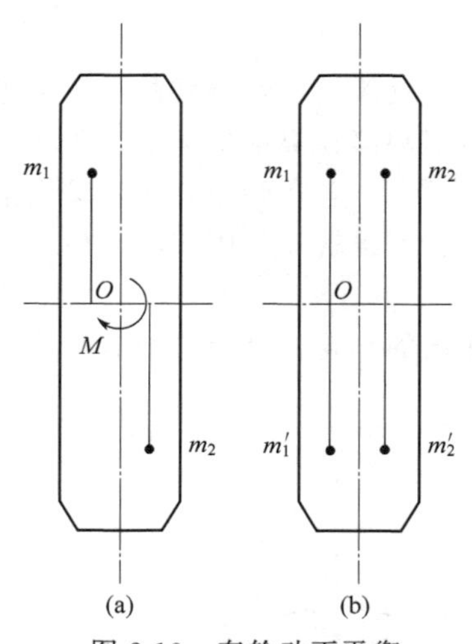

图 2-19 车轮动不平衡

质量分布相对车轮纵向中心面不对称造成的。在图 2-19(a) 中，车轮是静平衡的。在该车轮旋转轴线的径向相反位置上，各有一个作用半径相同、质量也相同的不平衡点 m_1 与 m_2，且不处于同一平面内。对这样的车轮而言，其不平衡点的离心力合力为零，而离心力的合力矩不为零，转动中产生方向反复变动的力偶 M，使车轮处于动不平衡。动不平衡的前轮绕主销摆振。如果在 m_1 与 m_2 同一作用半径的相反方向上配置相同质量 m_1' 与 m_2'，则车轮处于动平衡，如图 2-19(b) 所示。

动平衡的车轮肯定是静平衡的，因此主要应对车轮进行动平衡检验。

3. 车轮不平衡原因

① 轮毂、制动盘（鼓）加工时轴心定位不准，加工误差大，非加工面铸造误差大，热处理变形或磨损不均。

② 车轮螺栓质量不等、轮辋质量分布不均或径向圆跳动、轴向圆跳动太大。

③ 轮胎质量分布不均或径向圆跳动、轴向圆跳动太大，使用中变形或磨损不均，使用翻新轮胎或垫、补胎。

④ 并装双胎的充气嘴未相隔 180°安装，新轮胎与新车轮安装时，没有做相位匹配。车轮上的最小径向偏摆点（一般用白点表示）要与轮胎上的最大径向偏摆点（一般用红点表示）对准。轮胎上的最小质量点（一般用黄点表示）要与气门嘴对准安装。

⑤ 轮毂、制动鼓（盘）、轮胎螺栓、轮辋、内胎、衬带、轮胎等拆卸后重新组装成车轮时，累计的不平衡质量或尺寸不均匀度太大，破坏了原来的平衡。

4. 车轮动平衡试验

车轮动不平衡的危害及原因如下。

① 车轮动不平衡的危害。汽车车轮是旋转部件，如果车轮动不平衡，在高速行驶时会引起车轮上下跳动和横向摇摆，这不仅影响汽车乘坐舒适性，而且使驾驶员难以控制行驶方向，以及汽车制动性能变差，影响行车安全。车轮动不平衡还会大大增加各部件所受的力，加大轮胎的磨损和行驶噪声等。因此，汽车在使用和维修中必须进行车轮动平衡试验和校准。

② 车轮动不平衡的原因。

a. 质量分布不均匀，如轮胎产品质量欠佳，翻新胎、补胎、胎面磨损不均匀。

b. 轮辋、制动鼓变形。

c. 轮辋与轮辋加工质量不佳，如中心不准、轮胎螺栓孔分布不均、螺栓质量不佳等。

由于车轮动不平衡对汽车危害很大，因此，必须对车轮的动不平衡进行试验，并进行调平衡工作。

车轮的动平衡试验有离车式和就车式两种方法。利用离车式车轮动平衡机对车轮进行动平衡检测时，需将车轮从车上拆下。如图 2-20 所示为常见的离车式车轮动平衡机。该动平衡机主要由驱动装置、转轴与支承装置、显示装置、控制面板、制动装置及防护罩组成。

使用方法如下。

① 对被测车轮进行检查，去掉泥土、砂石，拆掉旧平衡块。

② 检查轮胎气压，并充气至规定气压值。

③ 根据轮辋中心孔的大小选择锥体，将车轮安装于平衡机上。

④ 打开电源开关，检查指示装置是否指示正确。

⑤ 输入轮辋直径、宽度，测出轮辋边缘到机箱之间的距离并输入。

离车式车轮动平衡机的专用卡尺如图 2-21 所示，车轮在动平衡机上的安装如图 2-22 所示。为了适应不同计量制式，动平衡机上的所有标尺一般都同时标有英制和米制刻度。

⑥ 放下防护罩，按下启动键，开始测量。

⑦ 当车轮自动停转后，从指示装置上读出车轮内、外动不平衡量和位置。

⑧ 抬起车轮防护罩，用手慢慢旋转车轮，当动平衡机指示装置发出信号时，停止转动车轮。

⑨ 根据动平衡机显示的动不平衡量，在轮辋内侧或外侧的上部边缘加装平衡块。内、外侧要分别进行，平衡块要安装牢固。

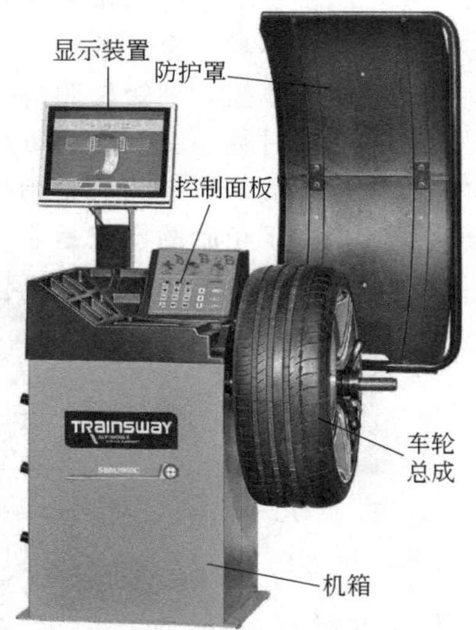

图 2-20　离车式车轮动平衡机

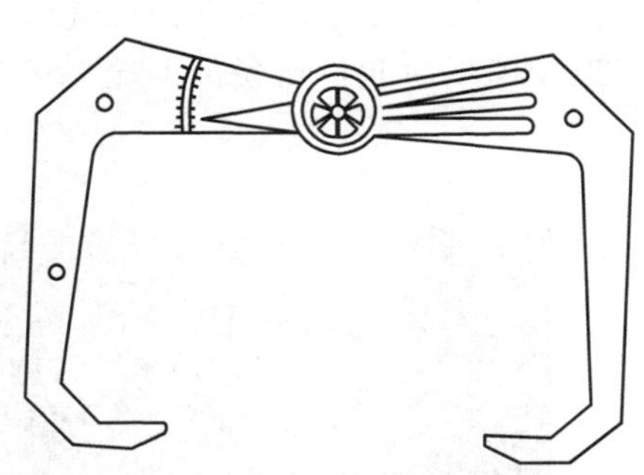

图 2-21　离车式车轮动平衡机的专用卡尺

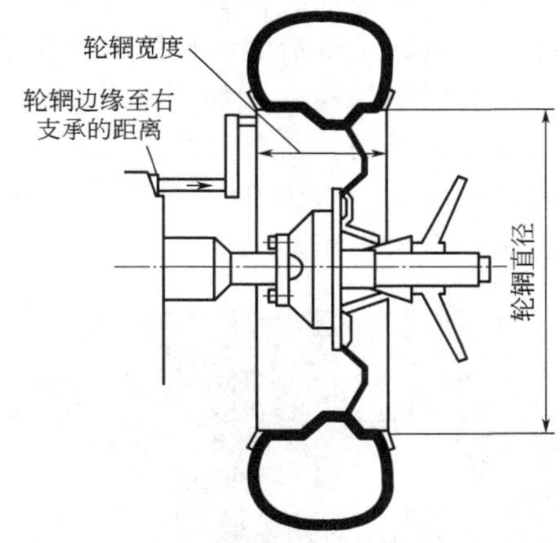

图 2-22　车轮在动平衡机上的安装

⑩ 重新启动动平衡机，进行动平衡试验，直至动不平衡量＜5g，机器显示“00”或“OK”时为止。

⑪ 取下车轮，关闭电源，测试结束。

四、轮胎磨损及故障诊断

1. 轮胎的检查

主要是检查轮胎磨损程度和轮胎气压，轮胎磨损程度的检查包括胎面花纹深度的检查和轮胎异常磨损的检查。

轮胎磨损过甚，花纹过浅，是行车重要的不安全因素。过度磨损的轮胎，除容易爆破外，还会使汽车操控稳定性变差。汽车在雨中高速行驶时，由于不能把水全部从胎下排出，轮胎将会出现浮滑现象，致使汽车失控。花纹越浅，浮滑的倾向越严重。而轮胎（包括备胎）气压的检查对于行车也是非常重要的。

轮胎气压不足，会导致轮胎过热，并因轮胎的接地面积不均匀，而产生不均匀磨损或胎肩和胎侧快速磨损，缩短轮胎的使用寿命，同时会增加滚动阻力、加大油耗，而且影响车辆的操控，严重时甚至引发交通事故。轮胎气压过高则使车身重量集中在胎面中心上，导致胎面中心快速磨损，不但缩短轮胎的使用寿命，而且降低车辆的舒适性。所以，日常维护和各级维护时，对于轮胎的检查是非常必要的。

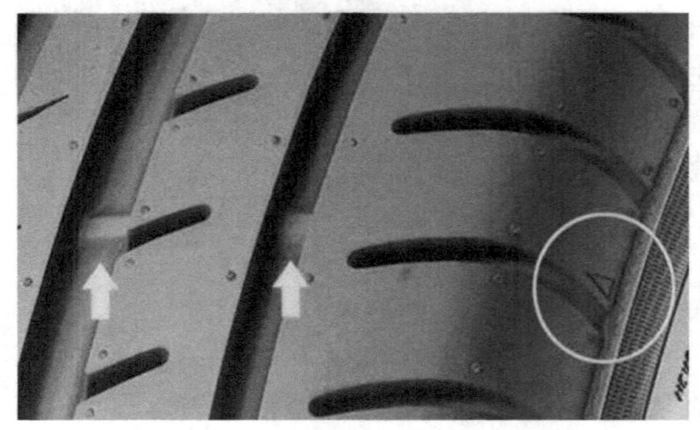

图 2-23　轮胎的磨损标志

（1）胎面花纹深度的检查　胎面磨耗标志或称防滑标记，即是稍微高出胎面花纹沟槽底部的凸台。随着轮胎行驶里程的增加、轮胎磨损、花纹沟槽变浅，此时露出凸台，说明轮胎花纹即将磨尽，若不更换，可能造成行驶中轮胎打滑，引发交通事故。因此，为了便于检查轮胎的磨损，通常在磨耗标志对应的胎肩处标出“TWI”或者“△”等符号（图 2-23），每条轮胎应沿周向等距离地设置不少于4个。

（2）轮胎异常磨损的检查　检查轮胎的异常磨损，可以发现故障的早期征兆和原因，以便及时排除影响轮胎寿命的不良因素，防止早期磨损和损坏。

（3）轮胎气压的检查　如图 2-24 所示，轮胎气压可用气压表进行检查。不同的车辆，轮胎的气压值也不同，在车上油箱盖或车门一侧（图 2-25）一般贴有相应的充气值。一般轿车前轮的胎压为 0.22MPa，后轮的胎压为 0.25MPa，即平时我们所说的前轮 2.2 个大气压，后轮 2.5 个大气压。

图 2-24　轮胎气压的测量

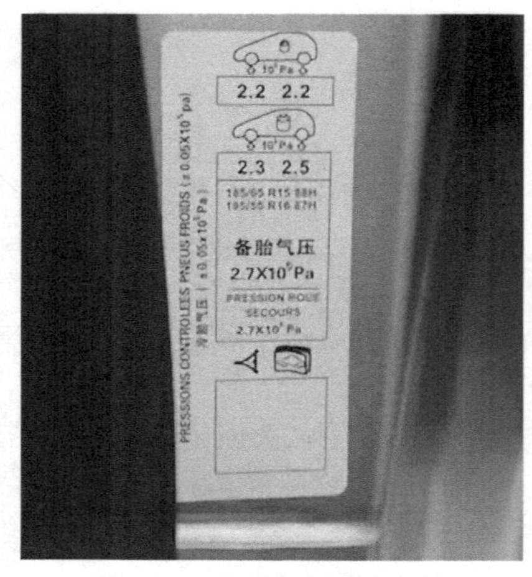

图 2-25　轮胎气压充注标准

2. 轮胎的故障分析及排除

轮胎的不正常磨损主要分为如下几种情况。

（1）胎肩或胎面中间磨损　集中在胎肩上或胎面中间的磨损，主要是由于未能正确保持气压所致。如果轮胎气压低，轮胎的中间便会凹入，将载荷移到胎肩上，使胎肩磨损快于胎面中间，如图 2-26 所示。另外，如果充气压力过高，轮胎中间便凸起，承受较大的载荷，使轮胎中间磨损快于胎肩。故障排除步骤如下。

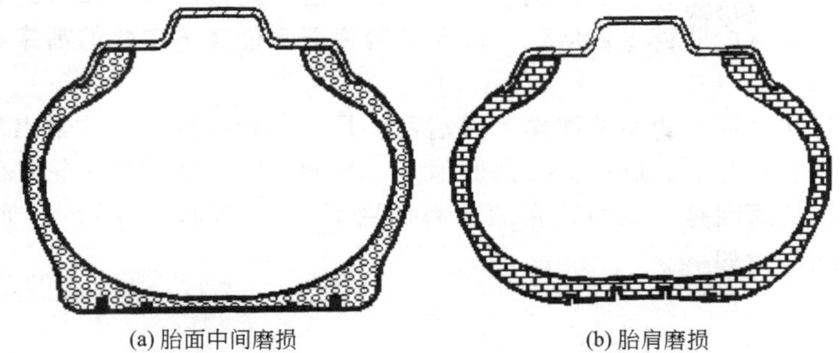

图 2-26　轮胎胎肩及胎面中间磨损

① 检查驾驶条件。如果超载，则向车主提出建议；如果不超载，则进行下一步。

② 检查充气压力，如果充气压力不当（过大或过小），则调整充气压力；如果充气压力正常，则进行下一步。

③ 进行轮胎换位。

（2）内侧磨损或外侧磨损　形成内侧磨损或外侧磨损的可能原因有外倾角不正确、悬架部件变形间隙过大、急转向等，如图 2-27 所示。故障排除步骤如下。

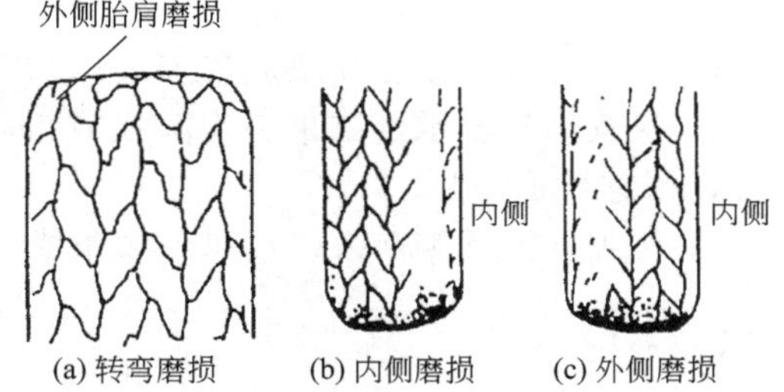

图 2-27　轮胎单侧磨损

① 检查驾驶条件。必要时，向车主提出建议。

② 检查悬架部件。如果变形或磨损，则进行修理或更换；如果发现部件松动，则按规定力矩将其紧固。

③ 检查外倾角。如果不正确，则校正相应外倾角。

④ 进行轮胎换位。

（3）前束磨损（羽状磨损）　轮胎胎面羽状磨损的原因有不正确的前束、路面凸起或凹陷等，如图 2-28 所示。故障排除步骤如下。

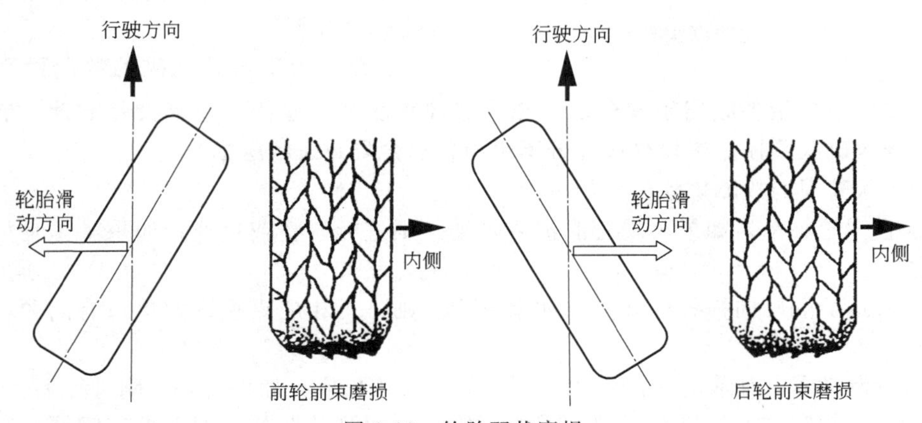

图 2-28　轮胎羽状磨损

① 检查前束。如果前束过大或过小，则按标准校正；如果前束正确，则进行下一步。

② 进行轮胎换位。

注意：如果两侧的轮胎都出现这类磨损，则表示前轮定位不当。如果只有一个轮胎出现这类磨损，则可能是转向节臂弯曲所致。转向节臂弯曲会使某一车轮的前束或后束大于另一车轮的前束或后束。

（4）前端和后端磨损　轮胎的前端和后端磨损是一种局部磨损，常常出现在具有横向花纹和纵向折线花纹的轮胎上。后端磨损的原因是，当制动时，非动力车轮发生短距离滑动而形成的；前端磨损的原因是，动力轮在驱动力作用下所形成的，如图 2-29 所示。轮胎前后端磨损的故障排除步骤如下。

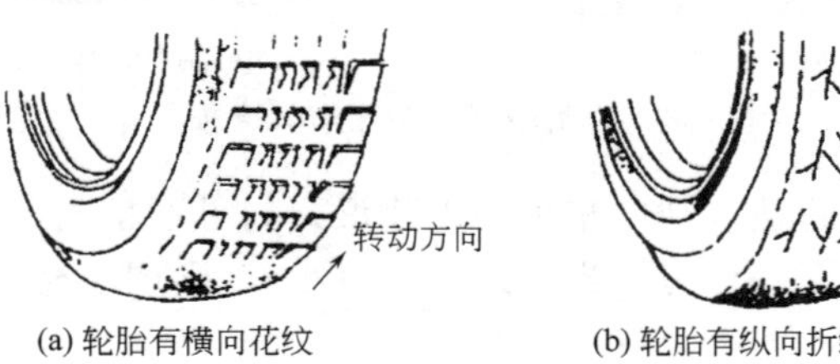

(a) 轮胎有横向花纹　(b) 轮胎有纵向折线花纹

图 2-29　轮胎前后端磨损

① 检查充气压力。如果充气不足，则充气到规范值；如果胎压正常，则进行下一步。

② 检查车轮轴承。如果出现磨损或松动，则进行调整或修理，或更换轴承；如果轴承正常，则进行下一步。

③ 检查外倾角和前束。如果外倾角或前束不正确，则按规范进行校正。

④ 检查轴颈或悬架部件。如果发生损坏，则进行修理或更换；如果没有问题，则进行下一步。

⑤ 进行轮胎换位。

（5）斑状磨损（环状槽形磨损）　斑状磨损是由于车辆在高速行驶时，车轮发生摆振造成的。斑状磨损可能出现一处或多处，如图 2-30 所示。导致车轮摆振的因素有车轮轴承、球节、横拉杆、直拉杆等部件的间隙过大或轴颈弯曲。

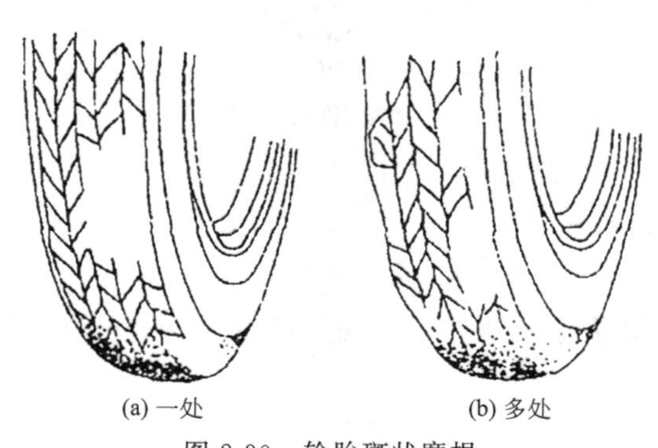

(a) 一处　(b) 多处

图 2-30　轮胎斑状磨损

注意：为了修补扎破的轮胎面而粘上的帆布补片或由于轮胎各胶层出现分离，也会导致轮胎斑状磨损。车辆突然启动、制动、转向，也会导致斑状磨损。车轮总成过分不平衡，也会导致斑状磨损。

轮胎斑状磨损的故障排除步骤如下。

① 检查车轮轴承。如果发现有磨损或松动，则进行调整或更换；如果轴承良好，则进行下一步。

② 检查球节和转向横拉杆球头。如果磨损，则进行相应更换；如果没有问题，则进行下一步。

③ 检查制动器。如果有拖滞现象，则进行维修或更换；如果良好，则进行下一步。

④ 检查车轮定位。如果有问题，需做车轮定位检测及调整；如果没有问题，则进行下一步。

⑤ 检查车轮平衡。如果有问题，则进行静平衡和动平衡调整；如果良好，则进行下一步。

⑥ 检查车轮偏摆。如果车轮偏摆过大，则校正或更换轮胎或车轮。

五、轮胎检查与车轮定位

轮胎的状态与车轮定位有着密切关系。通过检查车辆所使用轮胎的状态，可分析判断出车轮定位的故障原因。车轮定位正确、轮胎充气正常时，轮胎没有异常磨损，如图 2-31 所示。彻底检查轮胎有助于诊断某些四轮定位问题。轮胎磨损状态与外倾角和前束密切相关。单侧磨损有可能是外倾角或前束问题所致。如果诊断出后轮胎有横向台阶磨损，意味着后轮外倾角和/或前束需要校正。

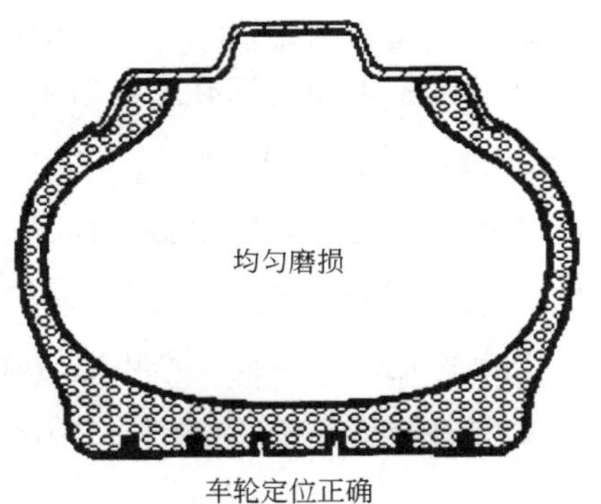

图 2-31　正确定位和充气的轮胎

轮胎磨痕状态也有助于诊断其他问题。中央胎面磨损通常表明胎压过高，如图 2-32 所示；轮胎双肩磨损通常表明胎压低或转向部件松旷，如图 2-33 所示；羽状磨损或齿状磨损通常表明前轮有严重的前束问题，如图 2-34 所示；单肩磨损可能是车轮动平衡问题和/或减振器或其他悬架部件损坏，如图 2-35 所示。

图 2-32　充气过度的轮胎

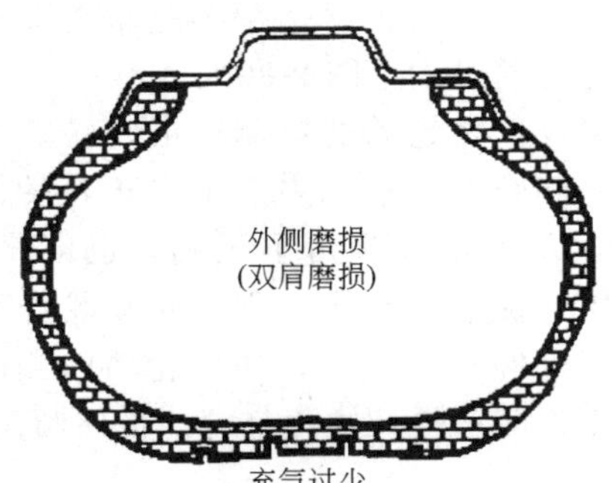

图 2-33　充气过少的轮胎

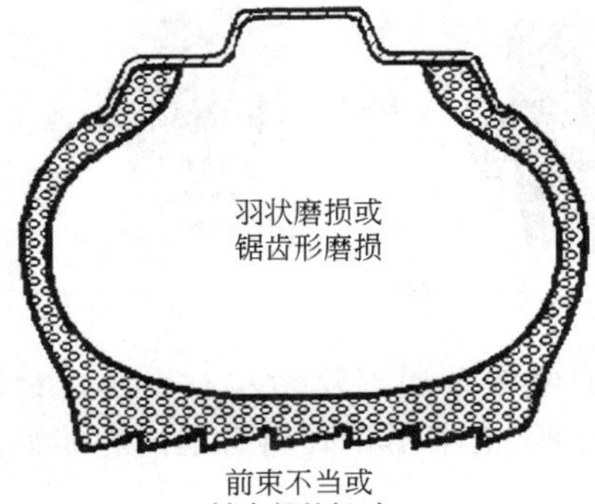

图 2-34　有前束问题的轮胎

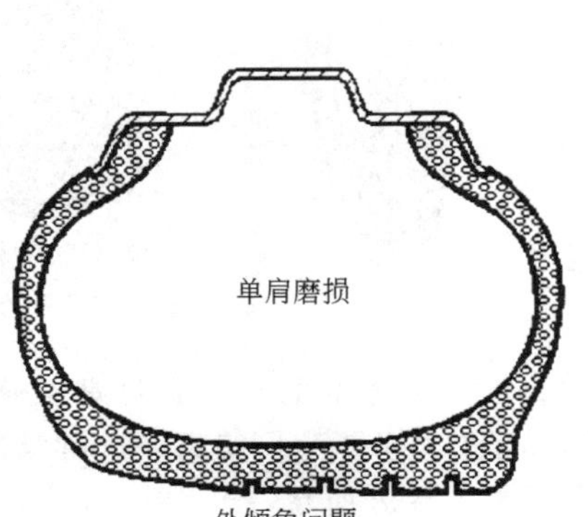

图 2-35　有外倾角问题的轮胎

最好检查轮胎的一些不明显情况，检查内容如下。

1. 检查轮胎尺寸

车辆上所有轮胎高度都应一致。轮胎应按制造商的推荐值进行充气，参考轮胎说明或标有正确充气压力的车辆标签。车辆标签可能在发动机舱盖下、车门立柱上或汽车仪表板隔板上。这些标签可能也标有正确的轮胎尺寸。

2. 检查轮胎损坏

检查所有通用型轮胎胎面状态。

3. 检查轮胎品牌

如果轮胎品牌不同，会引起方向跑偏（车轮定位不正确）。

4. 测量每侧轮胎高度

确保没有被遗漏的轮胎问题。如果驾驶员抱怨有振动问题，应检查每个轮胎的不平衡量，如果需要，对轮胎做动平衡。

注意：在做车轮定位之前，应该解决所有与轮胎有关的问题。

六、四轮定位引起轮胎偏磨

1. 轮胎偏磨的类型

（1）单边偏磨　单边偏磨是指轮胎的内侧或外侧磨损过大（图 2-36）。

图 2-36　轮胎单边偏磨

如果仅仅是轮胎的单侧边沿有快速磨损的现象，其磨损的根源主要来自车轮的倾斜角过大，即车轮外倾角不正确。也就是说，如果轮胎外侧磨损严重，则说明车轮外倾角正向（正外倾角）过大；如果轮胎内侧磨损异常，则说明车轮外倾角负向（负外倾角）过大。外倾角对轮胎偏磨的影响如图 2-37 所示。

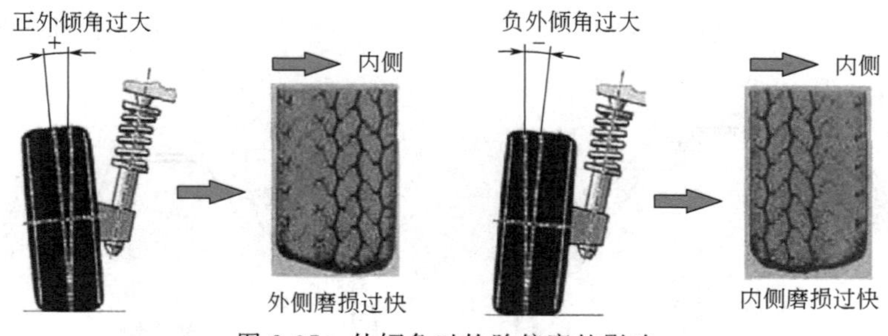

图 2-37　外倾角对轮胎偏磨的影响

（2）“锯齿”状胎面磨损　在日常维修中，我们经常会遇到轮胎左右出现“台阶”状的异常磨损，也称“锯齿”状偏磨。这种情况一般是由于前束不正确而引起的轮胎偏磨，具体的形成原理如图 2-38 所示。

前束正值过大时，轮胎往往出现由外向内的“台阶”状磨损；前束负值过大时，轮胎一般会出现由内向外的“台阶”状磨损。因此，在观察轮胎表面的磨损“锯齿”时，要格外注

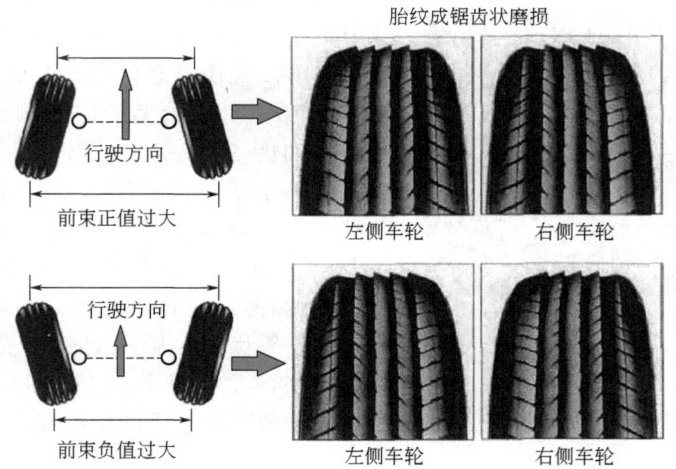

图 2-38　车轮前束导致的轮胎偏磨

意花纹的切面“锯齿”是向内侧还是外侧，如果是向内侧，则说明前束正值过大；反之，则说明前束负值偏大。

当然，前束不正确导致的“锯齿”状偏磨也并非完全是横向的，因为轮胎并非完全意义上的横向与地面侧滑，而是以一定角度与车辆前进方向摩擦，所以在其前后方来看，同样也存在偏磨的高低“锯齿”状，如图 2-39 所示。

因此，前束对胎面的影响是综合的，不仅包括横向高低不等的“锯齿”状，同样也包括纵向高低不平的“锯齿”状（羽状磨损），如图 2-40 所示。

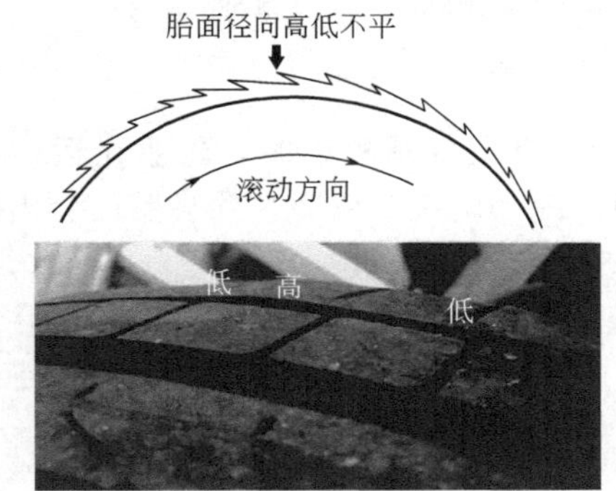

图 2-39　前束引起的胎面“锯齿状”偏磨

图 2-40　前束引起胎面横向和纵向磨损异常

需要特别提醒的是：很多时候，轮胎的偏磨可能是前束和外倾综合造成的结果。如果仅仅是外倾角过大或过小所引发的轮胎偏磨一般比较容易确认，因为这种情况一般只会导致单边磨损（内侧或外侧“吃胎”），而不会有高低不平的“锯齿”状磨损。如果既有外侧的“吃胎”，又有高低不平的“锯齿”羽状磨损，就应该格外注意。

前束偏差过大时，不仅导致轮胎出现“锯齿”状磨损，也会引起单边偏磨。如果前束是正值偏大，轮胎的外侧边沿就会磨损加剧；而当前束负值偏大时，轮胎的内侧边沿就会磨损加剧。也就是说：轮胎偏磨的根源往往是由多个定位参数失准所导致的，既有前束方面的因素，又有外倾的因素，需要根据偏磨位置，并结合四轮定位参数综合起来考虑和分析。如图 2-41 所示的轮胎偏磨状况就是外倾过大和前束偏大共同导致的。

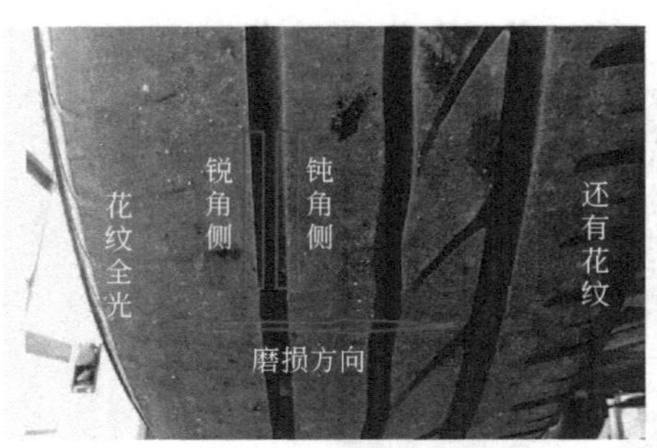

图 2-41 外倾过大和前束偏大导致的轮胎偏磨

(3) 其他轮胎偏磨　除了四轮定位参数失准会导致轮胎非正常磨损外，轮胎气压不正常、动平衡失准以及橡胶老化等也会加速轮胎偏磨。

① 胎压对轮胎偏磨的影响。胎压对轮胎磨损的影响如图 2-42 所示。当然，现代轿车重量轻，且普遍采用子午线轮胎，而子午线轮胎具有接地面积大、附着性能好、胎面滑移小、对地面单位压力小、胎冠较厚且有坚硬的带束层（不易刺穿）、胎侧薄（径向弹性大、缓冲性能好、负荷能力较大）等优点，胎压对轿车轮胎异常磨损的影响比较小，尤其是装备防爆胎（亏气保用轮胎）的胎面更不容易变形。但大型客车、载重货车对于载荷和气压的影响相对明显一些。

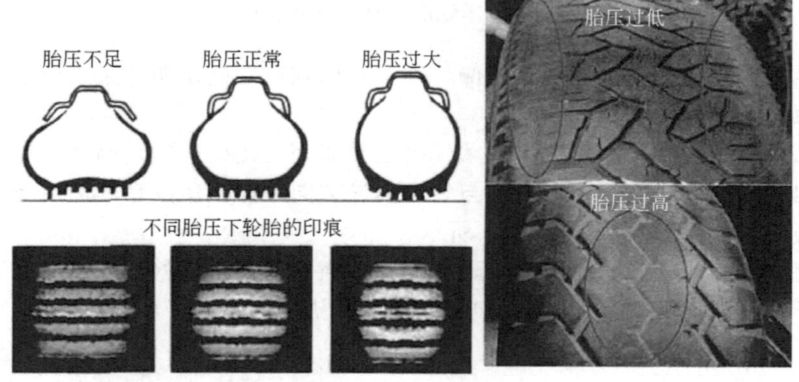

图 2-42 胎压对轮胎磨损的影响

② 车轮动平衡对轮胎偏磨的影响。当车轮动平衡失准或轴承松旷时，轮胎在运转中就会出现摆动现象，车辆出现明显抖动。这就会使胎面出现“块状”偏磨，并且胎面会出现高低不平的现象（图 2-43）。遇到这种情况，应及时检查车轮动平衡及轴承。

③ 橡胶老化对轮胎的影响。当轮胎出现起皮、掉渣的现象时，很可能是轮胎老化（图 2-44）、化学腐蚀或碎石路面导致的。具体是哪一种原因，则要结合使用里程、使用环境、是否到达寿命周期等因素综合起来判别。

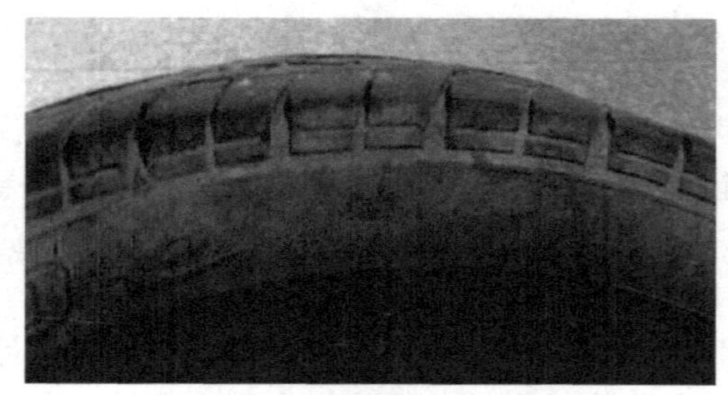
图 2-43 动平衡失准导致轮胎出现“块状”偏磨

图 2-44 橡胶老化引起的轮胎磨损

引起轮胎异常磨损的原因很多，磨损部位也各不相同，表 2-1 为轮胎磨损的类型及对应的原因。

表 2-1　轮胎磨损的类型及对应的原因

状态	两侧偏磨	中间偏磨	胎面裂纹	单边磨损	锯状偏磨	秃斑	扇形偏磨
原因	胎压不足或换位不及时	胎压过高或换位不及时	胎压不足或超速	过度外倾	前束不当	车轮不平衡或轮胎歪斜	车轮换位不及时或悬架异常
校正	冷态下将胎压调整到正常范围，及时进行车轮换位	—	—	调整外倾角	调整前束	调整车轮静平衡和动平衡	检查悬架，及时进行车轮换位

当然，轮胎的偏磨也不一定是车轮定位、气压、动平衡等因素所引起的，部件老化、悬架胶套松旷、外力冲击等都有可能导致轮胎偏磨。具体是哪种原因，需要维修人员认真检查、分析，做出精准判断后，再制定准确的维修方案。

2. 轮胎偏磨的检测方法

对于车轮定位失准造成的混合型轮胎偏磨，尤其是当前束和外倾同时出现偏差时，诊断比较复杂，而且很难找到真正的根源。另外，有时候，我们也会发现车辆的前束和外倾都在正常范围内，但轮胎仍然存在偏磨。对于这种情况，除了检查四轮定位外，还要利用车辆侧滑检测仪（图 2-45）来检测轮胎与地面的摩擦力。

虽然车辆侧滑不属于年检强制项目，但维修人员经常会遇到因侧滑不合格（图 2-46）而送修的车辆。对于这类故障，许多维修人员只是紧紧转向拉杆、测量前束、调整定位参数就会交车。其实，如果要验证车辆侧滑问题是否真正得到解决，就要用到侧滑检测仪。

图 2-45　车辆侧滑检测仪

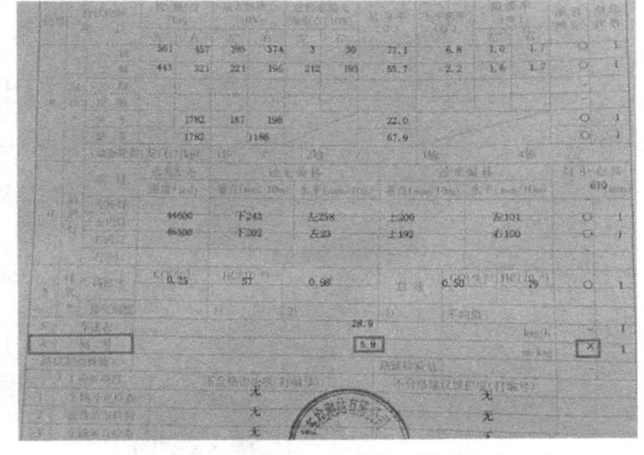

图 2-46　汽车年检数据（侧滑不合格）

一些大型维修企业，大多配备汽车检测线，可测定车辆减振器系数，检测制动力和车辆侧滑。小型维修企业大多采用简易侧滑板来检测车辆的侧滑（图 2-47）。

图 2-47　简易侧滑板

第二节　汽车悬架系统

一、汽车悬架的结构与形式

1. 悬架的结构和要求

（1）悬架的结构　汽车悬架是车架（或车身）与车轴（或车轮）之间的弹性联结装置的统称，在汽车上的安装位置如图 2-48 所示。

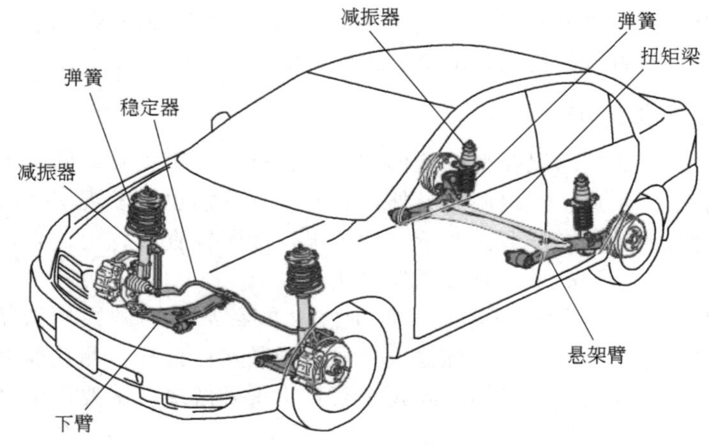

图 2-48　悬架在汽车上的安装位置

尽管现代汽车悬架结构形式不尽相同，但是，它们大多由弹性元件、减振器和传力装置等构成，如图 2-49 所示。这些元件共同承担着传递车轮与车架之间各种力的任务，分别起着缓冲、减振、导向和传递力及力矩的作用。

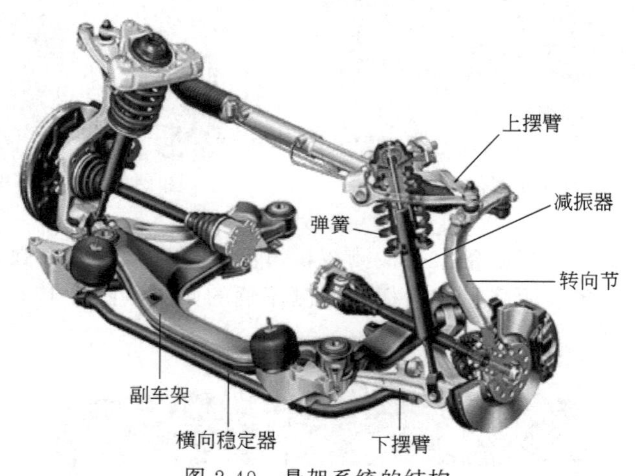

图 2-49　悬架系统的结构

① 弹性元件用以传递垂直力，并缓和由路面不平度引起的冲击和振动。对轿车来说，弹性元件多指螺旋弹簧，它只承受垂直载荷，缓和并抑制不平路面对车体的冲击，具有占用空间小、质量轻、无须润滑的优点，但由于弹簧本身没有阻尼力而没有减振作用。

② 减振器指液力减振器，可加速衰减车身的振动，是悬架机构中最精密和复杂的机件。

③ 传力装置是指车架的上下转向摇臂等叉形钢架、转向节等元件，它用来传递纵向力、侧向力及力矩，并保证车轮相对于车架（或车身）有确定的相对运动规律。

（2）悬架的要求　现代轿车的悬架一般采用质量轻、性能稳定可靠的筒式减振器。当轿车在不平坦的道路上行驶时，车身会发生振动，减振器能迅速衰减车身的振动，利用本身油液流动的阻力来消耗振动的能量。当车架与车轴相对运动时，减振器内的油液会通过一些窄小的孔、缝等通道反复地从一个腔室流向另一个腔室，这时孔壁与油液间的摩擦和油液内分子间的摩擦形成了对车身振动的阻力，这种阻力在工程学上称为阻尼力。阻尼力会将车身的振动能转化为热能，并被油液和壳体所吸收。人们为了更好地实现轿车的行驶平稳性和安全性，不将阻尼系数固定在某一数值上，而是使之随轿车运行的状态而变化，使悬架性能总是处在最优状态附近。因此，有些轿车的减振器是可调式的，将阻尼分成两级或三级，根据传感器信号自动选择所需要的阻尼级别。

为了提高轿车的舒适性，现代轿车悬架的垂直刚度值设计得较低，即很“软”，这样虽然乘坐舒适了，但轿车在转向时，由于离心力的作用会产生较大的车身倾斜角，直接影响到操控稳定性。为了改善这一状态，许多轿车的前后悬架增添了横向稳定杆，当车身倾斜时，两侧悬架变形不等，横向稳定杆就会起到类似杠杆的作用，使左右两边的弹簧变形接近一致，以减少车身的倾斜和振动，提高轿车的行驶稳定性。外表上看似简单的悬架，包含着多种力的合作，它决定着轿车的稳定性、舒适性和安全性，是现代轿车十分关键的部件之一。

2. 汽车悬架的类型

如图 2-50 所示，根据导向机构的不同可将汽车悬架分为独立悬架和非独立悬架两大类。20 世纪 70 年代又出现了一种前后悬架或左右悬架相通的交联式悬架。

如图 2-50(a) 所示，非独立悬架的车轮装在一根整体车轴的两端，当一边车轮跳动时，影响另一侧车轮也做相应的跳动，使整个车身振动或倾斜，汽车的平稳性和舒适性较差，但由于构造较简单，承载力大，目前仍有部分轿车的后悬架采用这种形式。

如图 2-50(b) 所示，独立悬架的车轴分成两段，每个车轮用螺旋弹簧独立地安装在车架（或车身）下面，当一边车轮发生跳动时，另一边车轮不受影响，汽车的平稳性和舒适性好。但这种悬架构造较复杂，承载力小。现代轿车前后悬架大都采用独立悬架，并已成为一种发展趋势。独立悬架有如下特点。

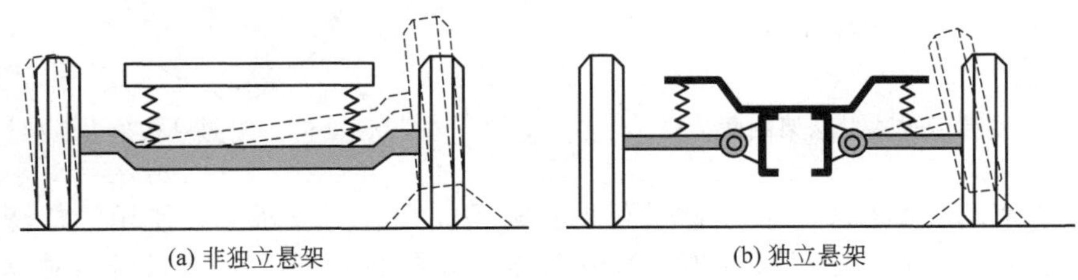

(a) 非独立悬架　　(b) 独立悬架

图 2-50　非独立悬架与独立悬架

① 可以减轻非悬架质量，使汽车的方向稳定性良好，乘坐舒适性和操作稳定性高。

② 在独立悬架中，弹簧只支承车身，不承担车轮定位任务（该任务由联动装置完成），因此可以使用较软的弹簧。

③ 由于左、右车轮之间没有车轴连接，车厢底板和发动机的安装位置可以降低，这样车辆的重心降低，增加了行驶的稳定性，并且增大了乘客舱和后备厢的空间。

④ 相对整体桥悬架，结构较为复杂，许多车型均要配备稳定杆，用以减少转向时左右摇摆，以保持稳定性。

⑤ 轮距和前轮定位随车轮的上、下运动而改变。

独立悬架分为麦弗逊式、双叉臂式和多连杆式三种类型。

(1) 麦弗逊式独立悬架　麦弗逊式独立悬架剖面结构如图 2-51 所示。减振器与套在它外面的螺旋弹簧合为一体，构成悬架的弹性支柱。支柱上端与车身挠性连接，支柱下端与转向节刚性连接。下摆臂的外端通过螺栓与转向节的下部连接，内端与元宝梁铰接。车轮所受的侧向力经转向节大部分由下摆臂承受，其余部分由减振器承受。

麦弗逊式独立悬架由于结构简单，所以它重量轻、响应速度快，并且在一个下摆臂和支柱的几何结构下能自动调整车轮外倾角，让其能在过弯时自适应路面，让轮胎的接地面积最大化。虽然麦弗逊式悬架并不是技术含量很高的悬架结构，但它在行驶舒适性上的表现还是令人满意的。由于其占用空间小，适合小型车以及大部分中型车使用。麦弗逊式独立悬架构造如图 2-52 所示。

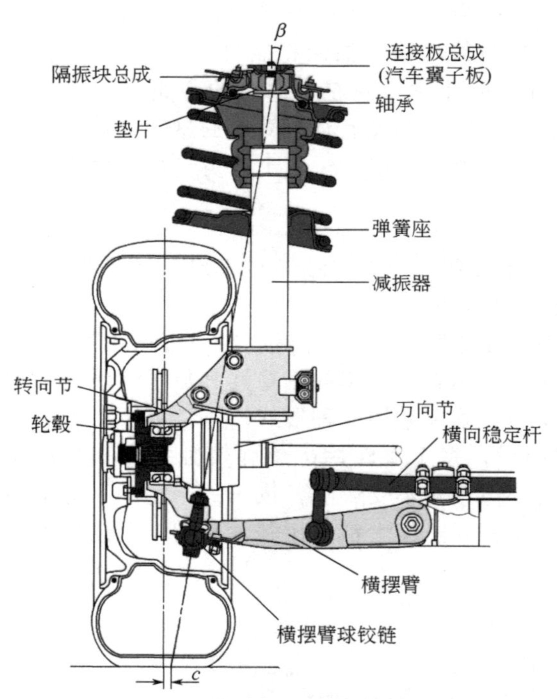

图 2-51　麦弗逊式独立悬架剖面结构

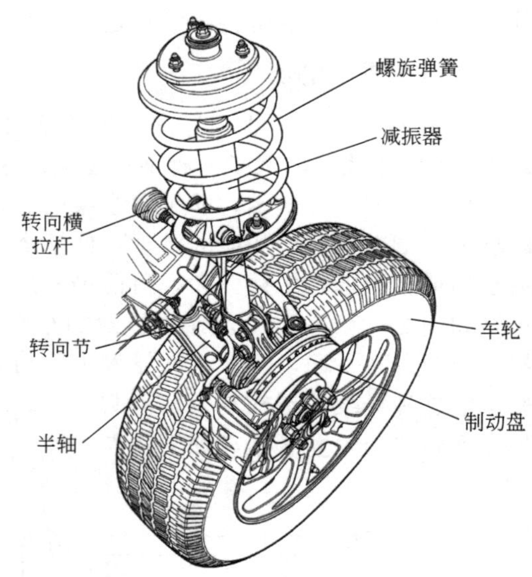

图 2-52　麦弗逊式独立悬架构造

(2) 双叉臂式独立悬架　双叉臂式独立悬架是在中、高级轿车中使用很广泛的一种悬架。双叉臂式独立悬架又称为双 A 臂式独立悬架，如图 2-53 所示，双叉臂式独立悬架拥有上、下两个叉臂。其中，上、下叉臂的一端分别通过叉臂轴与车身铰接，另一端分别通过上、下球头销与转向节相连。减振器与套在它外面的螺旋弹簧合为一体，构成悬架的弹性支柱。支柱上端与车身挠性连接，支柱下端与转向节刚性连接。

横向力由两个叉臂同时“吸收”，支柱只承载车身重量，因此横向刚度大。垂直力通过转向节、下球头销、下摆臂和减振器及螺旋弹簧传递给车身，而纵向力、侧向力及其力矩由转向节、下摆臂、上摆臂、下球头销、上球头销传递给车身。由于此种悬架使用上、下球头销来代替主销，故属于无主销式悬架。

双叉臂式独立悬架通常采用上、下不等长叉臂（上短下长），让车轮在上、下运动时能自动改变外倾角并且减小轮距变化及轮胎磨损，并且能自适应路面，轮胎接地面积大，贴地性好。

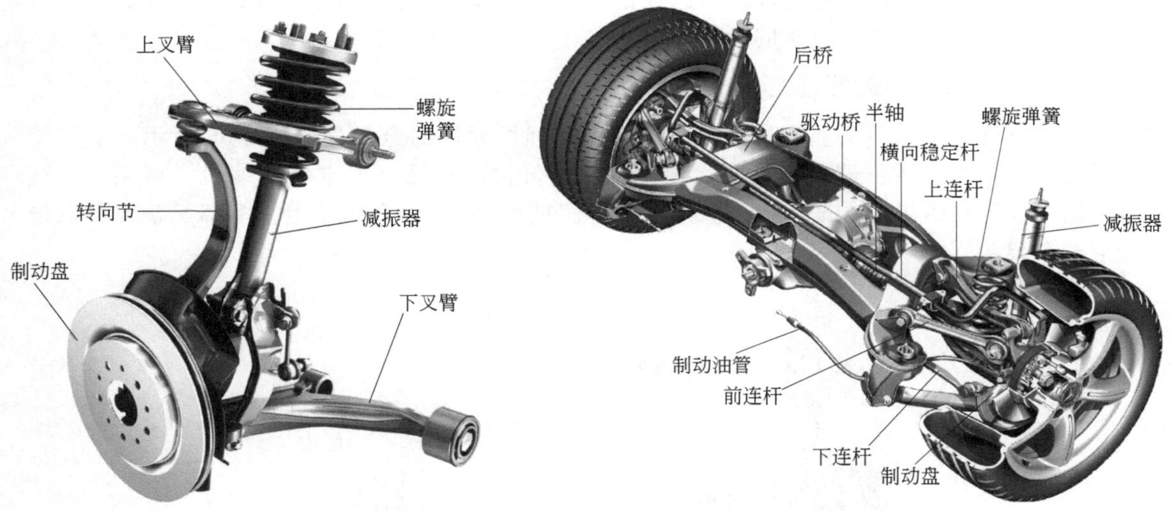

图 2-53 双叉臂式独立悬架结构

图 2-54 多连杆式独立悬架结构（一）

（3）多连杆式独立悬架 多连杆式独立悬架可分为多连杆式前悬架和多连杆式后悬架。其中，前悬架一般为 3 根连杆或 4 根连杆式独立悬架；后悬架则一般为 4 根连杆或 5 根连杆式独立悬架，而 5 连杆式后悬架应用较为广泛，如图 2-54 所示。

如图 2-55 所示，多连杆式独立悬架能实现主销后倾角的最佳位置，大幅度减小来自路面的前后方向力，从而改善加速和制动时的平顺性和舒适性，同时也保证了直线行驶的稳定性。因为由螺旋弹簧拉伸或压缩导致的车轮横向偏移量很小，不易造成非直线行驶。在车辆转弯或制动时，多连杆式独立悬架结构可使后轮形成正前束，提高了车辆的控制性能，减少转向不足的情况。

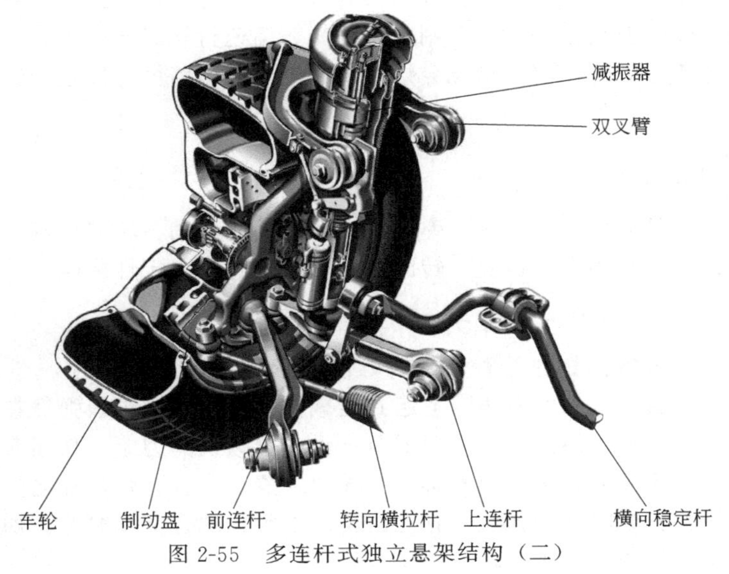

图 2-55 多连杆式独立悬架结构（二）

多连杆式独立悬架结构相对复杂，材料成本、研发实验成本以及制造成本远高于其他类型的悬架，而且其占用空间大，中小型车出于成本和空间考虑极少使用这种设计。多连杆式独立悬架的舒适性能是所有悬架中最好的，操控性能也和双叉臂式独立悬架难分伯仲。高档轿车由于空间充裕且注重舒适性能和操控稳定性，所以大多使用多连杆式独立悬架，可以说多连杆式独立悬架是高档轿车的绝佳搭档。

3. 采用空气悬架的好处

所谓空气悬架，广义上就是用空气弹簧作为弹性元件的悬架。如图 2-56 所示，空气悬架系统一般由空气减振器、驱动桥、传动轴、空气供给单元（如空气压缩机、单向阀、气路、储气罐等）等组成。现在很多豪华车或者注重通过性的 SUV 车型很多都配备或可以选配空气悬架。

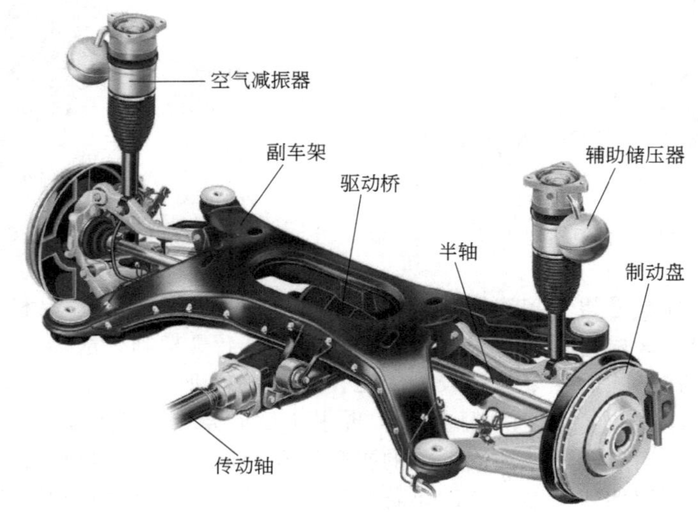

图 2-56　空气悬架构造示意

与传统钢制汽车悬架系统相比，空气悬架具有很多优势，最重要的一点就是弹簧的弹性系数也就是弹簧的软硬能根据需要自动调节。例如，高速行驶时悬架可以变硬，以提高车身稳定性，长时间低速行驶时，控制单元会认为正在经过颠簸路面，使悬架变软来提高减振舒适性。

二、汽车悬架的零部件

汽车悬架由车轮悬架机构、车轮、弹簧、减振器、前后轴、转向机构、制动机构等零部件组成。而车轮位置对车辆直线行驶、转向及轮胎磨损有着决定性影响。

1. 弹簧

（1）钢板弹簧　钢板弹簧作为弹性元件，除了起缓冲减振作用外，还可以传递力和力矩。工作时利用各弹簧片之间的摩擦阻尼起到衰减振动作用。当钢板弹簧在汽车上纵向布置时，除能承受垂直载荷外，还能承受横向载荷、纵向推力及其力矩，从而兼起导向机构的作用。故装用这种弹性元件的汽车悬架不必再装导向装置，并且各弹簧片之间的摩擦还起一定的减振作用。钢板弹簧又叫叶片弹簧，它是由若干不等长的合金弹簧片叠加在一起组合成一根近似等强度的梁，如图 2-57 所示。

图 2-57 钢板弹簧结构

（2）螺旋弹簧　螺旋弹簧大多应用在独立悬架上，尤以前轮独立悬架采用广泛。有些轿车后轮非独立悬架也有采用螺旋弹簧作弹性元件的。螺旋弹簧的结构及安装位置如图 2-58 所示，由特殊的弹簧钢棒卷制而成，可以制成圆柱形或圆锥形，也可以制成等螺距或不等螺距。圆柱形等螺距螺旋弹簧的刚度是不变的，圆锥形或不等螺距螺旋弹簧的刚度是可变的。

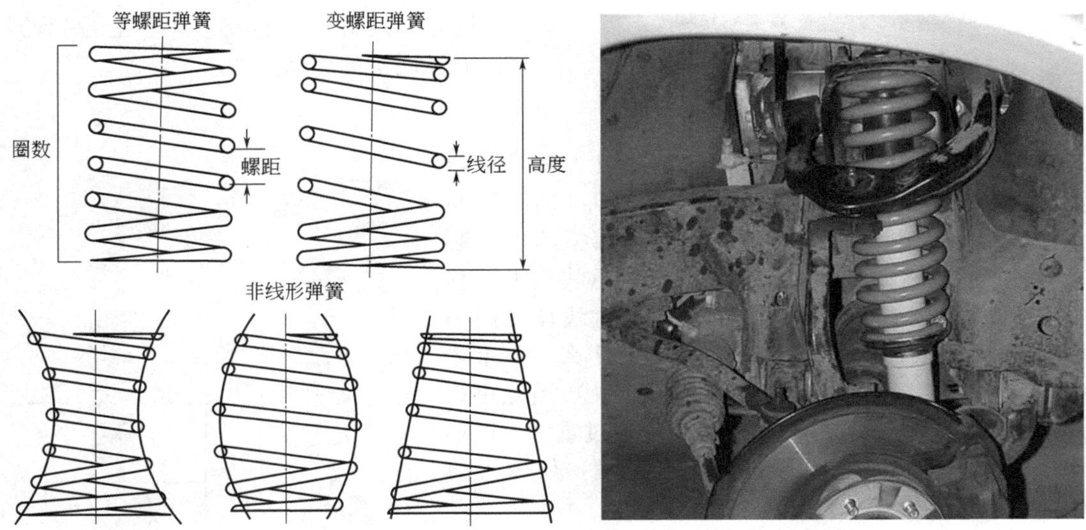

图 2-58 螺旋弹簧的结构及安装位置

（3）扭杆弹簧　如图 2-59 所示，扭杆弹簧是一根由弹簧钢制成的杆，从截断面上看，扭杆弹簧有圆形、管形、矩形、叠片及组合式等，目前使用最多的是圆形扭杆，呈长杆状，两端可以加工成花键或六角形等。安装时，扭杆一端固定在车架上，另一端与车轮相连。当车轮跳动时，摆臂便绕着扭杆轴线摆动，使扭杆产生扭转弹性变形，以保证车轮与车架的弹性连接。

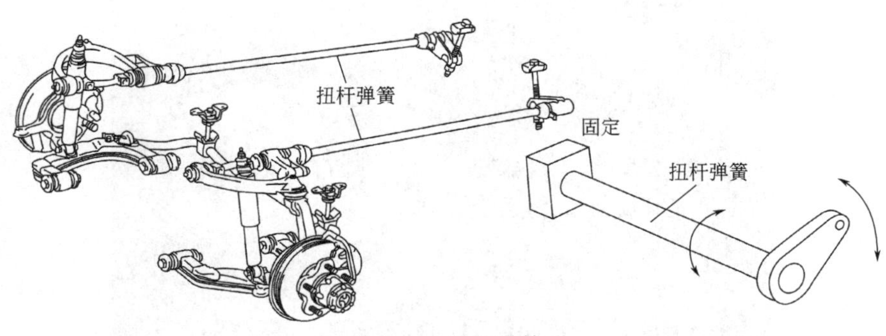

图 2-59 扭杆弹簧

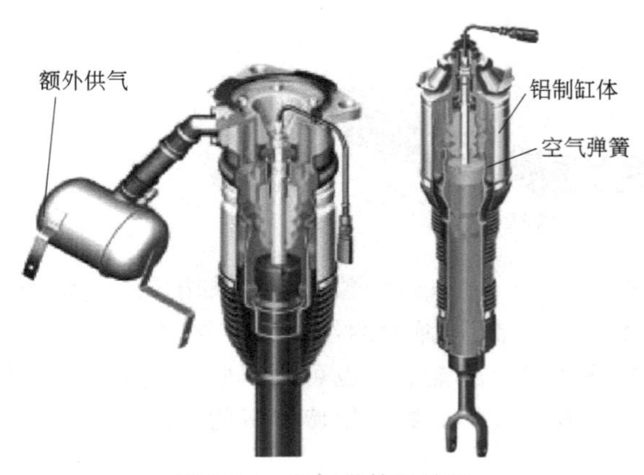

图 2-60　空气弹簧的结构

（4）空气弹簧　如图 2-60 所示，空气悬架中用空气弹簧取代了普通弹簧作为弹性元件，正是因为气体的可压缩及可膨胀性，使得空气弹簧除了可以起到在车身与车轮之间进行弹性联系，承受和传递垂直载荷，缓和及抑制不平路面所引起的冲击外，还可以主动调节车身高度。

汽车高速行驶时，车身高度会自动降低，从而提高贴地性能，以确保良好的高速行驶稳定性；而当汽车需要慢速通过颠簸路面时，底盘能够自动升高，以提高通过性能。这就是我们在一些车上看到的可以升降底盘的原因。

2. 减振器

弹簧在储存和释放能量时引起的振动如果不加限制，该振动将会引发严重的驾驶问题，即制动问题和轮胎磨损。因此，每个弹簧都将配备弹簧振动阻尼装置（减振器）。将一个重块挂在弹簧上，重块将上下移动直至弹簧内的能量耗尽。如果将同一重块挂在同一弹簧上，并放入油缸内，你认为会发生什么？如果重块上有个大孔，又会怎样呢？如果是小孔呢？若是更小的孔，又会如何呢？孔可使一部分油液通过重块，以油液缓冲其冲击，这是减振器的基本原理，如图 2-61 所示。

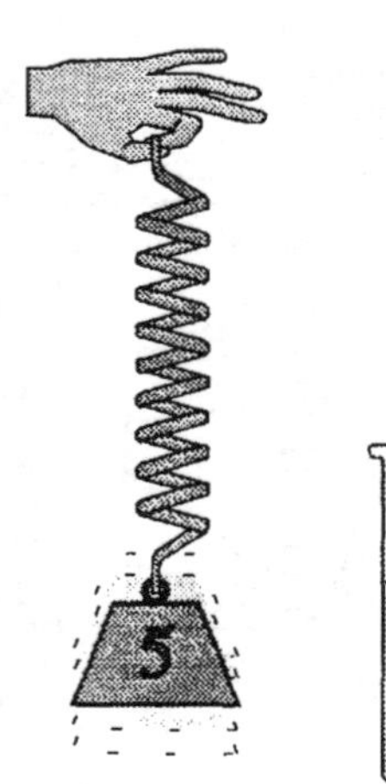

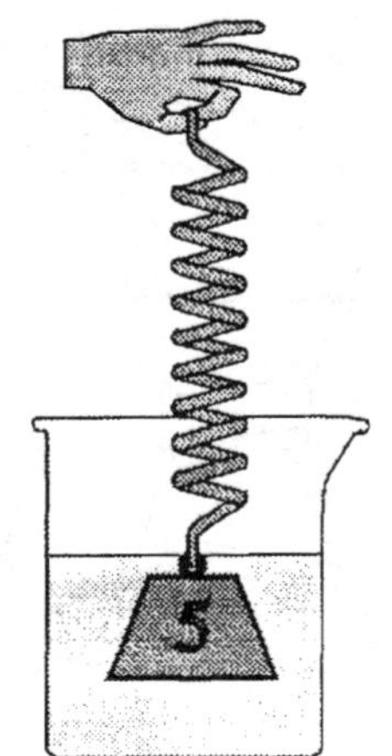

图 2-61　减振器工作原理

在实车上，减振器活塞端安装在车架上，气缸端安装在车轴或控制臂上，如图 2-62 所示。当车轮遇到凸块时，气缸向上推进。气缸是密封的，注油容器的

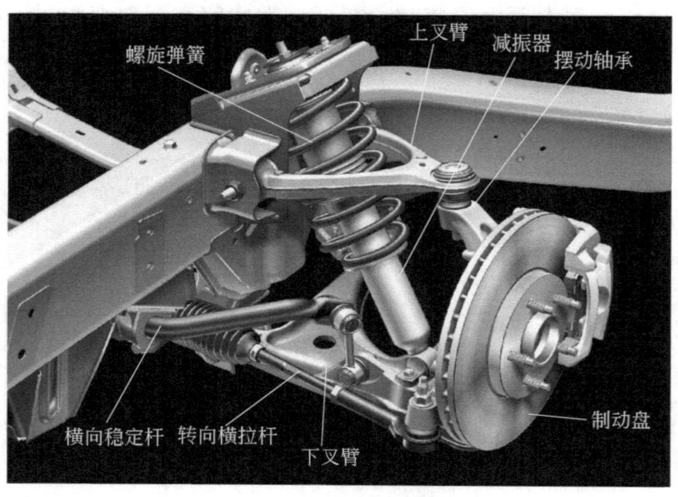

图 2-62　减振器的安装位置

内径与活塞阀的直径相同，如图 2-63 所示。当气缸上推时，油液通过活塞阀的孔。孔的尺寸和油液的黏度决定缓冲或抑制冲击运动的能力。同样，减振器通过缓冲效应滤掉来自弹簧的能量。刚性减振器或重型减振器将提供一个硬式悬架，硬式悬架导致悬架很少运动。重型减振器用于高性能车辆，或重型货车，或经常在坏路面上行驶的车辆。

如图 2-64 所示，很多减振器是“充气式”的，用以改进悬架硬度，延长使用寿命。充气式减振器充装的是氮气，氮气可减少减振器油液中的气泡。

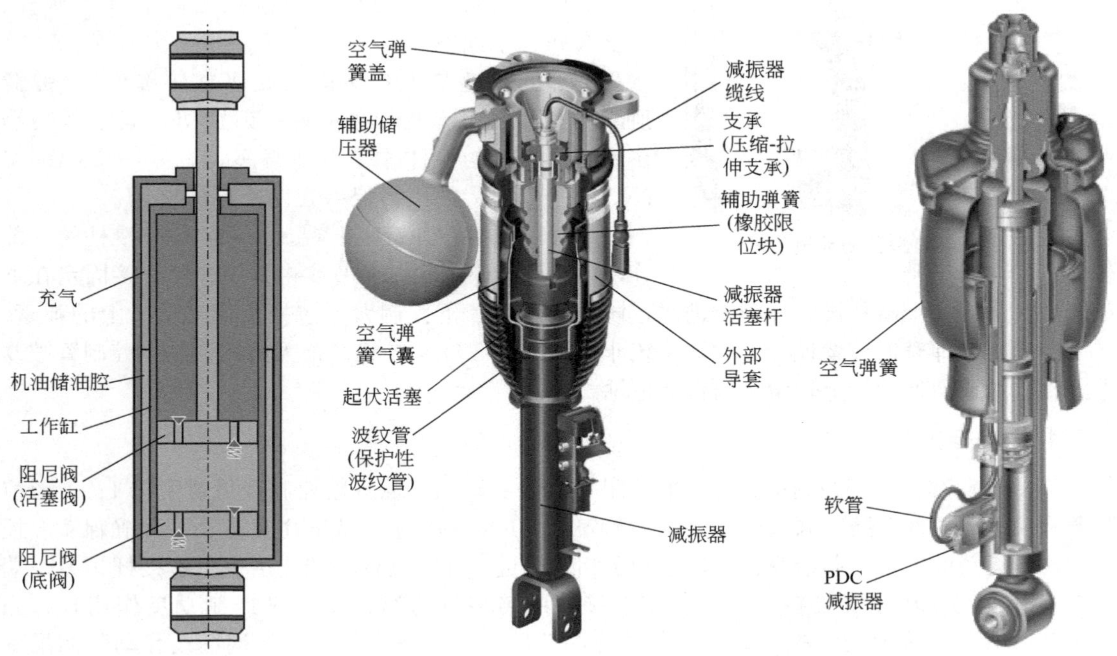

图 2-63　减振器的结构

阻尼阀；▼单向阀

图 2-64　充气减振器的结构

如图 2-65 所示，PDC 是气动减振控制的意思，PDC 减振器上的阻尼力可根据空气弹簧压力来改变。为了使得衰减度（也就是行驶性能）在部分负荷和全负荷之间保持恒定，在车辆的后桥上装有无级式负荷识别装置。恒定不变的车身固有频率再加上空气弹簧，就能使得汽车车身的振动特性与载荷基本无关了。在部分负荷时，可以达到良好的驾驶舒适性，而在全负荷时又可保证车身运动获得足够的减振刚度。空气弹簧和 PDC 减振器的布置有同轴布置和分开布置两种形式。

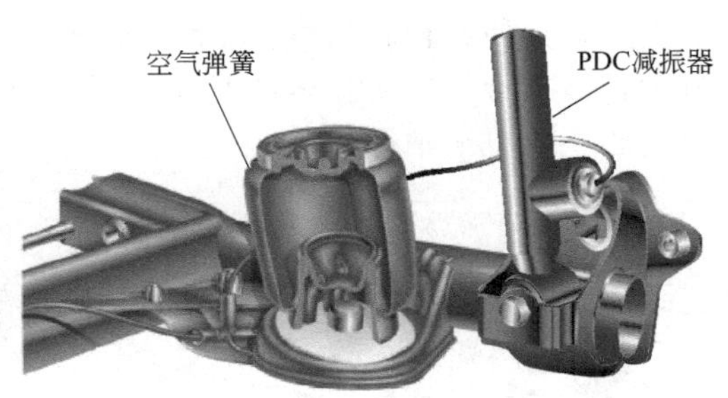

图 2-65　空气弹簧和 PDC 减振器的分开布置

3. 麦弗逊滑柱

麦弗逊滑柱是一个组合式设计，它将弹簧、减振器、上控制臂和上承重板组合成一体，如图 2-66 所示。上承重板的功能等同于传统的 SALA（即短臂长臂式）悬架系统中的上球节。它的结构使道路冲击从轮胎直接传至弹簧，无须经过控制臂，这样就使底盘更加平顺；该结构使弹簧负荷点置于更高处，增加两个弹簧间的宽度，这种设计也具有更好的防侧倾结

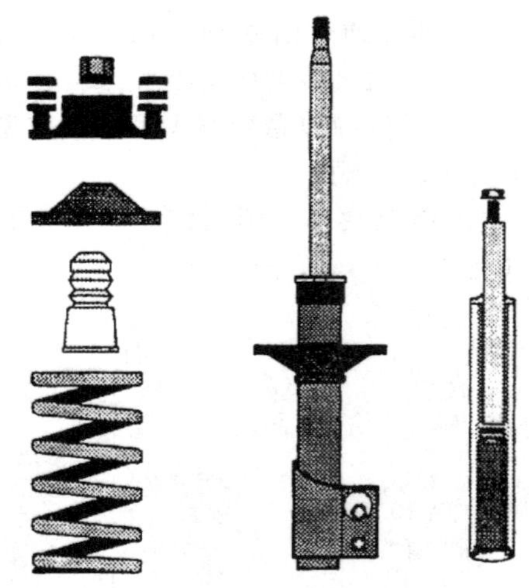

图 2-66 典型的麦弗逊滑柱

构。由于使用了更少的部件，麦弗逊滑柱占用空间更少，给发动机和相关的空调、动力转向系统等附件留出了更大的空间。

滑柱顶部安装在橡胶和金属总成上，称为上滑柱支座。尽管设计上各车型间有些不同，但基本上支座都会有轴承组件、滑柱活塞杆导向轴套和橡胶绝缘垫。滑柱本身设计得更像一个减振器，带有活塞杆、活塞阀和一个油室。

上部的支座是上弹簧座（底座常用部件），弹簧顶部便安装在此座上。通常有一识别切口表示弹簧端在哪里。焊接的滑柱体是下弹簧座，也有一个识别切口。弹簧以很大的压力保持在两个底座之间。

滑柱可安装在弹簧座下端。如果轮轴是滑柱的一部分，可用螺栓固定到转向节或将其用螺栓直接固定在下球节上。另有一个滑柱设计称为改进式，该设计利用了下控制臂（包括负荷球节）上的弹簧。在下控制臂和弹簧的位置设计上，该系统非常类似于 SALA 悬架。最大的区别是上控制臂被改进式滑柱总成所取代。上轴承板当作上枢轴。

4. 纵向推力杆

许多车辆有一个下控制臂，传统的控制臂形似字母 A，现多数控制臂更像字母 I。A 形控制臂利用“A 的两条腿”来确保往复运动的安全。I 形控制臂更易于往复运动。为确保 I 形控制臂往复运动的安全，制造商在设计上做了相应改进，在控制臂一端连接一个连接杆，另一端连接到车架上。轴套安装在车架端。该连接杆的名字称为纵向推力杆或制动反作用杆，如图 2-67 所示。当制动时，控制臂万向节端连同轮胎一起停下来，而车架端继续移动。如果发生这种情况，哪怕是些微小的变化，主销后倾角也立即会有变化，主销后倾角变小，会引起驾驶操控问题。如果两个前轮制动总成制动不同步，汽车将向制动效果更好的一侧跑偏。

因其为潜在的运动，许多工程师在纵向推力杆靠近车架一端设计有螺纹，如图 2-68 所示。这样，方便调整后倾角。在高速行驶和制动过程中，为确保后倾角准确，安装轴衬必须完好无损。执行“标高驻车检查”，检查是否有老化、破裂、断裂处。如果纵向推力杆不在轴衬中心，要更换轴衬。

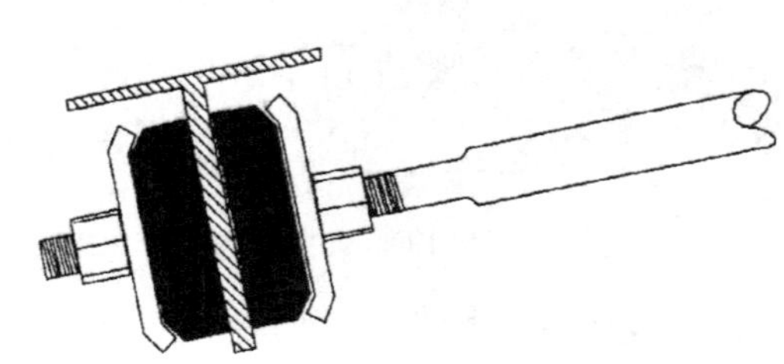

图 2-67 典型的纵向推力杆及衬套

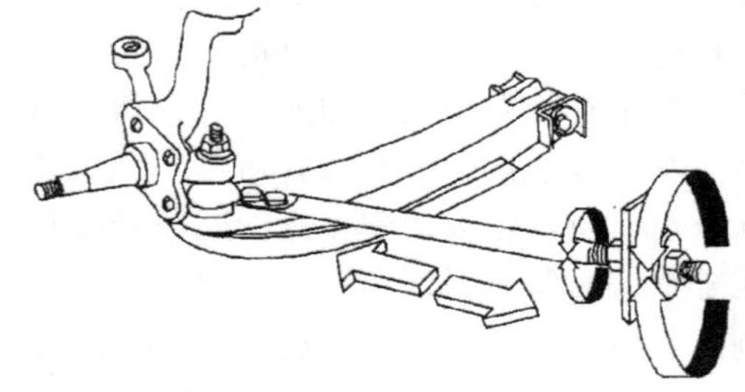

图 2-68 纵向推力杆调整

5. 稳定杆与摆动杆

当车辆转向时，车辆质量分布会不均。这一变化会导致车辆一侧下沉而另一侧上升。这个质量变化也可引起车轮外倾角和前束角的变化，并可能导致在整个转向过程中驾驶员操作不便。

在转向过程中，为弱化质量转移和车身高度的变化，用一个弹簧钢杆（摆动杆）通过两个下控制臂和车架横置安装在车上，如图 2-69 所示。当车辆直线水平行驶时，摆动杆不影响车身高度。摆动杆连接端通过橡胶轴衬连接，车架上的橡胶轴衬套在该杆上，因此要检查轴衬松动、老化、破损情况。通常，控制臂连接端是通过连接件连接的，一般这些连接件包括 1 个长螺栓、4 个轴衬、垫片、1 个轴套和 1 个螺母。要检查轴衬连接件是否缺失或老化，以及轴套垫圈是否磨损或缺失。

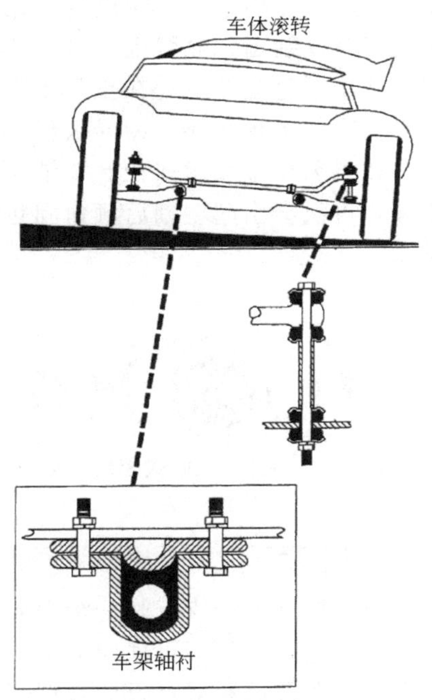

图 2-69　典型的摆动杆

6. 控制臂

控制臂是用来控制或约束某些部件的。在悬架压缩和回弹过程中，控制臂控制轮胎所经过的路径。大多数情况，这些控制臂的排列是上部有一个短臂，下部有一个长臂，这样的系统称为“短臂长臂”悬架或“SALA”悬架，如图 2-70 所示。因其尺寸不同，在压缩和回弹过程中，控制臂在不同弧线上运动，如图 2-71 所示。小控制臂，即上控制臂在大弧上运动，轮胎的基部运动量很小。这样，当底盘大幅上下运动时，轮胎磨损是很小的。

图 2-70　典型的短臂长臂悬架

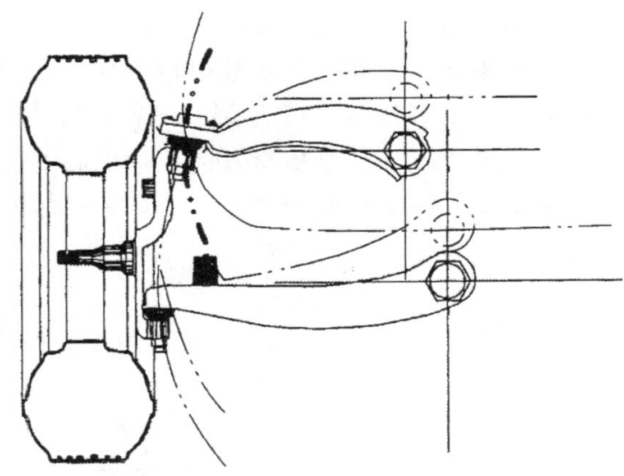
图 2-71　短臂长臂悬架的工作状态

为使控制臂有序运动，它们必须有枢轴支点。内侧枢轴支点以轴和轴衬附在车架上。有些车辆安装有两个独立的轴（销子），而不用单轴。无论哪种形式，它们都使用衬套。多数轿车和轻型货车使用橡胶衬套，镶嵌在内外金属套管上，如图 2-72 所示。外套管被压制在控制臂机架上，而内套管穿过锯齿形边安装到轴上。控制臂上下运动时，外套管沿着臂转动，此时内套管在轴上不动。这会引起两个套管间的橡胶扭曲，橡胶试图回扭。因而，该衬套充当小弹簧，帮助控制臂保持在正确位置。它也可抑制来自轮胎和车轮总成的部分振动。

检查这些衬套时，将车轮放在地面上，检查其所处位置是否正常，查找明显的老化和坏损，还要确认销或轴能直接通过衬套轴心。如果轴和销偏心，衬套将变形，丧失功能。当驱动车辆时，会引起定位角度的变化。更换这些衬套时，使用一个合适的螺钉旋具或衬套安装工具将其安装至控制臂上，并确认装正。去除控制臂损坏部分，以正确的角度安装衬套至控制臂孔中。直至车辆处在正常车身高度，否则不要完全拧紧限位螺栓。如果操作不当，会引起衬套有一个预扭转，将导致新衬套过早破坏。

如果采用金属丝式控制臂轴衬（图 2-73），应对称地将其安装到轴的两端。如果安装不正确，可能会引起主销后倾角问题。当衬套安装到控制臂孔底部时，支轴应能在轴套中自由转动。

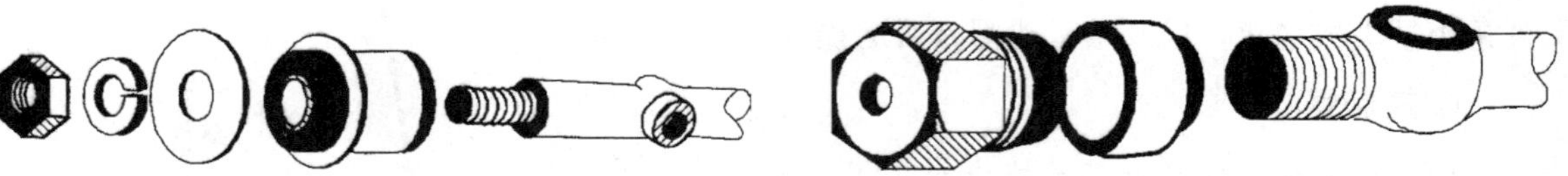

图 2-72　橡胶式控制臂轴衬　　　　图 2-73　金属丝式控制臂轴衬

7. 万向节

通常控制臂外支点是一个万向节。万向节的构造很像是人的肘关节，它可以在圆周方向和弧线上运动，但不可横向运动（内和外）。万向节结构包括一个壳、一个球形和锥形座圈、一个轴承和预载装置。万向节源于一个基本原理（压缩负荷和拉伸负荷），用作承重支点和摩擦支点。压力接头设计使车重和轮胎与转向节的推力压缩球头螺栓进入万向节壳内，受拉接头恰好相反，车重和轮胎与转向节的推力推动球头螺栓离开万向节壳。对于任一情况，都有球头螺栓以轴承（磨损面）可靠连接。现在，多数车辆利用压力接头作为摩擦接头，用受拉接头作为承重接头。

承重接头紧邻弹簧座圈或扭力杆。由于车重贯穿弹簧，压力必须通过万向节到达轮胎和路面。对于多数 SALA 悬架（短臂长臂式），弹簧置于下臂，而下万向节是承重万向节。

如果下万向节是承重万向节，顶起下控制臂直至轮胎离开地面，卸载负荷；如果上万向节是承重万向节，必须顶住车架，举升起整个车辆，如图 2-74 所示。

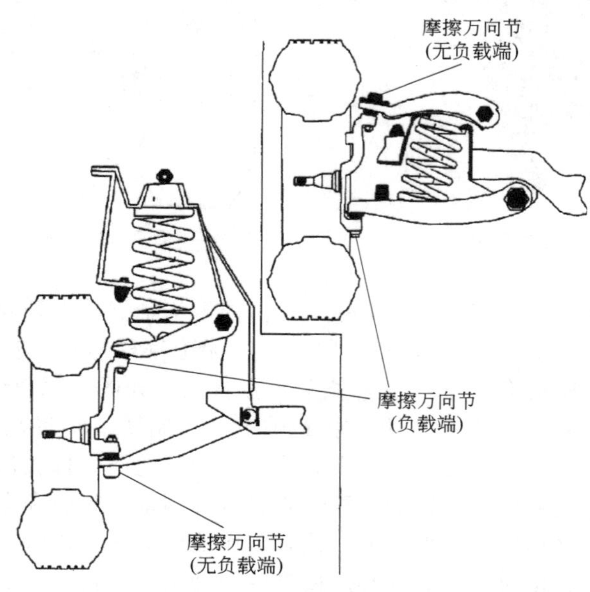

图 2-74　控制臂摩擦万向节与承重万向节的布置

检查承重万向节时千斤顶的安装位置如图2-75所示。多数车辆安装的是上承重万向节，安装有一个行程限位器和/或挡块，以防止回弹时控制臂撞击车身。利用一个合适楔形专用工具（来自定位工具制造商），检查这些万向节时以保持控制臂离开车身。

在定位规范手册的后面有万向节规范。根据手册中的说明，利用万向节检测专用千分表检测出这些值。有些万向节可能会要求使用扭力扳手来检查球头预紧量。

检查摩擦万向节时，注意规范说明：如有任何可测量的旷量都是超过公差的。如果检测出摩擦球节有任何旷量，都要更换球节。

多数车辆配有承重万向节的磨损指示器，如图2-76所示。为了检查这些万向节，车辆必须停在平坦的地方，车轮承重。万向节的磨损指示器位于润滑脂嘴附近的基座上。如果磨损指示器与万向节基座齐平，应更换万向节。如果磨损指示器突出一些，说明万向节是良好的。

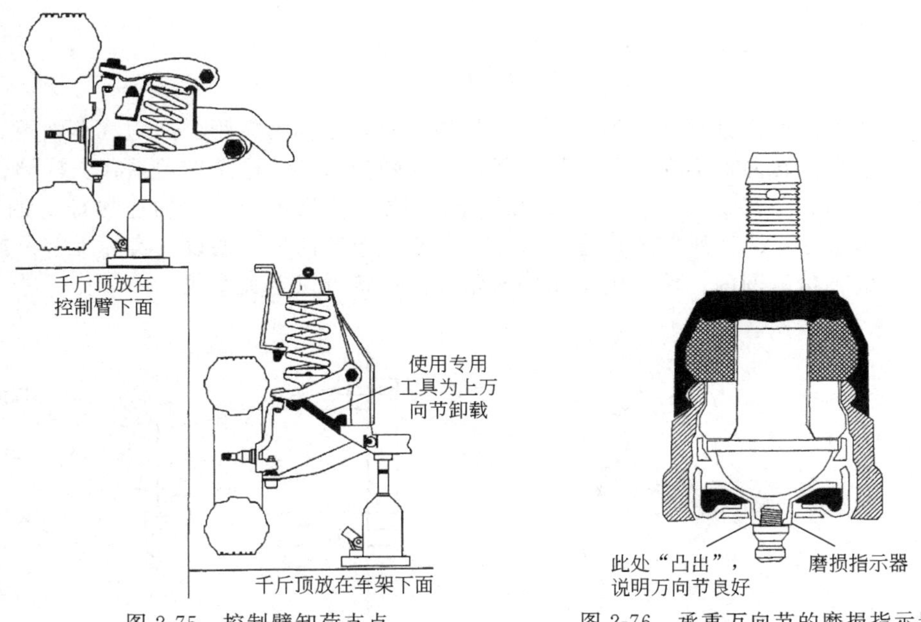

图2-75　控制臂卸荷支点　　图2-76　承重万向节的磨损指示器

第三节　汽车转向系统

汽车在行驶过程中，经常需要改变行驶方向。汽车上用来改变或恢复其行驶方向的专设机构称为汽车转向系统。汽车转向系统是将驾驶员的转向意图传递给汽车的重要输入装置。

一、转向系统的结构

1. 转向系统的基本组成

汽车行驶方向的改变是由驾驶员通过操纵转向系统来改变转向轮（一般是前轮）的偏转角度实现的。转向系统不仅可以改变汽车的行驶方向，使其按驾驶员规定的方向行驶，而且还具有自动回复到直线行驶位置的功能，可以克服由于路面侧向干扰力使车轮自行产生的转向，恢复汽车原来的行驶方向。尽管现代汽车转向系统的结构形式多种多样，但都包括转向

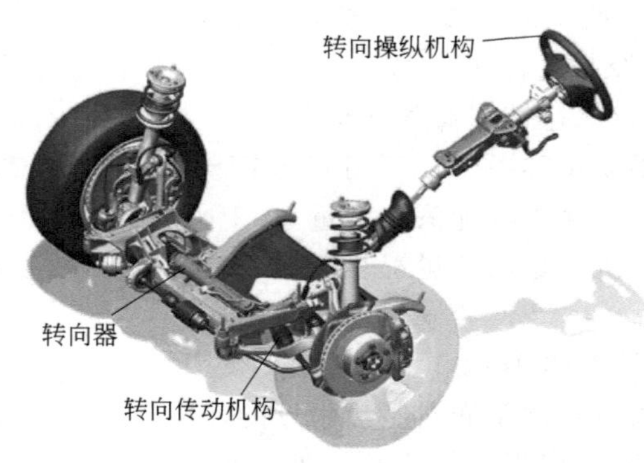

图 2-77　转向系统的组成

操纵机构、转向器和转向传动机构三个基本组成部分，如图 2-77 所示。

2. 转向系统常用术语

（1）转向中心与转弯半径　汽车转向时，要求所有车轮轴线都应相交于一点，此交点 O 称为转向中心（图 2-78）。这样才能保证各车轮在转向过程中均做纯滚动，避免汽车在转向时轮胎与地面间产生滑动使轮胎严重磨损。由图 2-78 中的几何关系可见，汽车转向时内转向轮的偏转角 β 大于外转向轮偏转角 α。在车轮为刚体的假设条件下，内、外两转向轮偏转角满足下面的关系式。

$$\cot\alpha=\cot\beta+\frac{B}{L}$$

式中，B 为两侧主销轴线与地面交点之间的距离，也称为轮距；L 为汽车轴距。

这种关系是由转向梯形保证的，故上式也称为转向梯形理论特性关系式。梯形机构及内外轮转角关系如图 2-79 所示，转向梯形由转向横拉杆与两侧转向节的连接球头的球心 A、B 与两侧主销轴心 C、D 所围成。迄今为止，所有汽车转向梯形的设计实际上都只能保证在一定的车轮偏转角范围内，使两侧车轮偏转角大体上接近以上关系式。

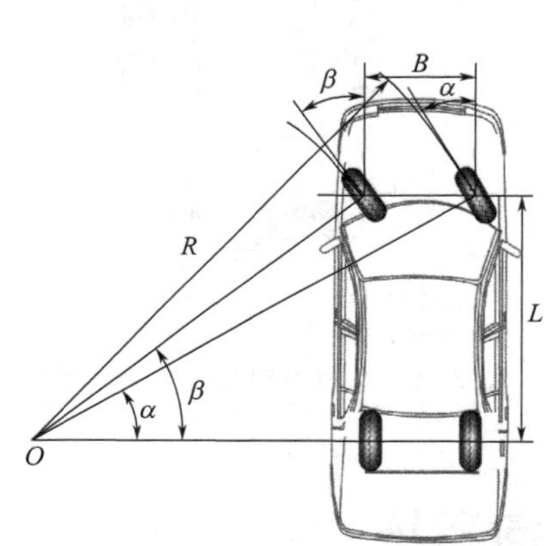

图 2-78　汽车转向时各车轮的运动轨迹

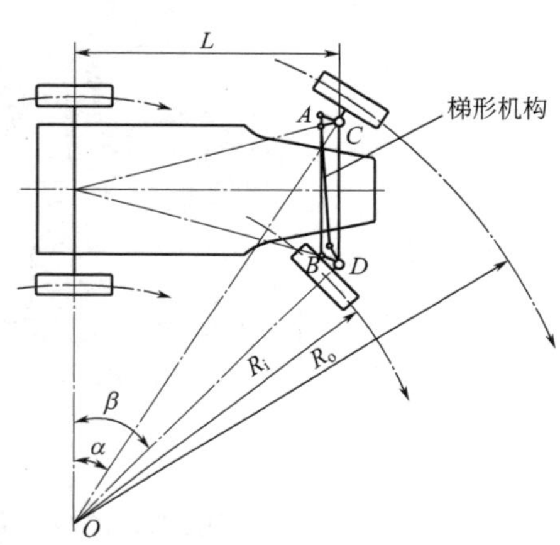

图 2-79　梯形机构及内外轮转角关系

从转向中心 O 到外侧转向轮与地面接触点的距离 R 称为汽车转弯半径。转弯半径 R 越小，则汽车转向所需场地就越小，汽车的机动性也越好。从图 2-78 可以看出，当外侧转向轮偏转角达到最大值 α_{max} 时，转弯半径 R 最小。汽车内侧转向轮的最大偏转角一般在 35°～42°之间。

（2）转向系统角传动比　转向系统的角传动比是转向器的角传动比和转向传动机构的角传动比的乘积，可以用方向盘转角增量与同侧转向车轮转角增量之比来表示。当方向盘直径一定时，转向系统角传动比越大，转向时需要加在方向盘上的力矩越小。但是，转向系统的角传动比太大将会导致转向操纵不灵敏。

（3）方向盘的自由行程　方向盘的自由行程是指方向盘在空转阶段的角行程，这主要是由于转向系统各传动件之间的装配间隙和弹性变形所引起的。由于转向系统各传动件之间都存在着装配间隙，而且这些间隙将随零件的磨损而增大，因此在一定范围内转动方向盘时，转向节并不随即同步转动，而是在消除这些间隙并克服机件的弹性形变后，才做相应的转动，即方向盘有一个空转过程。方向盘自由行程对于缓和路面冲击及避免驾驶员过于紧张是有利的，但过大的自由行程会影响转向灵敏性。所以汽车维护中应定期检查方向盘的自由行程。一般汽车方向盘的自由行程应不超过 10°～15°，否则应进行调整。

3. 转向操纵机构

汽车转向操纵机构主要由方向盘、转向轴以及转向管柱等机件组成，其功用是将驾驶员转动方向盘的操作力矩传给转向器。为了保证驾驶员的安全，同时也为了更加舒适、可靠地操作转向系统，现代汽车通常在转向操纵机构上增设相应的安全调节装置，这些装置主要反映在转向轴和转向柱管的结构上。

如图 2-80 为桑塔纳轿车转向操纵机构。转向柱管中部用橡胶垫和半圆形支架固定在驾驶室前围板上，下端插入铸铁支座的孔中。支座固定在转向操纵机构的支架上。转向轴穿过转向柱管，其下端支承在支座中的圆锥滚子轴承上，上部则通过衬套支承在转向柱管的内壁上，其上端用螺母与方向盘相连接。方向盘上装有电喇叭按钮及相应部件。转向轴通过万向传动装置与转向器中的转向蜗杆相连。下万向节与转向传动轴用滑动花键相连接。

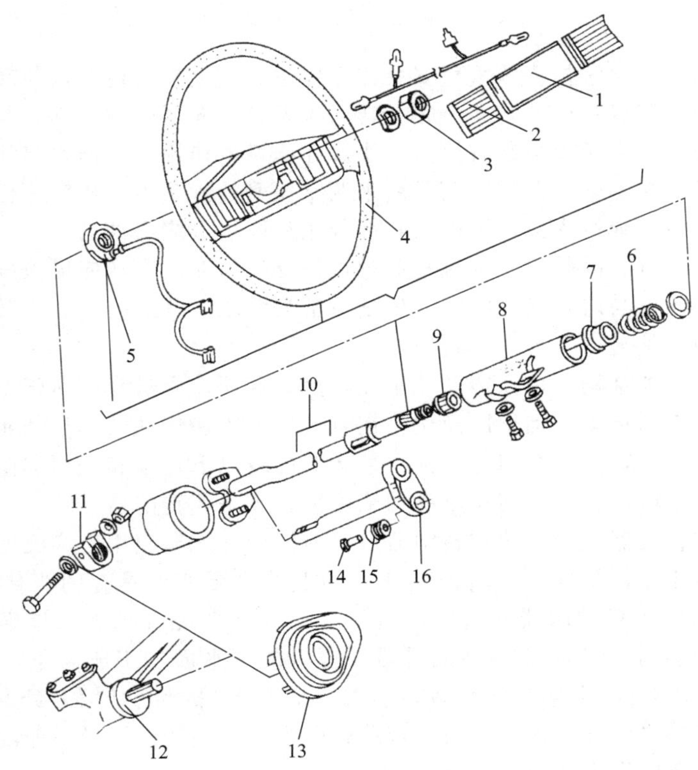

图 2-80　桑塔纳轿车转向操纵机构

1—大盖板；2—喇叭按钮盖板；3—方向盘柱紧固螺母；4—方向盘；5—接触环；6—压缩弹簧；7—连接圈；8—方向盘柱套管；9—轴承；10—方向盘柱上段；11—夹紧箍；12—转向器；13—方向盘柱管橡胶圈；14—减振尼龙销；15—减振橡胶圈；16—方向盘柱下段

4. 转向器

（1）齿轮齿条式转向器　如图 2-81 所示，齿轮齿条式转向器主要由转向器壳体、转向齿轮、转向齿条等成。转向器通过转向器壳体的两端用螺栓固定在车身（车架）上。

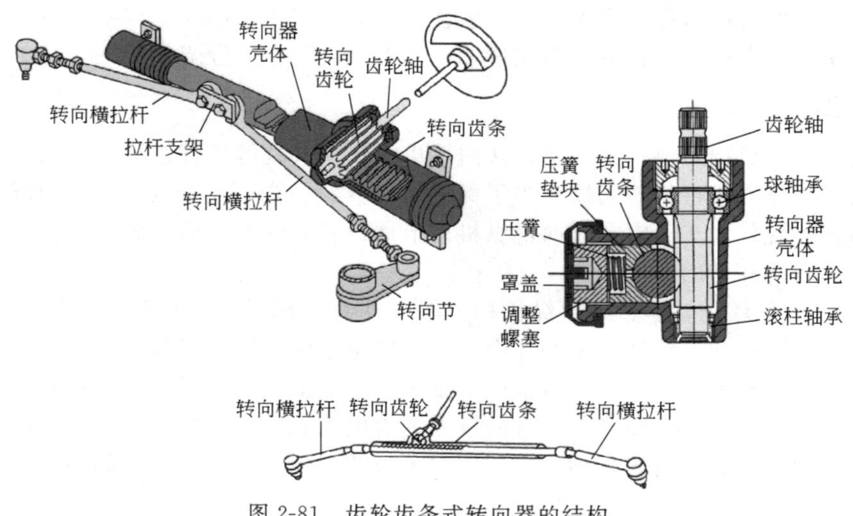

图 2-81　齿轮齿条式转向器的结构

齿轮轴通过球轴承、滚柱轴承垂直安装在壳体中，其上端通过花键与转向轴上的万向节相连，其下部是与轴制成一体的转向齿轮。转向齿轮是转向器的主动件，与它相啮合的从动件转向齿条水平布置，齿条背面装有压簧垫块。在压簧的作用下，压簧垫块将齿条压靠在齿轮上，保证两者无间隙啮合。调整螺塞可用来调整压簧的预紧力。压簧不仅起消除啮合间隙的作用，而且还是一个弹性支撑，可以吸收部分振动能量，缓和冲击。

转向齿条的一端（有的是齿条两端）通过拉杆支架与左、右转向横拉杆连接。转动方向盘时，转向齿轮转动，与之相啮合的转向齿条沿轴向移动，从而使左、右转向横拉杆带动转向节转动，使转向轮偏转，实现汽车转向。

齿轮齿条式转向器结构简单；传动效率高，操纵轻便；质量轻；由于不需要转向摇臂和转向直拉杆，还使转向传动机构得以简化。在有效地解决逆传动效率高和实现转向器可变速比等技术问题后，这种转向器在前轮为独立悬架的中级以下轿车和轻型、微型货车上得以广泛应用，如捷达、桑塔纳、依维柯等车型均采用齿轮齿条式转向器。

（2）循环球式转向器　循环球式转向器是目前国内外汽车应用最广泛的一种转向器。与其他形式的转向器相比，循环球式转向器在结构上的主要特点是有两级传动副。如图 2-82 所示为循环球齿条齿扇式转向器的结构，如图 2-83 所示为循环球齿条齿扇式转向器的实物分解图。第一级传动副是转向螺杆-转向螺母；螺母的下平面加工成齿条，与齿扇轴内侧的齿扇相啮合，构成齿条-齿扇第二级传动副。显然，转向螺母既是第一级传动副的从动件，也是第二级传动副的主动件。通过转向盘转动转向螺杆时，转向螺母不能随之转动，而只能沿杆轴向移动，并驱使齿扇轴（摇臂轴）转动。

5. 转向传动机构

（1）转向机构　大多数转向机构是下面四种形式之一。

① 交叉式。交叉式转向机构主要用于四轮驱动车桥。典型的交叉式转向机构，如图 2-84 所示。

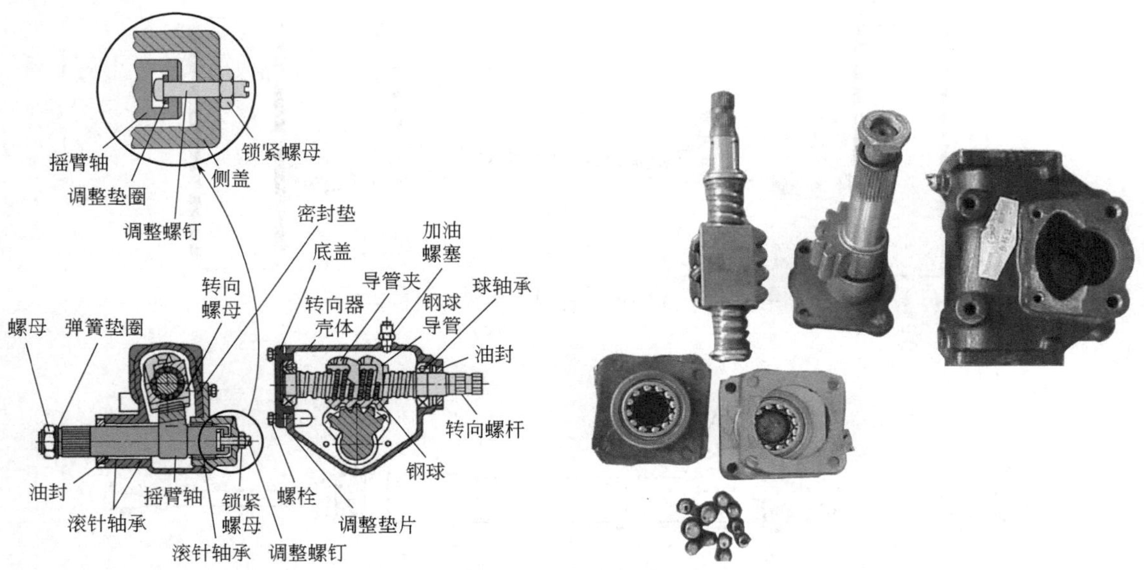

图 2-82　循环球齿条齿扇式转向器的结构

图 2-83　循环球齿条齿扇式转向器的实物分解图

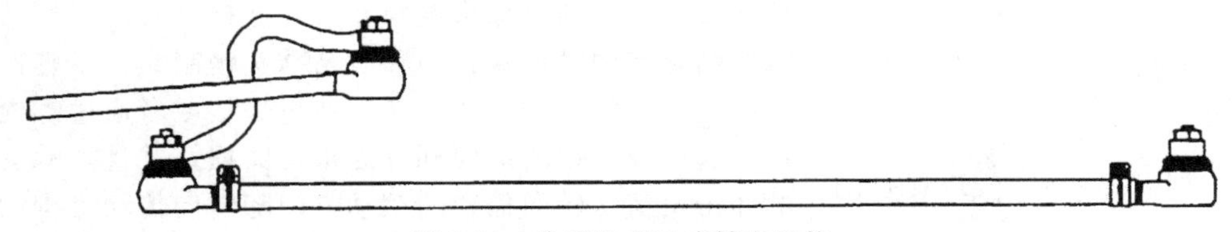

图 2-84　典型的交叉式转向机构

② HALTENBERGER 式。HALTENBERGER 式转向机构主要用于福特的双 I 形梁悬架，如图 2-85 所示。

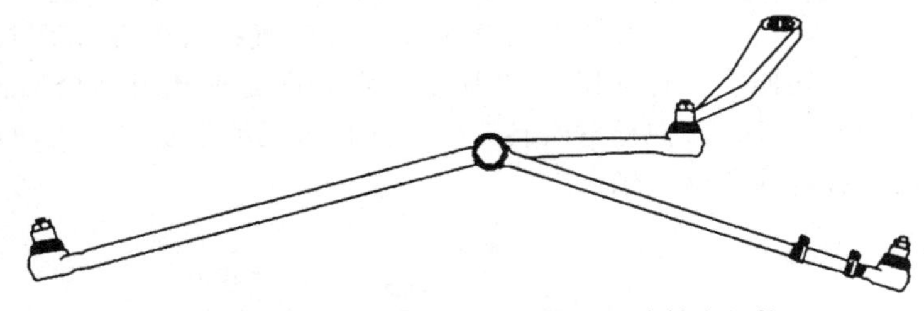

图 2-85　典型的 HALTENBERGER 式转向机构

③ 平行四联杆式。平行四联杆式转向机构用在多数轿车和轻型货车上，如图 2-86 所示。它有四个主要部件：惰性臂、转向摇臂、横拉杆球头和调整杆。其名字源于横拉杆球头，与下控制臂基本上是平行和等长的，这样避免轮胎在压缩和回弹时前束过度变化。横拉杆球头和球节一同在相似的弧线上运动，这样在运动过程中轮胎位置不会发生改变。

④ 齿轮齿条式。齿轮齿条式转向机构用于大多数轿车和许多轮式货车上，如图 2-87 所示。

（2）转向摇臂　转向摇臂的功用是把转向器输出的力和运动传给直拉杆或横拉杆，进而推动转向轮偏转。转向摇臂和摇臂轴如图 2-88 所示，它多采用铬钢之类的优质钢经锻造和

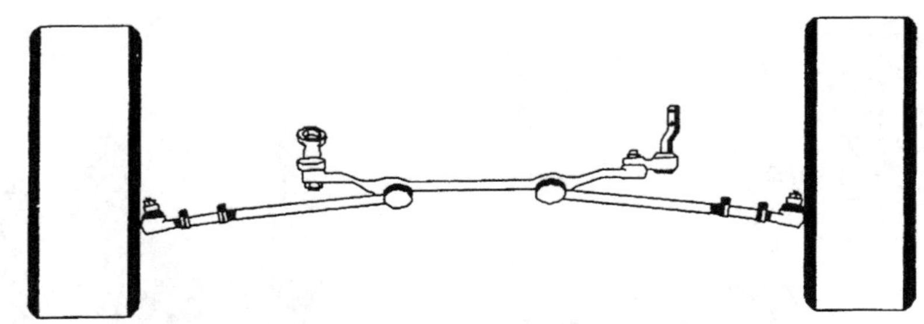

图 2-86 典型的平行四联杆式转向机构

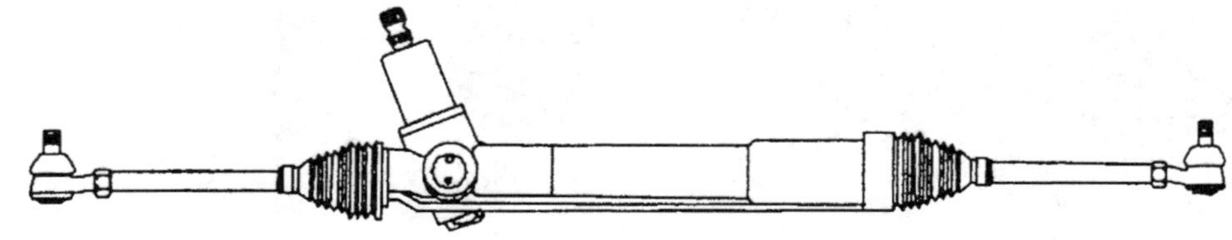

图 2-87 典型的齿轮齿条式转向机构

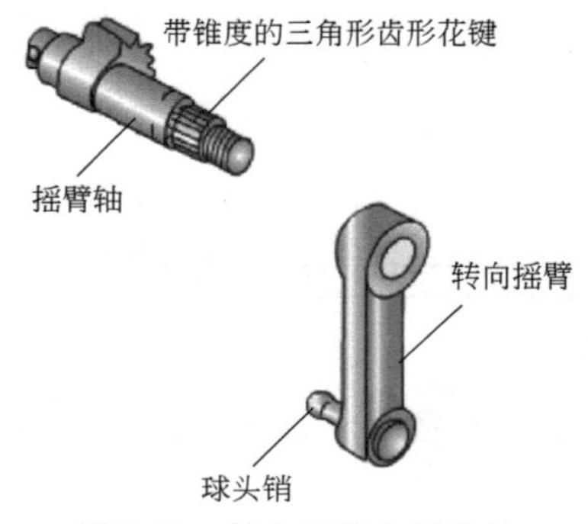

图 2-88 转向摇臂和摇臂轴

机械加工制成，上端加工出带细齿花键的锥孔与转向摇臂轴连接，下端通过球头销与直拉杆连接。转向摇臂与球头销的结合有两种形式：一种是与球头销制成一个整体；另一种是将它们分别制造，然后通过焊接或者通过螺栓连接在一起。球头销的球面部分必须耐磨损，并且能承受较大的冲击负荷。转向摇臂的摆动方向随转向传动机构的布置方式不同而不同，有前后方向摆动的，也有左右方向摆动的。

（3）转向直拉杆　转向直拉杆的功用是将转向摇臂传来的力和运动传给转向梯形臂或转向节臂。它所受的力既有拉力也有压力，因此直拉杆都是采用优质特种钢制造的，以保证工作可靠。转向直拉杆如图 2-89 所示。在转向轮偏转或因悬架弹性变形而相对于车架跳动时，转向直拉杆、转向摇臂及转向节臂的相对运动都是空间运动，为了不发生运动干涉，三者间的连接都采用球头销。

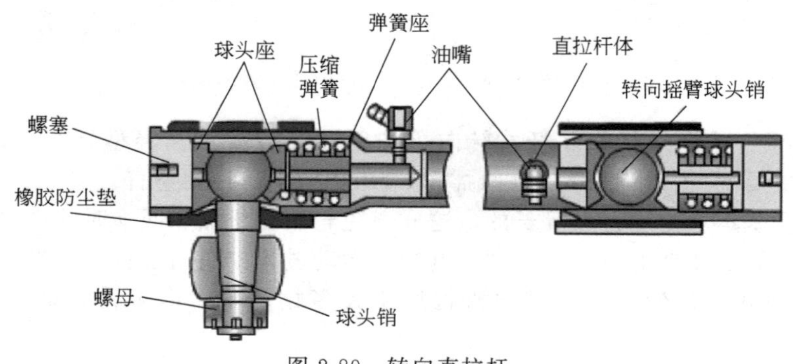

图 2-89 转向直拉杆

（4）转向横拉杆　转向横拉杆的功用是连接左、右梯形臂并使其协调工作。它在汽车行驶过程中反复承受拉力和压力，因此多用高强度冷拉钢管制造。如图 2-90 所示，转向横拉杆由横拉杆体和旋装在两端的接头组成，两端的接头结构相同（但螺纹的旋向相反）。

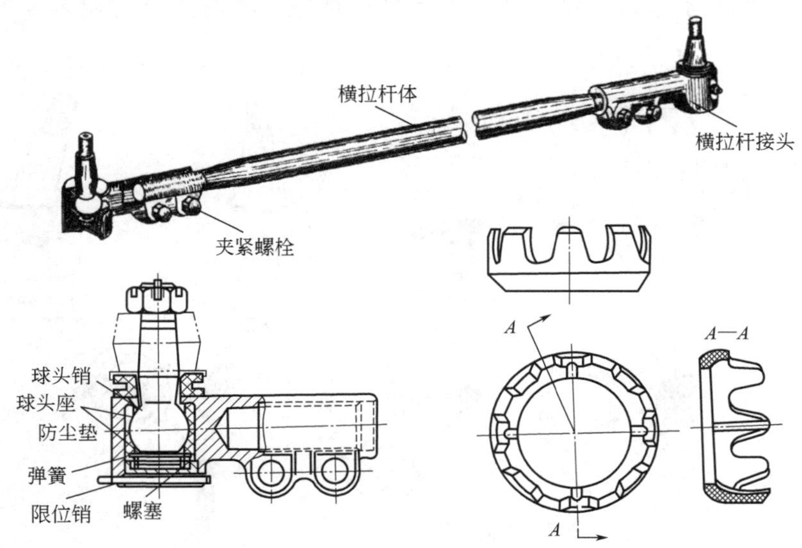

图 2-90　转向横拉杆

（5）横拉杆球头　横拉杆球头更像小型球式万向节，它们只能圆周运动，不能横向运动。在车的两侧各有一个横拉杆，每个横拉杆两端各有一个球头，如图 2-91 所示。横拉杆安置在与下控制臂行程匹配的位置，在悬架振动回弹过程中可弱化车轮向内向外的摆动，即前束变化。

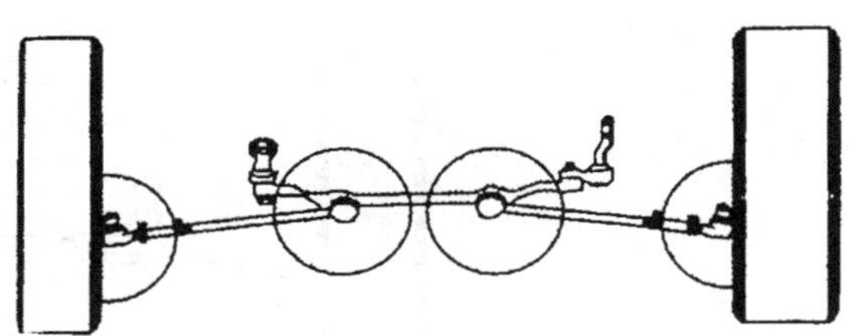

图 2-91　车上的横拉杆球头

内侧横拉杆球头与中央连接杆相连，可使车轮在中央连接杆连接处上下运动；外侧横拉杆球头连接到转向臂上，转向臂连接到转向节或转向节铸件上，这样可使轮胎从正直位置转向（左转或右转）。两个横拉杆球头用于调整杆连接，调整杆有螺纹套管，转动调整杆可使两个横拉杆内收或外放，这样轮胎将向内或向外移动。首先拧紧横拉杆调整杆夹紧箍，确定横拉杆位置以使球头螺栓处在横拉杆球头壳的中心，如图 2-92 所示。

确定夹紧箍位置，夹紧箍开口与横拉杆调整杆开口不超过 45°，这样可以将调整杆上的力分布得更均匀。不要将调整杆的开口和夹紧箍的开口对齐，如图 2-92 所示。如同检测转向摇臂一样，最容易和更精确的检测横拉杆基孔的方法是用千斤顶升起车轮，来回转动方向盘，检查球头螺栓的旷量。

（6）惰性臂　与转向摇臂相配合的部件是惰性臂，如图 2-93 所示。它们两个一同保持中央连接杆处在正确的水平面上。惰性臂可采用橡胶衬套、带有尼龙衬套的承重臂和螺纹钢衬套三种基本设计之一。无论怎样设计，惰性臂都不准上下移动，否则中央连接杆会失去水平面位置，可能引起“冲击转向”现象。

（7）中央连接杆　中央连接杆是一个置于转向摇臂和惰性臂之间的杆件（图 2-94），与横拉杆球头相连，它用于连接轮胎到转向器。设计上中央连接杆在水平面上运动，在拉动一侧横拉杆球头运动的同时推动另一侧横拉杆球头使轮胎转向。在中央连接杆每端都有一个孔或销，以连接惰性轮和转向摇臂。在大约 1/4 处的两个孔与横拉杆球头相连。通用“F”底盘轿车在中央连接杆每端有一个机械式无偏差灵敏点，这是两个测量点，用以检测中央连接杆是否水平。如果不水平，可将惰性臂上下稍做调整，将两个点的误差控制在 4.23mm 以内。

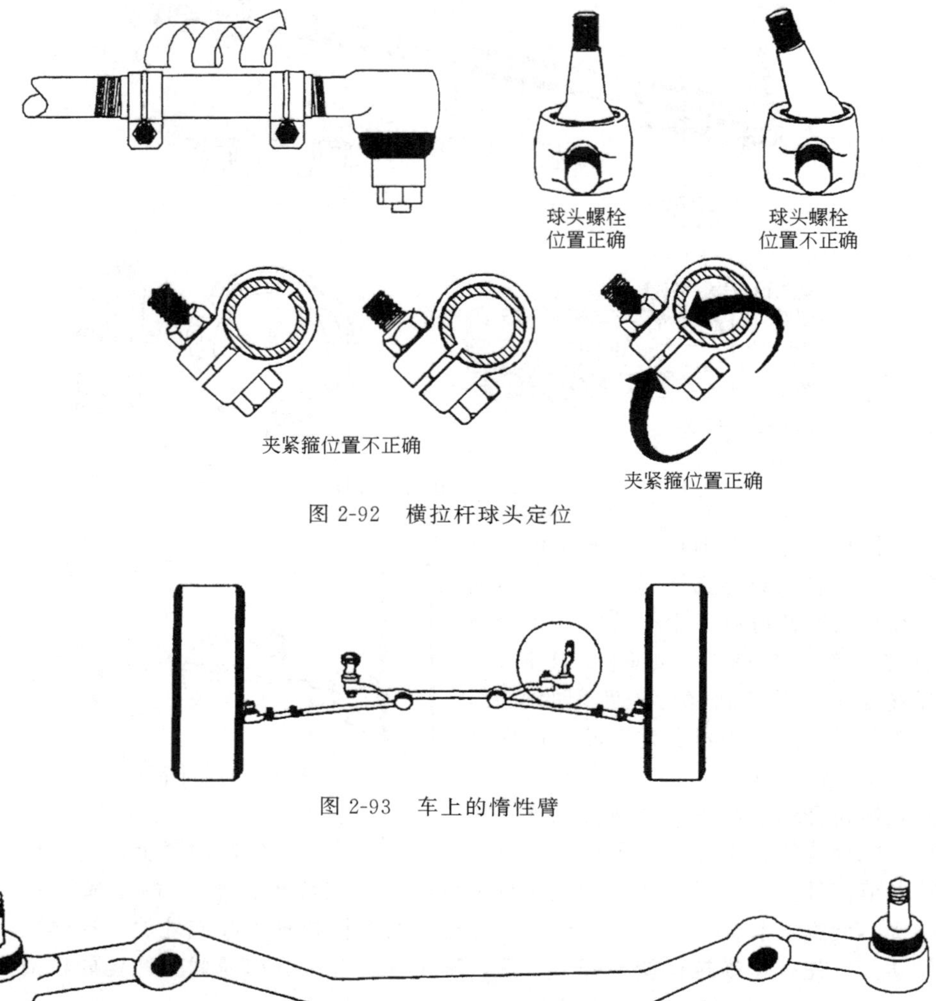

图 2-92　横拉杆球头定位

图 2-93　车上的惰性臂

图 2-94　典型的中央连接杆

二、动力转向系统

1. 动力转向系统的组成及类型

普通液压动力转向系统是在机械式转向系统的基础上加一套动力辅助装置组成的，如图 2-95 所示为别克凯越汽车液压动力转向系统的结构组成。按其液流形式有常压式和常流式两种。常压式的特点是有储能器积储液压能，可以使用流量较小的转向液压泵，而且还可以在液压泵不工作时保持一定转向助力能力。常流式的特点则是结构简单，液压泵寿命长，泄漏少，而且消耗功率也较少，被广泛使用。

普通液压动力转向系统一般由机械转向器、转向动力缸和转向控制阀三部分组成。如

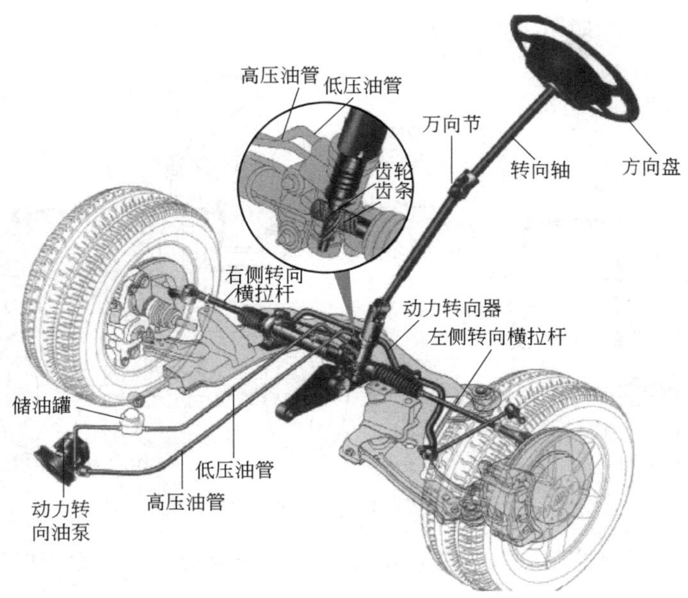

图 2-95　别克凯越汽车液压动力转向系统的结构组成

图 2-96 所示，转向油泵安装在发动机上，由曲轴通过皮带驱动并向外输出液压油。转向油罐有进、出油管接头，通过油管分别与转向油泵和转向控制阀连接。转向控制阀用以改变油路。机械转向器和缸体形成左右两个工作腔，它们分别通过油道和转向控制阀连接。

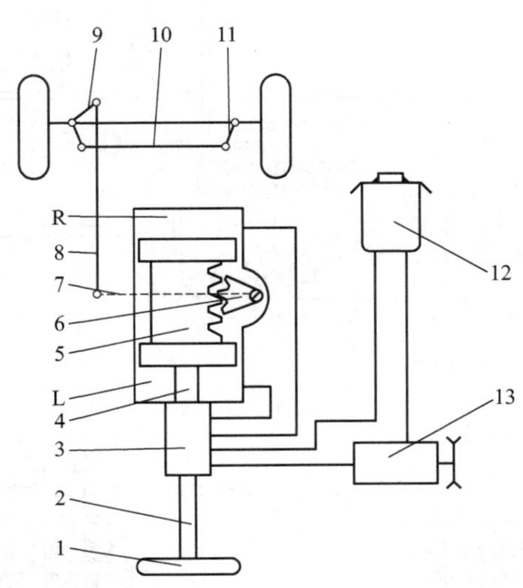

图 2-96　液压动力转向示意

1—方向盘；2—转向轴；3—转向控制阀；4—转向螺杆；5—齿条-活塞；6—齿扇；7—摇臂；8—转向主拉杆；9—转向节；10—转向横拉杆；11—转向梯形臂；12—转向油罐；13—转向油泵；R—右转向动力腔；L—左转向动力腔

当汽车直线行驶时，转向控制阀将转向油泵泵出来的工作液与油罐相通，转向油泵处于卸荷状态，动力转向器不起助力作用。当汽车需要向右转向时，驾驶员向右转动方向盘，转向控制阀将转向油泵泵出来的工作液与 R 腔接通，再将 L 腔与油罐接通，在油压的作用下，活塞向下移动，通过传动结构使左右轮向右偏转，从而实现右转向。向左转向时，情况与上述相反，其工作原理示意如图 2-97 所示。

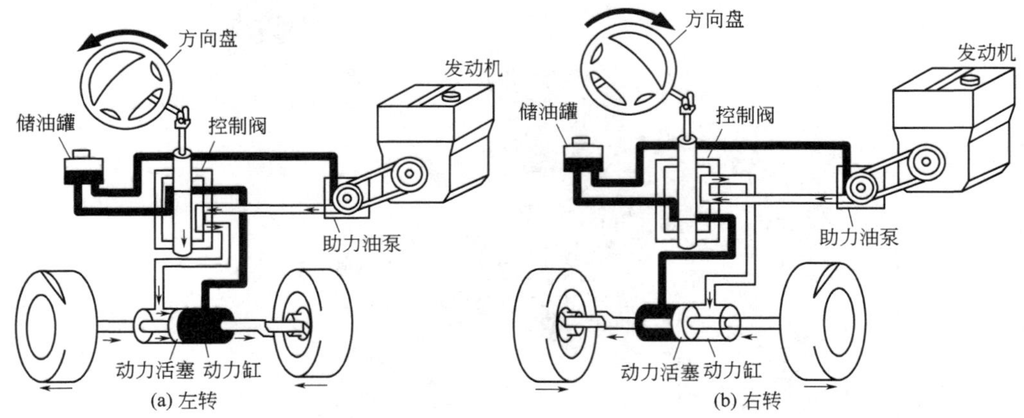

图 2-97　助力转向系统的工作原理

动力转向系统按转向控制阀阀芯的运动方式，可分为滑阀式动力转向系统和转阀式动力转向系统。

2. 滑阀式动力转向系统

如图 2-98 所示为液压常流滑阀式动力转向装置工作原理。转向油罐用来储存、滤清油

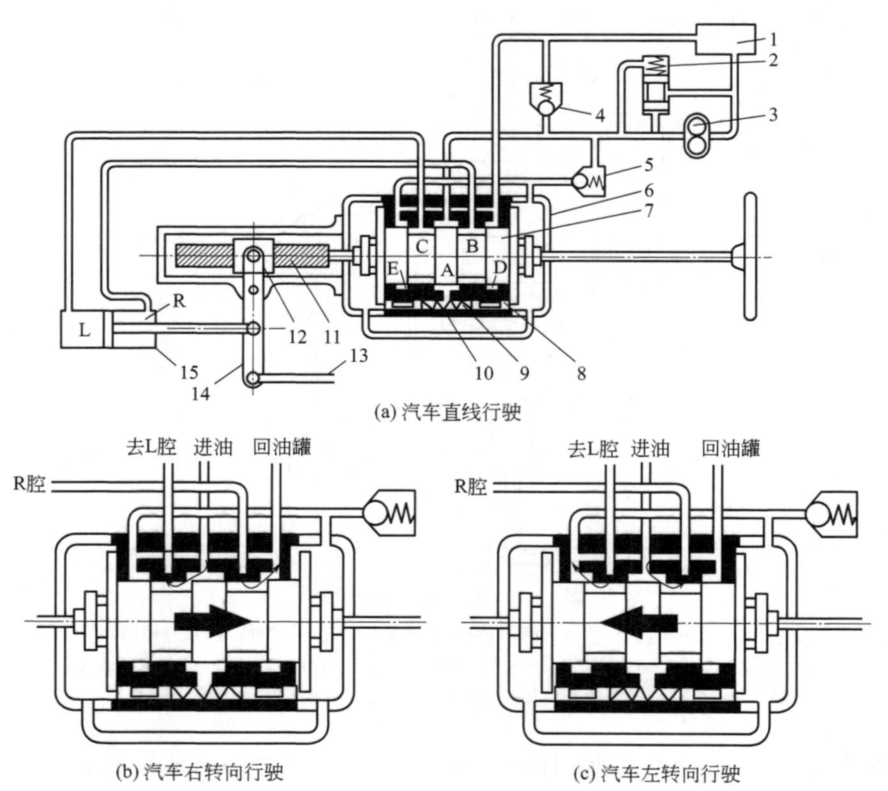

图 2-98　液压常流滑阀式动力转向装置工作原理

1—转向油罐；2—溢流阀；3—转向油泵；4—安全阀；5—单向阀；6—转向控制阀；7—滑阀；8—反作用柱塞；9—阀体；10—回位弹簧；11—转向螺杆；12—转向螺母；13—转向主拉杆；14—转向摇臂；15—动力缸

液。转向油泵将油罐内的油吸出，压送入控制阀，其功用是将发动机输出的部分机械能转换为油液的压力能。固装在车架（或车身）上的转向动力缸主要由缸筒和活塞组成。活塞将动力缸分为 L、R 两腔，活塞的伸出端与摇臂中部铰接。动力缸的功用是将油液的压力能转换成机械能，实现转向加力。由阀体、滑阀、反作用柱塞和滑阀回位弹簧等组成的转向控制阀是动力缸的控制部分，用来控制油泵输出油液的流向，使转向器与动力缸协调动作，转向控制阀用油管、油罐和动力连通。

滑阀与阀体为间隙配合。在阀体的内圆柱面上开有三道环槽，环槽 A 是总进油道，与油泵连通；环槽 D、E 是回油道，与油罐连通。在滑阀上开有两道环槽；B 是动力缸腔 R 的进、排油环槽；C 是动力缸 L 的进、排油环槽。阀体内装有反作用柱塞，两个柱塞之间装有滑阀复位弹簧。滑阀通过两个轴承支承在转向轴上，它与转向螺杆的轴向相对位置固定不变。但滑阀处于中间位置（相应与汽车直线行驶的位置）时，滑阀两端与阀体的端面均保持 h 的间隙，因而滑阀随同转向螺杆可以相对于阀体自中间位置向两端做微量的轴向移动。

3. 转阀式动力转向系统

转阀式液压动力转向系统是在齿轮齿条式机械转向器的基础上加装了转阀式转向控制阀、转向动力缸、转向油罐、叶片式转向油泵、油管等部件，如图 2-99 所示。其中转阀式转向控制阀主要由扭杆、阀芯、阀体等部件组成，如图 2-100 所示。扭杆是在扭矩作用下可产生弹性变形的杆件，它从中空的阀芯中穿过，上端部通过销钉与阀芯上端的花键部分（连转向轴）连接，下端与小齿轮刚性连接。阀体下部又以销轴与小齿轮刚性连接，阀体呈圆筒形，其外圆柱表面开有 7 个环槽，其中 4 个窄且浅的是密封环槽，3 个宽且深的是油环槽，油环槽和密封环槽相间布置。油环槽底部开有与内壁相通的油孔，中间油环槽的油孔较大，是进油通道。两侧油环槽的油孔较小，分别与动力缸的左右腔相通。阀体内表面的内壁开有 6 个（有的是 8 个或 10 个）不贯通的纵向凹槽。阀芯也制成圆筒形，其外圆表面和阀体滑动配合，在扭杆发生扭转变形时，阀芯与阀体能相对转动。阀体和阀芯的配合间隙很小，配合精度高，维修时不可单独更换。阀芯的外表面也开有 6 个纵向不贯通的凹槽，凹槽底部开有回油孔。相对于凹槽，阀芯外表面没开凹槽的地方也就形成了 6 个凸肩，装配后，和阀体的 6 个纵向凹槽相对应，凸肩的宽度比阀体凹槽的宽度小，因此每个凸肩左右与阀体纵向凹槽配合处都有间隙，这些间隙称为预开间隙。

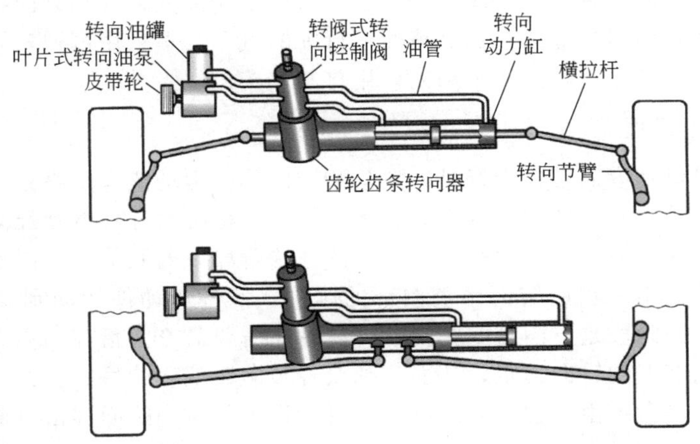

图 2-99　齿轮齿条液压动力转向系统示意

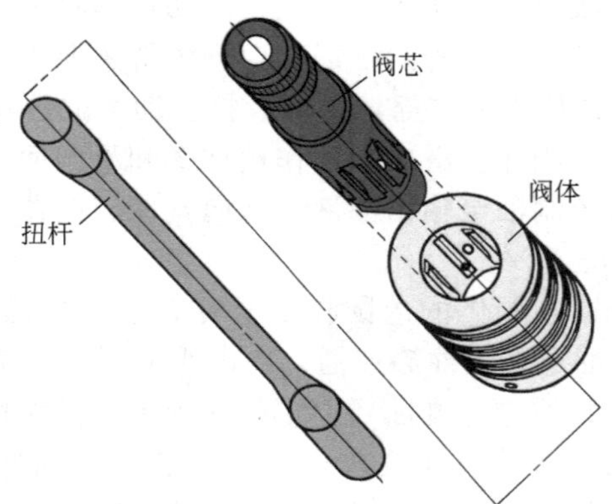

图 2-100　转阀式转向控制阀组成及结构

三、转向系统与四轮定位的关系

1. 转向器传动效率

转向器的输出功率与输入功率之比，称为转向器传动效率。在功率由转向轴输入、由转向摇臂输出的情况下求得的传动效率，称为正效率；而传动方向与上述相反时求得的效率，则称为逆效率。逆效率很高的转向器很容易将经转向传动机构传来的路面反力传到转向轴和方向盘上，故这种转向器被称为可逆式转向器。可逆式转向器有利于汽车转向结束后转向轮和方向盘自动回正，但也能将坏路对车轮的冲击力传到方向盘，发生“打手”情况。

逆效率很低的转向器，称为不可逆转向器。不平道路对转向轮的冲击载荷输入这种转向器，即由其中各传动零件（主要是传动副）承受，而不会传到方向盘上。路面作用于转向轮上的回正力矩同样也不能传到方向盘。这就使转向轮自动回正成为不可能。此外，道路的转向阻力矩也不能反馈到方向盘上，使得驾驶员不能得到路面反馈信息，即所谓丧失“路感”，无法据以调节转向力矩。

逆效率略高于不可逆式的转向器，称为极限可逆式转向器，其反向传力性能介于可逆式和不可逆式之间，而接近于不可逆式。采用这种转向器时，驾驶员能有一定的路感，转向轮自动回正也可实现，而且只有在路面冲击力很大时，才能部分地传到方向盘。现在的汽车一般不采用不可逆式转向器。经常在良好路面上行驶的汽车，多采用可逆式转向器。极限可逆式转向器，多用于中型以上越野汽车和工矿用自卸汽车。

2. 方向盘自由行程

单从转向操纵灵敏度而言，最好是方向盘和转向节的运动能同步终止。然而，这在实际上是不可能的。因为在整个转向系统中，各传动件之间都必然存在着装配间隙，而这些间隙将随着零件的磨损而增大。在方向盘转动过程的开始阶段，驾驶员对方向盘所施加的力矩很小，因为该力矩只是用来克服转向系统内部的摩擦，使各传动件运动到其间的间隙完全消除，故可以认为这一阶段是方向盘空转阶段。此后才需要对方向盘施加更大的转向力矩以克服经车轮传到转向节上的转向力矩，从而达到使各转向轮偏转的目的。方向盘在空转阶段中的角行程，称为方向盘自由行程。方向盘的自由行程对于缓和路面冲击及避免使驾驶员过度紧张是有利的，但不宜过大，以免过分影响灵敏性。一般来说，方向盘从相应于汽车直线行驶的中间位置向任意方向的自由行程最好不超过 10°～15°。当零件磨损严重到使方向盘自由行程超过 25°～30°时，必须进行调整。

3. 车身系角传动比

方向盘转角增量与同侧转向节相应转角增量之比则为转向系统角传动比。转向系统角传动比越大，则为了克服一定的地面转向阻力矩所需的方向盘上的转向力矩便越小，从而在方向盘直径一定时，驾驶员应加于方向盘上的力也越小。但若过大的话，将导致方向盘操作不够灵敏，即为了得到一定的转向节偏转角，所需的方向盘转角过大。所以，选取转向系统角传动比应适当兼顾转向省力和转向灵敏的要求。货车的转向系统角传动比为 16～32，轿车的为 12～20。有些车型的转向系统角传动比是定值，而有些则是可变的。

汽车的转向操作性能并不完全取决于转向系统，还与行驶系统有关。汽车在直线行驶中，转向轮会受到偶然出现的地面侧向反力而发生意外偏转，因而使汽车意外转向。为了使汽车能稳定地保持直行方向，要求转向轮偶然发生偏转后能立即自动回转到相应于直线行驶位置的中立位置。转向主销的后倾和内倾，即是为保证转向轮这种自动回正性能而在行驶系统中所采取的结构措施之一。此外，悬架导向机构的结构和布置以及轮胎的径向和侧向刚度，都对汽车的转向操作性有很大影响。

4. 转向力与路感

汽车转弯时，前轮上作用着相应大小的绕主销的力矩，通常统称为回正力矩。这个回正力矩除以传动比，就是驾驶员为了使汽车在转弯时能够平顺行驶所需要克服的力矩。除了回正力矩以外，驾驶员还需要克服主销的摩擦力矩、转向器的摩擦力矩（取决于转向器效率）、各个球头的摩擦力矩以及轮胎与地面的摩擦力矩等。

驾驶员在转向时所需的力包括两个主要部分：一是回正力矩；二是摩擦力矩。如果问：“转向时所需的力是大点好还是小点好？”可能大部分开过车的人都会回答：“当然小点好，但也不能太小。”转向轻意味着减少驾驶员的体力消耗，从这个意义上说，当然是越轻越好。但是转向力还包含着前轮侧向力的信息，使汽车的运动状态（包括车轮与路面的附着状态）与驾驶员手上的力有一种对应关系，这就是所谓的路感。如果这种路感很清晰，驾驶员就会感到心中有数。如果方向盘的转向力太小了，路感也就没有了。

从这个意义上说，转向力又不能太小。更确切地说，原则上，转向力中与前轮侧向力有着对应关系的那一部分（回正力矩部分）不能太小，而与前轮侧向力无关的各种摩擦力矩则是越小越好。通常如果逆传递的摩擦力太小，也会增大不平路面对方向盘的冲击。为了减少所谓的反冲，有时故意追求较低的转向器逆效率，这种做法肯定要以减少路感为代价的。转向系统干摩擦的存在，对转向力中的侧向力信息来说总是一种噪声，从而降低了转向力中的信噪比。理想的设计应该是尽量降低转向系统的干摩擦，以尽量提高信噪比；而为了减小路面冲击的传递，可以装设与速度成比例的液力阻力器。因为转向运动总是低频的，而路面冲击总是以高频为主，这种阻尼器对低频信息没有影响，而对瞬时的高速冲击却可产生很大的阻力，从而使路面的冲击传不到方向盘上来。

此外，在回正作用（主要是拖距）小的情况下往往会增加高速撒手运动（力输入运动）的振荡倾向，这就是为什么驾驶员往往把方向盘轻与“飘”联系在一起的原因。

5. 转向梯形的作用

汽车转向时内轮的转弯半径较小，外轮的转弯半径较大。因此，为减小转弯时前轮额外的轮胎磨损和动力消耗，要求转向系统能保证在汽车转向时，所有车轮均作纯滚动。显然，这只有在所有车轮的轴线都相交于一点时方能实现。此交点 O 为转向中心。由图 2-101 可见，内转向轮偏转角 δ_1 应大于外转向轮偏转角 δ_2，图 2-101 所示为极低速转弯时左右前轮

的合理关系，即

$$l(\cot\delta_1-\cot\delta_2)=W$$

这种关系是由转向梯形机构来保证的。实际上，汽车的转向梯形机构并不能完全满足这种关系。这一方面是因为所有汽车的转向梯形都只能设计在一定车轮偏转角范围内，大体接近于理想关系；另一方面是因为这样做也不是十分必要的。

上式是在前后轮都没有侧偏角（极低速转弯）的条件下得到的。在前后轮都有侧偏角的情况下，这种内外轮转角差别的必要性也将减小。这是因为随着侧偏角的增加，汽车的转向中心 O（极低速下 O 点在后轴上）向前方移动。在前轮侧偏角与前轮转角接近的情况下，只有左右轮转角相等时才能保证左右轮的侧偏角相等而没有附加的侧偏角和侧向力，如图 2-102 所示。当然，通常很难遇到如此剧烈的转弯。这只是说明在有侧偏角的情况下，左右轮转角差的要求应略小于上式所确定的关系。

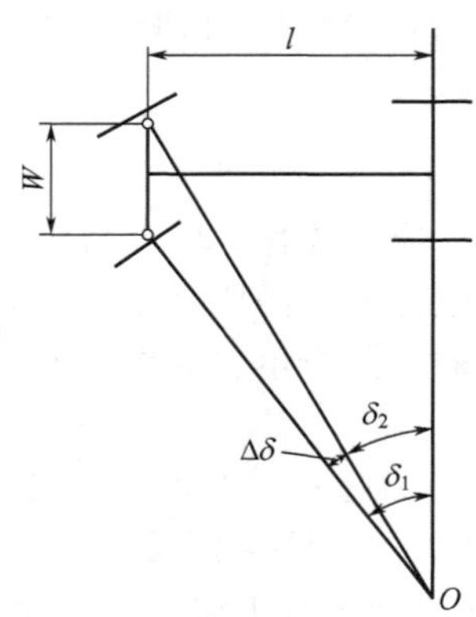

图 2-101　极低速转弯时左右前轮的合理关系

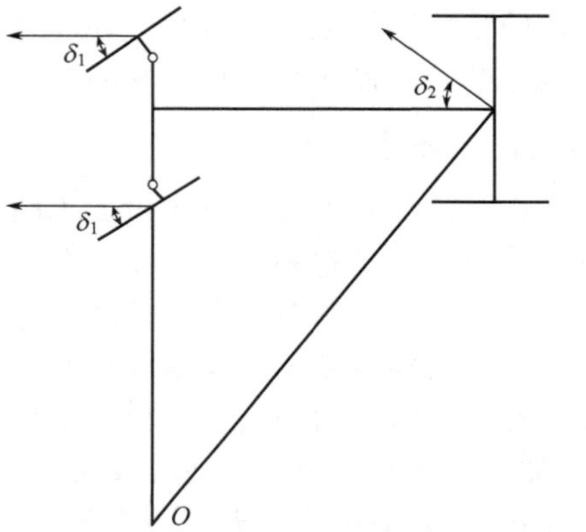

图 2-102　在有侧偏角的情况下

再来了解一下在图 2-101 所示的理想情况下，最小转弯半径 R_{min} 与汽车转弯时外侧转向轮最大转角 δ_{2max} 之间的关系。由转向中心 O 到外转向轮与地面接触点的距离，称为汽车转弯半径。转弯半径越小，则汽车转向所需场地就越小。当外转向轮偏转角达到最大值 δ_{2max} 时转弯半径 R 最小。关系式为

$$R_{min}=\frac{l}{\sin\delta_{2max}}$$

汽车有减小转向梯形角的趋势，有的汽车左右轮的最大转角相等，这是因为希望获得尽量小的最小转弯半径。

其实，转向梯形机构的作用可理解为：在产生转向角的同时，产生一个前展角（内轮转角 δ_1－外轮转角 δ_2），可对左右轮的侧向力进行一定的调配。

第三章 汽车四轮定位设备介绍

第一节 X-631/X-631+ 四轮定位仪

汽车四轮定位仪用于检测汽车车轮定位参数，并与原厂设计参数进行对比，指导使用者对车轮定位参数进行相应调整，使其符合原设计要求，以达到理想的汽车行驶性能，即操作轻便、行驶稳定可靠、减少轮胎偏磨损的精密测量仪器，汽车四轮定位仪一般和四柱举升机配套使用（图 3-1）。

图 3-1 四轮定位仪与四柱举升机

汽车四轮定位仪通过定位角度测量来诊断车辆的不适症状并予以调整，它分为前轮定位和后轮定位，前轮定位包括主销后倾角、主销内倾角、前轮外倾角和前轮前束四个内容，后轮定位包括车轮外倾角和逐个后轮前束。一般情况下，新车驾驶 3 个月后，就应做四轮定位，之后每行驶 1 万千米，就应将轮胎换位，如果发生碰撞，应及时做四轮定位。下面以 X-631/X-631＋四轮定位仪进行介绍。

一、四轮定位仪的功能与结构

1. 简介

X-631/X-631＋四轮定位仪，采用高分辨率进口 CCD、高精度进口倾角传感器及精密光学成像系统研制而成。X-631/X-631＋四轮定位仪主要用于检测汽车车轮定位参数，了解汽车底盘状况，指导用户对车轮定位参数进行相应调整，从而达到理想的行车和驾驶效果。

由于四轮定位仪需要把检测结果与原厂标准数据进行对比，并根据对比结果指导用户进行调节，所以定位数据库齐全与否是决定四轮定位仪实用性的一个重要因素。X-631/X-631＋四轮定位仪含有 10000 种以上车型的四轮定位数据。同时用户还可自己输入新车型的四轮定位标准数据，对标准定位数据库进行扩充。

2. 四轮定位仪的功能

① 具有前轮前束、前轮外倾角、主销后倾角、主销内倾角、后轮前束、后轮外倾角、推力角等常规测量参数，还提供了前轮退缩角、后轮退缩角、轴距差、轮距差、左侧横向偏位、右侧横向偏位、轴偏位等附加测量参数。

② 具有主销、外倾角调整实时显示功能。

③ 具有调车帮助信息。

④ 具有语音操作提示功能。

⑤ 具有电源应急和及时充电功能。

⑥ 具有提供 LCD 显示功能。

⑦ 具有电子水平仪功能。

⑧ 具有黑盒子自动诊断功能，实时把握系统运行状态。

⑨ 具有前后探杆可互换功能。

3. 主机结构

X-631/X-631＋四轮定位仪的电气工作原理框图如图 3-2 所示。

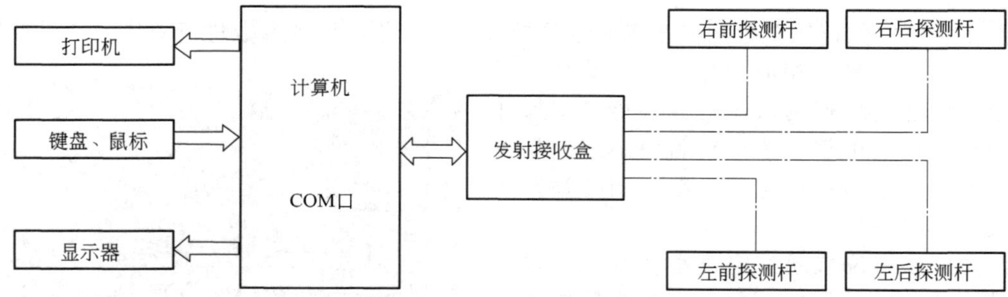

图 3-2　X-631/X-631＋四轮定位仪的电气工作原理框图

X-631/X-631＋四轮定位仪由主机、探杆、轮夹、轮夹挂架、转角盘（选配）、方向盘固定架、刹车板固定架等组成。X-631/X-631＋四轮定位仪主机是用户的一个操作控制平台，由机柜、计算机、接口电路、电源等部分构成，如图 3-3 所示。

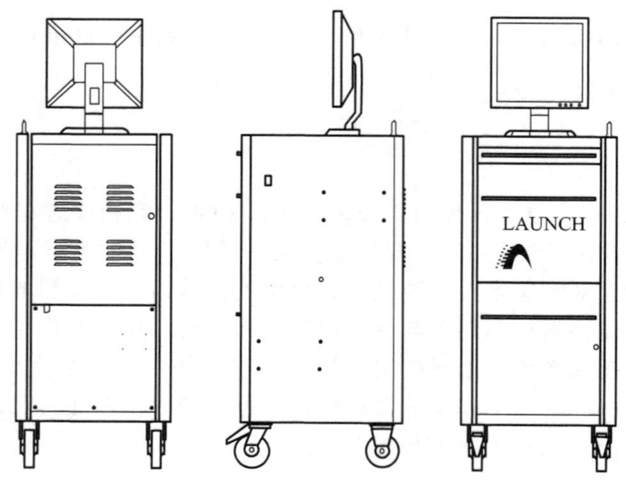

图 3-3　X-631/X-631＋四轮定位仪外形结构

计算机部分包括电脑、显示器、键盘、鼠标、打印机等。其中显示器安装在机柜台面上；鼠标、键盘放在键盘抽屉中；打印机安装在机柜中部的抽屉中，电脑主机安装在机柜内部下层间隔内，接口电路部分包括射频主发射接收盒，安装在机柜中部。

电源部分包括电源引线、电源插座、电源开关、开关电源等。其中电源开关安装在机柜的侧面板上，电源引线安装在机柜内部下层间隔的后部，电源插座安装在隔板靠近侧板处，开关电源安装在机柜后面板上。

4. 探杆

X-631/X-631＋四轮定位仪配有四个探杆，分别为左前探杆（FL）、左后探杆（RL）、右前探杆（FR）、右后探杆（RR），如图 3-4 所示。前后探杆可以交叉互换，也可更换探杆。如果需要更换任意一个探杆，则只需标定该探杆，而其他三个探杆无须重新标定。

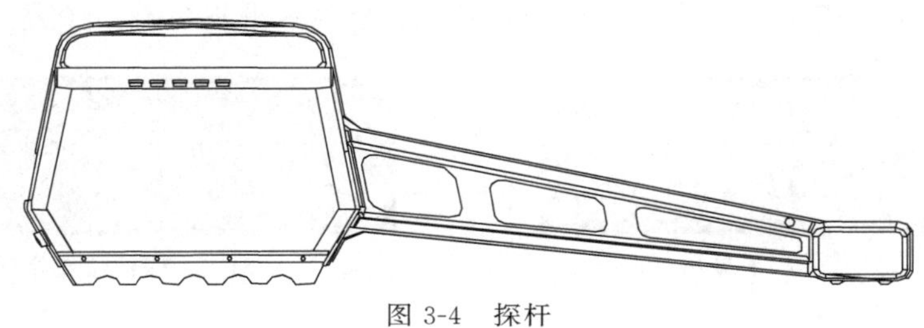

图 3-4 探杆

（1）探杆结构 每个探杆的端部和中部各装一个 CCD 传感器，中部装有一个射频发射接收器。CCD 传感器把获取的光点坐标无线传输给计算机系统，由计算机系统进行处理。每个探杆的中部有一个操作面板，如图 3-5 所示，它分为 LCD 显示区域和按键操作区域。

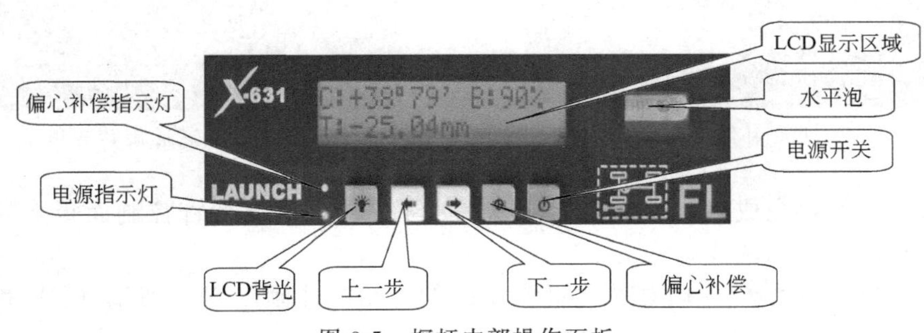

图 3-5 探杆中部操作面板

（2）LCD 显示区域功能 以 X-631 四轮定位仪为例，LCD 显示区域能实时反映出七种不同的工作状态，即“开机画面显示”“充电状态显示”“电子水平显示”“偏心补偿操作显示”“探杆测量显示”“探杆状态显示”“空闲状态显示”。

①［开机画面显示］：LCD 上显示字符“Welcome to use X-631”，如图 3-6 所示。

②［充电状态显示］：LCD 上显示字符“Battery Charging”，表示探杆正在充电，如图 3-7 所示。

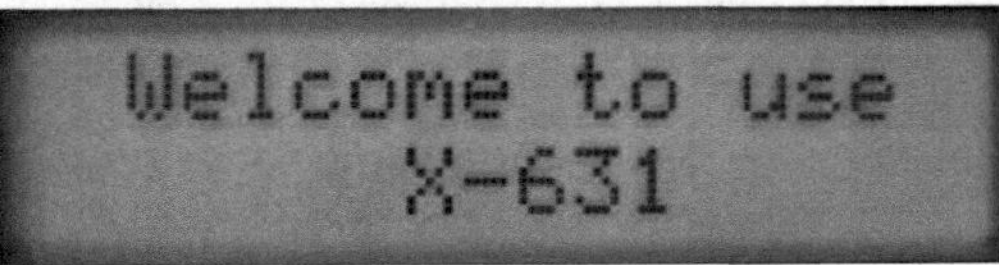

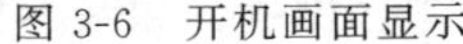

图 3-6 开机画面显示

图 3-7 充电状态显示

LCD上显示字符“Charge Finished!”，表示充电电池充电完成，如图3-8所示。

图3-8 充电完成显示

注意：当LCD上显示字符“>>>”时，表示正在充电；显示“=D—”时，表示充电完成，且电缆已连接，由外部供电。

③［电子水平显示］：LCD上显示字符“level”，表示探杆正在进行水平位置调节，黑色浮标表示水平泡位置，如图3-9所示。

当黑色浮标变成字符“OK”时，表示探杆位置已经水平，如图3-10所示。

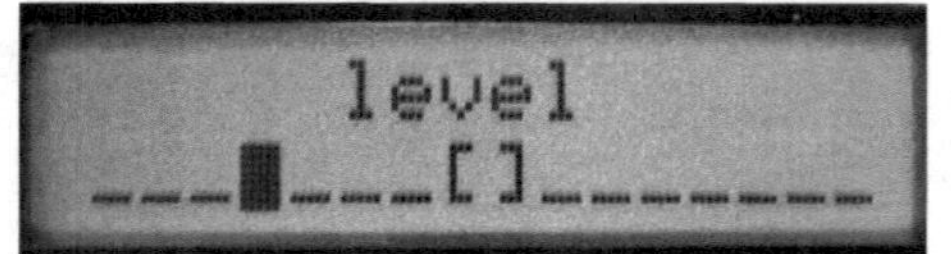

图3-9 电子水平显示

图3-10 探杆位置水平显示

④［偏心补偿操作显示］：显示探杆当前偏心补偿状态，0表示当前探杆开始偏心补偿操作，如图3-11所示。

90、180、270、360分别表示要将轮胎旋转相应的角度，如图3-12所示。

图3-11 偏心补偿操作显示

图3-12 轮胎旋转的角度

当探杆偏心补偿完成后，LCD上显示探杆水平状态，并且探杆控制面板上的偏心补偿指示灯会变成绿色，如图3-13所示。

⑤［探杆测量显示］：实时显示探杆测量到的车轮的外倾（C）、前束（T）和电池电量（B），如图3-14所示。

图3-13 显示探杆水平状态

图3-14 探杆测量显示

⑥［探杆状态显示］：显示探杆（Sensor Heads）的位置以及电池电量（B），如图3-15所示。

⑦［空闲状态显示］：LCD上显示字符“Stand By…”，表示探杆处于省电的空闲模式。在空闲模式下，只要按“背光”“上一步”“下一步”“偏心补偿”四个按键中的任一按键，或上位机与探杆间进行了通信，则能使探杆从空闲模式切换到正常工作模式，如图3-16所示。

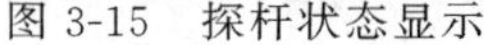
图 3-15　探杆状态显示

图 3-16　空闲状态显示

（3）按键操作区域功能说明　按键操作区域共有五个按键开关，从左至右依次为“背光”“上一步”“下一步”“偏心补偿”“电源开关”。

①［LCD 背光］：该按键开关可以控制开/关 LCD 显示屏的背光灯。

②［上一步］：在测量过程中，让系统返回到上一个操作步骤。

③［下一步］：能够使整个测量过程按照系统的默认顺序（车型选择→偏心补偿→主销测量→后轴测量→前轴测量→报表打印）进行操作。

④［偏心补偿］：偏心补偿操作专用按键。

⑤［电源开关］：启动/关断探杆中的电池向探杆供电。

探杆盒的侧壁上有一个 9V 电源输入插座，为探杆中的充电电池充电使用。当充电电池电量充足时，充电电路会自动停止充电。

注意：探杆为精密器件，应注意保管。如果发生磕碰造成测试数据不准，则必须重新标定受损探杆。

5. 轮夹

X-631/X-631＋四轮定位仪配有四个轮夹（图 3-17）。使用时首先需通过调节旋钮将轮爪的间距调整合适，再与汽车轮辋相连。通过调节旋钮使轮夹与汽车轮辋紧密相连，为了安全起见，必须采用轮夹绑带把轮夹与轮辋连接起来。

轮夹装配正确与否同测试结果有很大关系。在装配轮夹时，使轮爪避开轮辋上配重铅块处；同时务必使四个轮爪与轮辋充分接触。在使用过程中严防磕碰，以免造成变形而影响测试精度。

6. 轮夹挂架

X-631/X-631＋四轮定位仪配有四个轮夹挂架（图 3-18），拆箱后，需要将这 4 个轮夹挂架安装在机柜的左右两侧面板上。

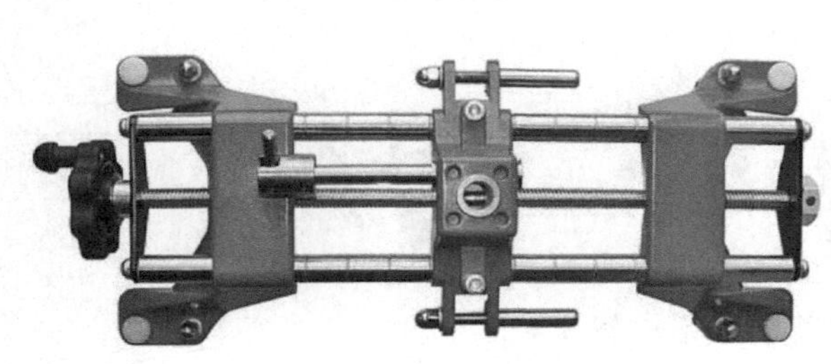

图 3-17　轮夹

图 3-18　轮夹挂架

7. 转角盘（选配）

X-631/X-631＋四轮定位仪配有两个机械转角盘（图 3-19）。机械转角盘放置于举升机的汽车前轮位置处。车辆驶入前，用锁紧销将转角盘锁紧，防止其转动；车辆驶入后，松开锁紧销。在测试中，要尽量使汽车前轮正对转角盘中心位置。

图 3-19 机械转角盘

8. 方向盘固定架

X-631/X-631＋四轮定位仪配有一个方向盘固定架（图 3-20）。在测试中，需根据提示要求放置方向盘固定架，以保证测试过程中汽车车轮方向不会发生变化。

9. 刹车板固定架

X-631/X-631＋四轮定位仪配有一个刹车板固定架（图 3-21），用于固定汽车刹车板，使汽车在测试中不会发生前后移动的现象。

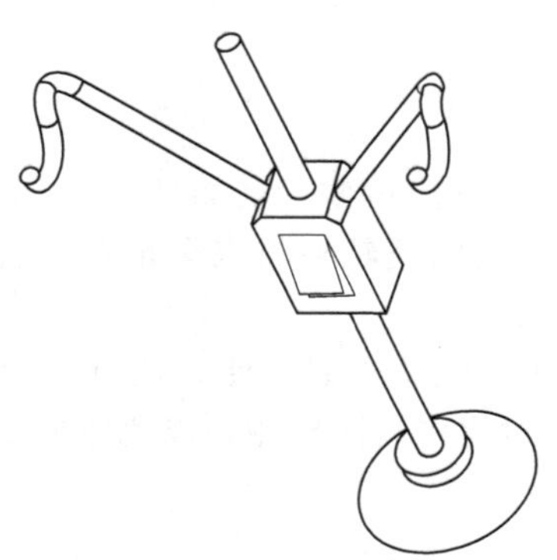

图 3-20 方向盘固定架

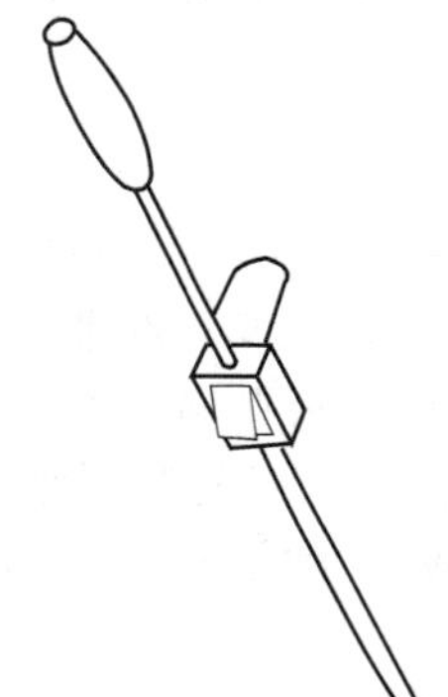

图 3-21 刹车板固定架

10. 标定架与标定架转接套（选配）

标定架与标定架转接套主要用于 X-631/X-631＋探杆系统的标定（图 3-22）。

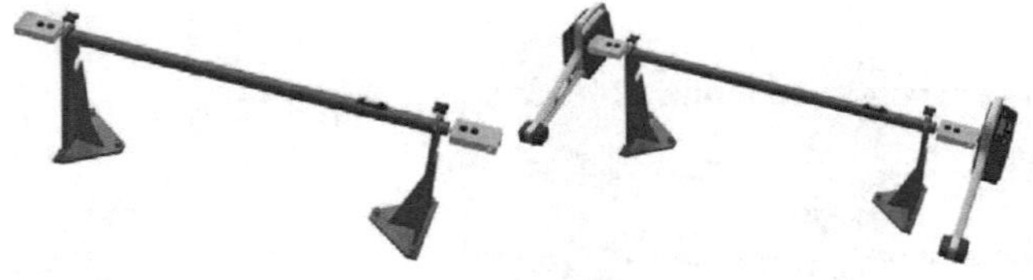

图 3-22 标定架与标定架转接套

二、基本操作流程及说明

1. 基本操作流程

（1）基本情况 在对汽车进行四轮常规检测时，应首先询问车主关于车辆行驶方面的问题和出现的现象，如果发现有异常现象，应与车主进行沟通，并采取相应措施，保证测量准确。

（2）常规检测　当初步情况确定后，便可以开始进行常规检测。

（3）调整　在常规检测后，如发现所测出的结果不符合标准数据库的要求，则应进行相应的调整。

（4）试车　四轮定位调整完毕后，应进行试车，以检查车辆的行驶异常情况是否消除。如果未达到标准，应重新进行测量调整。

2. 操作说明

（1）测试前准备工作

① 将车辆驶到举升机上，使前轮正好位于转角盘（选配）中心；车辆停稳后，拉紧手刹以确保车辆不移动和人员安全。车辆驶入前，用锁紧销将转角盘（选配）锁紧，防止其转动；车辆驶入后，松开锁紧销。

② 询问车主关于车辆有关行驶方面的问题和出现的现象，过去四轮定位的检测情况，并了解汽车的生产国家、生产厂家、车款、车型及出厂年代等有关情况。

③ 检查底盘各零部件，包括胶套、轴承、摆臂、三脚架球头、减振器、拉杆球头和方向盘是否有松动及磨损，检查轮胎气压和轮胎规格以及两前轮花纹是否相同，两后轮花纹深浅是否一致。

④ 将轮夹安装在四个车轮上，并旋转手柄以锁紧轮夹。根据实际情况将卡爪固定在轮辋外圈或内圈，卡爪深浅应一致，并尽量避免卡在变形比较大的区域。

⑤ 将探杆安装在轮夹的轴套上，如图 3-23 所示为左前轮的连接方法。

⑥ 调节探杆，使水平仪气泡处于中间位置，以保证传感器探杆处于水平状态。

⑦ 将四轮定位仪的电源插头插入标准的三端电源插座中，并打开机柜电源，启动电脑。

⑧ 将方向盘固定架放在驾驶座椅上，压下手把使之顶住方向盘以锁定方向盘。

⑨ 将刹车板固定架下端顶在制动踏板上，上端卡在座椅上撑紧，以使车辆固定。

（2）程序操作流程　打开电源，启动电脑，直接进入测量程序主界面。主界面显示有 8 项功能：常规检测、快速检测、附加检测、系统管理、报表打印、3D 界面/2D 界面、帮助系统、退出系统，如图 3-24 所示。

图 3-23　左前轮的连接方法

图 3-24　程序主界面

三、常规检测及特殊测量

1. 常规检测

在主界面下，点击［常规检测］图标进入测量界面。

（1）车型选择　在做四轮定位之前，必须先选择该车型的标准数据，界面显示如图 3-25 所示。

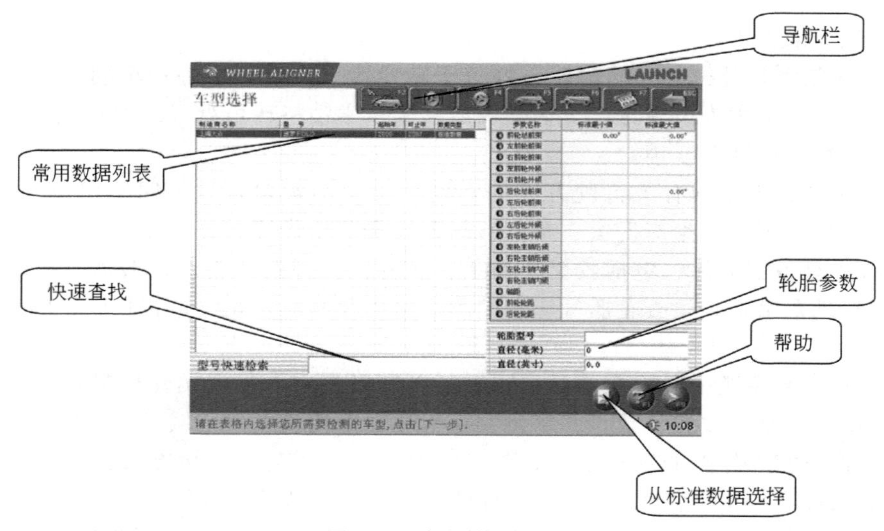

图 3-25　标准数据界面

［下一步］：能够使整个测量过程按照系统的默认顺序（车型选择→偏心补偿→主销测量→后轴测量→前轴测量→报表打印）进行操作。

［导航栏］：可以不按照系统的默认顺序进行操作，而直接进入要测试的项目。

［常用数据列表］：可以直接选择列表中的车型，进行下一步操作。如果是第一次使用，此列表是空的，必须先将车型数据从标准数据库里加到此列表中，才可以使用。

［从标准数据选择］：若常用数据列表中没有所需要的车型，还可以直接在标准数据库里寻找所需要的车型，直接进行下一步操作。如果需要将此车型添加到常用数据列表中，需要从［系统管理］-［标准数据管理］页面内添加。

［快速查找］：界面下方提供了针对车型型号快速检索的输入框，对于中文只需输入汉字拼音的首字母即可进行检索，对于英文则输入英文名称的首字母即可。

［轮胎参数］：当前束单位用“mm”或“inch”表示时，必须输入当前车辆的轮胎直径。

［帮助］：当前界面的操作及注意事项说明。

（2）操作步骤　在［常用数据列表］内选择相应的车型条目，然后点击［下一步］。

（3）注意事项

① 当系统前束用长度单位制的时候，在该界面的右下角处需要先输入汽车的轮胎直径，否则无法进入下一步操作。

② 当前提供的表格与［系统管理］界面内［常用数据管理］是同一个表格，可以直接把系统自带的标准数据添加到该表中，点击［从标准数据添加］即可。如果标准数据库中没有需要测试的车型，需要手工添加自定义的数据，在［系统管理］-［标准数据管理］界面内添加，其中表格内的“轴距”“前轮轮距”和“后轮轮距”均使用毫米为单位。

2. 特殊测量

根据选择车型数据的不同，可能会出现一些特殊的测量方法及操作步骤，如图 3-26 所示。

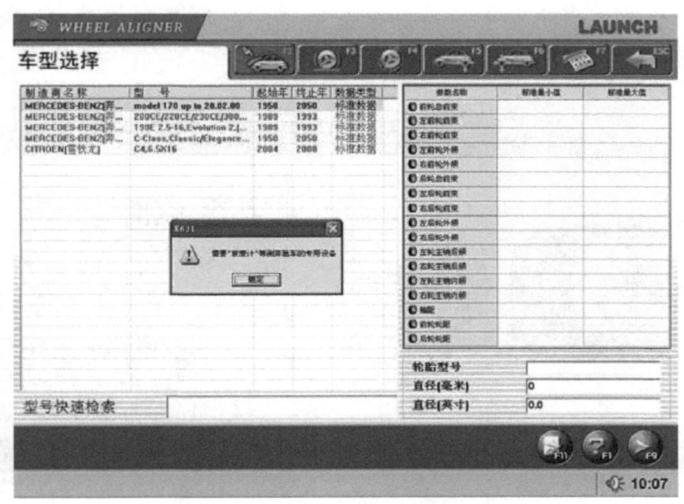

图 3-26　奔驰车型数据测量

① 本系统针对部分奔驰车型的检测，提供使用坡度计来测量标准数据的操作。当选择数据为某些奔驰车型时，系统会弹出对话框，如图 3-26 所示，出现车辆水平测量的界面，如图 3-27 所示。

使用选配的专用测量仪器“坡度计”，获取四轮水平值，显示在编辑框中。也可以参考编辑框上方所示范围，手工测量，输入对应的编辑框。

[调车帮助]：提供了当前型号奔驰车的坡度计使用方法，操作员可参考帮助界面内的操作方法进行汽车调测，如图 3-28 所示。

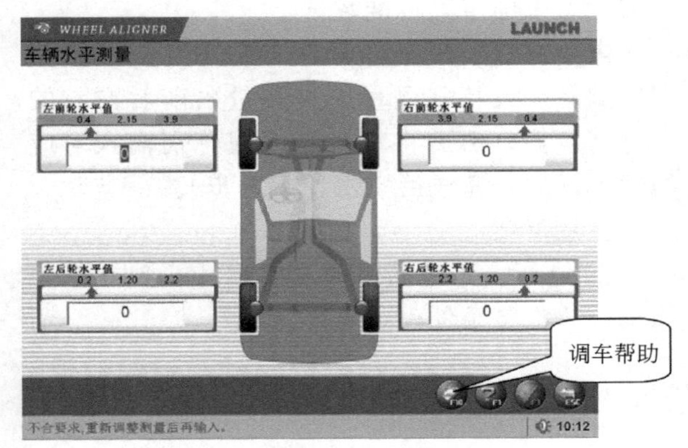

图 3-27　车辆水平测量的界面

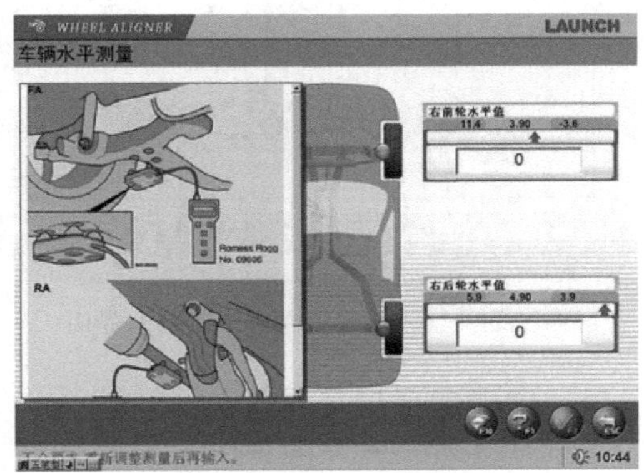

图 3-28　车辆水平测量

操作步骤：根据［调车帮助］界面的提示，先用坡度计完成对四个车轮悬架的水平测量，然后将坡度计连接到电脑主机上，系统会根据坡度计测量所得的各个水平值来确定当前车型的标准数据。

② 当选择一些特殊的车型（如 BMW 3 SERIES）时，会进入［汽车配重］界面，如

图 3-29 所示。

按照界面要求，在汽车座位和后备厢上放置对应质量的沙袋，并按要求加注燃油，完成后点击［下一步］进入下一步操作。

③ 当选择一些特殊的车型（如 BMW 3 SERIES）时，会进入［车身高度测量］界面，如图 3-30 所示，此界面提供了一个车身高度测量系统的操作平台，以便检查车身高度是否符合原厂设计要求。

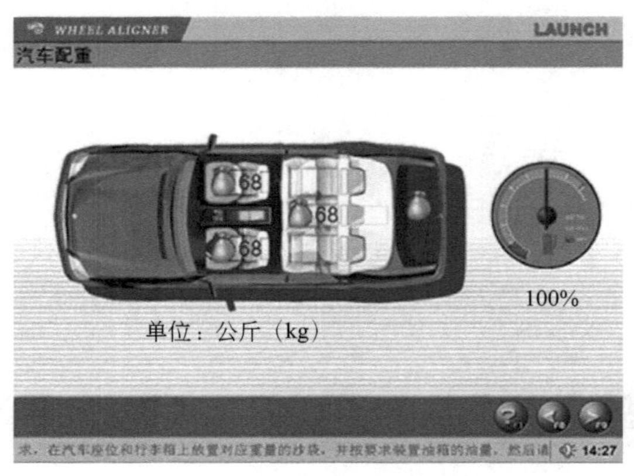

图 3-29 ［汽车配重］界面

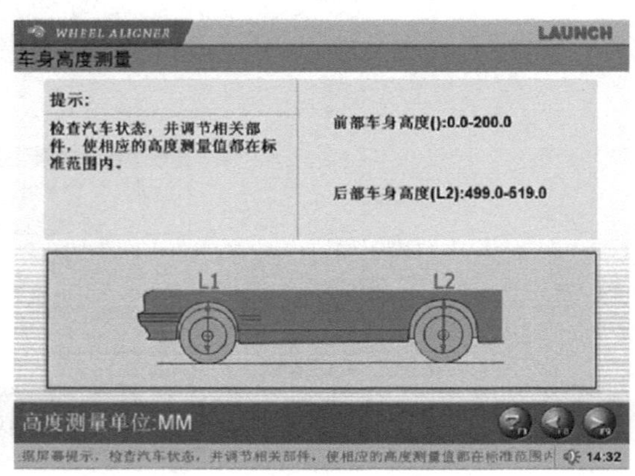

图 3-30 ［车身高度测量］界面

操作方法：根据界面下方的图片提示，分别用测量尺测量出前后左右的车身高度值，看是否在标准范围内，如果不在标准范围内，检查汽车状态，并调节相关部件，使相应的高度测量值都在标准范围内，完成后点击［下一步］。

④ 当选择一些特殊的车型（如 RENAULT MEGANEⅡ）时，会进入［非独立悬架测量］界面，如图 3-31 所示，此界面提供了一个非独立悬架测量系统的操作平台，以便根据车身的当前状态来确定其标准数据。

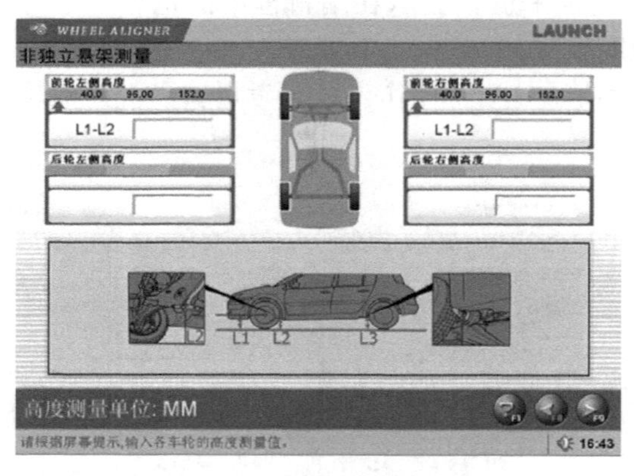

图 3-31 ［非独立悬架测量］界面

操作方法：根据屏幕下方的图片提示，分别用测量尺或特殊测量工具测量出前后左右的车身高度值，然后将车身高度值分别输入对应的输入框内，完成后点击［下一步］。

注意事项：

① 进行［车身高度测量］和［非独立悬架测量］的检验条件。

a. 符合规定的轮胎气压。

b. 良好均匀的轮胎花纹。

c. 符合规定的车轮轴承间隙。

d. 符合规定的轮圈和轮胎。

e. 安装刹车板固定架。

f. 按照正常行驶情况对全车进行配载，将座椅调整至中间位置，并将油箱加满油。

② 如果所测量出来的数值在公差范围之外，则说明车辆有缺陷，必须在车身高度测量前加以排除。

③ 如果是空气减振的车辆，则要将其供气装置的保险拉出，以免其对车辆进行上下调整。

四、偏心补偿和推车补偿

1. 偏心补偿

偏心补偿是为了减小由于钢圈、轮胎的变形和轮夹的安装而引起的误差。建议每次测量时都选择该操作步骤，以提高测量精度。其界面显示如图 3-32 所示。

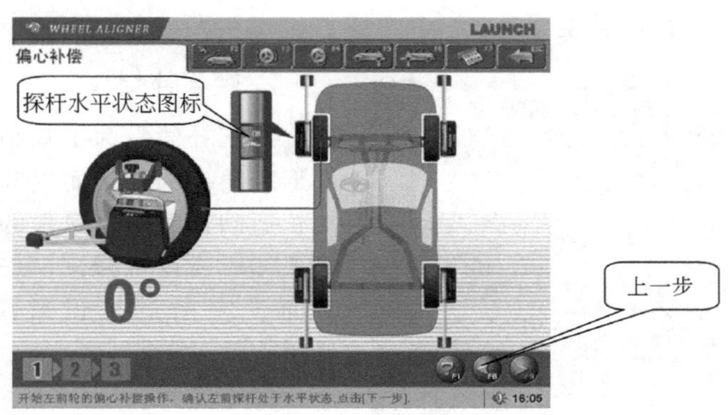

图 3-32　偏心补偿显示界面

[探杆水平状态图标]：表示当前探杆的水平状态，绿色代表水平，红色代表不水平。

[上一步]：返回上一步操作。

操作步骤：

① 转动方向盘，使车轮平直，用方向盘固定架固定方向盘，取下刹车板固定架，然后用举升机举起车身，使车轮悬空并可以自由旋转。

② 分别安装四个轮夹以及探杆，并调整各个探杆水平。

③ 根据屏幕提示，开始左前轮的偏心补偿操作，调整左前探杆水平，完成后点击［下一步］。

④ 根据屏幕提示，将左前车轮旋转 180°，调整左前探杆水平，完成后点击［下一步］。

⑤ 根据屏幕提示，将左前车轮旋转 360°，调整左前探杆水平，完成后点击［下一步］。

⑥ 根据屏幕提示，分别完成右前、右后、左后、左前车轮的偏心补偿。

⑦ 放下车身，使四轮着地，晃动车身，使车轮紧贴地面，偏心补偿操作完毕（界面显示偏心补偿数值）。

注意事项：

① 做偏心补偿前，一定要按照要求将方向盘固定死，以免做偏心补偿时轮胎发生左右摆动的情况，造成偏心补偿不准。

② 做偏心补偿时需要转动车胎，各个探杆都需要保持相对静止且水平（若操作过程中有探杆不水平，则系统无法进行下一步操作，直到探杆调整水平。）

③ 在有些车的左右轮胎连动（即左轮胎转动时，右轮胎会跟着转动）的情况下，做偏心补偿，转动左（右）轮胎时，一定要把左（右）轮胎用双手把住，并且注意把住轮胎时双手用力要均衡（以免使轮胎发生左右摆动的现象，造成偏心补偿不准），同时要看探杆是否水平，如果不水平，则需要转动轮胎来调整探杆的水平，注意此时一定不能松动探杆来调水平。

④ 若举升机上的二次举升机能同时举起前后轴，则做偏心补偿时应同时把前后轴举起进行操作；若举升机上的二次举升机每次只能举起单个轴，则在做前轮偏心补偿时单独把前轴举起，做后轮偏心补偿时再单独把后轴举起。

⑤ 在［系统管理］-［系统设置］界面内可以设置 90°、180°和推车补偿三种偏心补偿方式。其中 180°补偿为标准补偿方式，其精度高，补偿时需要前后探杆参照测量；90°偏心补偿精度相对低，每个探杆可以独立完成偏心补偿操作，不需要其他探杆的参照，在剪式举升机的二次举升中挡住中部 CCD 传感器或其他原因导致 CCD 传感器不能正常工作时，可以选择这种补偿方式；而推车补偿不需要举起车辆，只要推车即可完成偏心补偿。在以上三种偏心补偿方式中，推车补偿的精度最差。

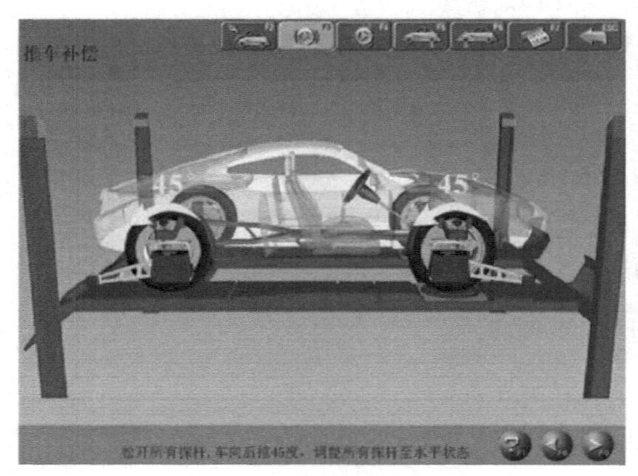

图 3-33 推车补偿界面

2. 推车补偿

推车补偿是为了减小由于钢圈、轮胎的变形和轮夹的安装而引起的误差，直接采用车轮运动轴线进行定位的操作方式。轮夹安装欠佳时建议选择该操作方式，以克服装夹方面带来的测量误差，其界面如图 3-33 所示。

操作步骤：

① 转动方向盘，使车轮平直，用方向盘固定架固定方向盘，取下刹车板固定架。

② 分别安装四个轮夹以及探杆，并调整各个探杆水平。

③ 松开所有探杆，车向后推 45°，调整所有探杆至水平状态，完成后点击［下一步］。

④ 推回原位置，调整所有探杆至水平状态，完成后点击［下一步］。

五、主销测量和前后轴测量

1. 主销测量

主销测量是针对前轮而言的，包括主销内倾角及主销后倾角。主销内倾角可使车重平均分布在轴承之上，保护轴承不易受损，并使转向力平均，转向轻盈。主销后倾角的存在可使转向轴线与路面的交会点在轮胎接地点的前方，可利用路面对轮胎的阻力让汽车保持直进，其界面如图 3-34 所示。

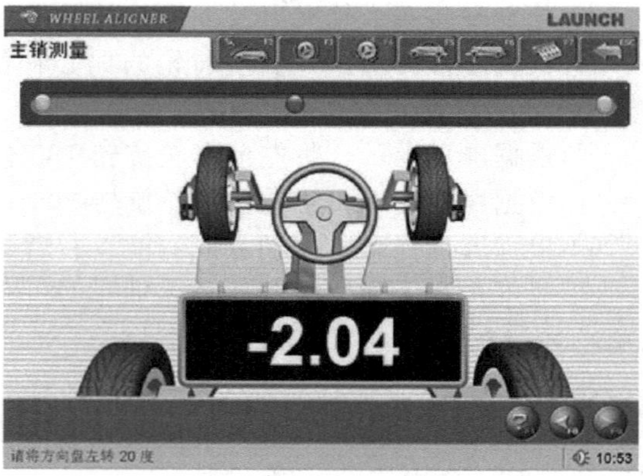

图 3-34 主销测量界面

操作步骤：

① 方向盘调整至正前打直状态，即两前轮分前束相等的时候，操作界面上的圆形小球会移动到中间位置并且由红色变成绿色，此时调整所有探杆水平。

② 选择向左或向右偏转方向盘，到达指定位置后，小球由红色变成绿色，表示此侧已完成采样。

③ 回正方向盘，并向反方向转动方向盘，到达指定位置后，新生成的红色小球再次变成绿色，采样工作完毕。

④ 检测完毕，回正方向盘，系统自动弹出测量结果，界面如图 3-35 所示。

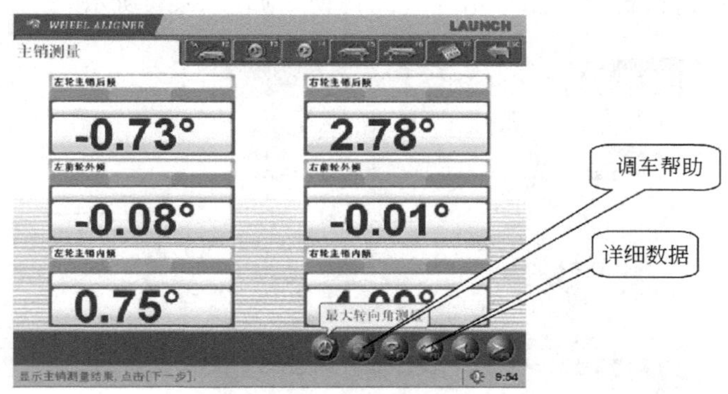

图 3-35　主销测量结果界面

a.［最大转向角测量］：按照屏幕提示在转角盘读取左前轮最大转向角及右前轮最大转向角数据，并分别输入对应数据框中，然后点击［返回］，其界面如图 3-36 所示。

b.［调车帮助］：部分车型提供，点击此按钮，可以弹出调车帮助界面，调车帮助界面内罗列了各种车型的主销调节方法，操作员可参考帮助界面内的操作方法进行汽车主销调整，界面如图 3-37 所示。

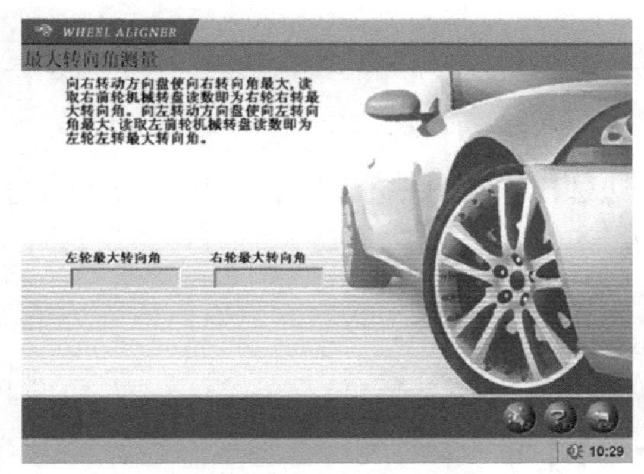

图 3-36　最大转向角测量界面

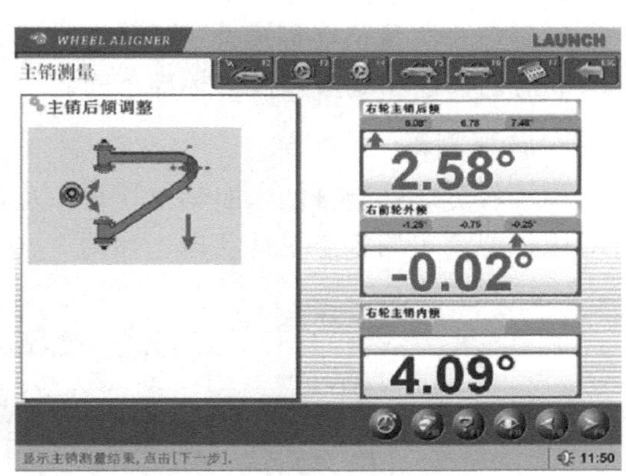

图 3-37　调车帮助界面

c.［详细数据］：此界面供提供整个检测操作的结果输出，包括前后轮各个参数的测量值，如图 3-38 所示。

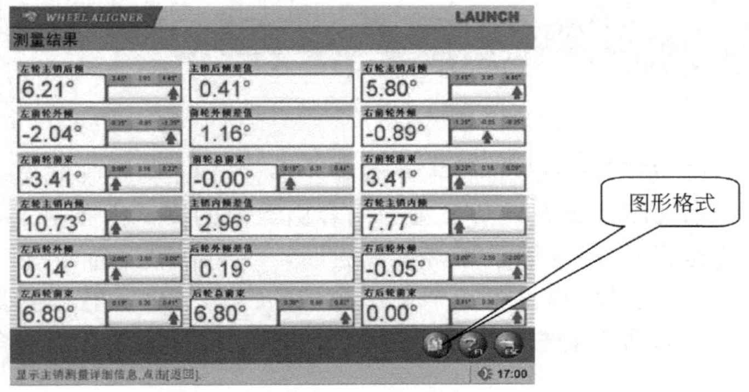

图 3-38　详细数据界面

d.［图形格式］：系统新增了图形格式的数据显示方式，点击［文字格式］，可以把数据显示在传统的文字格式和新增的图形格式之间切换，如图 3-39 所示。

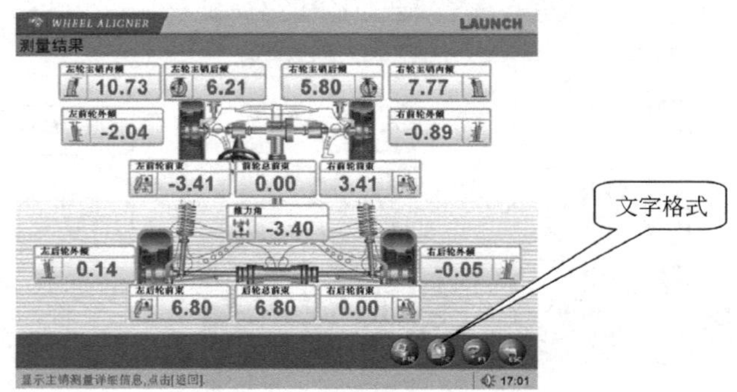

图 3-39　图形格式的数据显示方式

注意事项：

① 做主销测量前，先安装刹车板固定架，拉手刹，以确保车轮不会发生滚动，并去掉方向盘固定架。

② 在各测量界面，测量值用不同种类的颜色来表示。

a. 绿色：测量值在标准范围之内。

b. 红色：测量值在标准范围之外。

c. 蓝色：该测量参数没有标准范围。

2. 后轴测量

提供有关后轴测量的实时结果，操作员可一边进行调整，一边将测量结果与参考数据进行对比，把汽车调整至最佳状态，如图 3-40 所示。

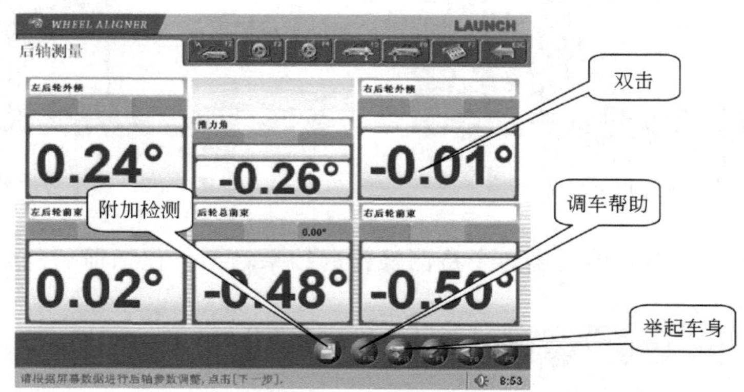

图 3-40　后轴测量界面

（1）［双击］　鼠标左键双击左右后轮外倾和左右后轮前束的数据显示表格，相应的数据项将放大显示，便于远距离查看，所显示的内容由当前的测试内容决定，鼠标左键双击数据显示表格，或按［返回］，将返回至正常工作界面，放大显示界面如图 3-41 所示。

（2）［附加检测］　此界面提供了一个特殊测量的操作平台，能够测量显示左轮横向偏移、右轮横向偏移、轴偏移、前轮退缩角、后轮退缩角、轮距差、轴距差等角度，显示界面如图 3-42 所示。

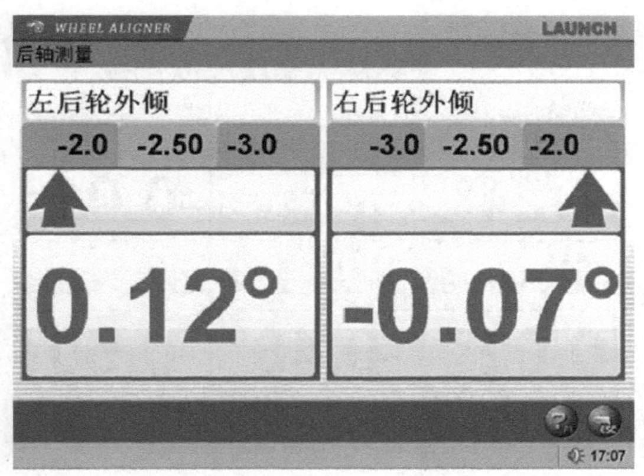

图 3-41　放大显示界面

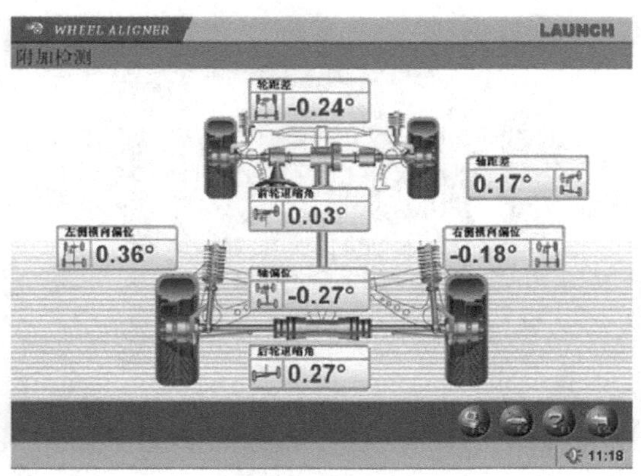

图 3-42　附加检测界面

点击按钮可以选择标准车型参数，如果标准数据里含有轴距、前后轮距的参数值，则屏幕显示的各角度值会自动转换成以毫米为单位的长度值，显示界面如图 3-43 所示。

注意：系统只是提供了对这些特殊值的动态测量及显示，但测量结果不会保存到数据库里。

（3）［调车帮助］　点击此按钮，可以弹出调车帮助界面（图 3-44），调车帮助界面内罗列了各种车型的前束及外倾调节方法，操作员可参考帮助界面内的操作方法进行汽车前束及外倾调整。

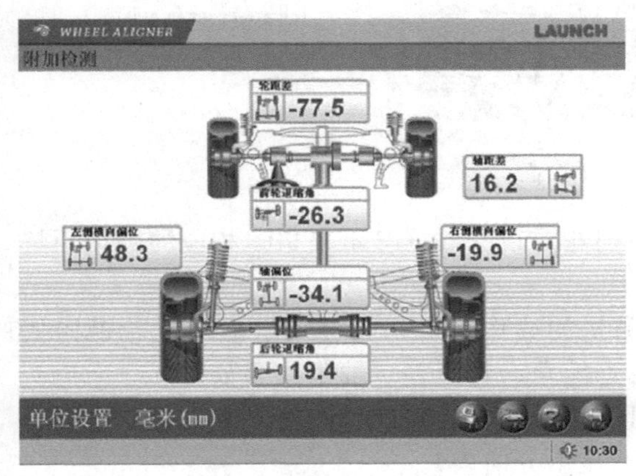

图 3-43　显示以毫米为单位的长度值界面

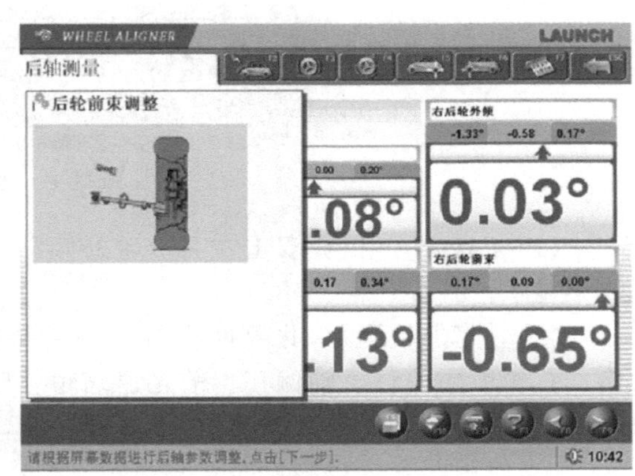

图 3-44　调车帮助界面

（4）［举起车身］　有时可能需要将车辆抬起悬空，然后才能方便对前后外倾角进行调整，在抬起车轮时，传感器会移动，测量角度值也会改变，这时使用举升调整功能，点击［举起车身］并按照屏幕提示（图 3-45）举起车身，软件会自动补偿传感器的偏移，以实现准确调整。

注意：调整完后，记得点击［放下车身］，并按照屏幕提示放下车身。后轴举升测量时如果不降举升机，选择除［前轴测量］的其他界面时会有限制。显示界面如图 3-46 所示。

3. 前轴测量

提供有关前轴测量的实时结果，操作员可一边进行调整，一边将测量结果与参考数据进行对比，把汽车调整至最佳状态，如图 3-47 所示。

图 3-45　举起车身

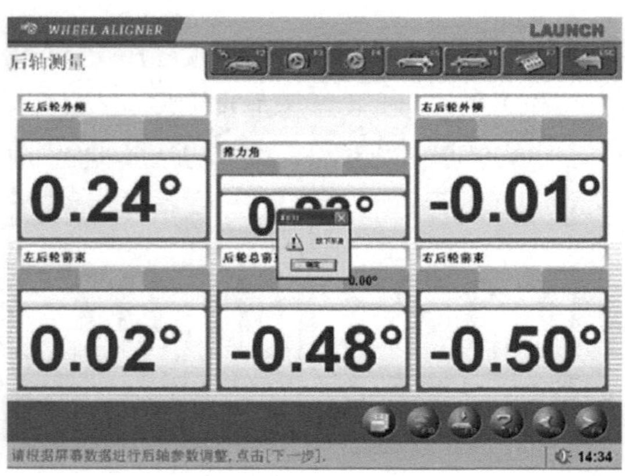

图 3-46　放下车身显示界面

图 3-47　前轴测量界面

（1）［双击］　鼠标双击左右前轮外倾和左右前轮前束的数据显示表格，相应的数据项将放大显示。

（2）［附加检测］　此界面提供了一个特殊测量的操作平台，能够测量显示左轮横向偏移、右轮横向偏移、轴偏移、前轮退缩角、后轮退缩角、轮距差、轴距差等数据。

（3）［前轮转向前束调整］　点击此按钮，可以进行前轮转向前束调整，点击回正方向盘（注：当使用两个探杆测量时，只显示总前束，不显示分前束）。

（4）［调车帮助］　点击此按钮，可以弹出调车帮助界面，调车帮助界面内罗列了各种车型的不同调节方法，操作员可参考帮助界面内的操作方法进行汽车调整。

（5）［举起车身］　有时可能需要将车辆抬起悬空，然后才能方便对前后外倾角和后倾角进行调整，在抬起车轮时，传感器会移动，测量角度值也会改变，这时使用举升调整功能，软件会自动补偿传感器的偏移，以实现准确调整。

注意：调整完后，点击［放下车身］，并按照屏幕提示放下车身。

（6）［前束恒定值测量］　提供了有关帕萨特、奥迪等车型的特殊测量方法，操作员必须先将此类车辆的前束恒定值调到标准范围内，然后才能正常进行车辆的前轴测量。在［前束恒定值测量］被激活时，点击进入界面，如图 3-48 所示。

操作方法：

① 在［前轴测量］界面下点击［前束恒定值测量］，进入前束恒定值测量界面，如图 3-48

所示。

② 按照屏幕提示，参考前轴前束曲线调节帮助，选用恰当的调车工具，完成后进行下一步操作。

③ 车辆处于放下的状态（B1 位置），参照标准调整车轮前束到允许范围，按照屏幕提示用配套的特殊测量工具将车身举起，然后点击［下一步］，屏幕显示如图 3-49 所示。

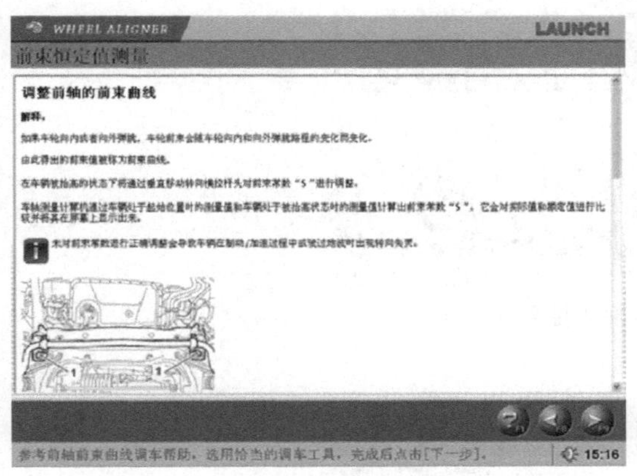

图 3-48　前束恒定值测量界面

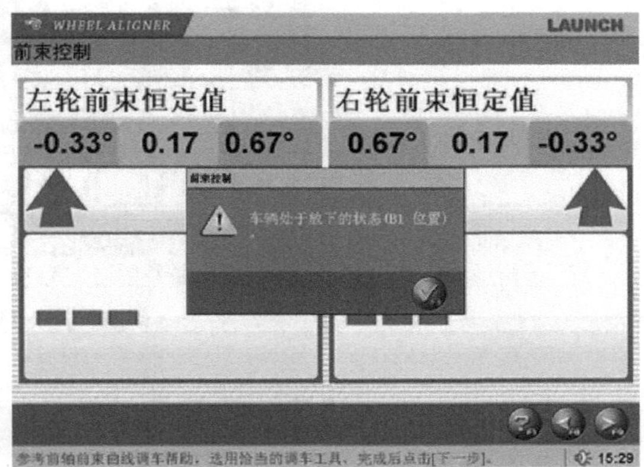

图 3-49　车辆处于放下的状态界面

④ 按照厂家要求举升车辆到 B2 位置，参照标准值调整车轮前束到允许范围，界面如图 3-50 所示。

⑤ 把车辆落回到 B1 位置，参照标准值调整车轮前束到允许范围，界面如图 3-51 所示。

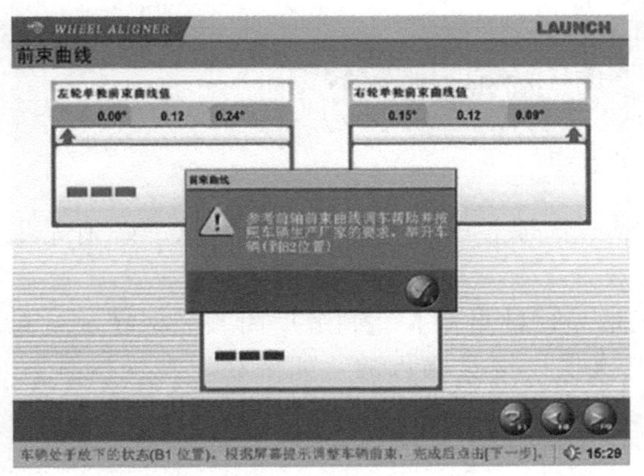

图 3-50　举升车辆到 B2 位置界面

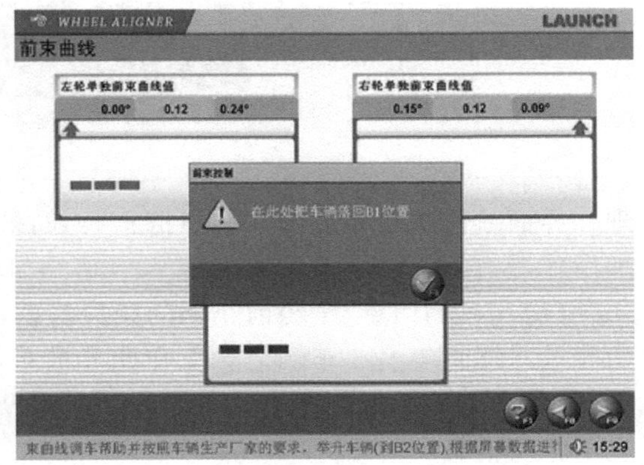

图 3-51　调整车轮前束到允许范围界面

⑥ 放下车身，点击［下一步］，返回［前轴测量］界面。

注意：调整完后，记得点击［放下车身］，并按照屏幕提示放下车身。前轴举升测量时如果不降举升机，选择除［后轴测量］的其他界面时会有限制，其界面如图 3-52 所示。

六、报表打印

报表打印可以打印并储存当前车辆的定位数据，界面如图 3-53 所示。

（1）［车牌号码］　当前车辆的车牌号码。

（2）［客户信息］　当前车主的相关信息，包括［客户名称］、［联系人］、［地址］。客户信息在此界面是不能直接用键盘输入的，必须点击［客户名称］后面的图标，进入［客户管

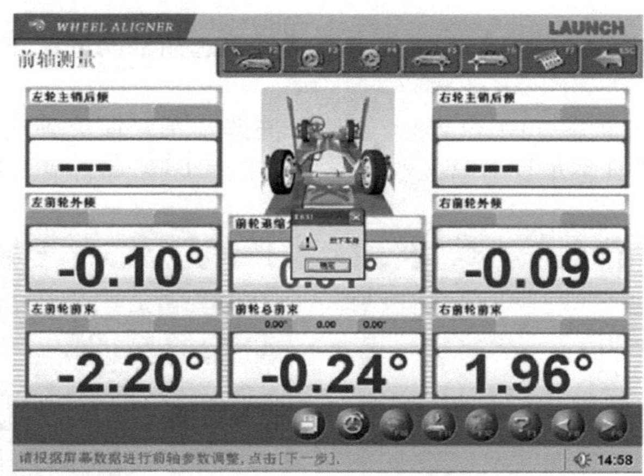

图 3-52　返回前轴测量界面

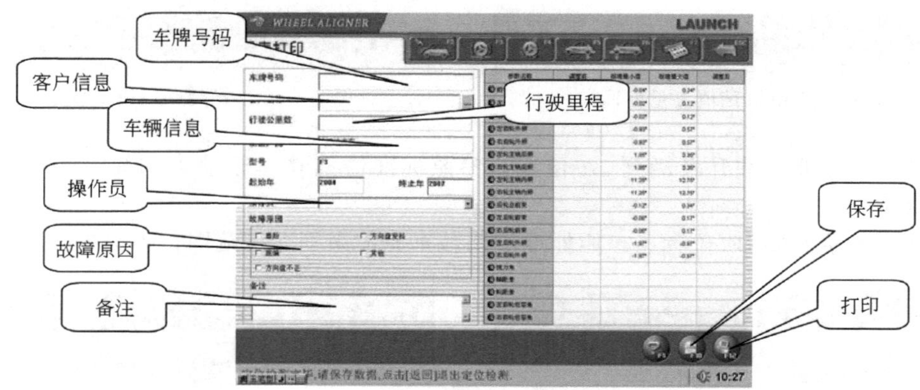

图 3-53　报表打印

理］界面才能选择相应的［客户信息］，如果［客户管理］里没有该客户的信息，必须先添加后才能选择（参考［系统管理］-［客户管理］）。

（3）［车辆信息］　当前车辆的相关信息，包括［行驶里程］、［制造厂商］、［型号］、［起始年］、［终止年］。［车辆信息］在此界面是不能直接用键盘输入的，如果在［常规检测］-［选择车型］界面中选择了汽车型号，则此界面会显示被选择的车型的相关信息；反之，不显示任何信息。

（4）［操作员］　当前操作的人员名称。只有填写了［维修站信息］的［操作员］一栏，这里才能选择相应的［操作员］。

（5）［故障原因］　当前车辆的不良症状，包括［磨胎］、［跑偏］、［方向盘不正］、［方向盘发抖］、［其他］5 个选项。

（6）［保存］　储存当前车辆的定位数据（必须输入［车牌号码］、［客户名称］及选择［故障原因］才能成功储存）。

（7）［打印］　以表格或图形的格式打印当前车辆的定位数据（报表的格式设置参考［系统管理］-［报表设置］）。

注意：此界面提供的打印功能，只是针对本次检测的单个信息报表，而主界面上的报表打印功能是针对所有以前做过并保存的信息报表。

七、快速检测和附加检测

1. 快速检测

在主界面选择［快速检测］图标，可进入快速检测界面，它提供了一个快速检测的操作平台，能够同时测量显示前后轮的前束值和外倾值，其界面如图 3-54 所示。

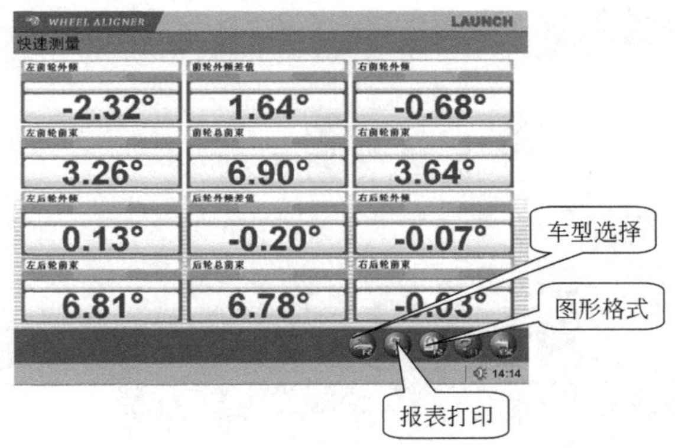

图 3-54　快速测量界面

（1）［车型选择］　可以选择标准车型参数，方便调车（参考［常规检测］-［车型选择］）。

（2）［报表打印］　可以提供测量数据的保存、打印功能（参考［常规检测］-［报表打印］）。

（3）［图形格式］　可以切换到图形格式的数据显示界面，图形数据显示界面提供了推力角的显示，界面如图 3-55 所示。

2. 注意事项

① 此界面只提供前后轮前束值、外倾值的测量及调整，其他测量功能到［常规检测］界面进行。

② 此界面的前束默认单位是百分度，只有在选择了车型数据后，前束的显示单位才和［系统管理］-［系统设置］里设置的前束单位一致。

③ 只有在选择了车型数据后，报表打印界面里才可以保存测量数据。

特别注意：在进行主销测量、后轴测量、前轴测量以及快速测量的过程中，如果传感器被挡，则要进行低底盘测量设置，其界面如图 3-56 所示。

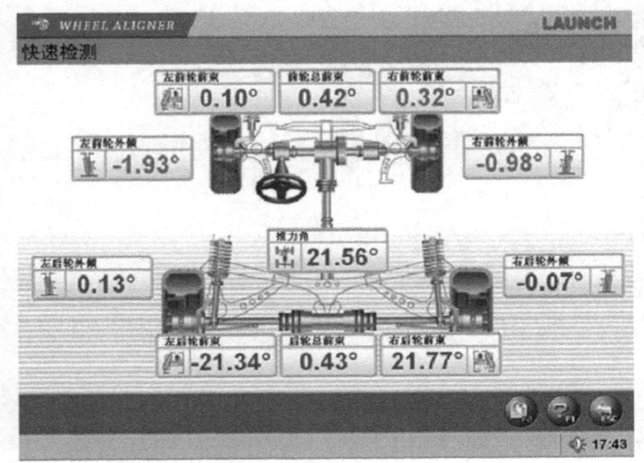

图 3-55　图形格式的数据显示界面

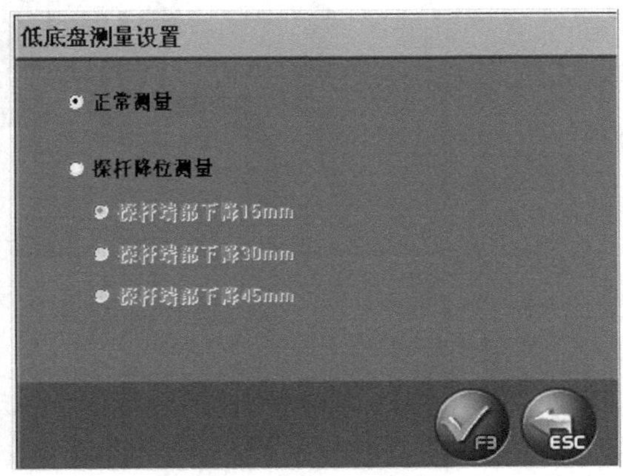

图 3-56　低底盘测量设置界面

此设置在重新选择车型或退出测量系统时会自动复位（注：探杆降位后，测量时水平调整要以电子水平为准）。

3. 附加检测

如图 3-57 所示，此界面提供了一个特殊测量的操作平台，能够测量显示左轮横向偏移、右轮横向偏移、轴偏移、前轮退缩角、后轮退缩角、轮距差、轴距差等数值。

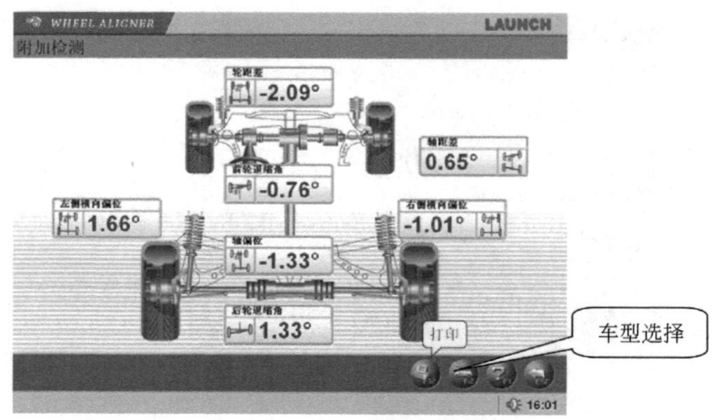

图 3-57　附加检测界面

［车型选择］：点击此按钮，可以选择标准车型参数，如果标准数据里含有轴距、前后轮距的参数值，则屏幕显示的各角度值会自动转换成以毫米为单位的长度值。

注意事项：系统提供了对这些特殊值的动态测量及显示，但测量结果不会保存到数据库里。

第二节　3D 四轮定位仪工作原理

3D 四轮定位仪是 3D 数码影像四轮定位仪（图 3-58）的简称，采用世界上非常先进的四轮定位技术。

图 3-58　3D 四轮定位仪

一、3D 四轮定位仪组成及测量原理

3D 四轮定位仪测量系统主要由图像采集部分和图像处理软件组成，其测量原理如图 3-59 所示。

图 3-59　3D 四轮定位仪测量原理

图像采集部分的组成部件为两部高分辨率摄像机、高精度实时图像采集器、辅助光源和标靶。左、右侧摄像机分别摄取汽车左右侧标靶图像，并通过图像采集器传输给计算机进行数据处理，标靶通过轮夹与被测车轮固定连接在一起，从而由标靶上的目标点计算确定车轮的位置关系，并确定车轮的定位参数。

数据采集部分的组成部件为两部高分辨率摄像机和标靶。左、右侧摄像机分别摄取汽车左右侧标靶图像，并通过图像采集器传输给数据处理部分。标靶通过轮夹与被测车轮固定连接在一起，从而由标靶上的目标点计算确定车轮的位置关系，并确定车轮的定位参数。

1. 摄像机

两部高分辨率摄像机，分别对安装在车轮上的四个标靶图像进行捕捉。如图 3-60 所示，摄像机固定于两个外壳之内。摄像机在首次安装时已进行了精确标定，用户在四轮定位仪的使用过程中无须再对其进行标定。

图 3-60　摄像机

2. 高亮度频闪 LED 红外光源

每个摄像机配有一组 LED 红外光源（图 3-61），用于帮助摄像机捕捉标靶图像，固定在摄像机四周并呈环状分布。

3. 反光板（标靶）和轮夹

如图 3-62 所示，共有四个反光板夹合成体，是整个检测系统的关键部件，为摄像机监测的目标，在反光板背面安装有车轮的标识。在装配轮夹时，需通过调节旋钮将轮爪的间距调整合适，并选择没有形状损伤或配重铅块的轮辋处作为安装位置，与汽车轮辋相连，务必先保证四个轮爪的水平小端面与轮辋紧密接触，再锁紧轮夹，同时给轮夹装上保险带。

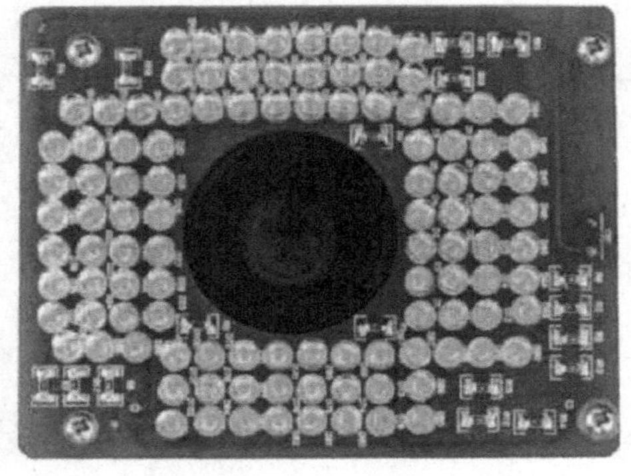

图 3-61　高亮度频闪 LED 红外光源

图 3-62　反光板（标靶）和轮夹

4. 其他辅助部件

其他辅助部件包括转角盘（图 3-63）、方向盘固定架（图 3-64）、刹车板固定架（图 3-65）等，将四个目标反光板安装在车辆的四个轮辋之上，滚动车轮，由摄像机对目标反光板上的几何图形进行连续拍摄，通过计算机对几何图形的变化进行分析运算，得出车轮及底盘等的相应定位参数，通过电脑显示屏进行显示。

图 3-63　转角盘　　图 3-64　方向盘固定架　　图 3-65　刹车板固定架

二、图像测量系统的结构

3D 动态工业照相机成像技术主要采用物理透视学的基本原理与计算机信息处理技术，如图 3-66 所示为四轮定位 3D 图像测量系统软件结构。图像测量系统主要部件有反光板、镜头、工业照相机、数码影像成像芯片、电脑等。

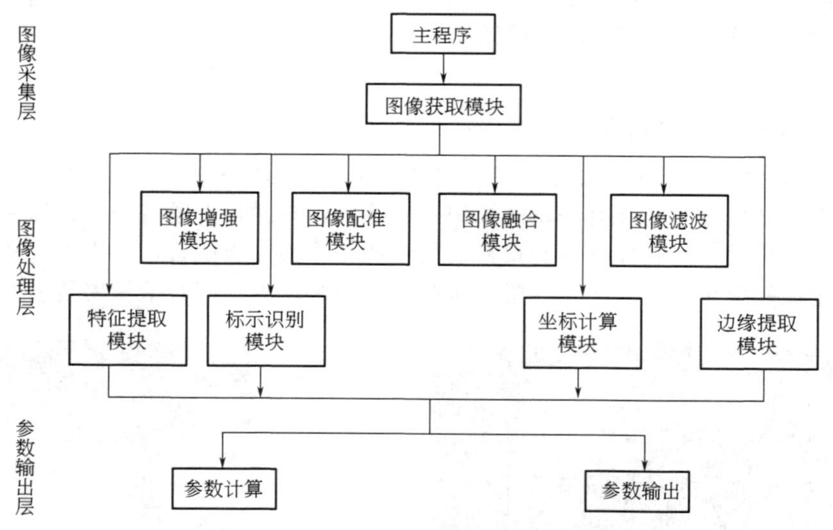

图 3-66　四轮定位 3D 图像测量系统软件结构

1. 反光板

如图 3-67 所示，反光板采用防撞和防腐蚀材质，无线束、无电池、更无电子传感器和电子元件，维护方便，经久耐用。

2. 镜头

如图 3-68 中央所示，镜头是集聚光线，使胶卷（感光元件）能获得清晰影像的结构。一般而言，摄影用的透镜均为聚焦透镜，依照光学原理，由远处而来的光线穿过具有聚焦作用的透镜后，会全部聚焦于一点，这一点即焦点。从焦点到镜头中心点的距离即称焦距。根据应用场合，镜头有以下种类：广角镜头、标准镜头、长焦镜头、变焦镜头、针孔镜头。

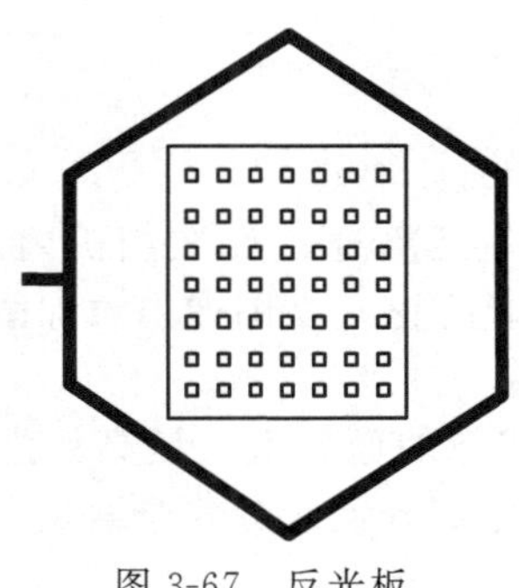

图 3-67　反光板

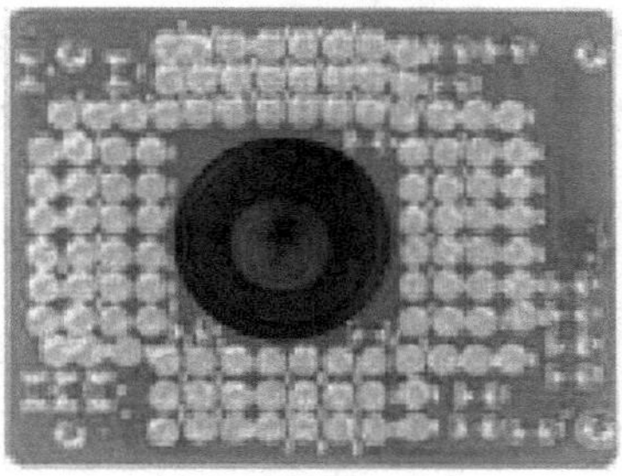

图 3-68　镜头

（1）镜头结构　镜头结构可以理解为镜头的构造，一个镜头往往由多块镜片构成，根据需要这些镜片又会组成小组，从而把要拍摄的对象尽可能清晰、准确地还原。镜头的材质一般可以分为两类：玻璃和塑料。这两种材质和镜头生产商所采用的技术及特点有关的，并无优劣之分。两种材质的镜头也都有各自的特点：玻璃镜头稳重，塑料镜头轻巧。

（2）景深　当某一物体聚焦清晰时，从该物体前面的某一段距离到其后面的某一段距离内的所有景物也是清晰的。焦点相当清晰的这段从前到后的距离称为景深。

（3）焦距　从光学原理来讲焦距就是从焦点到透镜中心的距离。焦距长短与成像大小成正比；镜头焦距长短与视角大小成反比；焦距长短与景深成反比；焦距长短与透视感的强弱成反比；焦距长短与反差成反比。

（4）对焦距离　对焦距离越远景深越深，对焦距离越近景深越浅。因此在拍摄远景时应该选择较大对焦距离的镜头，而在拍摄近景时则应该使用较小对焦距离的镜头。

（5）滤镜口径　相机镜头口的螺纹是用来接各种滤镜以及外挂镜头的。不过，不同型号相机的螺纹直径是不一样的，这圈螺纹口径称为滤镜口径。

（6）视角　镜头中心点到成像平面对角线两端所形成的夹角就是镜头视角。对于相同的成像面积，镜头焦距越短，视角就越大。

（7）放大倍率　放大倍率指的是通过镜头的调整能够改变拍摄对象原本成像面积的大小。有的镜头也可能起到缩小的作用。

（8）光圈叶片数　相机镜头光圈的大小是通过镜头内叶片的变化来调整的。光圈叶片数就是指镜头内用来调整光圈的叶片数量。一般来说，数量越多，在光圈的调整时也就能实现更高的精度，目前 6～9 片比较常见。

（9）光圈　光圈是一个用来控制光线透过镜头，进入机身内感光面的光量的装置，它通常在镜头内。表达光圈大小用 F 值。光圈 F 值＝镜头的焦距/镜头口径的直径。光圈 F 值越小，在同一单位时间内的进光量便越多，而且上一级的进光量是下一级的一倍。

三、工业相机及芯片、智能相机相关参数

（1）CCD　电荷耦合器件（charge coupled device）。

(2)像素　感光器件上的基本感光单元，也是一幅图像的基本单元。

(3)分辨率　感光器件/图像的水平和垂直方向的像素数(如1024×1024)。

(4)清晰度　人眼实际能够看到的清晰程度，用标准长度内能看到多少线点来衡量。

(5)信噪比　输出信号中有用信号和噪声的比(dB)。

(6)帧/场　相机输出的完整的一幅图像为一帧，隔行信号一帧分为两场。

(7)增益　通过放大器对信号/噪声的放大。

(8)快门　每帧图像的曝光时间。

(9)光谱响应　感光器件在不同波段的感光程度。

(10)量子效率　光子转化成电子的效率(以%表示)。

(11)最大像素数　是经过插值运算后获得的。插值运算通过设在相机内部的DSP芯片，在需要放大图像时用最临近法插值、线性插值等运算方法，在图像内添加图像放大后所需要增加的像素。

(12)有效像素数　有效像素数是指真正参与感光成像的像素值。最高像素的数值是感光器件的真实像素，这个数据通常包含感光器件的非成像部分，而有效像素是在镜头变焦倍率下换算出来的值。

四、图像采集卡

图像采集卡是一块可插入计算机或脱离计算机独立使用的板卡。图像采集卡将各种模拟视频信号经A/D转换成数字信号后送入计算机，供计算机作处理、存储、传输等之用。

视频源使用各种图像采集卡，首先需要您提供采集或压缩用的视频源。视频源可以是VCD影碟机、已有的录像带、摄录机、LD视盘、CCD数字照相机、监视器的视频输出等。

低压差分信号传输(LVDS)是一种满足当今高性能数据传输应用的新型技术。由于其可使系统供电电压低至2V，因此它还能满足未来应用的需要。此技术基于ANSI/TIA/EIA-644LVDS接口标准。LVDS技术拥有330mV的低压差分信号(250mV MIN abd 450mV MAX)和快速过渡时间。这可以让产品达到自100Mbit/s至超过1Gbit/s的高数据速率。此外，这种低压摆幅可以降低功耗消散，同时具备差分传输的优点。

LVDS技术用于简单的线路驱动器和接收器物理层器件以及比较复杂的接口通信芯片组。这些芯片组可以大幅节省系统的电缆和连接器成本，并且可以减少连接器所占面积所需的物理空间。

LVDS解决方案为设计人员解决高速I/O接口问题提供了新选择。LVDS为当今和未来的高带宽数据传输应用提供毫瓦每千兆位的方案。

五、Camera Link的标准

Camera Link的标准是由数家工业摄影机及影像卡大厂共同制定出来的，标准的本身是基于Channel Link的特性，并定义出标准的接头，也就是信号线也标准化了，让数字照相机及影像卡的信号传输更简单化了，同时定义出基本架构、中阶架构及完整架构的信号接脚规范以及传输数据量。

它是连接数字照相机和图像采集卡的新标准，提供了超高的图像传送速度，并且同时提供4根数字照相机的控制线。由于Camera Link的高性能、低成本以及其连接的便利性，迅速得到大多数字照相机及影像采集卡的生产商的支持。它是连接数字照相机和影像采集卡的新标准，提供了超高的图像传送速度，并且同时提供4根数字照相机的控制线。

六、镜头的选择和主要参数

摄像头镜头是视频监视系统的最关键设备，它的质量（指标）优劣直接影响摄像头的整机指标，因此摄像头镜头的选择是否恰当既关系到系统质量，又关系到工程造价。

镜头相当于人眼的晶状体，如果没有晶状体，人眼看不到任何物体；如果没有镜头，那么摄像头所输出的图像就是白茫茫的一片，没有清晰的图像输出，这与我们家用摄像头和照相机的原理是一致的。当人眼的肌肉无法将晶状体拉伸至正常位置时，也就是人们常说的近视眼，眼前的景物就变得模糊不清；摄像头与镜头的配合也有类似现象，当图像变得不清楚时，可以调整摄像头的后焦点，改变 CCD 芯片与镜头基准面的距离（相当于调整人眼晶状体的位置），可以将模糊的图像变得清晰。由此可见，镜头在闭路监控系统中的作用是非常重要的。

镜头主要从外形、尺寸、光圈、变焦和焦距等方面来进行分类。从外形功能分主要有球面、非球面、针孔和鱼眼等镜头形式；从尺寸分主要有 1in（1in＝25mm）、1/2in、1/3in、2/3in 等；从光圈来讲主要有自动光圈、手动光圈和固定光圈之分；从变焦方式分主要有电动变焦、手动变焦和固定焦距等形式；从焦距分主要有长焦距镜头、标准镜头和广角镜头等形式。

（1）以镜头安装分类　所有的摄像头镜头均是螺纹口的，CCD 摄像头的镜头安装有两种工业标准，即 C 安装座和 CS 安装座。两者螺纹部分相同，但两者从镜头到感光表面的距离不同。

① C 安装座：从镜头安装基准面到焦点的距离是 17.526mm。

② CS 安装座：特种 C 安装座，此时应将摄像头前部的垫圈取下再安装镜头。其镜头安装基准面到焦点的距离是 12.5mm。如果要将一个 C 安装座镜头安装到一个 CS 安装座摄像头上时，则需要使用镜头转换器。

（2）以摄像头镜头规格分类　摄像头镜头规格应视摄像头的 CCD 尺寸而定，两者应相对应。即摄像头的 CCD 靶面大小为 1/2in 时，镜头应选 1/2in；摄像头的 CCD 靶面大小为 1/3in 时，镜头应选 1/3in；摄像头的 CCD 靶面大小为 1/4in 时，镜头应选 1/4in；如果镜头尺寸与摄像头 CCD 靶面尺寸不一致时，观察角度将不符合设计要求，或者发生画面在焦点以外等问题。

第三节　3D 四轮定位仪结构与使用

这里以圳天元公司全自动跟踪豪华版 ZTY-300M 四轮定位仪为例进行介绍。

一、3D 四轮定位仪的特点

全自动跟踪豪华版 ZTY-300M 四轮定位仪独有的技术有全方位自动跟踪技术、巡航引导定位技术、动态车身坐标计算技术以及微距离推车技术。下面对这些技术的概念及作用进行详细介绍。

1. 全方位自动跟踪技术

全方位自动跟踪技术是指在不用遥控器控制情况下，计算机通过反射标靶图像位置的精确计算，无论在标靶监视（或相机维护）还是在测试、调车过程中，摄像机都可以自动跟踪举升机升降的一种技术。全方位自动跟踪技术的作用是：省时间，当举升机在较低位置测试后，需要升高举升机调整定位角度时，不需要切换到标靶监视（或相机维护）界面，直接举起车辆调整定位角；定位精度更高，因为摄像机与反射标靶始终保持着一个最合适的位置，可提高图像质量，保证定位精度。

2. 巡航引导定位技术

巡航引导定位技术是指当反射标靶图像不在摄像机拍摄区域内时，计算机指示横梁运动机构巡航，发现反射标靶后自动定位在最佳拍摄位置的一种技术。巡航引导定位技术的作用是省时间，当车辆开上举升机时处在较低位置，横梁处在高处，无须人工操作，自动定位在最佳拍摄位置。

3. 动态车身坐标计算技术

（1）动态车身坐标计算技术的概念　动态车身坐标计算技术就是指实时地计算 4 个车轮中心的空间位置，并在此基础上建立动态的三维车身坐标系 Oxyz，Oxz 为水平面，y 轴与其垂直，车辆前、后轴在动态建立的坐标系下分解，实时补偿因举升机不平、倾斜造成的定位角偏差的一种技术。

（2）动态车身坐标计算技术的作用　动态车身坐标计算技术的作用是使定位角度不会受举升机不平、倾斜以及车辆轴距长短、轮距大小的影响。

4. 微距离推车技术

微距离推车技术是指一般 3D 四轮定位仪（包括国外 3D）推车到后面需要停顿一段时间，在算法上选取初始位置和停顿位置两点进行计算，大致距离为 17～23cm，距离短了，测试精度不能保证。微距离推车技术是采集推车全过程数据，综合求解车轮轨迹、旋转轴向量坐标的一种技术，能够将推车距离缩短到 10cm 左右，并达到比停顿式推车更高的精度。微距离推车技术的作用是省力、快速，不受转角盘与过渡桥之间高低不平的影响（10cm 距离，车轮接触点还没有到过渡桥），数据更稳定。

二、 3D 四轮定位仪的结构原理

相对于传统 CCD 四轮定位仪，现代 3D 四轮定位仪的结构要简单得多，对于全自动跟踪豪华版 ZTY-300M 四轮定位仪（图 3-69）而言，主要包括三大部分：由 2 个摄像头、4 个标靶和 4 个轮夹组成的数据采集部分；由计算机和显示器组成的数据处理与显示部分；以及控制横梁自动跟踪的电动机驱动部分。

将 4 个目标反光板安装在车辆的 4 个轮辋上，推动车辆，由摄像机对目标反光板上的几何图形进行连续拍摄（图 3-70），通过计算机对几何图形的变化进行分析与运算，从而得出

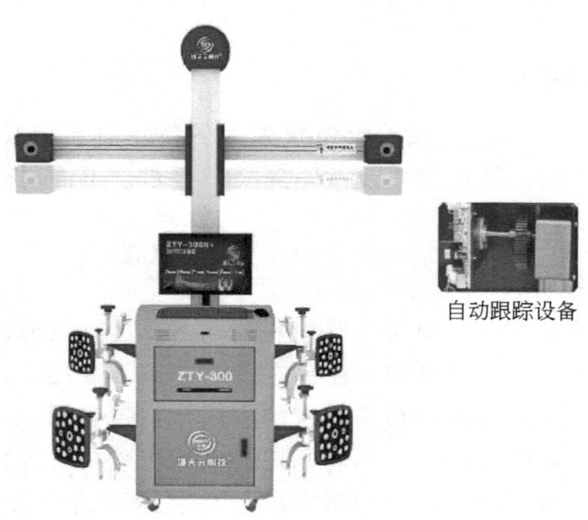

图 3-69　ZTY-300M 四轮定位仪的外观

车辆相应的定位参数，再由显示屏显示出来。该技术主要采用物理透视学的基本原理与计算机信息处理技术。

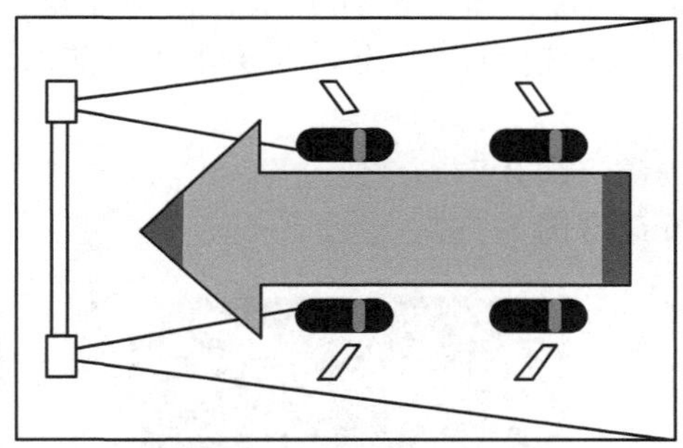

图 3-70　由摄像机对目标反光板上的几何图形进行连续拍摄

3D 四轮定位仪的测量原理是四个车轮中心构成基础平面及定位四边形，车轮平面间的几何关系以及车轮平面与基础平面间的几何关系构成四轮定位仪角度，车轮转向过程中的车轮旋转轴线构成主销计算轴线。车辆移动过程中车轮旋转轴线与车轮平面几何角度变化构成偏心补偿计算基础，如图 3-71 所示。车辆测试过程动态建立车身参数空间立体坐标系，不受举升机倾斜影响。

其优势在于精度更高，功能更强大，其精度可以精准到 0.1mm/0.01°；其功能除可实现所有传统参数外，并可测出轮偏等距离参数，轻松实现 CCD 与激光定位仪不可完成的许多功能，如单轮定位、前束锁定测量、空气悬架车辆定位等。操作更简便，故障率极低。目标反光板上无电子元器件、无须电池、无须数据传输，仅起图像反光作用；主体为金属支架，横梁多为铸体，抗腐抗压性强；电脑多为品牌高端配置，以适应超大数据处理，性能更稳定。其测量原理如图 3-72 所示。

图 3-71　3D 四轮定位仪的测量原理

图 3-72　测量原理

三、四轮定位仪安装注意事项

开箱后，先按装箱单检查，确认所有配件齐全。特别注意：ZTY-300M 四轮定位仪和 ZTY-300S 四轮定位仪的配重块运输固定螺栓一定要在使用前取下来（图 3-73）。要做好以下检查。

① 检查主板手动上升按键（图 3-74），

② 检查主板手动下降按键（图 3-75），

图 3-73　配重块的运输固定螺栓

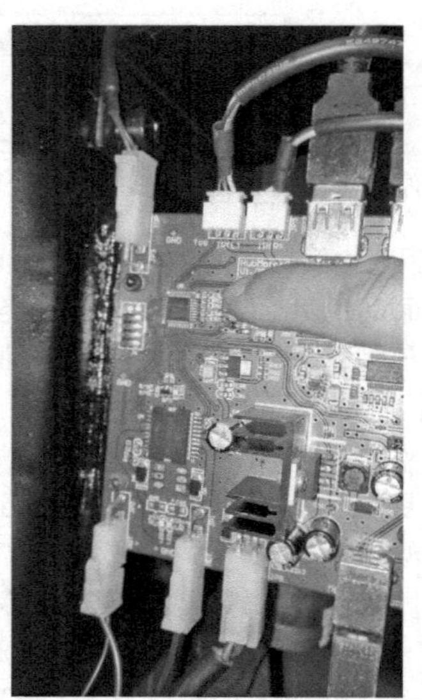

图 3-74　检查主板手动上升按键

图 3-75　检查主板手动下降按键

③ 检查下行限位开关是否正常（图 3-76），

④ 检查上行限位开关是否正常（图 3-77），

⑤ 调整滑台的间隙（图 3-78）

图 3-76　检查下行限位开关是否正常

图 3-77　检查上行限位开关是否正常

图 3-78　调整滑台的间隙

四、程序界面

1. 主程序界面

主程序界面（图 3-79）显示有定位检测、系统管理、常用设置、报表打印、帮助系统和退出程序。

图 3-79　主程序界面

（1）定位检测界面　定位检测界面显示有车型选择、滚动补偿、前束外倾数据、主销测试、全部测试结果、附加测量、标靶监视和打印结果。

① 车型选择界面。车型选择界面（图 3-80）包括常用数据库、当地数据库、分区数据库、厂商快速检索和车型快速检索。

② 滚动补偿界面。滚动补偿界面如图 3-81 所示，滚动过程中无须停顿等待。

③ 前束外倾数据界面。前束外倾数据界面如图 3-82 所示，滚动补偿结束后实时显示主要角度，不做主销测试时可直接在此界面试车；另外，ZTY-300M 四轮定位仪可在此界面实时跟踪标靶。

④ 主销测试界面。主销测试界面如图 3-83 所示，测试过程中方向盘无须停顿等待。

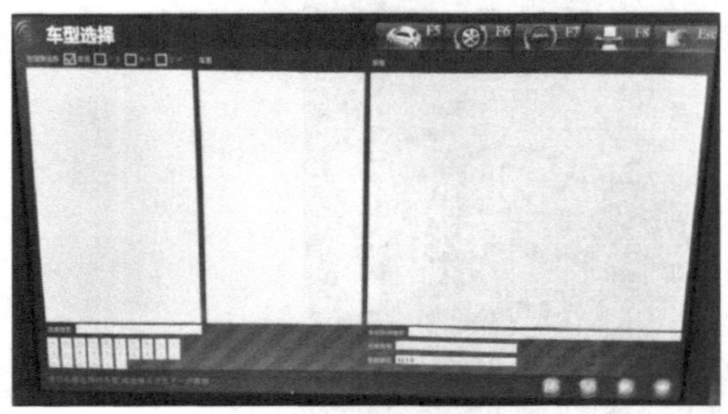

图 3-80　车型选择界面

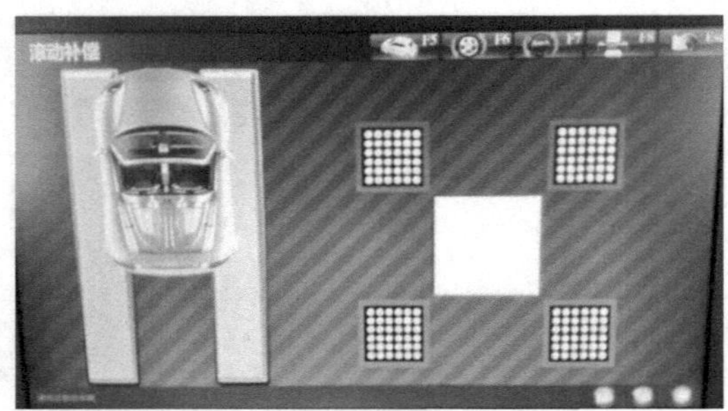

图 3-81　流动补偿界面

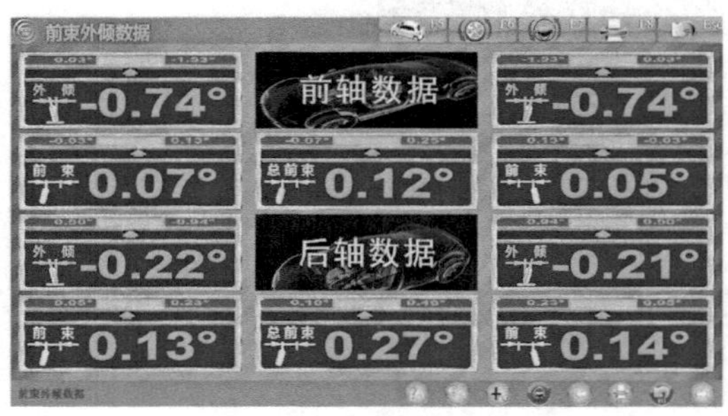

图 3-82　前束外倾数据界面

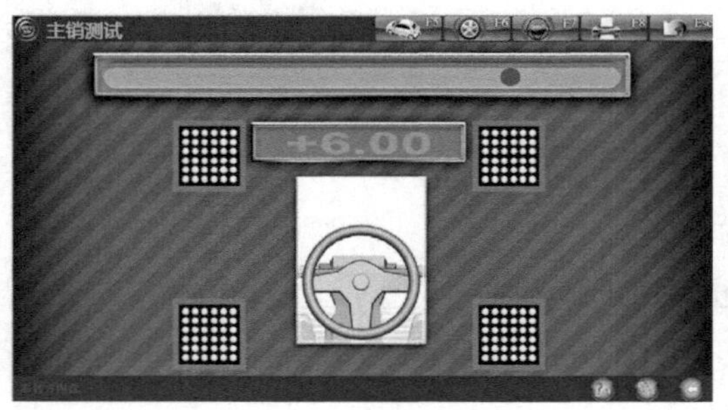

图 3-83　主销测试界面

⑤ 全部测试结果界面。全部测试结果界面如图 3-84 所示，主销测试结束后实时测试显示结果，可在此界面调车；另外，ZTY-300M 四轮定位仪可在此界面实时自动跟踪标靶。

⑥ 附加测量界面。附加测量界面显示有轴距/轴偏移、轮距/轮偏距、对角/中心偏移和轮胎直径。

⑦ 标靶监视界面。标靶监视界面如图 3-85 所示，在此界面可进行相机曝光时间调节。另外，ZTY-300M 四轮定位仪可在此界面实时自动跟踪标靶及手动调节横梁高度。

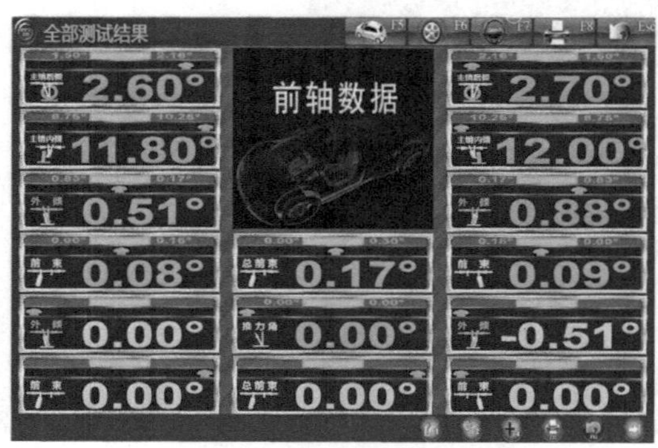

图 3-84　全部测试结果界面

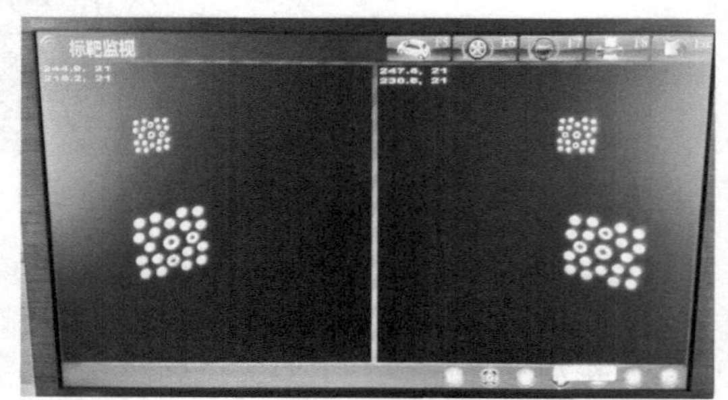

图 3-85　标靶监视界面

⑧ 打印结果界面。打印结果界面如图 3-86 所示，在此界面可以打印当前测试车辆的结果。

(2) 系统管理界面　系统管理界面（图 3-87）显示有维修站信息、客户信息、语言选择、标准数据、常用数据和退出系统管理。

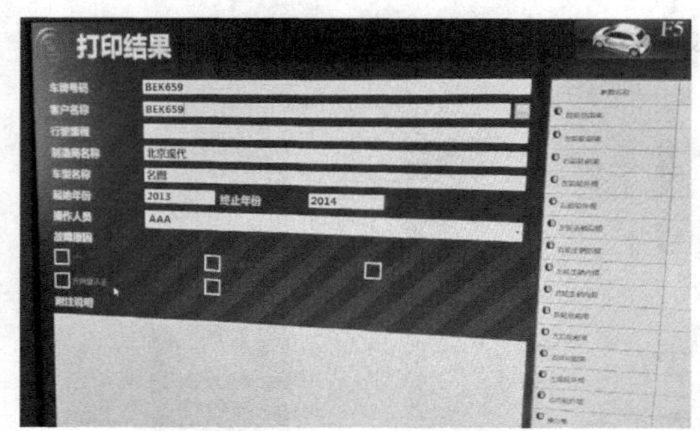

图 3-86 打印结果界面

图 3-87 系统管理界面

（3）常用设置界面 常用设置界面显示有模式设置、语音播放设置、主销测试转动角度设置、基本定位角单位设置和前束单位设置。

（4）报表打印界面 报表打印界面如图 3-88 所示，在此界面既可以打印历史测试车辆数据，也可以进行历史测试车辆车牌检索。

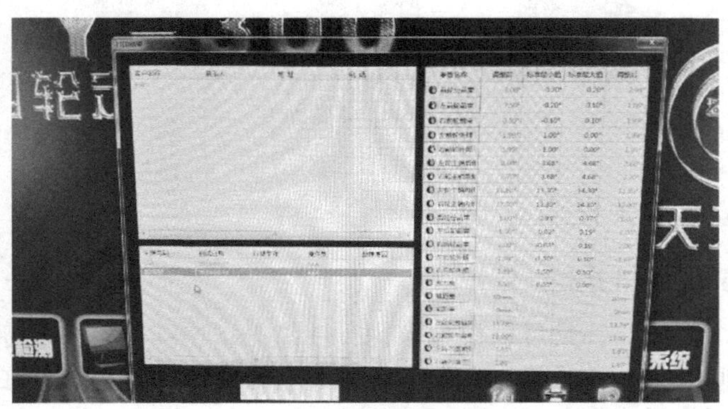

图 3-88 报表打印界面

2. 按钮索引

按钮索引如图 3-89 所示。

图 3-89

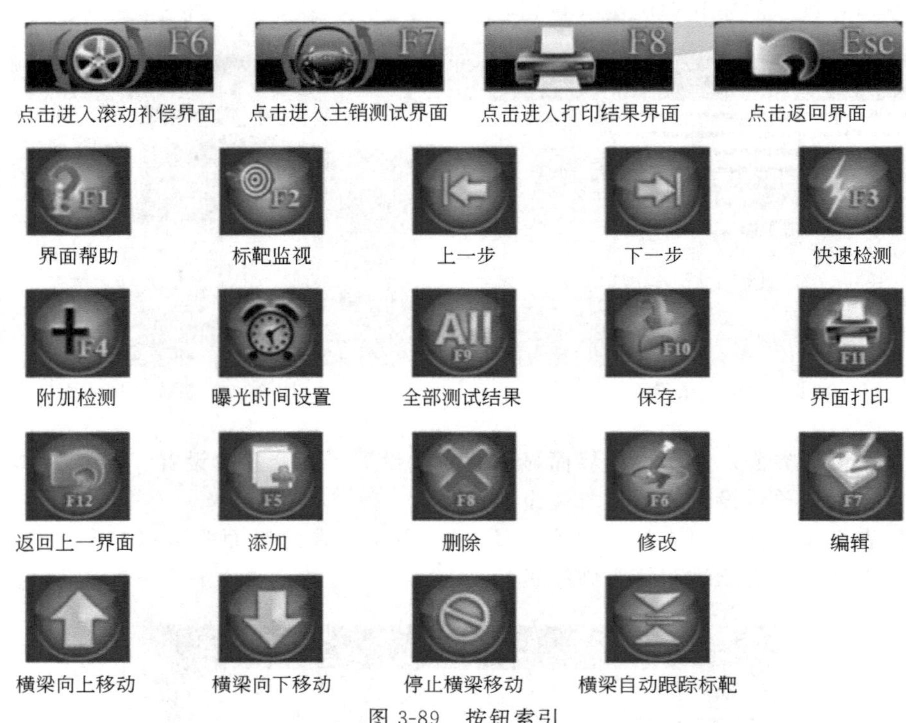

图 3-89　按钮索引

五、3D四轮定位仪相关技术

1. 3D四轮定位仪推车补偿

推车补偿有两个作用：一是可以模拟车辆行驶工况，连续动态获取标靶图像，根据机器视觉原理，建立空间模型，计算出车轮动态轨迹、车轮旋转轴线等，并在三维空间里分解出各定位角度，这是更接近实际的计算方法；二是对钢圈变形、轮夹本身及装夹误差进行补偿，获取真实的车轮定位角度。

因此，3D四轮定位仪作推车补偿是必须的，省略推车，带来的是不精确的定位结果。

目前3D四轮定位仪推车计算方法有两种：一种是利用前后两个位置计算，这类3D四轮定位仪在推车过程中只监视车辆移动位置，推车到远端要停留一定时间，严格意义上不是动态计算；另一种是推车不停留（也叫自由推），这类3D四轮定位仪是连续动态获取4个标靶图像，动态计算4个车轮滚动全过程状态，更符合实际情况。

2. 四轮定位仪技术的3D时代

正如4G手机现已全面淘汰掉3G手机一样，业已成熟的3D四轮定位仪必将全面淘汰传统的四轮定位仪，这是时代科技进步的结果。说到底，四轮定位仪也不过是一种汽车的测量工具，而相对于高科技含量汽车的飞速普及，自然对汽车测量工具有了更高的要求，那么作为汽车测量工具的四轮定位仪就必须要测得准。

并非传统四轮定位仪测得不准，其前提条件是必须做偏心补偿，就是要先通过举升机把四个车轮悬空，然后经过一系列操作程序，之后再把车轮放下来。做偏心补偿费时费力，非常不方便，不适用于大多数用户。但对于新设备而言，若不做偏心补偿，似乎对测量的准确性影响不大，但等到设备使用两年左右之后就会发现没有以前好用了。这是为什么呢？原因有以下两个方面。

① 新轮夹在出厂时都经过精确调校，对中性很好，但用久了就达不到对中要求了，再加上新旧程度不同的车辆的钢质轮辋不圆度误差，还有探杆和轮夹的配合误差，三者叠加的结果就导致测量不准了。解决的办法就是每次都要做偏心补偿。

② 新安装的举升机都要经过抄平，可以满足测量要求，但用久了举升机的水平则达不到要求，也就测量不准了。解决的办法就是要重新抄平。也就是说对传统四轮定位仪而言，要想保证基本的测量准确性，则对操作技能和举升机设备有较为苛刻的要求，这给测量作业带来了极大的不方便性。而3D四轮定位仪技术的进步性恰恰解决了这两个令人头疼的问题。

3. 3D四轮定位仪的优势

① 做偏心补偿时只要把车辆向后推一点距离再推回原位即可，相当省时省力，相比于传统四轮定位仪的偏心补偿程序取得了极大的进步。

② 测量基准是以四个车轮中心决定的车身平面为参照，而并不是以举升机平台的平面为参照，因此举升机平台是否水平对测量的准确度没有任何影响。

3D四轮定位仪还有传统四轮定位仪无可比拟的其他优点。

① 相比于传统四轮定位仪，其偏心补偿程序大大简化，节省了大量的时间和人力。

② 标靶内无任何电子元件，因此不需要供电，也就不需要充电和更换电池。

③ 标靶内无任何传感器，不存在传统探杆因时间久了或摔碰而需要标定的问题。

④ 传统四轮定位仪的核心器件和传感器都放在每次都要搬动的4个探杆内，出现故障的可能性较大，而3D四轮定位仪的核心器件数量大大减少且都是固定安装，可靠性大幅提高。

⑤ 轮夹和标靶更轻，减轻了劳动强度。

⑥ 4个标靶无须调水平，因此不再需要确认4个探杆的水平。

⑦ 不受车辆底盘高低的影响。

因此，从测量技术的进步性来看，3D四轮定位仪相比于传统四轮定位仪能更好地满足日常使用要求，应用前景非常广阔。

4. 3D四轮定位仪技术现状

目前市面上3D四轮定位仪技术的实际使用状况参差不齐，下面主要对轮夹乱夹问题、安装问题、水平要求问题和标定问题进行介绍。

（1）关于轮夹乱夹问题　对某品牌3D四轮定位仪进行轮夹随意安装时精度测量测试，发现不能随意安装轮夹，必须严格安装轮夹，否则就测量不准。这是严重的设计缺陷，也许在新轮夹、新标靶、新轮辋或一般轮辋容易夹轮夹的情况下可能是准确的，但无法解决以下问题。

① 即使是新轮夹、新标靶、新轮辋，但若轮胎是高档的超扁平轮胎，则非常难以夹上轮夹，而且即使好不容易夹上轮夹，也很难达到轮夹和轮辋中心的对中性。这种高档轮胎一般在高档车上才会配有，而高档车恰恰又对测量精度要求很高。因此，该设备根本达不到要求。

② 即使是新轮夹、新标靶、新轮辋，但若轮辋装有与轮辋一起被轮辋固定螺栓固定的装饰板时，轮夹的对中性则难以保证，必须把轮胎螺栓取下后再取下装饰罩测量，和传统四轮定位仪一样烦琐，没有技术进步优势。

③ 新轮夹和新标靶使用一两年势必引起机械损伤，难以保证轮夹的对中性，再加上车

辆本身新旧不一的轮辋圆度误差的影响，测量的不准度则更加凸显。

总之，重复性精度问题根本没有解决。

（2）关于安装问题　某品牌3D四轮定位仪安装要求是转角盘到摄像头的距离是2.5m，但对于空间有限的客户而言，若距离为1.8m，则误差很大。该设备采用的措施是用人工手拉的办法进行补偿，用低一级的测量技术来标定高一级的设备，显然是非常不严谨的。

（3）关于水平要求问题　该设备对举升机平台的水平与传统四轮定位仪一样有严格的要求，难以解决因设备用一两年后举升机轻微不平引起的测量不准问题，没有技术进步性可言。

（4）关于标定问题　仍然采用的是传统的标准矩形标定方法，根据转角盘到摄像机距离引起的误差，当轴距、轮距、轮胎高度等参数远离标定架参数时，精度难以保证。没有最新3D四轮定位仪技术的优势。综上，该3D四轮定位仪技术是落后的技术，难以跟上目前对3D四轮定位仪新技术的要求。

六、3D四轮定位的几个调整实例

1. 定位调整

定位调整一般都围绕着车辆的安全性（保证转向灵活、维持直线行车）、舒适性（驾驶时车感不飘浮、颠颤和摇摆等）和经济性（延长轮胎寿命，减少油耗等）来进行。

车轮定位的调整，其实是一个平衡的过程，车轮定位的种种故障现象，都是由某个平衡被打破造成的，这些所谓的平衡有轮胎磨损的平衡、跑偏的平衡及方向盘位置的平衡等。平衡的保证，体现在两个参数的配合上。

车轮外倾角造成的磨损，一般都是负外倾磨损轮胎内侧，正外倾磨损轮胎外侧。而前束造成的轮胎磨损规律，一般是正前束引起轮胎的外侧磨损，负前束造成的轮胎内侧磨损。在一般调整中，采用通过前束角来配合外倾角造成的不良影响，就是说当外倾角为负或靠近标准值的最小值一侧时，那么就用一个正的前束或靠近前束标准范围最大值一侧的值。

通过调整左右轮分前束角，使它在+0.10°左右，通过正前束能引起的轮胎外侧磨损，来抵消负外倾造成的轮胎内侧磨损，使它达到一个磨损的平衡。

2. 方向盘不正的判断及调整

在方向盘处于中间位置时，它的左右前轮分前束角应该是相等的，或者说是平衡的，当左右前轮分前束角不相等或不平衡量超过一定值时，在车辆直行时方向盘就会倾斜一个角度以达到左右前轮分前束角的平衡。

通过图3-90所示参数就可以判断此车在直行时，方向盘偏左，而调整方法就是把方向

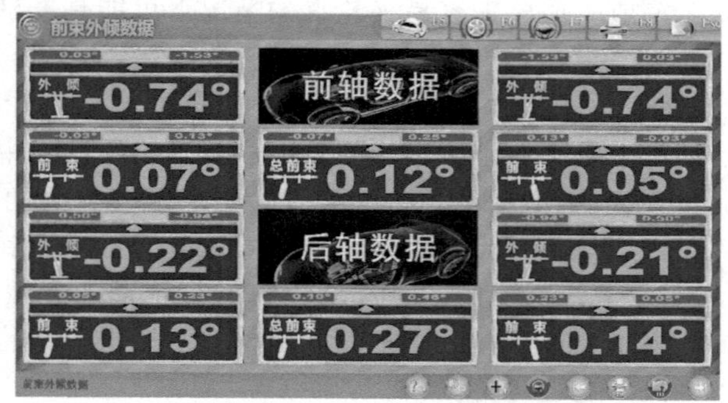

图3-90　前束外倾数据

盘摆正，调整左右前轮分前束角，使它们大致相等（左右差不大于0.05°）就可以排除方向盘不正的故障（此方法因四轮定位仪程序的算法和精度问题，仅适用于部分四轮定位仪）。

3. 车辆跑偏的调整

在调整跑偏时，一般是通过调整主销后倾角或前轮外倾角来抑制车辆的跑偏，其调整也是要维持一个平衡的规律。

主销后倾角左右不相等时，车辆一般会偏向后倾角小的一侧，而外倾角左右不相等时，车辆一般会偏向外倾角大的一侧。简单来说就是车辆有没有偏向行驶，要看左侧主销后倾角加上外倾角所产生的使方向盘向右的力，是否与右侧主销后倾角加上外倾角所产生的使方向盘向左的力相等。

影响车辆跑偏的外在因素也是最多的，如轮胎气压、轮胎新旧程度、轮胎花纹、悬架的磨损程度、试车时的路况及路面平整度等。因此通过数据来判断车辆跑偏的话，在左右两边数据相差不大的情况下，是非常难以进行的，最好通过试车来检验车辆是否跑偏，如果跑偏，那么就要观察车辆的悬架部分，看涉及跑偏的这两个定位参数是否可以调整，调整量有多少。

如图3-91界面所示，这是一辆有着向右跑偏现象的奇瑞东方之子车辆的前轮定位参数，从主销后倾角和外倾角大小分析，都有促使车辆向右跑偏的趋势，但是通过观察这辆车的悬架，发现其主销角度不可调，那么只能从前轮外倾角上入手，因为它的前轮外倾角有一定的调整量。如果让这辆车不再向右跑偏，那么只能使这辆车的前轮右侧外倾角小于左侧。

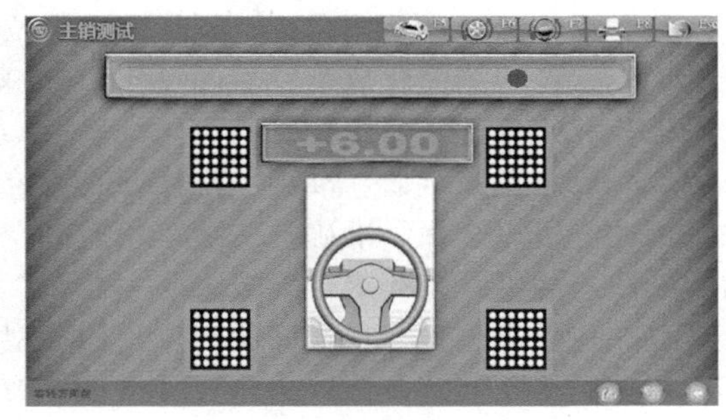

图3-91　主销测试界面

这样调整后试车有3个结果。

（1）偏向左侧　如果出现这种情况，那么说明刚才的前轮外倾角调整量过大，根据跑偏的程度，适当减小左右两前轮外倾角调整量。

（2）不再跑偏　这是一个最理想的结果。

（3）继续有向右跑偏现象　如果出现这样的结果，是因为此车的前轮外倾角调整量不大，那么只能通过更换外倾角调整螺栓来进行进一步调整。

很大一部分存在跑偏故障的车辆，从前轮定位参数上很容易就可以发现某个参数异常，这时主要考虑的是造成这个异常参数的原因或部位，从而可从根本上入手来解决。

对于主销后倾角不可调的车辆，那么只能从前轮外倾角上来补偿，使右侧主销后倾角加上外倾角所产生的使方向盘向左的力，等于左侧主销后倾角加上外倾角所产生的使方向盘向右的力。但是补偿后往往出现这样一个结果，就是前轮左右外倾角相差过大，从而造成不能做到左右两侧轮胎磨损的平衡，出现轮胎的偏磨损。

七、典型故障的定位调整方法

1. 轮胎偏磨

外倾角过大（为正值），轮胎磨损外侧；外倾角过小，轮胎磨损内侧（为负值）。

前束值过大（为正值），轮胎磨损外侧；前束值过小，轮胎磨损内侧（为负值）。

用标准值进行调整，外倾角靠近标准值的最大值时，前束应为标准值的最小值；外倾角靠近标准值的最小值时，前束应为标准值的最大值。

2. 跑偏

看后倾角是否可以调整，如可以调整，就直接进行测量。后倾角引起的跑偏是大后倾角偏向小后倾角。也可以根据跑偏方向直接增大或减小两前轮的后倾角。

如不可调整，则检查外倾角是否可以调整或是否可以用外倾角校正仪或更换偏心螺钉。如可以，则检查前轮外倾角。以偏右为例，一般情况下，通过前轴参数就可以看出来，左轮外倾小于右轮外倾，直接把它们调整到接近即可。也可以在现有基础上，减小右前轮外倾角，或增大左前轮外倾角。

3. 方向盘不正

直接压正方向盘，调整前轮分前束，使左右相近或相等。此方法需保证轮夹装夹正确及轮辋未变形。如试车时方向盘不正，记住方向盘偏的方向及角度，再次压方向盘时，压向相反但相同角度，然后调整左右前轮分前束，使之相等或接近。

八、四轮定位仪的检测特点

（1）操作简单、使用方便　现代四轮定位仪的操作界面清晰，具有适时帮助系统，把复杂的四轮定位检测简化成了“看图操作”，屏幕中的菜单、图形或数字能指引操作人员快捷正确地检测或调整车轮定位。

（2）测量参数全面、准确　现代四轮定位仪由于采用了先进的测量系统和科学的检测方法，因此它可以全面、准确地测量车轮前束、车轮外倾角、主销后倾角、主销内倾角、推力角、轴距差和轮距差等定位参数。

（3）适应车型多　现代四轮定位仪的车型数据齐全，一般都带有世界上两万多种汽车的车轮定位数据及调整方法，用户还可自己扩展补充新的汽车定位数据资料。

（4）检测效率高　现代四轮定位仪的传感器机头在车轮上能快捷定位，其检测系统能实现快速校准、快捷搜索数据查询系统、快速查找所测车型数据以及自动提示测量进度，并保存或打印测量结果，这些都可以最大限度地提高工作效率。

九、车轮定位的检测分析

1. 检测标准

汽车车轮定位值的大小是根据汽车的设计要求确定的，不同的车型其值有所不同。因此，汽车车轮定位的检测标准应是该车技术条件规定的车轮定位参数值。

2. 检测结果分析

（1）前轮定位分析

① 前轮前束应符合标准。若前轮前束超标，则容易导致车轮侧滑，轮胎磨损加剧，严重时，轮胎呈羽毛状的磨损。当前轮前束超标时，应对其进行调整，使之满足要求。前轮前束的调整通常是依赖左右转向横拉杆中的调整螺母进行的。调整时，左右车轮应对称调整，以保证汽车直线行驶时左右前轮的前束角相等，否则汽车易出现跑偏、转向轮与车身干涉等现象。

② 前轮外倾角应符合标准。若前轮外倾角超标，易使车轮侧滑，导致轮胎的快速磨损及转向拉力，影响行车安全。若两前轮的外倾角相差较大，则车辆易向正外倾角较大的一侧偏驶；前轮负外倾值过大时，容易出现车轮“飞脱”的危险。前轮外倾角一般不

可调整，因此，当前轮外倾角超标时，应检查悬架系统零部件是否弯曲变形或损坏，万向节、车桥是否变形或装配不良，待找出原因并排除故障后，重新测量前轮外倾角，直至符合标准为止。

③ 主销后倾角和主销内倾角应符合标准。若主销后倾角、主销内倾角过大，则易导致汽车转向沉重、转向轮回正过猛；而主销后倾角、主销内倾角过小，则不利于转向轮的自动回正。主销内倾角一般不可调整，而主销后倾角是否可调整因车型而异。因此，当主销后倾角和主销内倾角超标时，应检查悬架系统零部件、万向节、车桥或车身是否弯曲变形或者装配不良，待找出原因并排除故障后，重新测量主销定位参数，直至符合标准为止。

（2）后轮定位分析　许多轿车都设置有后轮定位。对于前驱动和独立后悬架的汽车，若后轮定位不当，即使前轮定位良好，仍然会有不良的操控性和轮胎早期磨损。

① 后轮前束应符合标准。若后轮前束值过小，对于前轮驱动、后轮从动的车辆，后轮容易出现前张现象；若后轮前束值过大，则汽车在正常行驶时，特别是在满载行驶时，难以与后轮运动外倾角相匹配，后轮侧滑严重。这些均会导致后轮行驶阻力过大，轮胎磨损加剧，行驶操控性变差。因此，当后轮前束超标时，应查明原因并排除故障，根据标准予以调整，直至符合标准为止。

② 后轮外倾角应符合标准。若后轮外倾角过大，则对于前轮驱动、后轮从动的车辆，难以抵消汽车高速行驶且驱动力较大时后轮出现的负前束；若后轮外倾角过小，则对于采用独立后悬架的车辆，其后轮运动的负外倾角将会很大。这些均会导致后轮外倾与后轮前束不匹配，造成轮胎磨损严重，汽车行驶性能和操控性能不良。当后轮外倾角超标时，应检查后悬架系统零部件是否装配不良、是否弯曲变形或损坏，待找出原因并排除故障后，重新测量后轮外倾角，直至符合标准为止。

十、车轮定位的动态检测

车轮定位的动态检测是指汽车以一定车速行驶时，用测量仪器或设备检测车轮定位产生的侧向力或由此引起的车轮侧滑量，来反映车轮定位的状况。目前，常用车轮侧滑量作为车轮定位动态检测的参数，其测量设备是侧滑试验台。

1. 车轮侧滑机理

车轮定位参数不正确，会引起车轮承受侧向力而侧滑。其中，尤以车轮外倾和前束两个参数对车轮侧滑量的影响为最大。

（1）车轮外倾引起侧滑　为提高转向车轮工作时的安全性，转向车轮设置一定的外倾角。这样可防止汽车承载后车轮内倾引起的轮毂在路面对车轮垂直反力的轴向分力作用下，压向外端的小轴承，使小轴承和紧固螺母载荷增大，严重时紧固螺母损坏，出现车轮“飞脱”的危险。但是，转向前轮外倾后，在车轮向前滚动时，车轮具有向外滚开的趋势。虽然在刚性前轴的约束下，前轮并不能真正地向外分开滚动，但前轴分别给两前轮向内的侧向力和轮胎在地面上的滑磨是实际存在的。因此，在汽车行驶时，两车轮在向前滚动的同时向内侧滑。

（2）车轮前束引起侧滑　为减少和消除车轮外倾造成的轮胎滑磨及磨损增加的危害，车轮设置前束。车轮具有前束后，在车轮向前滚动时，车轮具有向内滚动的趋势。虽然在刚性前轴的约束下，车轮并不能真正地向内收拢，但车轴分别给两车轮向外的侧向力及轮胎在地面上的滑磨也是实际存在的。因此，在汽车行驶时，同轴上的两车轮在向前滚动的同时向外侧滑。

(3) 外倾与前束的综合作用　车轮定位中，外倾与前束在车上同时存在，若车轮外倾与前束配合得当，则车轮在向前滚动的过程中，车轮外倾与前束产生的作用于车轮的侧向力因其大小相等、方向相反而抵消，车轮处于向前直行的滚动状态，无侧滑现象。若车轮外倾与前束配合不当，则两者产生的对车轮的侧向力失去平衡，车轮将会向侧向力大的一方侧滑。

2. 车轮侧滑量测量原理

车轮的侧滑量可利用图 3-92 所示的双滑板装置进行测量。该装置的双滑动板互不连接，均通过滚动装置平放于地面，且在沿汽车行驶的纵向受约束不能移动，而在横向则可自由滑动。

假定让两个只有外倾而无前束的车轮缓慢地向前通过可以左右滑动的滑板时，由于车轮轮胎与滑板之间的摩擦系数很大，因而两侧滑板会在车轮侧向力作用下，分别向内滑动，如图 3-92(a) 所示。该滑动量即为车轮外倾引起的侧滑量，其单个车轮的平均侧滑量为 X_1，则

$$X_1=\frac{L-L'}{2}$$

式中，L 为滑板静态时两板外侧间距；L'为滑板向内侧滑后两板外侧间距。

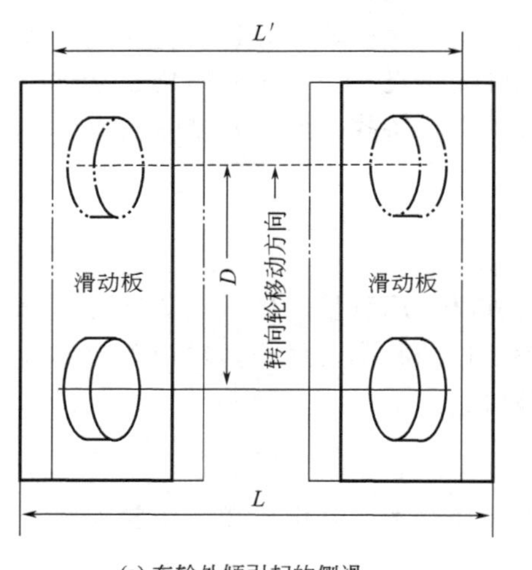

(a) 车轮外倾引起的侧滑

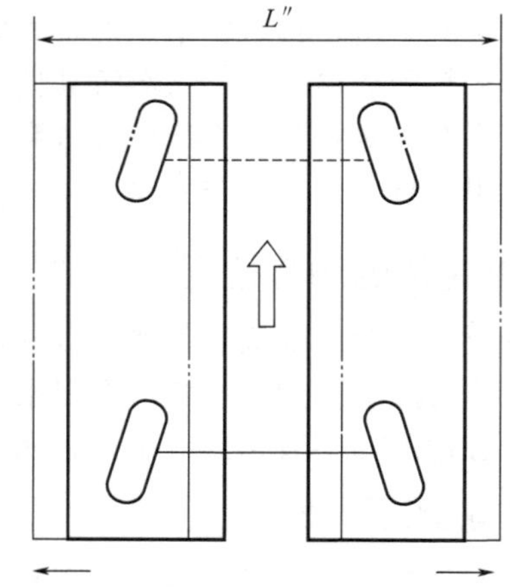

(b) 前束引起的侧滑

图 3-92　侧滑量测量原理

假定让两个只有前束而没有外倾的车轮缓慢地向前通过可以左右滑动的滑板时，则两侧的滑板在侧向力的作用下分别向外侧滑动，如图 3-92(b) 所示。该滑动量即为前束引起的侧滑量，其单个车轮的平均侧滑量为 X_2，则

$$X_2=\frac{L''-L}{2}$$

式中，L''为滑板向外侧滑后两板外侧间距。

实际上，目前一般汽车转向前轮同时存在着外倾与前束，因此在两前轮通过可以左右滑动的滑板时，其侧滑量 X 为前束和外倾两者的综合，即 $X=X_2-X_1$。只有在外倾与前束配合得当时，两者产生的侧向力相互抵消，才能保持车轮无侧滑，此时滑动板无侧滑，$X=0$。若两者配合不当，则侧向力失去平衡，车轮将沿着较大侧向力的方向侧滑，产生侧滑量，此时

$X \neq 0$。当 $X>0$ 时，两轮向外侧滑；当 $X<0$ 时，两轮向内侧滑。

侧滑试验台就是利用上述滑动板原理来检测车轮侧滑量的。

3. 车轮侧滑量的检测

（1）侧滑量检测试验台　目前，国内车轮侧滑量的检测大多采用双滑板式侧滑试验台。如图 3-93 所示为双滑板式侧滑试验台的外形，它主要由测量装置、指示装置和报警装置等组成。

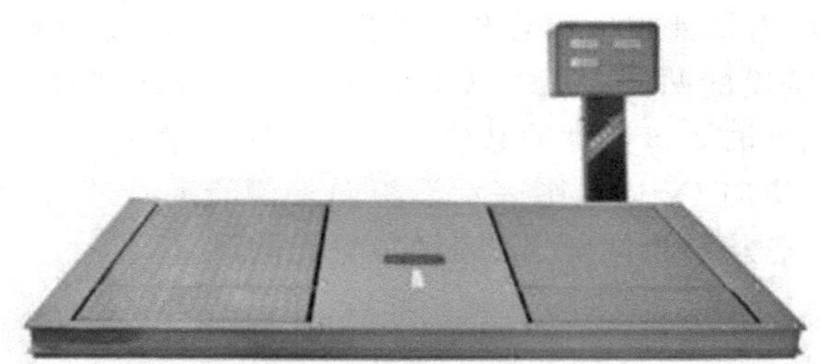

图 3-93　双滑板式侧滑试验台的外形

① 测量装置。它主要由左右两块滑动板、杠杆机构、回位装置、位移传感器及信号传递装置等组成，能将车轮侧滑量测出并传给指示装置。滑动板的长度一般有 500mm、800mm 和 1000mm 三种，滑动板表面与轮胎之间可以看成是无滑动的。滑动板在外力作用下，通过滚轮、轨道和两板之间的杠杆机构（双销叉式曲柄）能进行左右等量的相对运动。当车轮正前束（IN）过大时，滑动板向外侧滑动；当车轮负前束（OUT）过大时，滑动板向内侧滑动；当侧向力消失时，在回位装置作用下两滑动板回到零点位置；当关闭锁止装置时，两滑动板被约束锁止。

按滑动板滑动量传递给指示装置方式的不同，测量装置可分为电气式和机械式两种。

a. 电气式测量装置。如图 3-94 所示，它是把滑动板的滑动量通过位移传感器变成电信

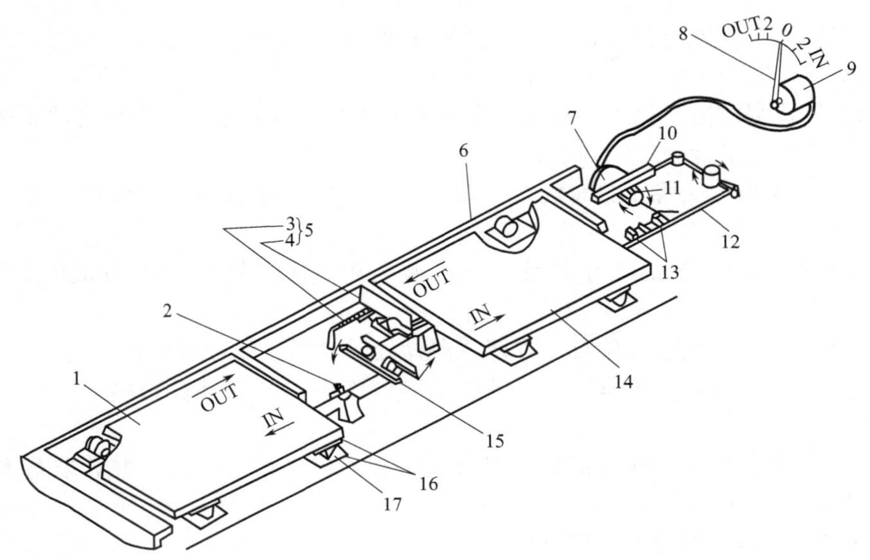

图 3-94　电气式测量装置

1—左滑动板；2—导向滚轮；3—回位弹簧；4—摆臂；5—回位装置；6—框架；7—产生电信号的自整角电动机；8—指示机构；9—接收电信号的自整角电动机；10—齿条；11—小齿轮；12—连杆；13—限位开关；14—右滑动板；15—双销叉式曲柄；16—轨道；17—滚轮

号，再经过放大、处理而传输给指示装置的一种测量装置。该装置的位移传感器有自整角电动机式、电位器式和差动变压器式等多种形式。

b. 机械式测量装置。它是通过连杆和L形杠杆等零件，把滑动板与指示装置机械地连接在一起，并将滑动板滑动量直接传递给指示装置的一种测量装置。

② 指示装置。它是把测量装置传递来的车轮侧滑量信号按规定的单位加以显示的装置。其指示装置有机械式和电气式两类。目前大多数采用电气式，而电气式又分为数字式和指针式两种。如图3-95所示为指针式指示装置，其标定时按汽车每行驶1km侧滑1m为1格刻度，指示装置在“0”刻度的两侧有IN、OUT字样，并分别刻有7格以上的刻度。当指示装置的指针指向某一刻度时，该刻度的数值可反映其侧滑量的大小，而指针的位置则可反映其侧滑的性质，若指针指向IN边，则表示滑板向外侧滑动；若指针指向OUT边，则表示两侧滑板向内侧滑动；若指针指向0，则表示车轮无侧滑。

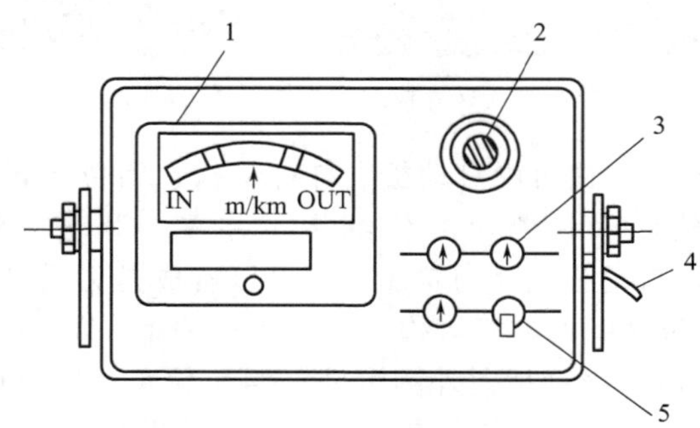

图3-95 指针式指示装置

1—指示仪表；2—蜂鸣器或信号灯；3—电源指示灯；4—电线；5—电源开关

③ 报警装置。在检测车轮侧滑量时，为便于快速表示测量结果是否合格，当侧滑量超过规定值后，其报警装置能根据测量装置的限位开关等发出信号，用蜂鸣器或信号灯报警，因而无须再读取指示仪表的数值，节约了检测时间。由于它实行的是定性检测，故其报警装置也称为定性显示装置。

（2）侧滑量检测方法 侧滑量的检测应根据侧滑试验台使用说明书规定的步骤进行。一般侧滑试验台的侧滑量检测方法如下。

① 汽车在检测前，应将轮胎充气至规定气压，并除去轮胎表面的油污、水渍及花纹沟槽内的夹杂物。

② 打开试验台滑动板的锁止装置，并接通电源。注意指示仪表的指针应指示“零”位置。

③ 将汽车垂直对正侧滑试验台，并使方向盘处于汽车直线行驶位置。

④ 将汽车以3～5km/h的车速平稳驶向试验台滑板，在行进过程中，不允许转动方向盘或制动汽车。

⑤ 当被测汽车前轮完全通过试验台滑板时，观察仪表指示的方向并读取最大值，该值即为被测前轮的侧滑量。

⑥ 检测完毕，锁止滑动板并切断电源。

4. 侧滑量检测分析

① 检测标准《机动车运行安全技术条件》（GB 7258—2012）规定：对前轴采用非独立悬架的汽车，用双侧滑板试验台检测时，前轮侧滑量值应在±5m/km之间。对于轿车的前

轮侧滑一般在±3m/km之间。规定侧滑量方向为外正内负。

② 检测分析：车轮侧滑量是反映车轮前束与车轮外倾综合作用的参数，因此当侧滑量超标时，应根据其侧滑性质重点查找车轮前束与车轮外倾的匹配情况。侧滑量超标时，若指针指向IN边（或读数为+），则表明前束太大或外倾角太小甚至车轮内倾；若指针指向OUT边（或读数为一），则表明前轮外倾角太大或前束过小甚至为负前束。总之，车轮侧滑量超标，则说明车轮外倾与前束匹配不当，此时应加以调整。

通常车轮的外倾角不可调整，因而调整时只能调前束。绝大多数情况下，侧滑不合格都可以通过前束调整得到解决，但侧滑调整合格后并不一定说明其车轮定位符合设计要求。因此，为确保行车安全，建议通过静态车轮定位检测与调整来解决车辆的侧滑不合格问题。

第四章 四轮定位操作过程及定位调整工具

第一节　四轮定位检查

一、四轮定位前准备

1. 四轮定位的检查时机

如果出现下列情况必须检查车轮定位。

① 不能正常行驶。

② 更换零件或车辆肇事。

③ 拆卸车桥部件，见表 4-1。

表 4-1　拆卸车桥部件定位要求

部件更换		定位要求
前桥部件更换	下控制臂	需做车轮定位
	车轮轴承座	需做车轮定位
	转向拉杆/转向拉杆端	需做车轮定位
	转向器	需做车轮定位
	副车架	需做车轮定位
	减振器	需做车轮定位
后桥部件更换	减振器	不需做车轮定位
	螺旋弹簧	不需做车轮定位
	整体力矩梁	需做车轮定位
	副车架	需做车轮定位
	下横向连接/上横向连接	需做车轮定位
	控制臂	需做车轮定位

④ 轮胎偏磨。

2. 询问情况

接车时，先要聆听和分析驾驶员的描述和症状测试。仔细倾听驾驶员的描述是非常重要的。如有可能要进行试车，检查振动、跑偏和其他可能引起驾驶舒适性的症状。有些车轮定位问题通过目测检查就可以发现（如“吃胎”）；有些则不能直观发现。如果检测出跑偏，则检查跑偏是否发生在制动时。路试可以帮助维修人员了解车况，且可进一步确定可能存在缺陷的大致区域，并对故障产生的可能原因做出大致判断。

3. 车辆举升

按阴影区所显示的支撑点升起汽车，如图 4-1 所示。当用千斤顶、举升机或支座来举升或支撑汽车时，应使用该点小心地升起和降下汽车，以防损坏车身外壳。注意：图中所注区域仅作为举升车辆的参考点，并不代表每个汽车车架、车身底部或车身轮廓的精确结构。

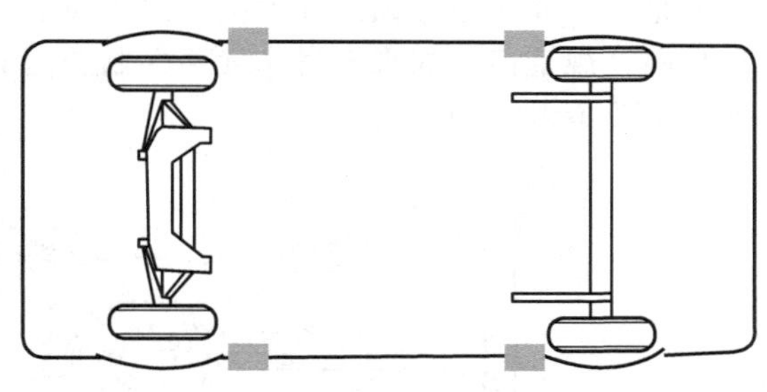

图 4-1　千斤顶和举升机支撑点的位置

二、定位前检查

将车辆停置于举升机上之前，应进行目测。如果检查出车辆有明显的下沉或倾斜，这可能意味着弹簧疲劳或损坏。做四轮定位的前提条件是车辆悬架和底盘部件是良好的。如果存在这些情况，则不能做四轮定位。举升起车辆，从车辆后部开始检查。

在进行车轮定位前，要做一个完整的车辆检查，见表 4-2～表 4-4。

表 4-2　定位前检查项目

标记	检查项目	标记	检查项目
□	排气管及吊架	□	消声器
□	后轮减振器/滑柱（漏油、支架、衬套）	□	排气管
□	后轮弹簧（破损、下垂）	□	前 U 形接头（松旷、油封上的红记）
□	燃油泄漏	□	变速器（支架、油液渗漏）
□	后轮纵臂（裂纹、衬套、锈蚀）	□	排气歧管（裂缝、垫圈漏气）
□	后桥（漏油、损坏、锈蚀）	□	前发动机支架（多数在左侧）
□	后轮制动液泄漏	□	前轮胎尺寸
□	后车轮尺寸	□	前轮胎磨损
□	后车轮磨损	□	前轮胎损坏
□	后车轮损坏	□	前轮胎磨痕样式
□	后车轮磨痕样式	□	前轮胎气压
□	后车轮轮胎气压	□	发动机油液渗漏
□	后 U 形接头（松旷、油封上的红记）	□	前弹簧（损坏、下沉）
□	驻车制动拉索（检查余量）		

表 4-3　全驻车检查项目①

标记	检查项目	标记	检查项目
□	横拉杆球头	□	转向机构（自由量）
□	齿条齿轮机构	□	摆动杆（连接杆、车架衬套）
□	中心线	□	滑柱轴衬
□	惰性臂	□	万向节磨损指示
□	转向摇臂		

① 车轮停放的转角盘上安装锁销。

表 4-4　升起车辆检查项目

标记	检查项目	标记	检查项目
□	万向节(除磨损指示式万向节)	□	滑柱支架
□	控制臂轴衬	□	前轮和后轮轴承

车身高度是用以确定所有其他定位角度的首项测量内容，也称车饰高度或控制高度，如图 4-2 所示。该参数用于确定正确的悬架高度，以便测量所有其他定位角度。通常，不正确的车身高度说明弹簧老化或失效。车身高度不正确，可能引起驾驶和轮胎磨损问题。这是因为悬架是以不同或不正确的几何关系来工作的。在制造商的车轮定位规范中，一般都能够找到车身高度规范值。如果车身高度不在制造商的允许公差范围内，调整量将会很小。有些情况下调整是不可能的。

图 4-2　车身高度测量

如果车辆装有电子车身控制系统，系统必须工作正常以获得正确的定位参数。有些系统可能要求，在做车轮定位之前先解除电子车身控制系统功能（如路虎发现 3）。参考车辆维修手册中有关于电子车身控制装置的规范细节。

三、定位前的检查项目

1. 转向和悬架系统的目测检查

在仔细询问和试车工作完成后，下一步要对车辆的转向系统和悬架系统进行目测检查。四轮定位检测本身并不足以消除转向系统故障和轮胎磨损问题，还有其他一些影响因素必须考虑。因此在进行四轮定位之前，应检查转向系统和悬架系统的所有零部件，以便能彻底、快捷、准确分析和判断并掌握故障产生的真正原因。

2. 车辆跑偏故障的定位前准备

如果驾驶员所描述的症状和工作人员检查的结果一致，都是车辆跑偏，则在进行定位前首先确定此种跑偏是否由侧滑引起，具体方法如下。

① 如果是子午线胎（真空胎），将左右两个前车轮进行互换对调，然后试车。如果车轮左右对调后跑偏方向朝向对调前的相反方向，可以确定前轮侧滑是影响因素（往往是主要因素）之一。解决的办法有以下两种。

a. 四车轮全面对调，直至找到消除跑偏的组合。

b. 将前轴两车轮中任一车轮的轮胎拆下，翻面 180°后再装上。轮胎翻面后大多数情况下可以大幅度降低侧滑引起的跑偏。如果效果不明显则建议全换新轮胎。

② 如果左右两个前车轮对调后跑偏方向没有改变，则对左右两个后车轮重复上述相同操作。如果后轮对调后跑偏方向仍没有改变，可以确定跑偏不是由侧滑造成的，则必须用四轮定位专用检测仪器进行四轮定位测量以进一步找出跑偏的故障原因。

3. 轮胎检查项目

在进行四轮定位检测之前，应进行轮胎检查，轮胎检查项目见表 4-5。表 4-5 中的检查项目间接反映出车轮定位状态，在进行车轮定位之前一定要对每个车轮认真检查。

表 4-5　轮胎检查项目

标记	检查项目	标记	检查项目
□	是否新轮胎	□	是否中央磨损
□	是否均匀磨损	□	是否块状磨损
□	是否内缘磨损	□	是否损坏
□	是否外缘磨损	□	备用轮胎状况
□	是否双缘磨损		

4. 制动系统检查项目

在进行四轮定位检测之前，应进行制动系统检查，制动系统检查项目见表 4-6。

一般来讲，表 4-6 中的项目属于汽车保养范畴。车轮定位作为汽车维修服务工作有一整套的检查项目，一个完整的车轮定位服务工作应考虑到表 4-6 中这些项目。另外，表 4-6 中的项目因车型配置不同而异。

表 4-6　制动系统检查项目

标记	检查项目	标记	检查项目
□	检查制动液	□	制动片
□	制动液状态	□	车轮制动分泵
□	制动感觉	□	制动鼓
□	制动泵测试	□	制动蹄
□	电源调压器	□	制动部件
□	复合阀	□	制动系统管路
□	驻车制动器	□	制动软管
□	驻车制动器拉索	□	防滑型制动系统
□	制动夹	□	制动液不足警告
□	制动盘	□	制动灯

5. 发动机室内检查项目

在进行四轮定位检测之前，要进行发动机室内检查，发动机室内检查项目见表 4-7。

表 4-7　发动机室内检查项目

标记	检查项目	标记	检查项目
□	冷却液	□	风窗玻璃清洗液
□	冷却液回收系统	□	真空管路
□	冷却液循环软管	□	PCV 阀
□	传动带	□	油压
□	机油注满程度	□	冷却液温度
□	转向油注满程度	□	制动液不足警告
□	转向油循环软管	□	空气滤清器
□	制动液注满程度	□	空调控制系统
□	制动液品质	□	发动机阻尼器/传动带

一般来讲，表 4-7 中的项目属于汽车保养范畴。车轮定位作为汽车维修服务工作有一整套的检查项目，一个完整的车轮定位服务工作应考虑到表 4-7 中的这些项目。另外，表 4-7 中的项目因车型配置不同而异。

6. 底盘检查项目

在进行四轮定位检测之前，应进行底盘检查，底盘检查项目见表4-8。

表4-8 底盘检查项目

标记	检查项目	标记	检查项目
□	液体泄漏	□	夹紧/焊接
□	排气集合管	□	CV联结/保护罩
□	排气管紧固件	□	万向节
□	排气垫片	□	中心支撑轴承
□	排气管	□	发动机支架
□	防热罩	□	变速器支架
□	催化转化器	□	弹簧底座螺栓
□	消声器	□	减振器
□	挂钩	□	振动阻尼器

7. 人性化检查项目

在进行四轮定位检测之前，还应进行人性化检查，人性化检查项目见表4-9。

表4-9 人性化检查项目

标记	检查项目	标记	检查项目
□	医药急救包	□	反光镜
□	灭火器	□	风窗玻璃/车窗
□	示警反光镜	□	风窗玻璃刮水器
□	手电筒	□	前照灯/驻车灯
□	备用熔丝	□	转向灯/警告灯
□	启动电缆	□	倒车警告灯
□	拖车绳	□	仪表板照明灯
□	备用千斤顶	□	发动机舱盖/车门是否关紧
□	座椅安全带状况	□	蜂鸣器
□	座椅安全带操作		

四、车轮定位测量

随着汽车工业的飞速发展，四轮定位检测仪的发展也很快，各厂家生产的四轮定位仪的测量方法和操作步骤不尽相同，没有一个统一的模式，但操作流程是基本相同的。

① 选取适当的正确车型。

② 进行轮圈补偿或滚动测量。

a. 对于以重力为基准的定位仪（车轮夹具上装有测量传感器，内有倾角传感器），必须做轮圈补偿（ROC）。在目前的工作实践中，轮圈补偿是十分重要的一环，但有些服务商往往省略了这个比较关键的步骤。忠劝一句，在省略这一步骤时应非常小心。首先必须确认车辆轮圈的状况良好，其次必须仔细检查并确认传感器夹具完全安装到位，否则忽略轮圈补偿可能会造成0.1°～0.2°的误差，在某些场合下这是一个很大的误差。必要时做前轮转测。

b. 对于三维成像定位仪，需要前后移动车辆做滚动测量，必要时做前轮转测。

③ 读取定位数据。

④ 主要定位角度调整。应先调整后轮，再调整前轮。对于后轮，应先调整车轮外倾角，后调整前束角；对于前轮，应先调整主销后倾角，后调整车轮外倾角，再调整前束角。

⑤ 打印定位测试及调整结果。

五、汽车定位故障快速诊断

四轮定位的技术参数主要由主销后倾角、主销内倾角、车轮外倾角和前束角四项内容组成。但在轿车常规的数据修正与调整中，常以主销后倾、车轮外倾与前束角作为主要的调整对象。

事实上，四轮定位故障并不一定均由上述参数的变化而引起，车身、转向制动与悬架系统的某些组件的故障也有可能产生某些相同的故障现象。

因四轮定位参数变化而引起的可能故障现象，其对应关系见表 4-10。

表 4-10　四轮定位参数与可能的故障现象对照

四轮定位参数变化		可能的故障现象
后倾角	太大	转向时方向盘太重
	太小	直线行驶时方向盘摇摆不定、转向后方向盘不能自动归正
	不等	车辆往较小后倾角的一侧跑偏
外倾角	太大	轮胎外侧磨损、悬架零件磨损
	太小	轮胎内侧磨损、悬架零件磨损
	不等	车辆往较大外倾角的一侧跑偏
前束角	太大	轮胎外侧羽毛状磨损、轮胎内侧快速磨损、转向盘漂浮不定
	太小	轮胎内侧羽毛状磨损、轮胎外侧快速磨损、转向盘漂浮不定

在车辆正常使用的条件下，因四轮定位参数的漂移和由此引发的故障现象是基本能够对应的，这也是维修人员对路试后的车辆进行快速诊断的方法之一。四轮定位故障现象与可能的故障部位及原因对照，见表 4-11。

表 4-11　四轮定位故障现象与可能的故障部位及原因对照

故障现象	可能的故障部位或原因
方向盘太重	后倾角过大、轮胎气压不足、转向系统故障或麦弗逊式减振器故障
方向盘发抖	轮胎动平衡不良、轮胎或轮毂变形、车轮轴承松旷、制动盘磨损或变形、轮胎气压不足
方向盘不正	前束不良或转向系统故障
偏向行驶	车身两侧高度不等、两侧后倾角或外倾角差异过大、转向系统故障或制动分泵回位不良、左右轮胎规格差异或气压不等、减振器故障
轮胎单侧磨损	外倾角不良或前束不良
轮胎块状磨损	轮胎动平衡不良或后轮前束不良
轮胎羽毛状磨损	前束不良
轮胎波状磨损	轮胎动平衡不良或后轮前束不良

第二节　车轮定位参数的专项调整

一、同时调整后倾角和外倾角

对于有些车辆，如果需要同时调整外倾角和后倾角，需要先调整后倾角再调整外倾角。以控制臂来调整外倾角和后倾角时，一般使用“经验法”，见图 4-3 和表 4-12，可根据垫片规格表来调整后倾角和外倾角，也就是说在一个控制臂的末端改变 3.175mm 垫片，将会改变外倾角 0.5°和后倾角 1°，如果在前后控制臂上同时增加或减少 3.175mm 的垫片，将会改变外倾角 0.5°；同样，一端加 3.175mm 垫片，另一端减少 3.175mm 垫片，将改变后倾角 2°。

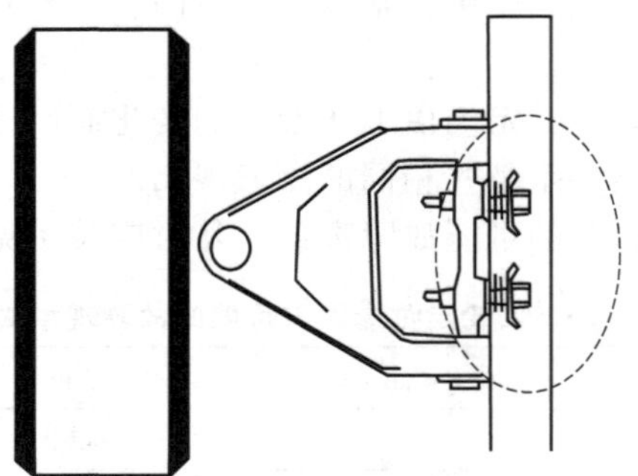

图 4-3　同时调整后倾角和外倾角

表 4-12　垫片规格表

垫片尺寸/mm	外倾角变化/(°)	后倾角变化/(°)
3.175	0.5	1
1.59	0.25	0.5
0.8	0.125	0.25
0.4	0.0625	—

调整时根据实际情况而定，看是单独调整一个角度还是同时调整外倾角和后倾角。这种“经验法”只是非常接近实际的调整数值，这种调整根据控制臂的大小和形状而定。实际上这种方法存在 40%的误差，换而言之，调整的正确性只有 60%。

1. 只改变外倾角而不改变后倾角

如果只改变外倾角而不改变后倾角，则在控制臂的前、后端同时加或减垫片即可，见图 4-4 和表 4-13。

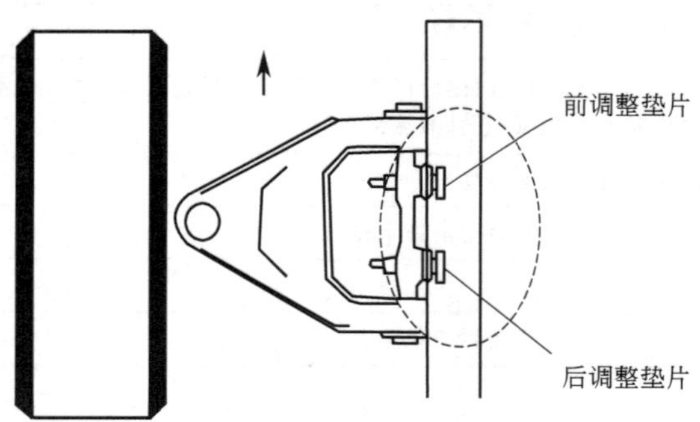

图 4-4　只改变外倾角而不改变后倾角

表 4-13　只改变外倾角时垫片使用表

项目	外倾角	后倾角
测量结果	0.5°	3.5°
标准值	0°	3.5°

续表

项目		外倾角	后倾角
变化量		－0.5°	0°
垫片规格		3.175mm	0
垫片组合及加装位置(图 4-4)	前:减 3.175mm(＝外倾角＋后倾角)	减 3.175mm	0
	后:减 3.175mm(＝外倾角＋后倾角)	减 3.175mm	0

2. 只调整后倾角

如果只调整后倾角，将改变垫片尺寸，将其平均分成两份，一份加在一端，另一端取下相同的数量，见表 4-14。

表 4-14　只调整后倾角时垫片使用情况

项目		外倾角	后倾角
测量结果		0.5°	3.5°
标准值		0.5°	2.5°
变化量		0	－1°
垫片规格		0	3.175mm
垫片组合及加装位置(图 4-4)	前:减 1.59mm(＝外倾角＋后倾角)	0	减 1.59mm
	后:加 1.59mm(＝外倾角＋后倾角)	0	加 1.59mm

3. 外倾角和内倾角一起调整

如果外倾角和内倾角一起调整，那么增加或减少垫片数量是调整前后垫片之和。后倾角和外倾角一起调整时垫片使用情况，见表 4-15。

表 4-15　外倾角和内倾角一起调整时垫片使用情况

项目		外倾角	后倾角
测量结果		0.5°	3.5°
标准值		0	2.5°
变化量		－0.5°	－1°
垫片规格		3.175mm	3.175mm
垫片组合及加装位置(图 4-4)	前:减 4.76mm(＝外倾角＋后倾角)	减 3.175mm	减 1.59mm
	后:减 1.59mm(＝外倾角＋后倾角)	减 3.175mm	加 1.59mm

二、前驱发动机托架定位不良

多数前轮驱动车辆设计有发动机托架（如奥迪 A6、帕萨特 B5），发动机托架也用作悬架系统下支点的连接点，如图 4-5 所示。对于汽车制造商而言，这些组合设计成本更高，因为要将驱动系统和前悬架系统完全组成一体。该总成用螺栓固定在副车架上，与车辆底盘结为一体。该总成必须与副车架正确定位，以确保前轮定位可调整。

仔细观察该总成，我们会发现下控制臂的内侧支点是以螺栓连接在托架总成上的。控制臂通过下球节连接到轮轴上。滑柱或上支点连接到轮轴上端，再通过安装在上减振塔上的上滑柱连接到上车身，组成悬架转向轴。

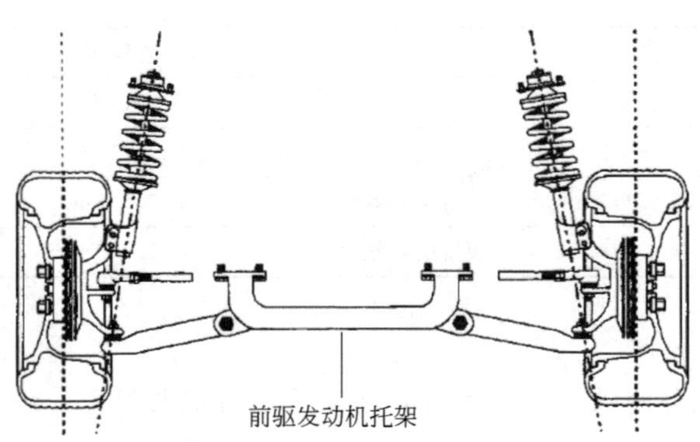

图 4-5 前驱发动机托架

下控制臂支点是托架的一部分，可在副车架下移动，上支点牢固地安装在上滑柱塔上，托架与副车架间的定位关乎车轮定位。如果托架边到边的定位有误，外倾角和主销内倾角会受到影响。如果托架前后移动，主销后倾角会定位不良。具体来讲，如果托架被改变，托架移向主销内倾角增加、外倾角减小的一侧；在相对一侧，主销内倾角将减小，外倾角增大，如图 4-6 所示。

注意：在进行任何其他定位校正之前，托架必须被定位。

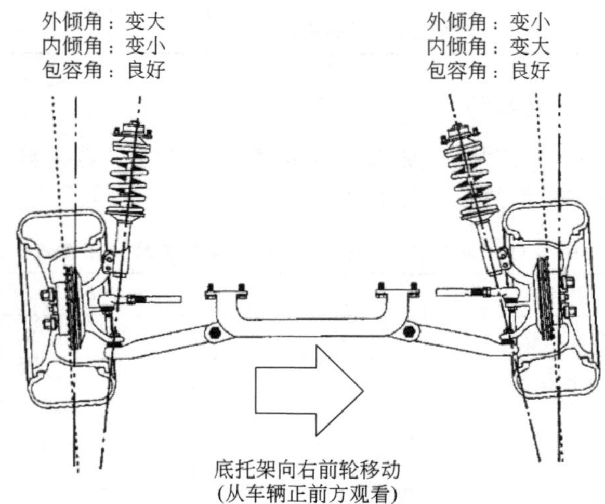

图 4-6 前驱发动机托架调整

三、VAG 前束曲线调整

VAG 前束曲线调整主要针对帕萨特 B5、奥迪 A6、奥迪 A4 等具有四连杆构造的前悬架系统的车辆。

1. 前束曲线

前束曲线，亦称前束恒定值 S，其定义如图 4-7 所示。前束曲线是由以下两个因素确定的。

① 在初始位置 B_1 上测量得到。

② 相对于初始位置 B_1 而言，在车辆上升 60mm 后的位置 B_2 上测量得到的前束值 C_2。

C_1 和 C_2 之间的前束差被称为前束恒定值 S。

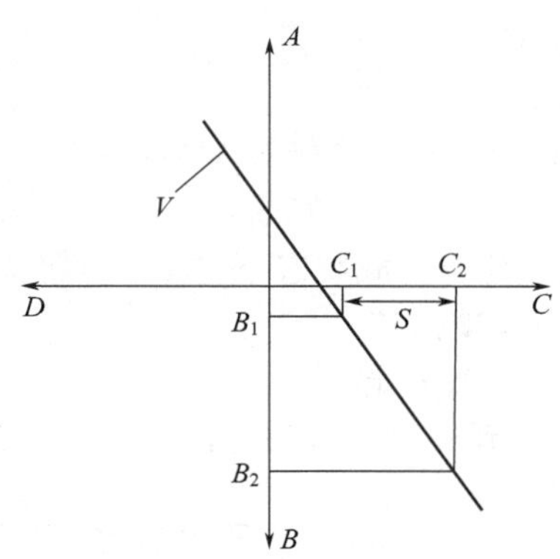

图 4-7　前束恒定值 S 的定义

A—弹簧压缩；B—前悬架弹簧伸长；B_1—初始位置（具有运动底盘的汽车在此状态上再伸长 30mm）；B_2—汽车相对于状态 B_1，车辆悬架弹簧伸长 60mm；C—前束；C_1—在状态 B_1 测得的前束值；C_2—在状态 B_2 测得的前束值；D—负前束；V—前束曲线；S—前束恒定值

2. 做 S 点调整原因

涉及 S 点调整的车型（图 4-8），其前悬架系统具有一个类似于平行四边形的机构（从车正前方看）。这样的设计是为了使车辆在行进过程中车轮与路面始终处于正直位置（前束为零，外倾角为零），以减小轮胎磨损。考虑到车辆在制动时的安全性，车辆的制动距离要在安全范围内，这样在制动时前轮前束角不能为零。这类车型的上控制臂在设计上分解为前后一短一长两个臂，当车辆制动时由于负加速度作用，车身借助惯性向前向下俯冲，这时由于受长短控制臂的约束，前轮会形成一个变化的前束角，制动加速度绝对值越大，前轮前束变化量越大，车辆制动效果越好。但这同时会带来另一个问题，那就是左前轮和右前轮前束变化量是否同步？如果前束变化量不同步，会造成两个前轮前束变化不对称，致使车辆出现跑偏，尤其车辆在高速行驶时制动跑偏量会更大，这会带来严重的安全问题。

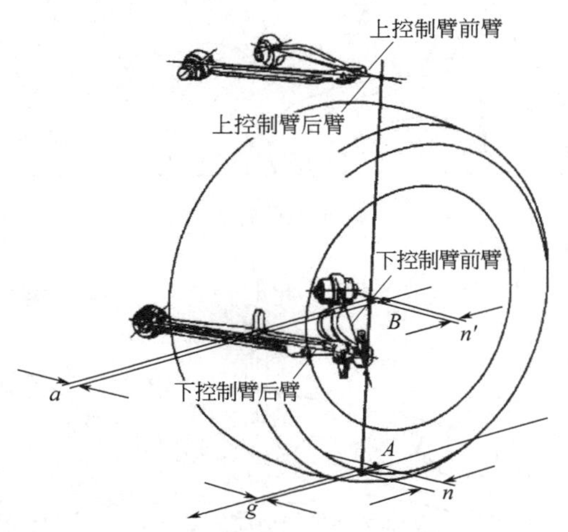

图 4-8　具有 S 点悬架的构造

为杜绝这一安全问题，经专业的四轮定位仪检测后，通过调整转向拉杆与转向臂连接处螺栓（轨距杆，即 S 点）的长度，使左前轮和右前轮前束变化量同步。

3. 做 S 点调整的情况

仅在以下情况下需要做 S 点调整。

① 前桥零件和（或）底盘明显损坏。

② 在制动和（或）在不平路面上行驶时，行驶方向不稳定。

③ 转向臂和轨距杆之间的连接已松动。

4. 调整步骤

使用传统定位仪进行检测调整。

（1）标准底盘汽车弹簧伸长

① 插入测量定位架 VAG1925 连同定高接头 VAG1925/4，并使两者的螺纹尽量拧到底。

② 使它们在副车架的前螺栓（图 4-9）就位。

③ 这时汽车仍未升高，汽车处于空载状态下的 B_1 初始位置。

（2）运动型底盘汽车前悬架弹簧伸长

① 安放二次举升器并将汽车前部抬起。

② 将接长杆 VAG61925/6 放到测量定位的定高接头 VAG61925/4 上，如图 4-10 所示。

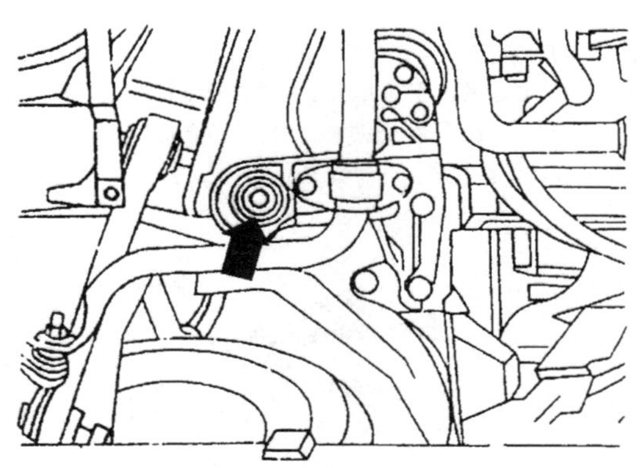

图 4-9　副车架前螺栓的位置

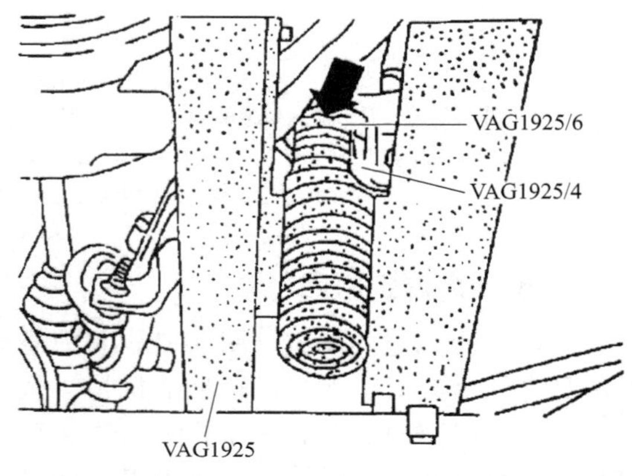

图 4-10　安装定高接头

③ 将汽车放下，此时汽车处于运动型底盘空载状态下的 B_1 初始位置。

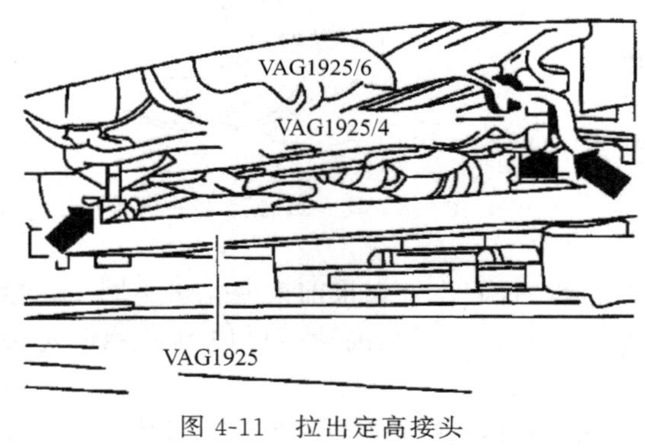

图 4-11　拉出定高接头

④ 在前桥下部旋转气动举升器将车辆前部升起，使车辆悬架弹簧伸长 60mm。

⑤ 从螺杆中拉出定高接头，如图 4-11 所示。

⑥ 汽车放到间距样板上，现在汽车处于 B_2 位置。

⑦ 通过车轮定位仪测左右轮前束恒定值（实际值）。

⑧ 若恒定值在公差范围外，则进行调整。

5. 定位调整对照

VAG 定位调整对照见表 4-16。

表 4-16　VAG 定位调整对照

部件		是否要求定位调整	是否要求调整前束恒定值
前桥部件	上部后控制臂	否	否
	上部前控制臂	是	是
	带液压衬套的导向臂	否	否

续表

部件		是否要求定位调整	是否要求调整前束恒定值
前桥部件	减振支柱	否	否
	下部控制臂	否	否
	支座	是	是
	车轮轴承壳体	是	是
	转向横拉杆	是	是
	转向器	是	是
	副车架	是	是
	横向稳定杆	否	—
后桥部件	减振器	否	—
	螺旋弹簧	否	—
	横向稳定杆	否	—
	上控制臂	是	—
	下控制臂	是	—
	车轮轴承壳体	是	—
	转向横拉杆	是	—
	副车架	是	—
	扭力梁总成	是	—

6. 车轮定位检测条件

① 独立悬架、车轮轴承、转向机构和转向杆系统间隙正常且无损。

② 同一车上的轮胎花纹深度差不超过 2mm。

③ 轮胎充气压力达到规定值。

④ 车在空载状态，但油箱已加满油，且备胎和工具已装到相应位置。挡风玻璃/前照灯清洗液罐已加满水。

⑤ 对于底盘可自动水平调节的车辆（IBG），测量前先打开点火开关，等到测量高度调节过程终止。

⑥ 检测过程中应注意：滑动台座和转盘不可处于止点位置。

7. 底盘识别

底盘有多种可供选择，可以从底盘代号来识别其型号，见表 4-17。

表 4-17　VAG 底盘识别

底盘代号	识别	底盘代号	识别
IBA	标准底盘	IBG	带水平调节装置的底盘
IBB	恶劣路面底盘 2(高度可调整约 20mm)	IBJ	带轻装甲的底盘
IBC	专用车(防火车、急诊车、警车等)	IBP	恶劣路面底盘 1(整备质量与 IBA 相同)
IBE	赛车底盘	IBT	恶劣路面底盘 1+轻护板 (高度可调整约 7mm)

8. 检测准备

① 安装制动踏板固定器，如图 4-12 所示。

② 根据底盘型号选择相应的专用工具，见表 4-18。

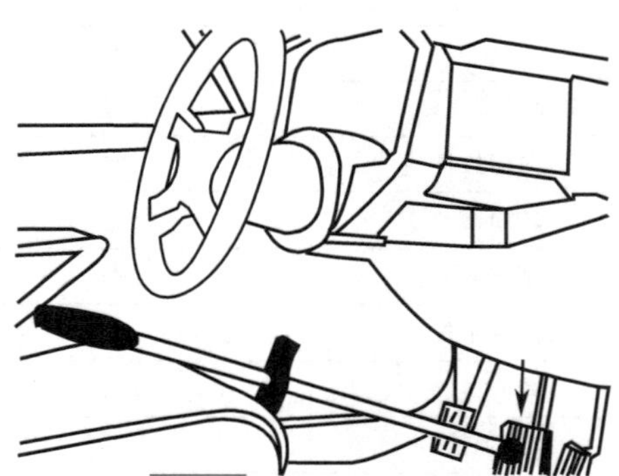

图 4-12 安装制动踏板固定器

表 4-18 专用工具使用

底盘代号	专用工具	底盘代号	专用工具
IBA	VAG1925、VAG1925/4	IBG	VAG1925、VAG1925/4
IBB	VAG1925、VAG1925/4、VAG1925/6	IBJ	VAG1925、VAG1925/4
IBC	VAG1925、VAG1925/4、VAG1925/6	IBP	VAG1925、VAG1925/4
IBE	VAG1925、VAG1925/4	IBT	VAG1925、VAG1925/4

第三节 VAG1995K 的操作过程和使用

百斯巴特 VAG1995K 型四轮定位仪属于 TECH-8 型定位仪。TECH-8 型定位仪所测量的数据经由与传感器相连接的通信电缆传输到计算机进行处理。如果在打开定位仪包装后立刻开始测试定位仪传感器的话，应确保各传感器之间至少相距 1.5m（图 4-13）。如图 4-14 所示，VAG1995K 的 4 个传感器使用 8 个 CCD 镜头，共 8 束光线形成封闭的测量场，既可以实现车轮角度的精确测量，又可以实现车身角度的测量。

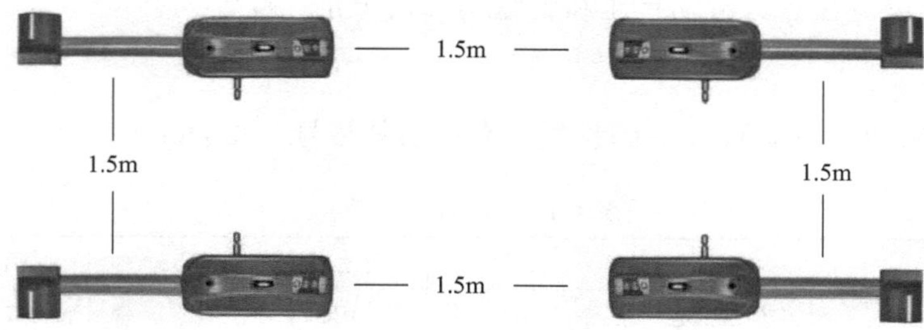

图 4-13 VAG1995K 型四轮定位仪各传感器之间不少于相距 1.5m

应注意的是，四轮定位只能解决车轮角度的问题。如果车身偏斜太大，即使车轮调整合格，仍然有可能存在跑偏和“吃胎”的现象。所以如果车身偏移过大，应先做大梁矫正，再做四轮定位。

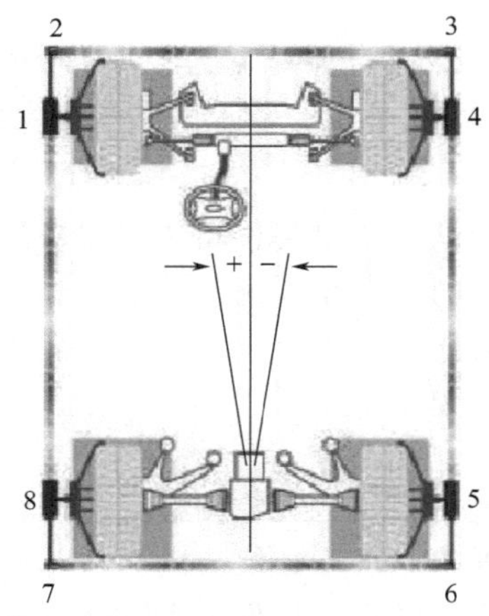

图 4-14　四轮定位仪的 8 个 CCD 镜头

一、定位原理的注意事项

车辆的几何轴线是车辆的实际推力线，它是车辆后轴前束的角平分线。车辆后轴变形以及后轴前束发生变化，都会使推力线方向发生变化。驱动角是由后轴的前束、横向偏位和轴偏位产生，调整时应先调整后轴，再调整前轴。前轴前束是根据后轴前束形成的几何轴线进行调整的。

1. 配合定位的专用举升机的工位布置

如图 4-15 所示，举升机前方至少保留 0.5m 的安全距离，举升机左右两侧至少保留 0.5m 的安全距离。四轮定位的工位地面应非常水平，四个立柱或举升机底座所在地面的水平高度误差应在 1cm 之内。

2. 配合定位的专用举升机的水平调整

定位时，车辆的水平非常重要。如图 4-16 所示，在检测和调整时，应将载车平台锁在锁孔中，以保证定位的准确性。举升机的水平不够准确将给测量带来误差，仅 2mm 左右的偏差就能产生 6°18′的外倾角误差和 0°96′的前束误差。

图 4-15　举升机工位布置

图 4-16　车辆的水平布置

应使用专用水准仪检查举升机的水平，而不是水平尺或水管举升机水平要求：左右误差小于 1mm，对角线和前后误差小于 2mm。

二、检测和定位的步骤

1. 定位检测的前提条件

① 已检查车轮悬架、车轮轴承、转向装置和转向拉杆是否有不允许的间隙及损坏。

② 同一车轴上轮胎花纹深度的最大允许偏差是 2mm。

③ 规定的标准轮胎充气压力。

④ 汽车空载。

⑤ 油箱必须装满。

⑥ 备用车轮和随车工具在汽车相应的安装位置上。

⑦ 车窗玻璃和大灯清洗装置的储水箱必须装满。

⑧ 在测量过程中不允许有活动底座和转盘位于极限位置。

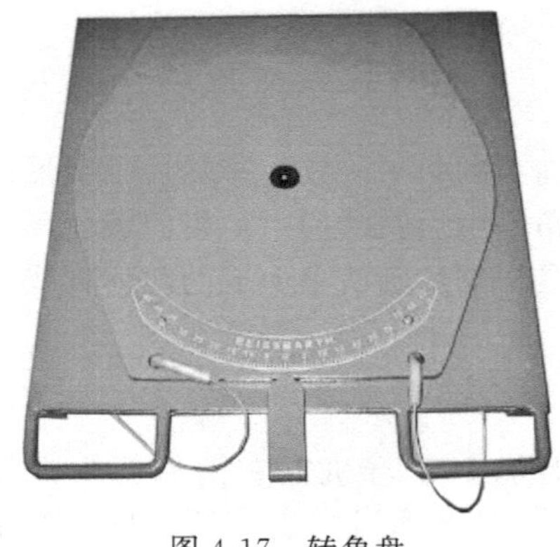

图 4-17　转角盘

2. 定位前的准备工作

① 在车辆开上举升机之前，先检查转角盘的销子是否销好，其目的是防止损坏转角盘内的传感器，防止车身滑动。

② 应尽量将车辆停在转角盘（图 4-17）和后滑板的中心，其目的是防止前轮 20°转向测量时对转向机构有附加阻力。

③ 将车辆在举升机上停正后，先检查一下胎压是否正常，胎压不正确会使车身倾斜。

注意：车辆驶上时，应保证转角盘和后滑板的销子都销到位，当车辆在转角盘和后滑板上停好之后，才可拔下销子。

④ 安装卡具。卡具的安装如图 4-18 所示，将车轮装饰盖卸下，如需要，清洁轮胎卡紧衬套。依照轮胎所标记的尺寸，调节两个较低位置的卡爪，将其卡在轮圈边缘，移动顶部的卡爪到轮圈边缘并用星形手柄锁紧，将可调整的夹紧臂放在轮胎上，用力向车轮方向压下两侧夹紧用的杠杆，把夹紧臂移到胎纹中，在松开夹紧臂之前确信两端都已调好。

对于前轮，当夹紧臂安装好之后，应将夹紧用的杠杆取出（因为在车轮转向过程中，此杆可能碰撞到翼子板）。夹紧臂要钩住轮胎的同一胎纹内。其目的是防止卡具带来测量误差。

图 4-18　卡具的安装

安装卡具时需要将卡头臂黄色标签上的最长刻度对准相应的钢圈尺寸。

⑤ 取下转角盘和后滑板的固定销钉，按压震动前后车身，使前后悬挂系统复位，其目的是测量时能得到车辆悬挂的真实值。

⑥ 将举升机升到最低锁孔位置（或调车位置），保证工作面的水平，传感器在水平不同的平面会测出的数值不同。应在水平面上检测车辆。

⑦ 进入检测程序操作：输入客户信息（图 4-19）；输入和调整车辆；输入维修站信息。其中深色背景的栏目应完全输入，用于档案存储时的检索和查找。

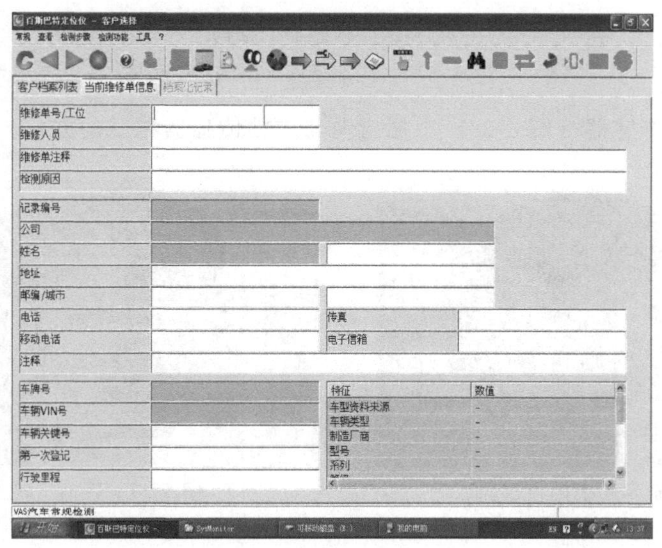

图 4-19　客户信息的填写

⑧ 选择与定位匹配的车型数据（图 4-20）。

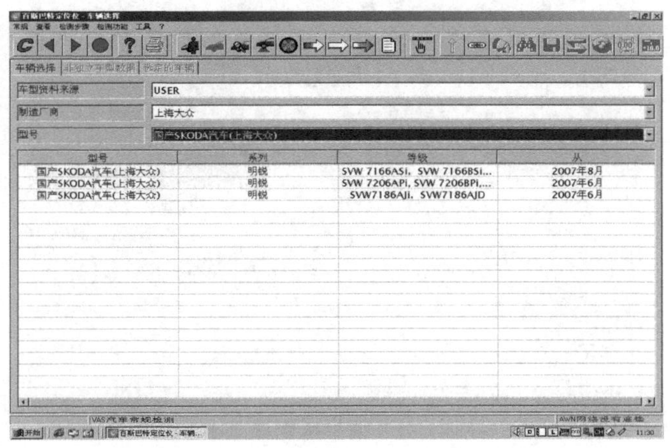

图 4-20　选择与定位匹配的车型数据

3. 传感器的安装

传感器的结构如图 4-21 所示，为了减小传感器定位销与卡具安装孔之间的摩擦，以保证测量的精度，需要经常用稀的润滑油润滑传感器定位销。**注意：不能用黄油润滑！**

（1）把 4 个传感器安装到卡具上　前轴车轮上的传感器（图 4-22）小端指向车头前进方

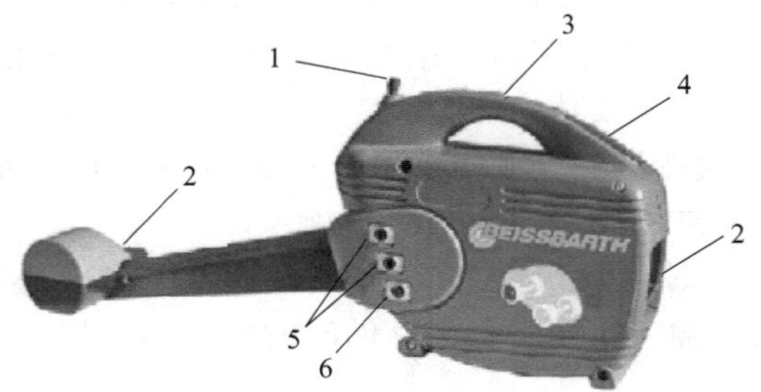

图 4-21 传感器的结构

1—天线；2—CCD 镜头；3—水平气泡；4—小键盘；5—通信电缆插口；6—转角盘电缆插口

向，后轴车轮上的传感器（图 4-23）小端指向与前轴传感器相反的方向。

图 4-22 前轴车轮上的传感器

图 4-23 后轴车轮上的传感器

（2）调整传感器水平　依照水平气泡指示调整传感器水平，并拧紧卡具上的固定螺钉（如图 4-24 中箭头所示）。传感器上粘贴的图标指示出传感器的安装位置，如图 4-25 所示。

图 4-24 调整传感器水平

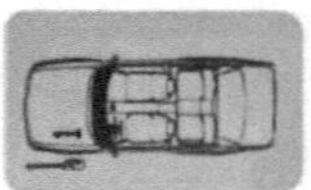
(a) 左前轮

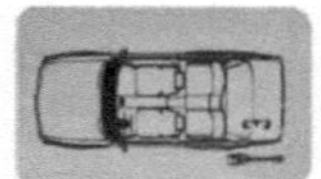
(b) 左后轮

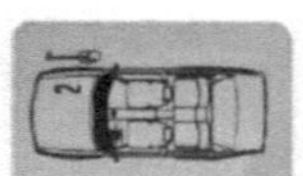
(c) 右前轮

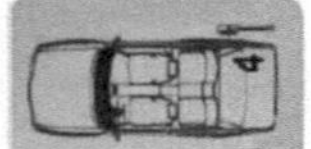
(d) 右后轮

图 4-25 不同安装位置的传感器

(3) 连接通信电缆　如图 4-26 所示，两根长通信电缆（6.5m）用来连接两个前部传感器（1 号和 2 号传感器）到定位仪主机。稍短些的两根通信电缆（4.5m）用来连接前后传感器（图 4-27）。

图 4-26　前部传感器与四轮定位仪的连接

图 4-27　前后传感器的连接

(4) 检查激活传感器　检查 4 个传感器连线是否连接牢靠，然后连接 220V 电源到定位仪。分别按下 4 个传感器上的“R”键以激活传感器（图 4-28）。

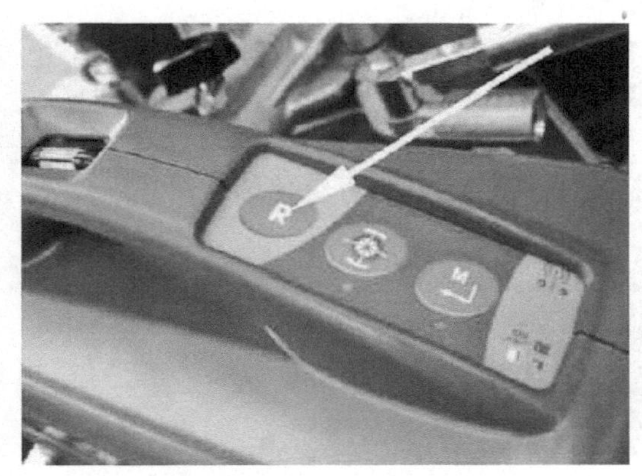

图 4-28　按下“R”键以激活传感器

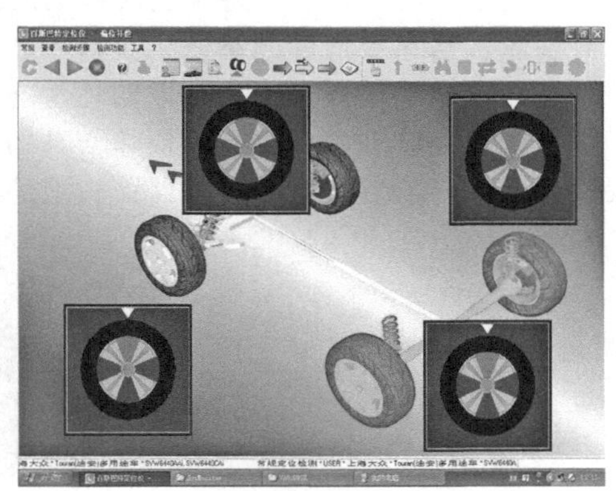

图 4-29　钢圈偏位补偿的操作（一）

4. 偏位补偿

如图 4-29 和图 4-30 所示，只有完成钢圈偏位补偿的操作才能保证定位测量的精度！如果使用的是快速卡具，则只在下列情况下才需要进行钢圈偏位补偿的操作。

① 钢圈存在较明显的失圆或装卡不到位。

② 卡具的卡爪存在磨损的情况。

③ 特殊钢圈，例如边缘呈弧形凸起表面或无沿钢圈，需要配合使用卡爪套管装卡的情况。

(1) 偏位补偿的准备工作

① 拉紧车辆手刹，然后用二次举升器举升

图 4-30　钢圈偏位补偿的操作（二）

车辆前轴，使前轮高出检测平台约 6cm。转动方向盘使车辆大致处于正前方，打直方向盘。在偏位补偿过程中请勿转动方向盘。

② 松开卡具上用来固定传感器销的紧固螺栓，使传感器能自由转动。在偏位补偿过程中，请保持传感器处于大致水平的状态。

（2）做偏位补偿时的车辆举升顺序

① 如果使用的是四柱举升机，操作步骤如下。

a. 将配有自动变速箱的车辆挂 P 挡或将配有手动变速箱的车辆挂 1 挡，松开手刹。

b. 使用二次举升机将车辆后轴抬高至车轮悬空离地 6mm 左右。

c. 按步骤完成后轴两轮的偏位补偿并计算结果。

d. 松开后滑板的销子，放下后轴，车轮充分着地。

e. 拉上手刹，将车挂空挡。使用二次举升机时将前轴抬高悬空，车轮离地 6mm 左右。

f. 按步骤完成前轴两轮的偏位补偿并计算结果。

g. 取下转角盘的固定销子，放下二次举升机，将车轮缓慢落回到转角盘上。

② 如果使用的是剪式举升机，操作步骤如下。

a. 放松手刹，将车放到空挡。

b. 使用小剪将车身举起，四轮悬空至少 6mm。

c. 分别完成前轴和后轴的偏位补偿并计算。

d. 拉上手刹，拔掉转角盘和后滑板上的销子。

e. 放下二次举升机，将车轮缓慢彻底放回到举升机平台上。

注意：当车轮放回到举升机平台后，要上下振动前后悬架几次，保证减振器回位。

（3）偏位补偿操作步骤（以四柱举升机为例）

步骤一：转动左后轮，使快速卡具的三个卡爪之一指向正上方。参照水平气泡把传感器大致调水平，然后按一下传感器面板上的偏位补偿键（图 4-31），等待偏位补偿灯闪亮。

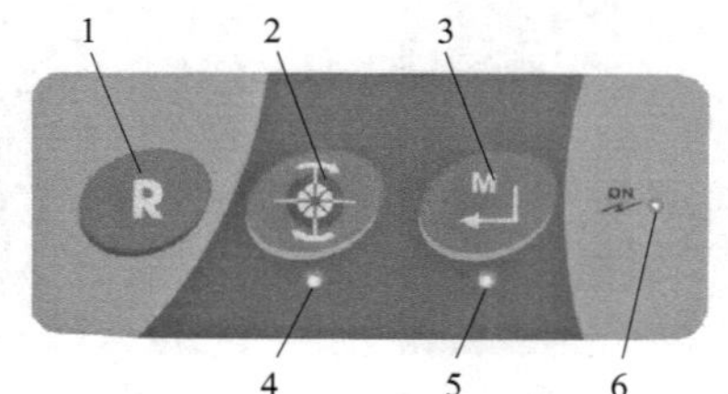

图 4-31　有线传感器操作按键

1—复位激活键；2—钢圈偏位补偿键；3—偏位补偿计算键；4—偏位补偿指示灯；5—计算键指示灯；6—电源指示灯

步骤二：偏位补偿灯熄灭之后，屏幕上的左前轮图标会有一块变为绿色（图 4-32），按照车轮行驶的方向把车轮大致转动 90°。把传感器调成水平状态，再按一下偏位补偿键，等待偏位补偿灯闪亮。

步骤三：偏位补偿灯熄灭之后，屏幕上的车轮图标会有两块变为绿色（图 4-33）。按照车轮行驶的方向把车轮再转动 90°，此时卡具卡爪转过 180°。把传感器调成水平状态，再按一下偏位补偿键，等待偏位补偿灯闪亮。

步骤四：偏位补偿灯熄灭之后，屏幕上的车轮图标会有三块变为绿色。按照车轮行驶的方向把车轮再转动 90°，此时卡具卡爪转过 270°。把传感器调成水平状态，再按一下偏位补偿键，等待偏位补偿灯闪亮。

步骤五：偏位补偿灯熄灭之后，车轮图标圆环上的所有四个部分都变成绿色（图 4-34）。按照车轮行驶的方向把车轮再转动 90°，使卡具卡爪重新回到起始位置，卡爪指向正上方。

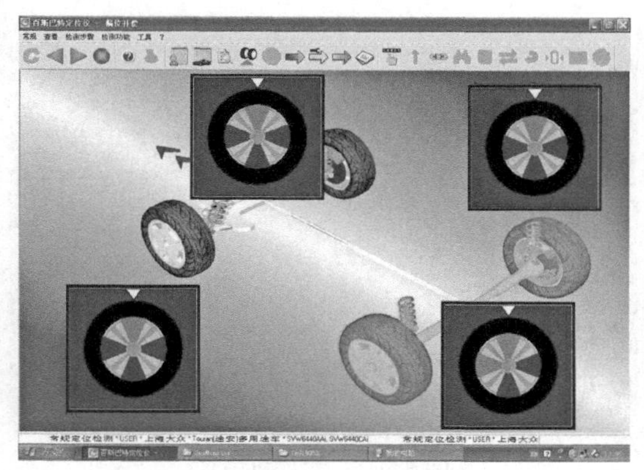

图 4-32　钢圈偏位补偿的操作（三）

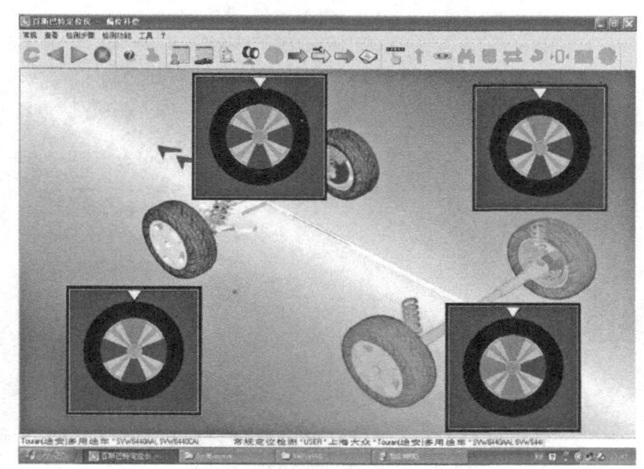

图 4-33　钢圈偏位补偿的操作（四）

步骤六：如图 4-35 所示，把左后传感器调成水平状态，然后拧紧卡具上紧固传感器销的螺栓。按下传感器上的偏位补偿计算键，相应的偏位补偿计算灯会闪亮。

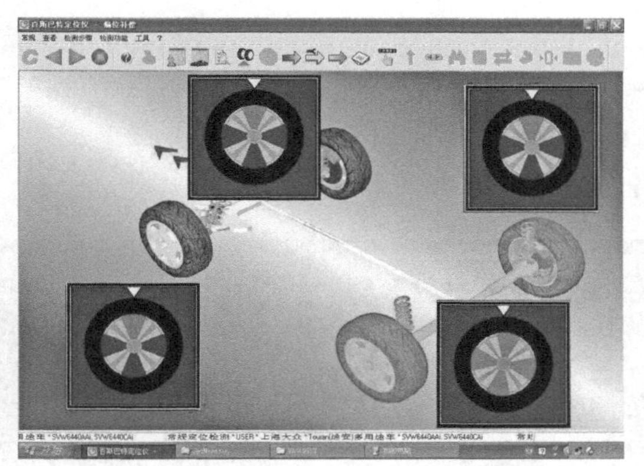

图 4-34　钢圈偏位补偿的操作（五）

图 4-35　钢圈偏位补偿的操作（六）

屏幕上左后轮的图标上会出现偏位补偿的最大数值，并用指针指示出最大偏位补偿量出现的位置。

步骤七：同样的方法，对右后轮做偏位补偿。

步骤八：右后轮偏位补偿完成之后，把左右后轮恢复到按偏位补偿计算键时车轮所处的位置，放下后轴。

步骤九：用二次举升器顶起车辆的前轴，对两前轮进行偏位补偿，操作方法与后轴车轮相同。如图 4-36 所示，四个车轮的偏位补偿数据得到之后，点击屏幕上的“前进”图标进入下一步操作。程序会自动记录此偏位补偿数据用于修正测量，不需要操作员做任何特殊操作。

注意：

① 车轮落回转角盘之后，前轮仍应当保留在按偏位补偿计算键时车轮所处的位置。

② 对于带有差速器的驱动轴，需要将两侧车轮和卡具都还原到初始位置后再按下任意一个补偿计算键完成计算。

如图 4-37 所示，偏位补偿完成后锁上刹车锁，其目的是防止在转向测量时，车轮发生转动引起传感器随之转动，影响主销后倾角和主销内倾角的测量结果。

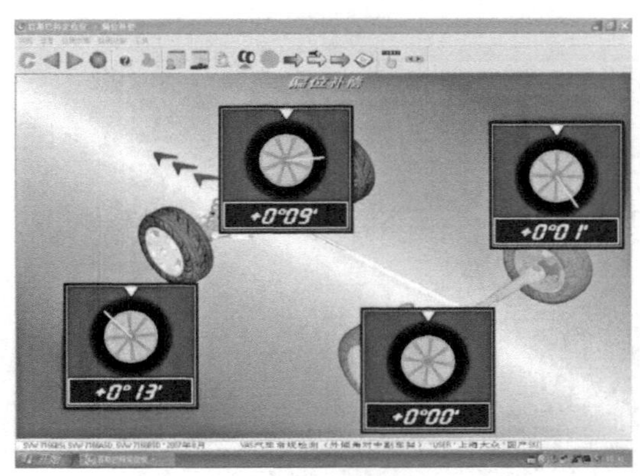

图 4-36　偏位补偿完成

图 4-37　锁上刹车锁

安装刹车锁的方法：按下弯角顶片上的按钮，将制动器锁的顶部顶在刹车踏板上，并将弯角顶片用力顶在座椅上，然后松开按钮，依靠座椅的弹力就可顶住刹车踏板；如果要取下制动器锁，只需按下弯角顶片上的按钮并将弯角顶片向下滑动，就可将制动器锁拿下。

5. 调整前检测

① 再次检查刹车锁是否锁好，以保证后倾角和主销内倾角的准确测量。

② 按图 4-38 所示将方向对中，开始后轮前束的测量，同时测出外倾角。

③ 如果出现水平提示（图 4-39），则调节各个传感器的水平。

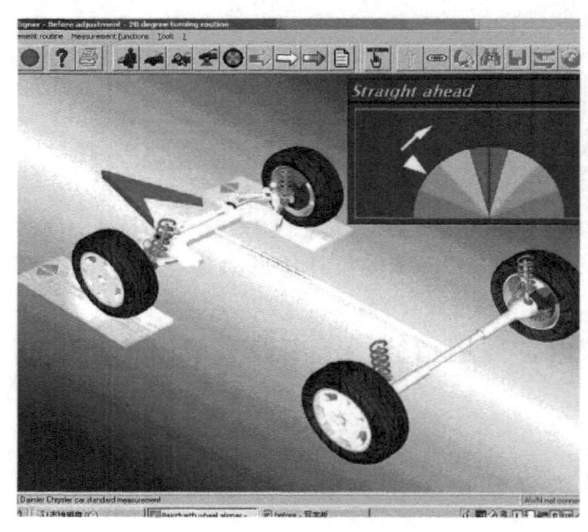

图 4-38　方向对中

图 4-39　水平提示

④ 如图 4-40 所示，分别向右和向左打 20°转角，以屏幕上箭头对中为准。

在测量过程中，请勿压靠车身和举升机，在转向时测出主销内倾角、主销后倾角和转向时负前束等定位参数。转向时，车轮的转动将影响以上测量结果。必须锁好刹车锁。

⑤ 再对中一次出现相等的前束值。

此时两前轮的前束以几何轴线对中，开始前轮前束的测量（图 4-41），同时测出外倾角。按下 F3 功能键或向前箭头进入最大转转角测量。

使用电子转角盘测量最大转角：对中后提示将两个前传感器取下，其目的是防止方向打到尽头时传感器与车身相撞。将转角盘分别连续向右和向左打到尽头，握住，直到箭头跳转。再对中一次显示测量结果。

图 4-40　20°转角测量

图 4-41　前轮前束的测量

如图 4-42 所示，为防止前部传感器臂碰到车辆挡泥板，正前打直方向之后，应把两个前部传感器（1 号和 2 号传感器）从卡具上取下来。最大总转角的测量只与电子转角盘相关。

如图 4-43 所示，当白色箭头处于最右侧时，向左将方向盘打到尽头并保持住方向盘位置以等待测量完成。

图 4-42　取下传感器的提示

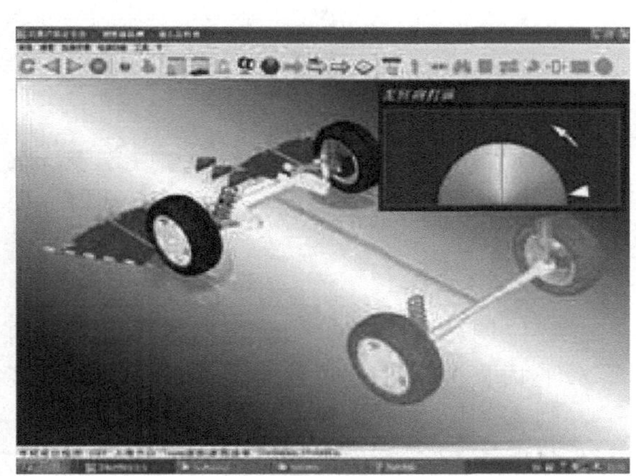

图 4-43　转动方向盘测量（一）

屏幕显示如图 4-44 所示。之后，白色箭头会转到最左侧，再向右将方向盘打到尽头并

图 4-44　转动方向盘测量（二）

保持住方向盘位置以等待测量完成。依照白色箭头提示，将方向盘打到使车轮回到正前打直状态。然后重新把两个前部传感器（1 号和 2 号传感器）装到卡具上。

如图 4-45 所示，屏幕上自动出现调整前检测的检测数据报告。所有测量值都列在“调整前检测”一栏下，在此栏中，绿色结果表示该参数合格，红色结果表示该参数不合格，黑色结果表示该参数无标准数据。“Target Data”一栏是汽车制造厂商所规定的合格数值。中括号之内的数据是合格范围的中心值，中括号左右两边是公差范围。

百斯巴特定位仪 － 调整前检测 － 检测摘要

常规 查看 检测步骤 检测功能 工具 ?

检测报告(表格方式) | 检测报告(图形方式) | 轮胎老化

后轴		调整前检测	Target Data
外倾角	左侧 右侧	-1° 40' -1° 38'	-0° 30' [-1° 10'] +0° 30'
左右外倾角差		-0° 02'	[0° 30']
单独前束	左侧 右侧	+0° 04' +0° 12'	-0° 06' [+0° 05'] +0° 07'
左右前束差		-0° 08'	
总前束		+0° 16'	-0° 12' [+0° 10'] +0° 12'
前轴偏位		-0° 46'	
几何驱动轴线		+0° 04'	
前轴		**调整前检测**	**Target Data**
后倾角 (20度测量)	左侧 右侧	+3° 28' +3° 28'	-0° 30' [+7° 34'] +0° 30'
主销内倾角 (20度测量)	左侧 右侧	+11° 05' +11° 05'	-1° 20' [+14° 50'] +1° 20'
转向前展差	左侧 右侧	-1° 21' -1° 16'	
外倾角	左侧 右侧	-0° 35' -0° 35'	-0° 30' [-0° 30'] +0° 30'
左右外倾角差		+0° 00'	[0° 30']
单独前束	左侧 右侧	+0° 13' -0° 01'	-0° 05' [+0° 05'] +0° 05'
左右前束差		+0° 14'	
总前束		+0° 12'	-0° 10' [+0° 10'] +0° 10'
前轴偏位		-0° 23'	
左转最大总转角	左侧 右侧	+55° 00' +53° 00'	
右转最大总转角	左侧 右侧	+52° 00' +54° 00'	

常规定位检测 "USER" 上海大众 "Touran(途安)多用途车 "SVW6440AAi, SVW6440CAi

图 4-45 检测数据

6. 定位调整

定位调整的第一步是使车辆处于正前打直方向。正前打直方向之后，检查方向盘是否处于水平状态。如果方向盘完全水平，则可直接在此位置下安装方向盘锁；如果方向盘不水平，则需要把方向盘调整到完全水平的状态，然后安装刹车锁。

如图 4-46 所示，按照屏幕上的箭头打正方向盘。将方向盘锁住的目的是保证后轴调整时的中心对称面的准确测量，并防止前轮调整时方向偏转，影响测量结果。

图 4-46 打方向盘的屏幕提示

安装好刹车锁之后，把车辆举升到定位调整的高度。如图 4-47 所示，如果后轴车轮定位数据不合格，则需要调整。若该定位数据是可调整的话，则可在此画面下调整后轮的外倾角和前束，否则按“前进”图标进入下一步。

如图 4-48 所示，程序进入“调整前轴后倾角”画面。如果前轴车轮的后倾角可调整，则可在此画面下调整前轮的后倾角，否则按“前进”图标进入下一步。

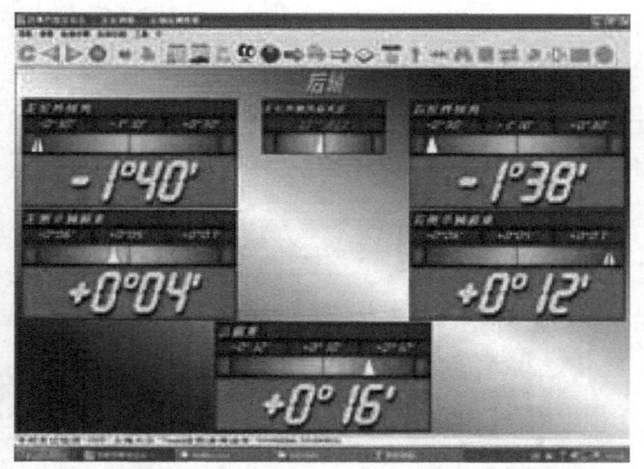

图 4-47　后轴车轮定位数据

图 4-48　调整前轴后倾角

对于单个轴，一般先调整主销后倾角和外倾角（图 4-49），再调整前束角。对于在调整时不需要移动前轴副车架车辆的调整顺序为：调整后轴的外倾角；调整后轴的前束；调整前轴的外倾角；调整前轴的前束。

若调整时需要移动前轴副车架，则车辆的调整顺序为：调整前轴的外倾角；调整后轴的外倾角；调整后轴的前束；调整前轴的前束。

如图 4-50 所示，桑塔纳轿车外倾角的调整需要将车轮举升，在举升前先按 F7 键，然后将车辆举升，出现该画面后进行调整，其目的是消除因加载到减振器的重量变化带来的车轮外倾角变化。

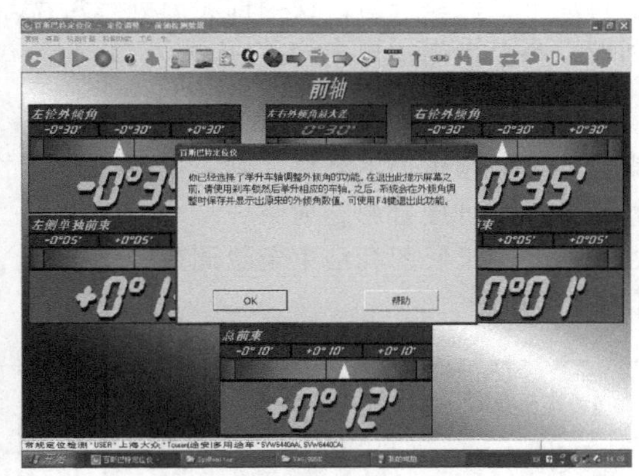

图 4-49　前轴检测数据

图 4-50　举升前轴调整外倾角

7. 前轮外倾角和前束的调整

前轮外倾角和前束的调整顺序是先调整外倾角，再调整前束，因为外倾角的调整会影响前束的数值。车轮外倾角的调整方式一般有两种。

① 举升车辆前轮至悬空，调整外倾角。

② 不必举升车辆前轮就直接调整外倾角。

对于第二种情况，在“前轴”画面下可直接调整外倾角，然后再调整前束。前轴调整画面如图 4-51 所示，在此画面下分别调整前轮的外倾角和前束。如果需要举升车辆前轴来调整外倾角，则可按下列步骤进行操作。

8. “举升调整前轮外倾角”

点击工具栏中的竖直向上的箭头“举升车辆”图标（或按键盘上的 F7 键），则屏幕给出举升车辆提示框，如图 4-52 所示。此时应当用二次举升器把车辆前轴平稳顶起至前轮悬空状态，然后点击提示框中的“OK”图标，屏幕显示出外倾角顶升悬空调整画面。

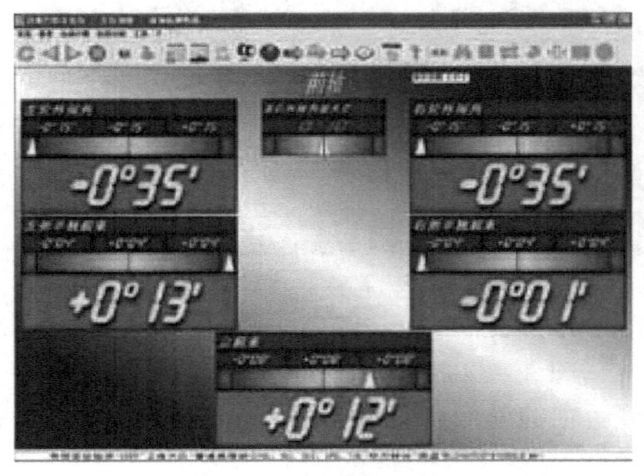

图 4-51 “前轴”画面下可直接调整外倾角

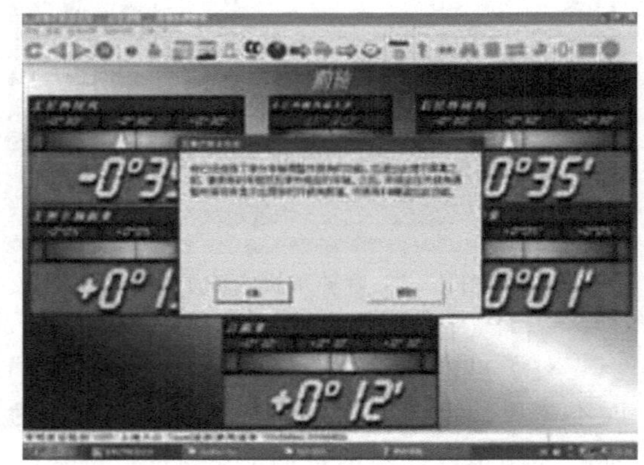

图 4-52 举升车辆提示框

9. “外倾角顶升调整”画面

如图 4-53 所示，在此画面下调整左右两侧的前轮外倾角。当外倾角的数值都达到合格范围之后，点击工具栏中的红色“退出”图标。

此时屏幕显示出结束顶升调整的提示框，这时再放下二次举升器，使两前轮回到转角盘上。然后上下拉动副车架几次，以使车辆前悬架回位。再点击提示框中的“OK”图标。

10. 程序重新返回“前轴检测数据”画面

如果外倾角数值是合格的，则可继续调整前束。如果外倾角仍不合格，则需重新举升前轴调整外倾角，直至外倾角数据合格。外倾角调整结束后，可接着调整前束。

前轴外倾角和前束调整结束之后，点击工具栏中的“退出”图标结束定位调整操作。程序返回“常规调整”画面（图 4-54），接着可进行调整后检测。

图 4-53 “外倾角顶升调整”画面

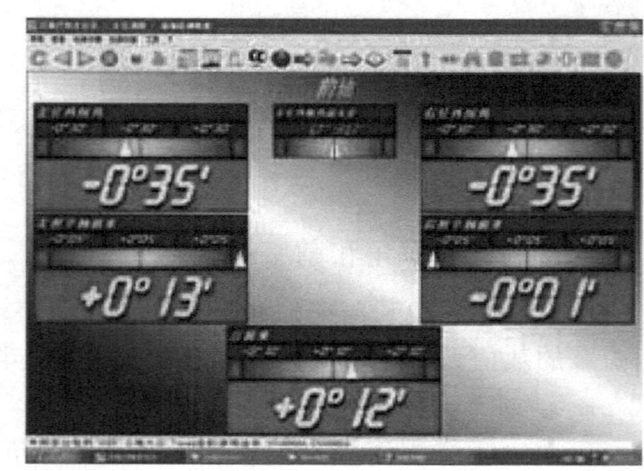

图 4-54 返回“前轴检测数据”画面

三、大众车系的定位

1. 检测过程

(1) 初始位置　车轮定位的初始位置，如图 4-55 所示。

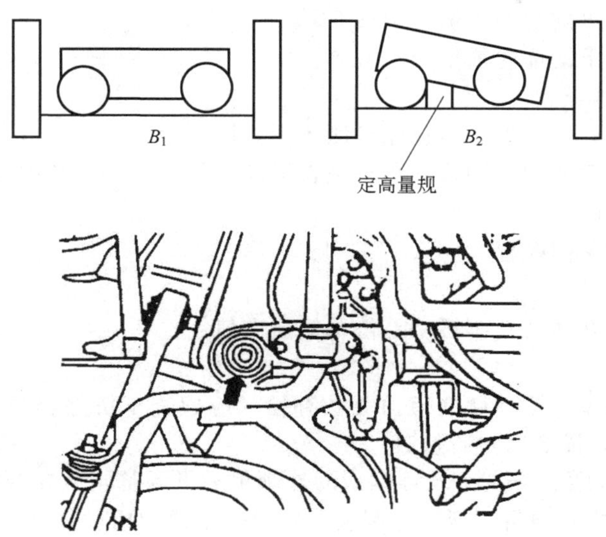

图 4-55　车轮定位初始位置

(2) 奥迪 A6（或帕萨特 B5）的前桥前束曲线由两个因素决定：未举起 60mm 的前束测量值设定为 C_1 和对应的初始位置设定为 B_1（前悬架弹簧处于车辆空载状态下的长度）。

$$B_1=0 \quad E(C_1,0)$$

前悬架弹簧，在 B_1 位置的基础上向上伸长 60mm 后的位置称为 B_2 位置，在 B_2 位置上获得的前束测量值为 C_2。

$$B_2=60\text{mm} \quad F(C_2,60)$$

前束测量值 C_2 减去 C_1 所得的前束值成为前束恒定值 S。

$$S=C_2-C_1$$

(3) 方法

① 装上 VAG1925/3 或 VAG1925/4、VAG192516、VAG1925，将螺纹杆拧出到与副车架的前部螺栓（图 4-55 中箭头所示）接触位置，这时车辆就处于初始位置。

② 在此位置检测车轮定位，看一下每个车轮的前束值是否与规定值相等。如果需要，可调节转向横拉杆长度来调整前束。

③ 将车举起。进行下一步时，应该保证抬起车辆，车轮仍与转台接触。将车桥千斤顶安装到前举升点处，并举起进行测量，车辆举高 60mm，拉出螺纹杆内的套筒并用锁销固定，保证锁销（箭头所指）正确位置，如图 4-56 所示。

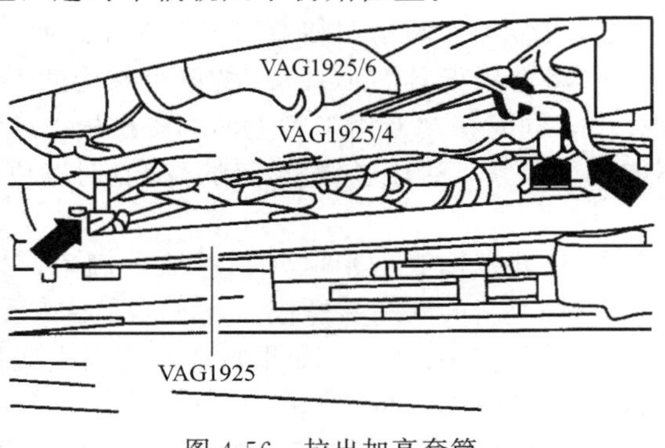

图 4-56　拉出加高套筒

④ 将车放到 VAG1925 上。

2. 车辆定位操作

(1) 顺序

① 检测后轮外倾角。

② 检测后轮前束

③ 检测前轮外倾角。

④ 如果需要，检测前轮前束恒定值 S 曲线。

⑤ 检测初始状态下的前轮前束。

(2) 检测后轮外倾角

① 前轮驱动的车，后轮外倾角只能检测，不能调整。

② 如果后轮外倾角超差，则检查车桥是否损坏。如果需要，则进行更换。

(3) 补偿后轮前束

① 松开支座上的紧固螺栓。

② 松开制动装置。

③ 在支座上的长孔内移动车桥来补偿单侧前束值。

④ 装好制动装置。

⑤ 如果总前束超差，或单侧前束值无法补偿，应检查车桥是否损坏，必要时更换。检查车身与后桥连接点，需要时进行修理。

(4) 补偿前轮外倾角　奥迪 A6 等车型的外倾角不可调整，但在规定的公差范围内，通过移动副车架可以补偿外倾角。即通过调整车架和副车架的相对位置，利用副车架上重心的偏移，实现对两个车轮外倾角的重新分配，如图 4-57 所示。

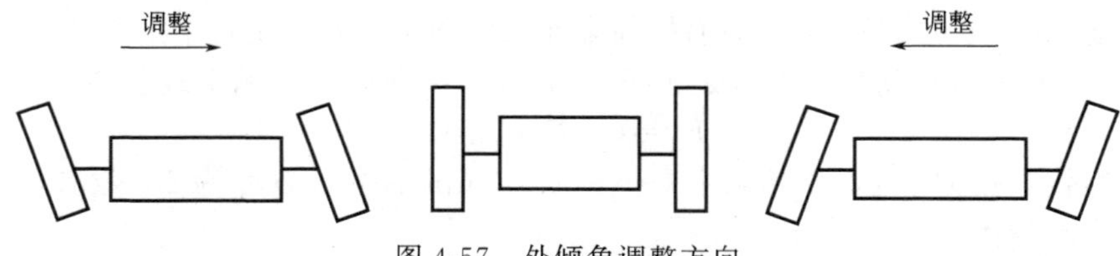

图 4-57　外倾角调整方向

其调整步骤如下。

① 取下前隔声板。

② 松开螺栓 1～8，并将螺栓 1～4 取下，如图 4-58 所示。

应该注意的是，螺栓 5～8 是车架和副车架的连接螺栓。为了安全起见，不能取下，只能旋松。

③ 安装上外倾角调整专用工具 VAG1941，如图 4-59 所示。

④ 将专用工具 VAG1941 的两个螺栓插入位置 3 和 4（或 1 和 2）（图 4-58）处的两个螺栓孔中，同时扭动专用工具上的调整螺栓 2（图 4-59），直到外倾角达到规定值。此时注意，不能旋得太紧，否则会调整不动。随着对拨块调整螺栓的调整，屏幕上外倾角的值将会发生变化。

⑤ 松开螺栓 2（图 4-58），检查外倾角，如果需要，再次调整。

⑥ 拧上新的六角头螺栓 7 和 8（图 4-58），拧紧至 110N·m，再拧 90°。

⑦ 拆下 VAG1941，如果数值没有发生变化，即完成调整。拧上新的六角头螺栓 5 和 6，拧紧至 110N·m，再拧 90°。

值得注意的是：螺栓 5、螺栓 6、螺栓 7 和螺栓 8 都是一次性的。必须将其中任意两个重新旋紧以保持定位，然后两两换下。

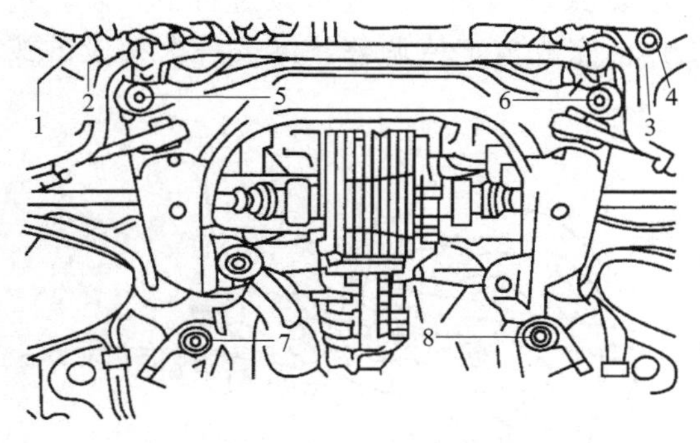

图 4-58　拧松发动机托架螺栓

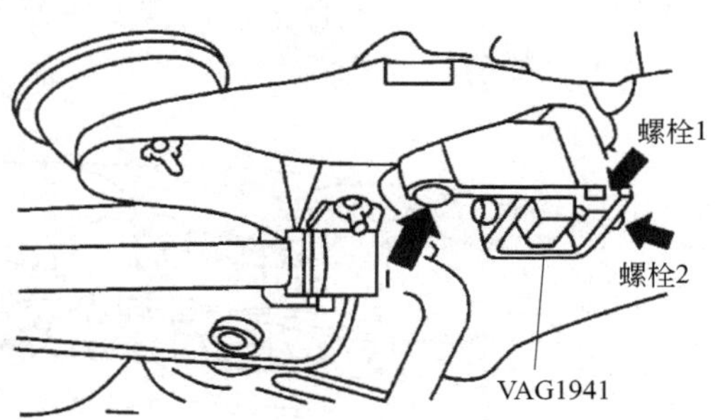

图 4-59　安装外倾角调整专用工具

⑧ 以 60N·m 的力矩拧紧螺栓 1、螺栓 2、螺栓 3 和螺栓 4。补偿外倾角后，必须检查车轮定位的情况。

注意：定位前应检查底盘是否有旷量，如有则先更换相应配件，再进行定位。必须使用大众专用测试软件的定位仪，必须使用大众专用调整工具，必须按照标准规定步骤进行测量和调整。

（5）调整前束恒定值 S　四连杆机构设计的一个主要目的是减小路面颠簸对驾驶的影响。这种设计直接影响车辆行进中前束的变化，变化太小，悬架系统将失去意义，也是不可能的；变化太大，将使驾驶难以控制。四连杆机构可以将这种变化控制在一定范围内。实际中通过 60mm 悬架高度差测量得到，这是大众公司的指定标准，如图 4-60 所示。

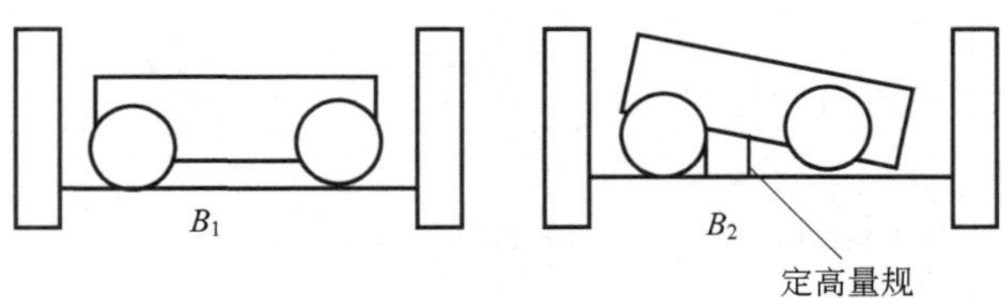

图 4-60　车辆举升 60mm 示例

先在举升机平台上模拟车辆在平地上（以上统称 B_1 位置）测量一次前束，得到一个前束 1。然后将车辆前轴举起放到 60mm 定高量规上（以下统称 B_2 位置），再测量一次前束，得到前束 2，前束 2 减前束 1，应该在标准范围之内，如果超差，需要对两侧球头进行调整。

3. 德国百斯巴特定位仪车辆定位操作

操作中，进入定位仪的调整画面后，定位仪应将自动对 B_1 位置的前束进行测量，并在屏幕上显示结果。这时，前束的公差带较宽，如果超差，需要先对横拉杆进行调整，使前束 1 合格，再次按下定位仪上的相应键 F3，屏幕上将提示将车放到 B_2 位置的量规上，如图 4-60 和图 4-61 所示。先将专用工具 VAG1925 架子连同量规 1925/4 放到举升机上、前悬架托架下，旋转升起 1925/4 下的螺杆，使 1925/4 量规刚刚接触到托架螺栓。然后用二次举升机将前轴抬起到足够高度，将 1925/4 量规拔出，在下面销孔中插上锁销，再放二次举升将托架螺栓正好落在锁销上。这时正是 B_2 位置，按下 F3 键，屏幕上将显示 B_1 位置和 B_2 位置的前束差值。

如果不合格，松开侧面球头调节紧固螺栓 A，调整间隙螺栓 B，如图 4-62 所示。注意这时屏幕显示前束差值上的数值变化很小。在调整后再次按下相应的按键，屏幕提示将车放

到 B_1 位置。这时需要将车前轴抬起，取出 VAG1925，再将车放回水平位置。按下定位仪相应的按键，又一次测量出 B_2 与 B_1 的前束差值，如果已经合格，则可以进行下一步，进行前束调整；如果仍不合格，还需要重复上述工作。完成恒定值调整，再按一次相应的按键，进入单独前束调整。

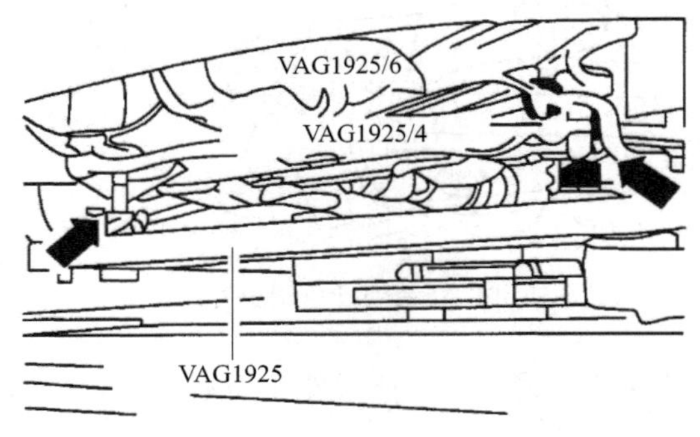

图 4-61　安装 S 点调整螺栓专用工具

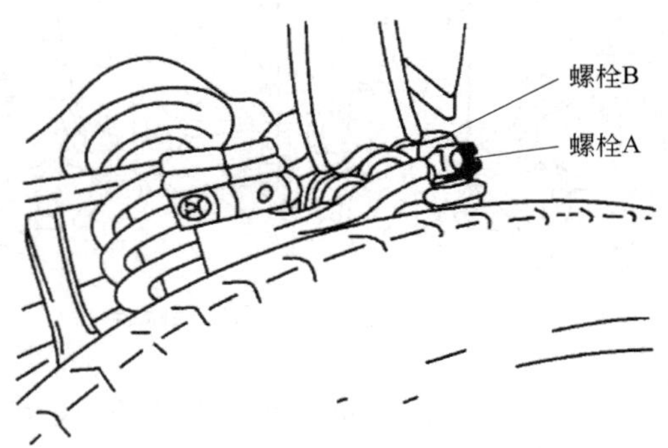

图 4-62　S 点调整螺栓的位置

调整步骤如下。

① 松开螺栓 A。

② 将螺栓 B 拧出约 4mm。

③ 尽量向下压转向横拉杆接头。

④ 拧入调整螺栓 B，直至达到规定值。

⑤ 以 45N・m 的力矩拧紧六角头螺栓 A，并检查该值。必须使用新的六角头螺母，以 7N・m 的力矩拧紧螺栓 B。

⑥ 放下车辆，使之回到初始位置 B_1。

⑦ 拧紧螺纹心轴。

⑧ 对于标准底盘的车辆，将车体上下振动几次。

⑨ 调整后检查前束恒定值。

a. 用定位仪再次检查前束恒定值。

b. 如果测得值超出允许范围，应重新在位置 B_2(+60mm）进行调整。

⑩ 调整前轮前束，如图 4-63 所示。

a. 松开锁紧螺母 B。

b. 用六角头螺母 A 分别调整左右轮前束。

c. 以 40N・m 的力矩拧紧锁紧螺母 B，再次检查前束值。拧紧螺母 B 后，调整可稍有偏差。

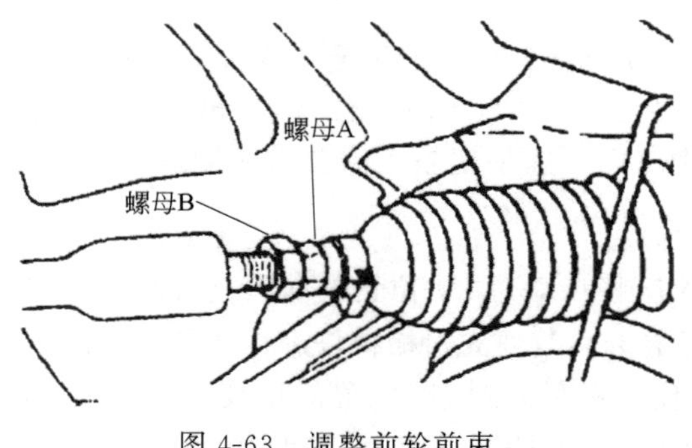

图 4-63　调整前轮前束

注意：这里再以 VAS6331 定位仪进行检测调整。

VAS6331 定位仪的检测调整步骤如下。

① 摆正方向盘并用固定器锁止。

② 将车辆前轮二次举升，在底盘前部下方的举升机上安装专用工具 VAG1925。

③ 安装上 60mm 接合器。

④ 将车辆慢慢放下，将车辆置于 VAG1925 上，如图 4-64 所示。

⑤ 调整前束恒定值 S。

a. 松开六角头螺母 A，如图 4-65 所示。

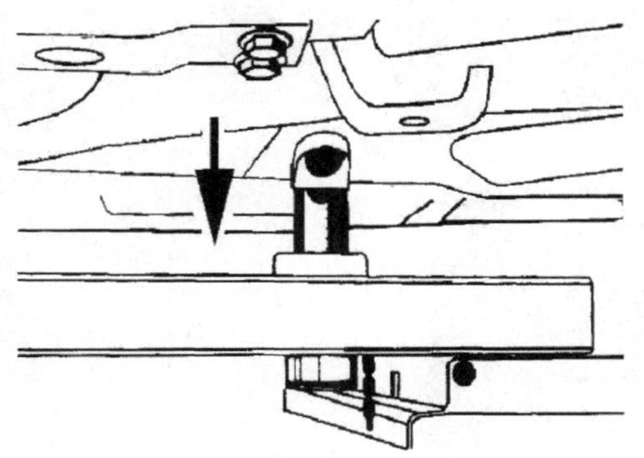

图 4-64　安装 S 点专用支架 VAG1925

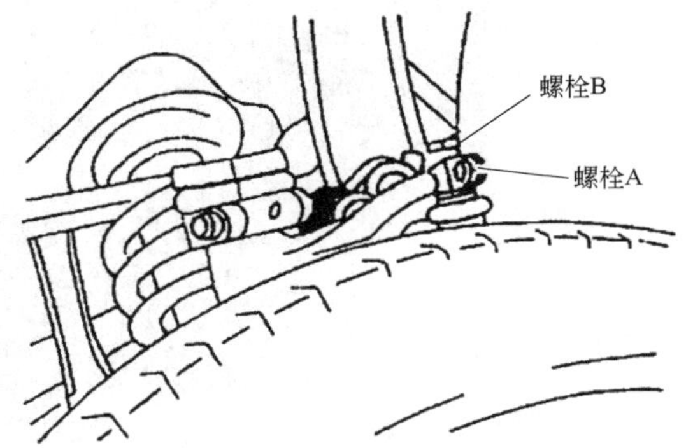

图 4-65　S 点调整螺栓及螺母位置

b. 螺栓 B 旋出约 4mm。

c. 将转向横位杆球销向下压直到止挡为止。

d. 旋转调整螺栓 B，直到精确地达到前束恒定值。

e. 用 45N・m 的力矩拧紧六角头螺母 A，并再次检查前束定值。

f. 用 7N・m 的力矩拧紧螺栓 B。

⑥ 放下汽车，使汽车重新回到 B_1 位置。

⑦ 螺杆向下旋转。

⑧ 上下多次压动具有标准底盘的汽车。

⑨ 调整完前束恒定值后，再次检查前束恒定值。

⑩ 用四轮定位仪再次检查，若测量值小于调整值，则必须在 B_2 位置上再次调整。二次举升，升高车辆，移开专用工具 VAG1925，放下车辆。

4. 传感器标定和日常维护

（1）定位程序启动后出现"维修保养期已超过"　定位仪使用一年或 1000 次，会出现此维护提示，建议对传感器做标定。要清除此维护提示，必须下载安装"Reset Service Counter"服务程序。该程序运行的时候，程序会提示需要提供后缀名为". lic"的密码文件。向百斯巴特办事处定制密码文件，即可清除此提示。其目的是督促对定位仪进行标定维护，保证测量精度。

（2）卡具检查　传感器是通过卡具装卡在车轮上的，所以卡具卡头的状态直接关系到测量精度。如图 4-66 所示，平时应注意观察卡具卡头是否出现磨损，磨损的卡爪应及时更换，避免其影响检测精度。斜面套管适用于轮毂条幅向外突出的轮毂。

（3）水平气泡调整　如图 4-67 所示，当屏幕上显示的传感器水平状态和传感器上的实际水平气泡状态不一致时，需要进行传感器水平校正。此时需要将传感器上的气泡调整到正中水平，然后在程序里保存此水平位置。这样，屏幕显示的水平状态就和各个传感器实际水平状况相一致了。

（4）传感器标定　当屏幕出现提示"检测数据超出公差范围或设备设置不正确"时，如果此提示是长时间出现而不是一闪而过，则表明定位仪测量精度不能保证，传感器需要做标

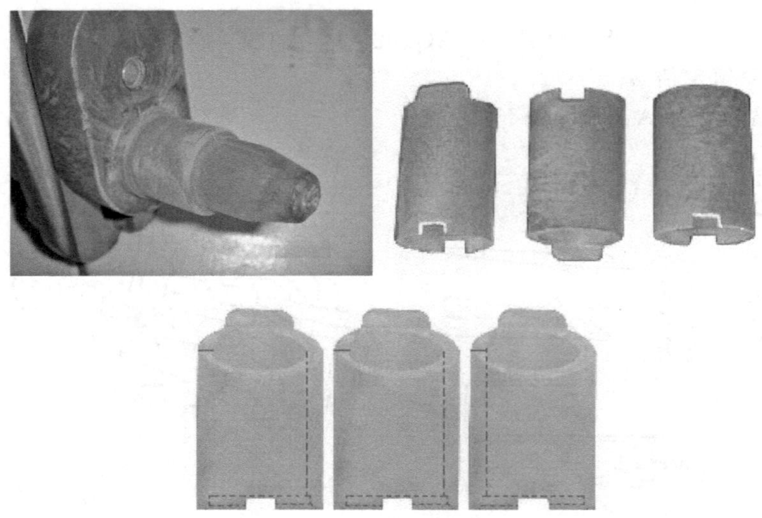

图 4-66 卡具

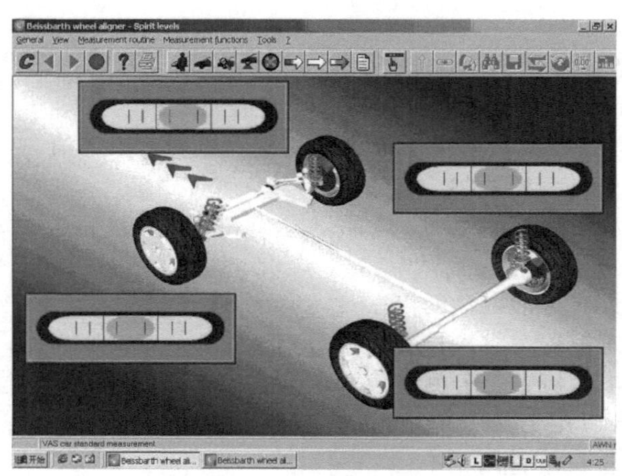

图 4-67 水平气泡调整界面

定。传感器标定仪器如图 4-68 所示。

如果此提示只是瞬间出现，可能是车身晃动过大引起的，没有关系。另外，当使用定位仪测量和调整的效果不理想时，建议立刻进行传感器标定，因为如果外倾角测量零点偏差过大时，不会出现此提示报警。

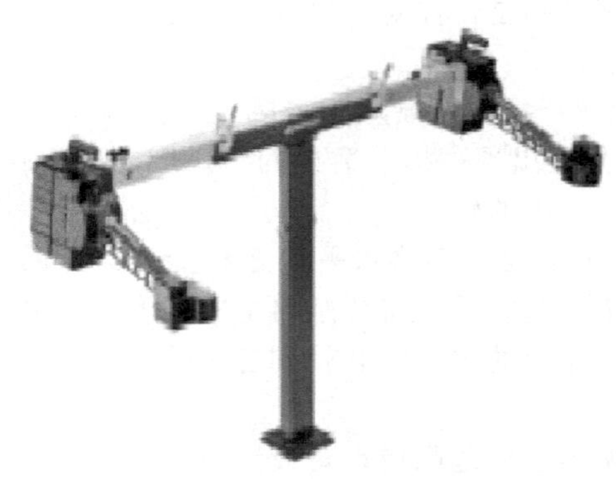

图 4-68 传感器标定仪器

如图 4-69 所示，在定位程序界面下，选择“工具”菜单中的“传感器校正”操作。传感器校正包括前束校正、外倾角校正和水平气泡调整。在标定传感器之前，要先做水平气泡的调整，校正好传感器水平后再进行前束和倾角校正。

注意：在前束和外倾角标定中，都是只在标定步骤（1）中调整标定杆至水平位置，之后的

标定步骤中，不再重新调整标定杆的水平！

T 形标定架一定要固定牢靠！建议用膨胀螺钉把 T 形标定架固定在有足够空间的地面上。

要保证标定杆上的水平气泡处于水平状态，同时放在标定杆两端的传感器也处于水平状态。把传感器和标定杆都放水平之后，点击屏幕的“前进”键，进入标定流程。

按照图 4-70 所示把 1 号和 2 号传感器放在标定杆的两端，把标定杆和两个传感器同时调成水平，然后点击工具栏上的“天秤”图标，进行传感器标定。

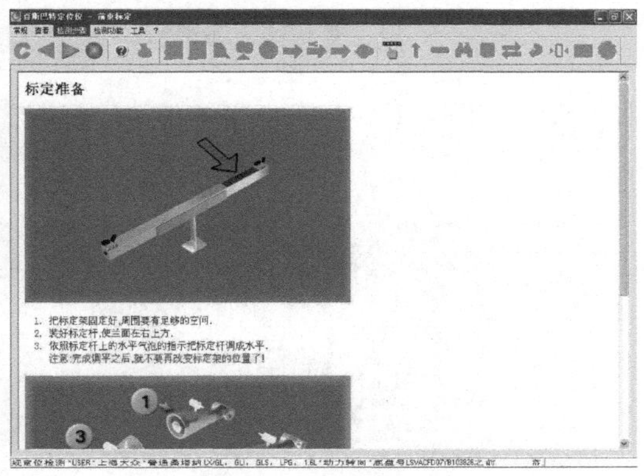

图 4-69　传感器标定（一）

图 4-70　传感器标定（二）

在标定过程中，应按照屏幕上的提示要求，转动标定杆（图 4-71）。

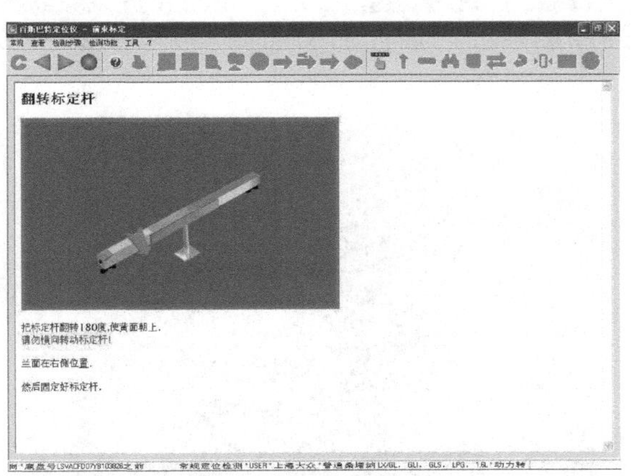

图 4-71　转动标定杆界面

前束标定一共有八步，标定结束后会出现前束标定结果的报告。

如果标定过程操作准确，没有出现错误提示，则可点击工具栏中的“磁盘”图标来存储标定结果。

当看到屏幕提示“标定数值已经被存储”，则表明标定结果已经顺利存储。

接下来进行传感器外倾角的标定，外倾角标定步骤也是八步，标定过程与前束标定基本相同，按照标定程序引导操作即可，然后保存前束和外倾角标定的标定结果。

5. 定位程序和数据的安装

软件和数据的安装都需要钥匙文件。钥匙文件是“. lic”文件，保存在随机的软盘或光盘中。程序或数据安装文件是一个“.exe”文件。执行此“.exe”文件就可进行安装，安装过程中要找到到相应的“.lic”钥匙文件。安装时要保证计算机并口上的加密狗（图4-72）安装正确。原厂所带的钥匙盘和光盘需要用户妥善保管。程序和数据是按照模块安装的。模块很多，每次要选择确认一下安装语言是英语。

图4-72　加密狗

四、举升机水平调整方法

1. 所需工具

光学水准仪（图4-73）一部，配套使用的三脚支架（图4-74）一副，带毫米刻度的标尺（图4-75）一副。

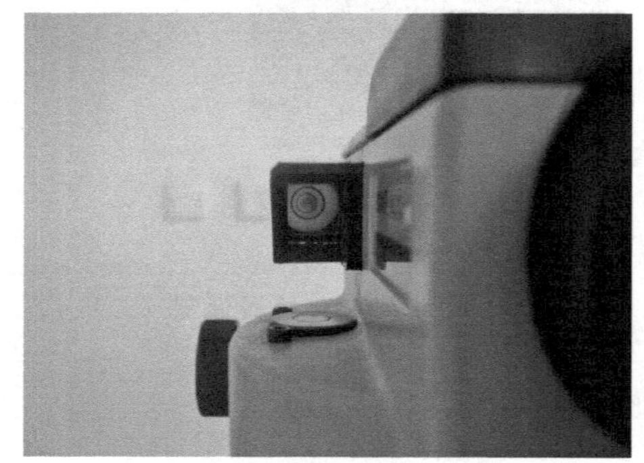

图4-73　光学水准仪

图4-74　三脚支架

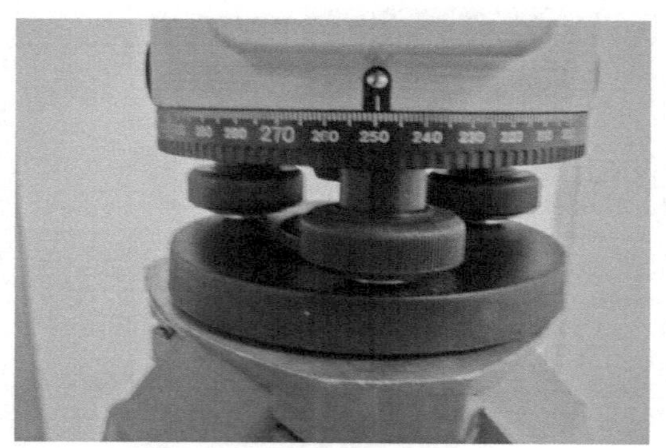

图4-75　带毫米刻度的标尺

2. 水准仪使用方法

支起三角支架，安装水准仪镜头。调节水准仪镜头的三点粗调钮，使水准仪的气泡置于反光镜中央。

对于一些型号的水准仪还需要调节左侧面旋钮，将大目镜左侧小目镜中线两侧的水线对接形成U字，侧面水平气泡调到中间，从而将镜筒调平。

3. 四柱举升机水平调节

如图4-76所示，将举升机锁止到测量平面。依次把毫米刻度的标尺垂直竖立在转角盘和后滑板上，一共 4 个点。分别用水准仪测量这 4 个点的高度值。分别调整举升机立柱内的锁止杆的高度，使标尺在 4 个点的测量高度值相同。4 个点水平调整好之后，锁紧锁止杆上端的锁紧螺母，使 4 个点水平高度不再变化。

① 将水准仪立于四柱举升机后面。

② 将平台升起，直到水准仪目镜可观测标杆的高度，固定（图 4-77）。

③ 将标尺分别立于前面的两个转角盘和后面的后滑板上，调节水准仪焦距，读出高度值（图 4-78）。

④ 如果 4 个读数不同，则调节柱子顶端螺杆，将转角盘中心和后滑板中心调整到同一高度。调整好后锁定螺杆上的螺母。

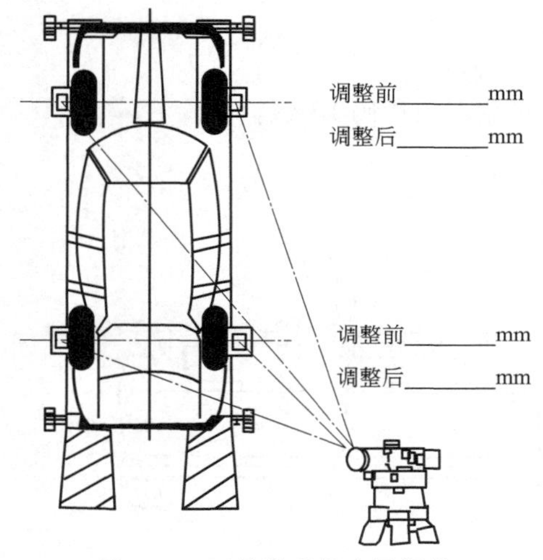

图 4-76　四柱举升机水平调节

图 4-77　将平台升起

4. 剪式举升机水平调整

将举升机锁止到测量平面。依次把毫米刻度的标尺垂直竖立在转角盘和后滑板上，一共 4 个点。分别用水准仪测量这 4 个点的高度值。分别调整举升机前后底座的调整螺栓（图 4-79），使标尺在 4 个点的测量高度值相同。4 个点水平调整好之后，锁紧调整螺栓的螺母，使 4 个点水平高度不再变化。

图 4-78　调节水准仪焦距并读出高度值

图 4-79　调整举升机前后底座的调整螺栓

第四节　四轮定位专用工具及零件

一、大众系列定位调整专用工具

1. 大众定位调整专用工具组件

由于奥迪 A6 和帕萨特 B5 车型的前悬架使用四连杆机构，因此其前轮前束角、外倾角的测量及调整有一定的特殊性。特殊性主要表现如下。

① 根据德国大众公司要求设置针对四连杆机构的测量调整程序。

② 必须采用相应配套的专用调整工具（图 4-80）。

③ VAG1925（测量定位架，用于前束恒定值 S 点调整）。

④ VAG1925/4（定高接头，适用于标准底盘，底盘识别代码 IBA）。

⑤ VAG1941（外倾角调整专用工具）。

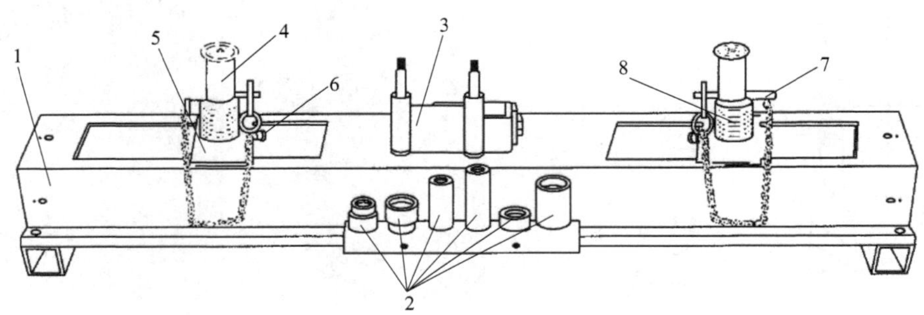

图 4-80　大众定位调整专用工具组件

1—VAG1925（测量定位架）；2—定高接头（自右向左依次为①～⑥，各 2 件）；3—VAG1941 专用工具（1 套）；4—加高套筒（两件）；5—滑块螺母（2 个）；6—螺杆紧定螺钉（2 件）；7—加高套筒销子（2 个）；8—调整螺杆（2 件）

2. 转角盘

车辆在做四轮定位转测或调整时，转角盘可用以确保转向轮能够处在自由状态，是四轮定位的必备工具。根据用途不同，转角盘形式也不同，有半圆形转角盘和方形转角盘，如图 4-81 和图 4-82 所示。

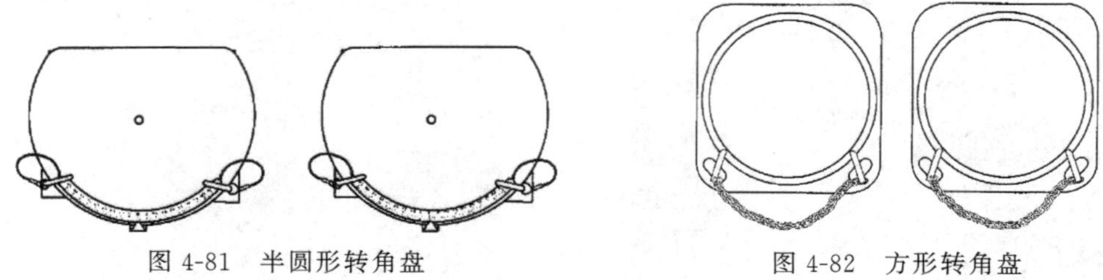

图 4-81　半圆形转角盘　　图 4-82　方形转角盘

3. 校正器

典型的定位角度校正器如图 4-83 所示。

（1）用途　在车上的外倾角调整零部件无法调整或外倾角度相差太大的情况下，外倾角

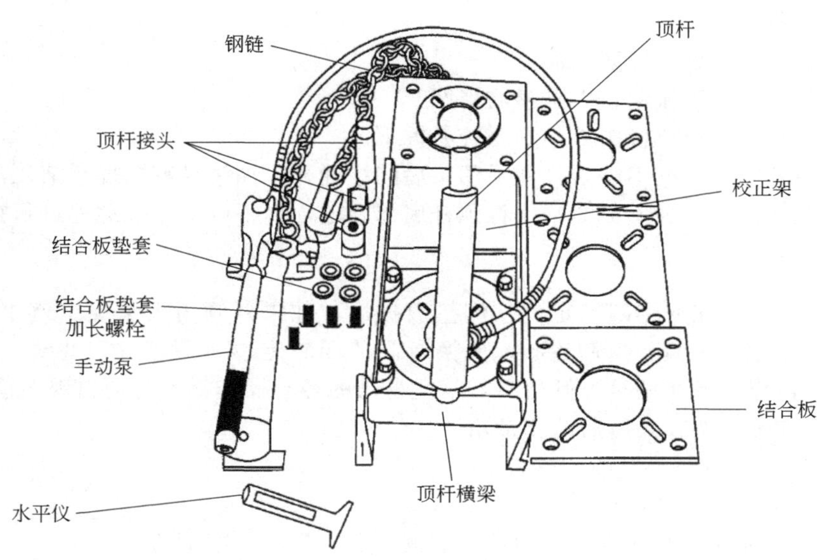

图 4-83　典型的定位角度校正器

校正器可帮助解决相关问题。校正器配合四轮定位仪来使用，无须拆卸减振器，效果好，工作效率高，劳动强度低。

（2）使用方法

① 将轮胎拆下，使校正器固定于制动盘上，如图 4-84 所示。根据车型不同，安装相应的结合板。

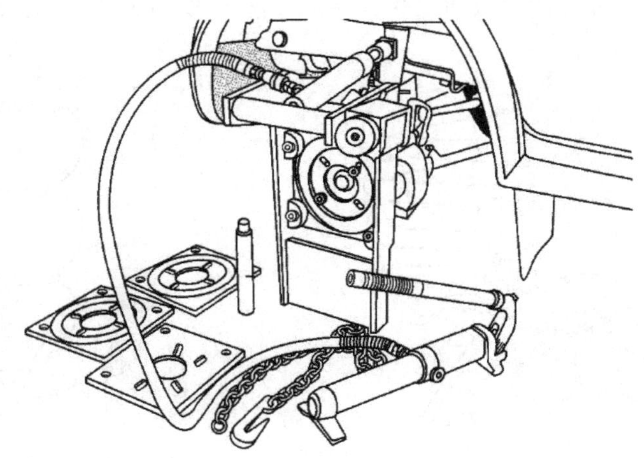

图 4-84　定位角度校正器的使用

② 安装液压顶杆油缸，连接油管，根据需要使用不同的顶杆接头。

③ 将水平仪安装在校正架上，将刻度转到 0°，并调整水平仪至水平位置，然后固定好水平仪（水平仪仅作为参考）。

④ 将顶杆接头顶到减振器外壳适当位置，手动加压，以四轮定位仪检测的外倾角值为依据，进行外倾角值的校正，达到所需调整的角度。

⑤ 有的制动鼓盘过低，制动片定位架过高，连接板无法固定在制动鼓盘上，这时使用结合板垫套垫在鼓盘与连接板之间，然后用工具中所配的加长螺栓旋紧即可。

4. 注意事项

① 旋紧油管连接处，以防漏油。
② 水平仪不得强烈振动，以防影响精度。
③ 手动泵在顶杆快速接头处，不要轻易拆下。
④ 如果顶杆升起高度不够，打开手动泵后的注油孔，加注足够的优质液压油。
⑤ 如果在使用时顶杆不灵活，应将顶杆底部朝上，拆下内六角头螺栓进行排气。

5. 磁力水准仪

（1）适用范围　在使用四轮定位仪测量数据后，如果外倾角大于规定值 1°或小于规定值 1°，这时拆下定位夹具，拆卸轮胎，更换所需的四轮定位专用零件，此时就需要磁力水准仪。以前，操作人员在调整外倾角时，是凭自己的经验操作，有时会出现误差，使用水准仪，就可以很准确地调整到所需的测量角度。

（2）使用方法

① 拆下四轮定位夹具，拆下轮胎。
② 将磁力水准仪小心地吸在制动轮盘的侧面上，如图 4-85 所示。
③ 把水准仪调整到零位。
④ 安装上所需的定位专用零件。
⑤ 使用专用工具，调整定位零件达到所需测量角度即可。
⑥ 一般情况下，水准仪最大调整角度为±5°，精确到 10′。

注意：在使用磁力水准仪时要轻拿轻放，以免影响其精度。

6. 橡胶支座

在维修底盘时，橡胶支座可以使工作轻松、方便。典型的橡胶支座如图 4-86 所示。

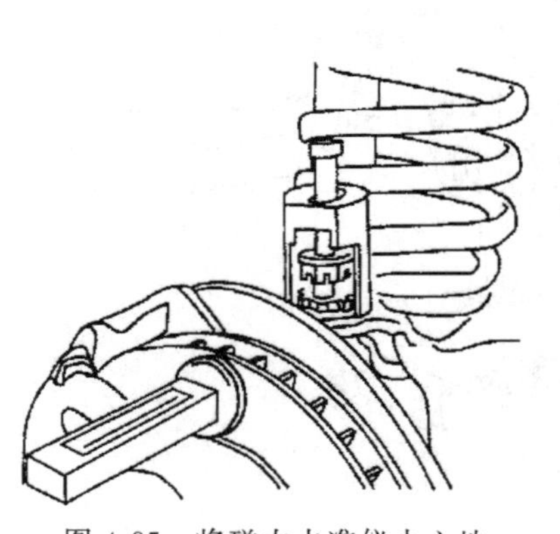

图 4-85　将磁力水准仪小心地吸在制动盘的侧面上

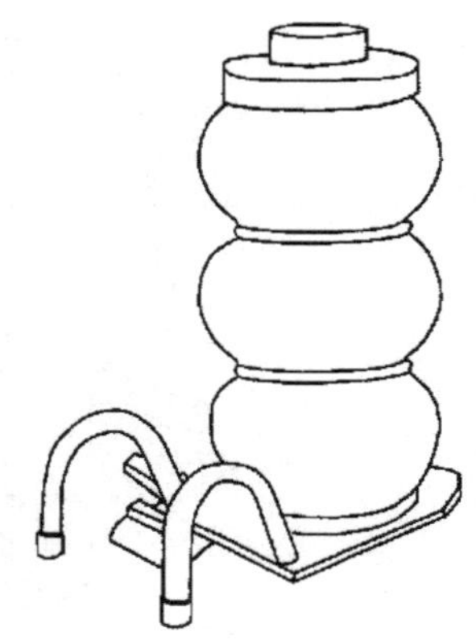

图 4-86　典型的橡胶支座

7. 方向盘固定器

在进行车轮定位或转向系统维修过程中，方向盘固定器用于固定方向盘位置，以保持方向盘方向的正确性。典型的方向盘固定器如图 4-87 所示。

8. 制动踏板固定器

在车轮定位或维修过程中，为使前后车轮能够充分制动，制动踏板固定器可用于锁止制动系统。典型的制动踏板固定器如图 4-88 所示。

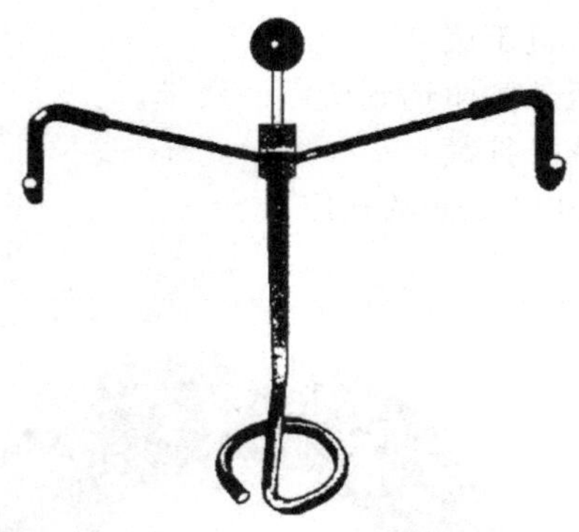

图 4-87　典型的方向盘固定器

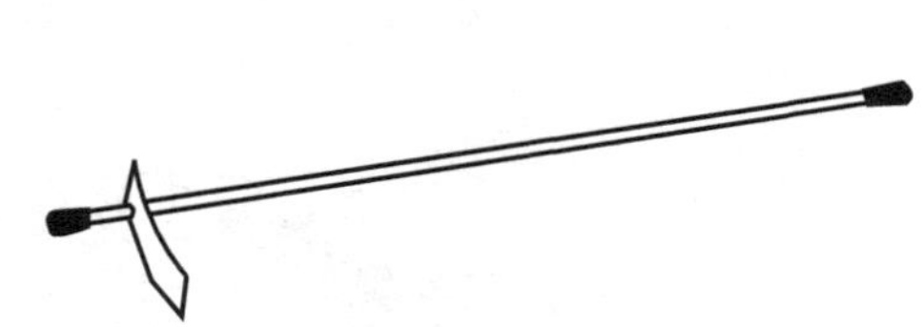

图 4-88　典型的制动踏板固定器

二、四轮定位专用零件

1. 外倾角调整螺栓

外倾角调整螺栓（图 4-89）适用于悬架为麦克弗逊式的车型。在进行螺栓选择时，要根据原有螺栓圆孔直径尺寸来选择偏心螺栓型号。取下支柱上的螺栓后，可以调整外倾角±(1.5°～1.7°)。

图 4-89　外倾角调整螺栓

安装方法如下。

① 拆下车轮后，取出减振器支架上部的原厂螺栓，如图 4-90 所示。

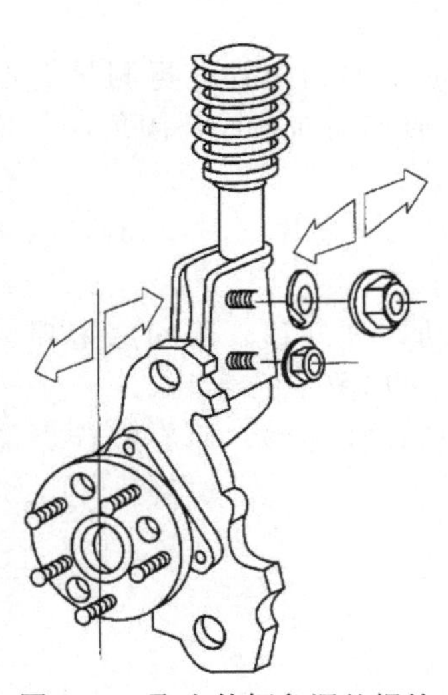

图 4-90　取出外倾角调整螺栓

② 安装对应的偏心螺栓。安装方向有两种选择：向正外倾方向调整（轮胎上部向外运动）时，将螺栓凸轮朝向车内，金属定位片的舌头朝向车外方向插入；向负外倾方向调整（轮胎上部向内运动）时，将螺栓凸轮朝向车外，金属定位片的舌头朝向车内插入。

③ 带上螺母，使金属定位片上的小齿压入减振托架槽侧。

④ 装上车轮、传感器。

⑤ 转动螺杆，直至外倾角所需的度数。

2. 外倾角组件

典型的外倾角组件如图 4-91 所示。

后轮外倾角调整范围：－4.00°～＋4.00°。

安装方法如下。

① 在开始定位之前，需要检查缺失和磨损零件，轮胎气压情况，以及轮胎磨损的形式。

② 使用举升机将汽车升起。

③ 拆除后轮和轮胎配件。根据情况，从稳定拉杆的一侧，小心地拆除防抱死制动的托座。从上控制臂中拆除原厂配件（稳定杆）。

④ 查看配件（后轮外倾角组件）的两端螺纹是否距离相等。安装此配件时，首先要将左右螺纹调整相等。

⑤ 安装控制臂与配件上的螺栓和螺母，不能使它过于旋紧。

⑥ 使用扳手旋钮六方调整螺母调节外倾角，直至外倾角达到所需的要求。

⑦ 外倾角调整以后，使用两端锁紧螺母把调整螺母拧紧。

⑧ 如果车辆上安装有 ABS，应将 ABS 安装在 KTBT016 的托座上。

⑨ 检查后轮前束正确后，测试车辆，完成校正。

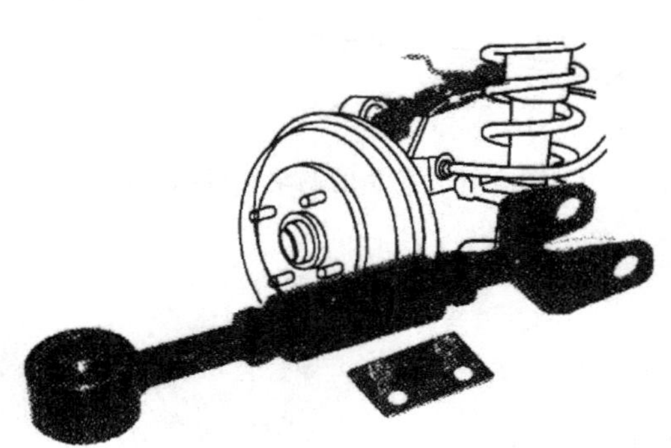

图 4-91　典型的外倾角组件

图 4-92　典型的双角度调整垫片

3. 双角度后轮调整垫片

典型的双角度调整垫片如图 4-92 所示。

（1）相关工具及辅件　部分前轮驱动车型，其后轮的前束角和外倾角，可用有固定角度的整面接触垫片来调整定位角度。

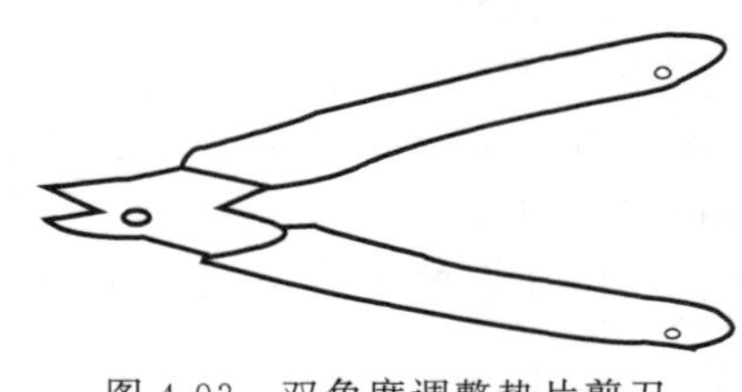

图 4-93　双角度调整垫片剪刀

① 安装垫片前，先取出旧的垫片，再测量定位需要调整的角度。每片可同时调整前束或外倾角，每片可调整范围为±1.5′。

② 建议使用专用剪刀切割垫片（图 4-93），以避免损坏垫片。

③ 加上垫片后，制动盘被外移。用间隙垫片可消除制动夹与摩擦片的间隙，如图 4-94 所示。

④ 加上垫片后，制动盘被外移，原有螺栓可能不够长，请使用 M10×40mm 后轮毂加长螺栓，如图 4-95 所示。

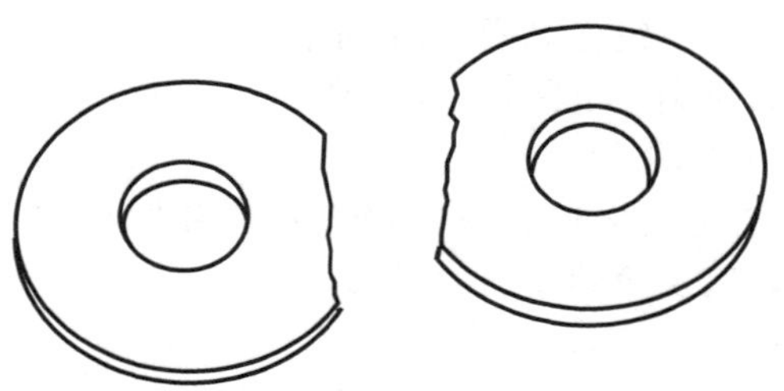

图 4-94　典型的间隙垫片

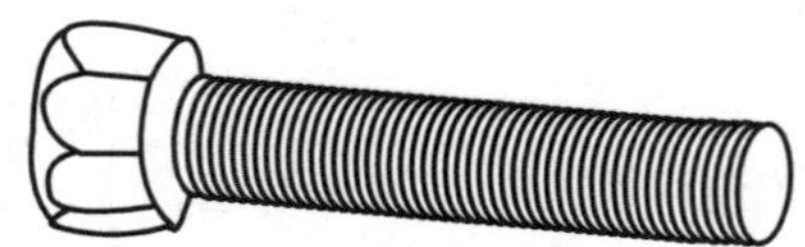

图 4-95　后轮毂加长螺栓

（2）安装说明

① 根据三种圆形垫片所适用的不同车型，选择正确的垫片。

② 开始定位前，一定要检查车辆是否有松旷和磨损的部件，检查轮胎气压及异常轮胎磨损状态。

③ 在安装定位传感器之前，检查后轴两轮上是否有以前安装的垫片；如果有，必须取下以前的旧垫片以获得标准数据。

④ 从定位仪上读取检测的外倾角和前束角数据，并与原厂的数据进行比较，确定出外倾角和前束角的改变量。其计算公式：改变量＝原厂值－实测值。举例如下。

外倾角：原厂值为－0.40°，实测值为－1.00°，则外倾角改变量＝(－0.40°)－(－1.00°)＝＋0.6°。前束角：原厂值为＋1.00°，实测值为＋0.20°，则前束角改变量＝(＋1.00°)－(＋0.20°)＝－1.00°。

注意：以代数方法计算，建议定位仪的角度单位设置为百分度来表示，否则要进行单位换算。

⑤ 根据适用车型模板，对应图示查出应改变量。

a. 在坐标图的左侧竖列中选取前束角的改变量，在坐标图的上部横行中选取外倾角改变量。

b. 由外倾角改变量所在列的方向（向下）与前束角改变量所在行的方向（向右），查到两者的交叉点。

c. 交叉点方框中显示有圆形垫片外环和内环数字（上面的数字为垫片外环数字），称为参考数字。

d. 如果交叉点的方框中没有参考数字，则选择相邻（最适合的）方框中的参考数字。要注意前束角比外倾角更为重要，因此，在选择时建议以前束角为准，外倾角的改变量以选择最相邻的参考数字为准。

⑥ 旋转垫片内环，按参考数字将内环和外环数字对在一起。根据不同车型，选择相应的模板图，将垫片带数字面朝上放在待进行定位的车型的模板图上，并将刚才对好的参考数字对准箭头。模板图中显示出需要被切下的部分。

注意：对要去除的部分做一个记号。注意某些车型还需要去除额外一些区域，让出制动管路位置。

⑦ 使用工具由里向外去除需要去除的区域。

⑧ 拆下轮胎、轮毂及制动系统直到露出后桥端面，清除端面滞留物，如图 4-96 所示。

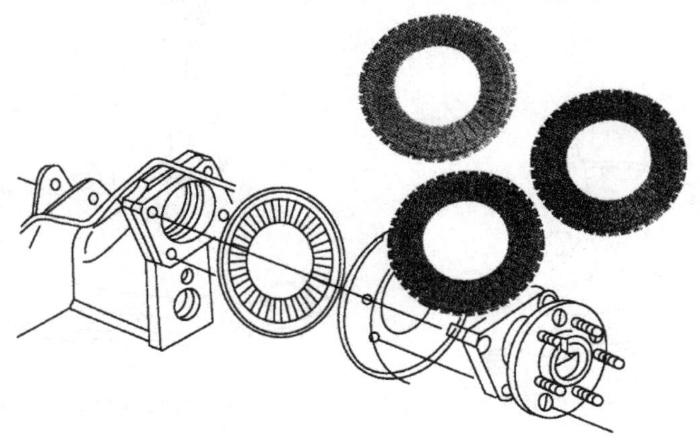

图 4-96　双角度调整垫片安装位置

⑨ 安装垫片的方向：从车后向前看，垫片有数字的一面朝右。

⑩ 重新安装制动系统、轮毂和轮胎。安装时按照制造商规定的紧固力矩拧紧螺栓，先从垫片最薄处开始，然后交叉依次拧紧（图 4-96）。

（3）使用注意事项

① 电脑上的单位改变为百分度。

② 检查底盘是否有旷量，如果有则更换相关部件。

③ 严格按照说明书上的车型、款式、年代进行加装。

④ 紧固力矩为 58.8～73.5N・m。

⑤ 垫片调整是双角度调整的最佳方式。

⑥ 带电子 ABS 的车辆，不能使用双角度调整垫片。

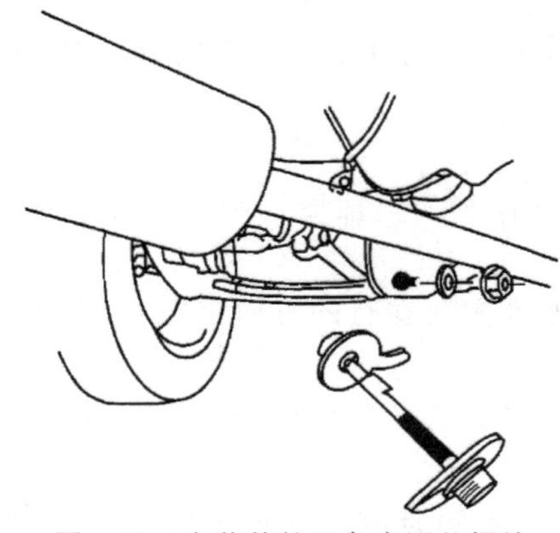

图 4-97　安装前轮双角度调整螺栓

4. 前轮后倾角、外倾角调整螺栓

在使用专用调整工具后，仍未达到调整要求的情况下，使用前轮外倾角和后倾角螺栓是一种很有效的补充手段。安装方法如下：把车前轮顶起，拆下原有的 12mm 螺栓，装上特种偏心螺栓（图 4-97），然后使用专用扳手，转动螺杆直到所需的角度。螺栓最大紧固力矩不得超过 68.6～78.4N・m。

5. 偏心吊耳外倾角组件

偏心吊耳外倾角组件作为前轮外倾角配件，使那些不可调整的外倾角实现角度调整，该配件代替了原有配件，如图 4-98 所示。它可使汽车延长寿命、节约维修费用。

（1）适用车型　现代索纳塔、中华等系列车型。

（2）安装方法

① 在开始安装之前，首先应该检查轮胎的气压和轮胎的磨损情况，然后顶起车辆取下轮胎。

② 拆下车辆架上的两个吊耳，选择所需配件，将其安装到 A 形架上，使用专用扳手可以很方便地调节吊耳偏心内套，如图 4-99 所示。

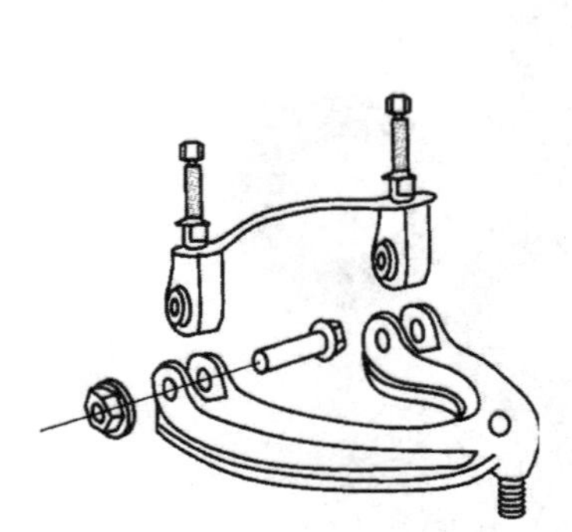

图 4-98　典型的偏心吊耳外倾角组件

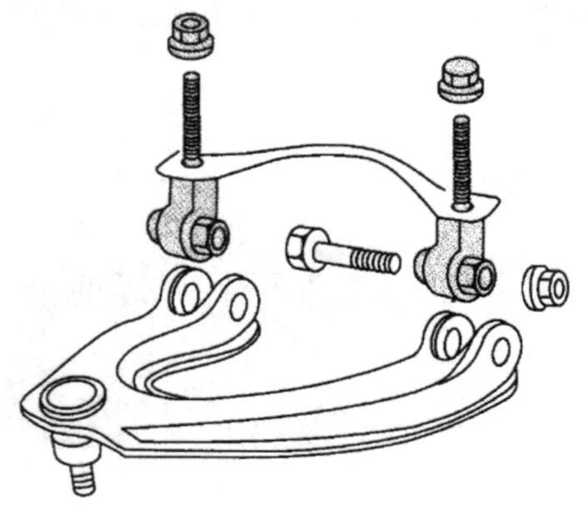

图 4-99　安装偏心吊耳外倾角组件

③ 调整后，按规定力矩拧紧螺栓即可。

注意：一盒套件有两个偏心吊耳臂，可以调整一边车轮的外倾角。

6. 后轮外倾角调整组件

典型的外倾角调整螺栓，如图 4-100 所示。

（1）更换方法

① 将车辆后轮举起，把外倾角有误差的一侧下控制臂的主控制臂拆下，将两端的 M12 控制臂螺栓用扳手拆下，并取下螺栓。

② 换上该调整组件，将其安装在控制臂的相应位置。装上 M12 的控制臂螺栓，并使用扭力扳手紧固螺母，如图 4-101 所示。

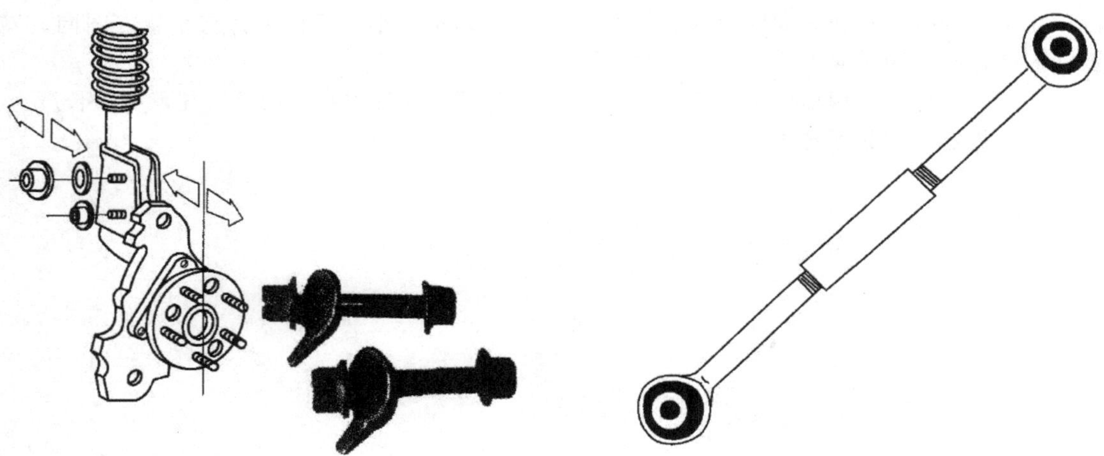

图 4-100　典型的外倾角调整螺栓　　图 4-101　安装后轮外倾角调整组件

③ 安装调整组件后，将车辆放下，使其处于水平放松状态。

（2）调整方法

① 车辆处于水平放松状态，测量出后轮数值，按标准值进行相应调整。

② 调整完后，用扭力扳手锁紧调整螺母两头即可，如图 4-102 所示。

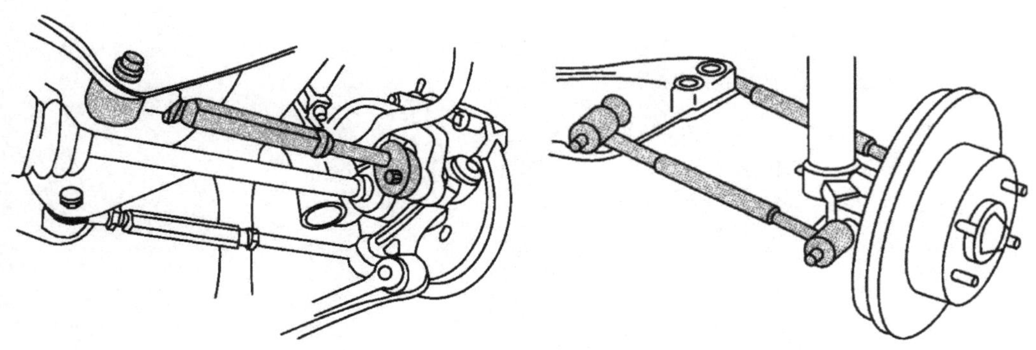

图 4-102　后轮外倾角调整组件的安装位置

7. 外倾角、主销后倾角 U 形插片

典型的外倾角、主销后倾角 U 形插片，如图 4-103 所示。使用方法如下。

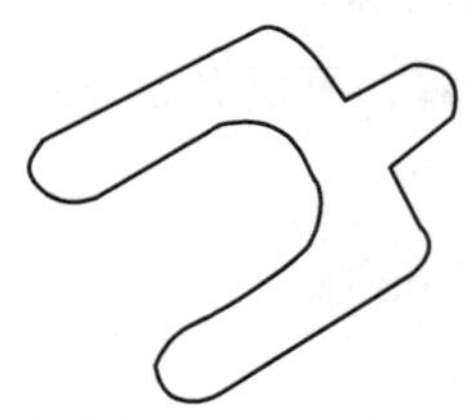

图 4-103　典型的外倾角、主销后倾角 U 形插片

① 松开上控制臂或下控制臂在车架的连接螺栓。

② 上控制臂与车架之间同时加装 U 形插片，外倾角变小；上控制臂与车架之间同时减掉 U 形插片，外倾角变大。

③ 下控制臂与车架之间同时加装 U 形插片，外倾角变小；下控制臂与车架之间同时减掉 U 形插片，外倾角变大。

④ 松开上控制臂螺栓，不等值地加减 U 形插片可以调整主销后倾角。注意螺栓长度。

⑤ 按规定力矩紧固螺母。

第五章 四轮定位故障诊断与案例分析

第一节 四轮定位仪的检查项目及诊断流程

一、车辆定位前期主要检查项目

一般来说，前轮定位需要检查的4个主要定位参数分别为主销后倾、主销内倾、车轮外倾和前轮前束。对于车辆后轮来说，主要是车轮外倾角与后轮前束。车辆定位前期主要检查项目如下。

① 检查车轮悬架装置、车辆轴承、转向系统和转向拉杆是否间隙过大及损坏。

② 同一车桥上的左右两侧轮胎胎纹深度最多允许相差2mm。

③ 轮胎充气压力符合规定。

④ 车辆为无负载重量。

⑤ 燃油箱加满。

⑥ 备胎和随车工具必须放在指定位置。

⑦ 风窗清洗系统和清洗装置的洗涤液储液罐均注满。

二、车辆定位数据检查流程

① 检查方向盘与滑板的销子是否销好，确保销好后，将车辆开至平板举升机上或双剪切举升机上，前轮与地面接触中心点位置与前转盘中心位置尽可能重合（图5-1）。

② 调整卡具尺寸与对应的轮胎尺寸一致，选择合适的护套，安装车轮卡爪，卡爪卡在轮胎同一沟槽位置面上。安装卡具后确认中心孔尽可能对准车辆轮毂中心孔位置，四个车轮要求一致，如图5-2所示。

③ 按照电脑提示，输入车辆信息，如车牌号、客户名称与维修站代号等。

④ 做偏位补偿：偏位补偿主要是检测车辆轮毂的平面情况、卡爪安装情况、卡爪磨损情况以及卡爪与轮毂安装配合情况等，如偏位补偿不能按标准执行，会使四轮定位的数据准确性大打折扣，容易引起车辆外倾角的错误显示。经过实际了解，有80%左右的维修人员

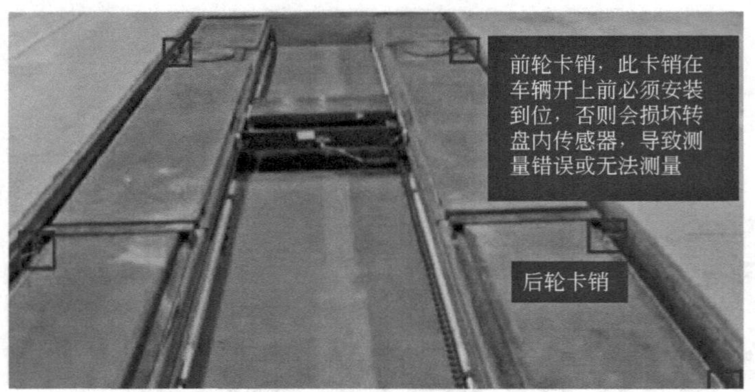

图 5-1　前轮卡销与后轮卡销

在四轮定位时根本不做偏位补偿，不知道偏位补偿的作用及原因。由于定位数据程序的原因，此步骤不能省略，到此步骤时维修人员便开始动起了脑筋，在不举起同轴车轮的情况下对每个车轮上偏位补偿键 2 按 4 下，当电脑显示器显示偏位数据基本为零时，此步骤便可顺利通过，此方法绝不可取。

图 5-2　调整卡具尺寸与对应的轮胎尺寸一致

图 5-3　卡具安装卡爪竖直画面

偏位补偿操作方法如下。

a. 使用外加举升机举起同轴两侧车轮（一般先前再后。前：拉起驻车制动，挂入 N 挡。后：松开驻车制动，挂入 P 挡或 1 挡），轮胎离开滑板 60mm 左右，松开传感器锁紧螺栓，让传感器能自由转动，让夹具一角指在正上方位置（图 5-3）。

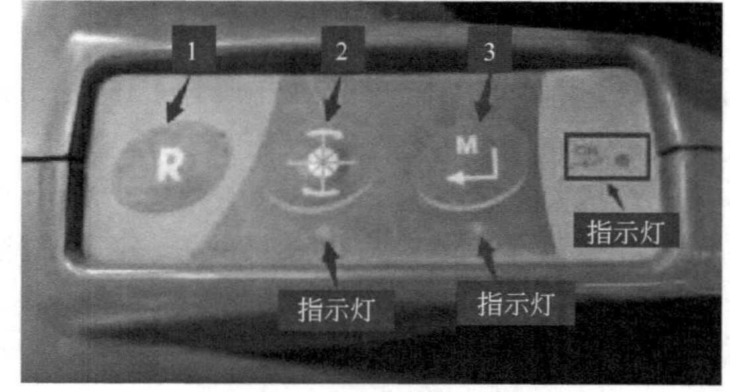

图 5-4　传感器按键及指示灯
1—复位键；2—补偿键；3—计算键

b. 使传感器基本处于水平位置再按下偏位补偿键 2（图 5-4），此时等指示灯点亮并熄灭后，按照车辆前进方向转动车轮 90°，重复此步骤。当车轮旋转一周，卡角指向正上方时，随后按下 3 键即计算键，电脑便可显示该车轮的轮毂表面安装卡具时的偏位数据（切记在车辆做偏位补偿时，方向盘绝对不能转动），在数据上方电脑显示的模拟车轮中，黄色小指针所指示的位置为偏位位置，当车辆在后续步骤中计算数据时会自动抵消偏位数值，让实际定位数值误差更小。当偏位数据显示数值超过 50′时，为红色显示，此种情况下必须拆下卡爪重新安装。当 4 个车轮全部做完测试后所显示的情况如图 5-5 所示。

⑤ 按照电脑提示第一次打方向盘后，按提示找水平，水平调整后一定要锁紧传感器（图 5-6）。

图 5-5　4 个车轮全部做完测试后所显示的情况

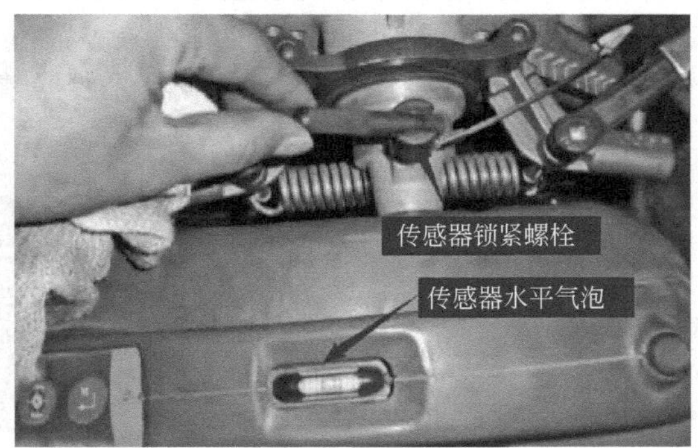

图 5-6　水平调整

此时电脑开始找出车辆中心对称线、几何轴线，计算出后轮前束、前轮前束与车轮外倾角等定位数值。以后步骤，在升起车辆调整前一定再次看一下传感器的水平情况，在操作过程中如水平发生变化（图 5-7 所示为当车辆升起后调整时出现数据变化较大的情况，原因为传感器水平发生了变化），对车辆的前束数值会有很大的影响，当达到一定数值后，电脑会有一定的提示。

⑥ 安装制动锁，注意此时电脑有提示（图 5-8），部分维修人员认为此处安装制动锁是打方向时防止车辆溜车，其实提示安装制动锁真正的原因是在车辆 20°转向测量时能够准确地测量出车辆的主销后倾与主销内倾的数值，否则当 20°转向时内倾角与外倾角会随着方向的不同而发生变化。在此过程中，车辆前轮转向前展差也是在 20°转向中测出的。按照电脑提示打方向盘（此检测仪器在设置里面也可以选择 10°转向，一般情况下还是建议做 20°转向）。

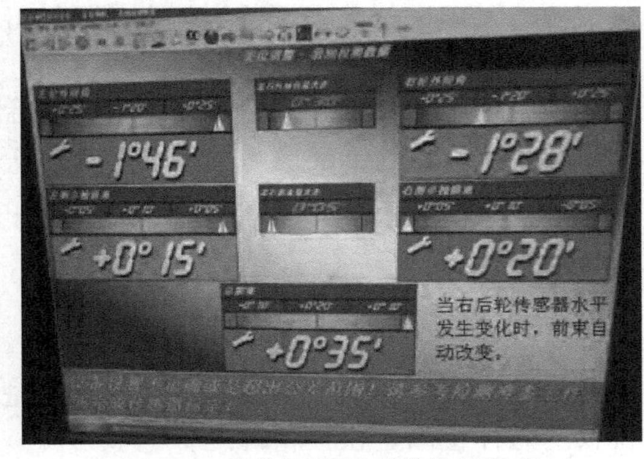

图 5-7　定位调整时后轴检测数据

图 5-8　20°转向时电脑显示界面

注意：不要在 20°测量转向时误压车身。

⑦ 电脑进入下一个显示界面时，开始以车辆几何轴线为标准，来显示前轮单个前束数

值，此时只是参考观察，还未到调整时刻，按下键盘 F3 按键或用鼠标点击前进箭头，定位仪器开始检测方向盘最大转角（此时前轮传感器必须要拆下），随之按 F3 键将会出现测量的所有数值。

⑧ 在随后的步骤中，可以按照电脑提示对相关的数值进行调整，但必须要注意的是，参数调整一定要先从后轴开始，否则将会出现数据调整错乱的情况。具体顺序是：先调整后轮外倾角、后轮前束，随后调整前轮数值，顺序为主销内倾角（如可调节）、主销后倾角（如可调节）、前轮外倾角、前轮前束等数值。数值调整规范后，一定根据电脑提示做好调整后检测这一步骤，用来检验调整后的数据情况，如调整后的数据都能在标准的范围内，如图 5-9 所示，数据调整基本结束。

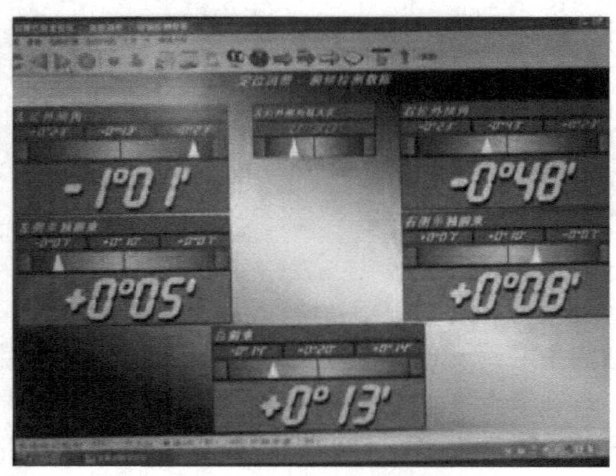

图 5-9 检验调整后的数据情况

⑨ 进行试车，如果是全电子转向助力的车辆，调整好数据后，打正方向盘读取方向机转向角传感器数值，一定要在±3°内，否则需要对转角传感器进行基础设定。

三、测量基准

在整个定位中第一次打正方向盘的作用是开始测量车辆中心对称线。车辆中心对称线是指通过前后轮轮距中点的一条直线，它是计算后轮前束的基准线。

后轮总前束的角平分线称为几何轴线，它是测量前轮前束的基准线，此线也称为车辆的推力线，理论上车辆是沿着推力线方向行驶的，大家不难发现定位数据调整为何先从后轴开始了。

这里是对一个标准完好的定位仪操作要点及出现问题情况的说明，当然如车辆举升平台左右两侧相差超过 2mm 以及传感器不能按时标定，也会导致数据不准确与标准偏差较大等情况。

四、如何辨别定位仪精准度

做完定位后仍“吃胎”、跑偏、方向盘不正，问题究竟在哪里？一般只怀疑两个问题：技师调车技术问题。设备失准问题。修理厂没有专业的检测仪器，又没有一台标准的设备进行对比，如何检测定位仪失准呢？或者在购买定位仪前怎样检测定位仪精确度？

定位仪不准主要因为 4 个传感器（探头、机头）精度达不到要求。如图 5-10 所示，4 个传感器分别安装在 4 个车轮上，预先调整前后轮总前束都为 0.00°，1 号和 2 号左右前轮传感器测得前轮总前束为 0.00°，3 号和 4 号左右后轮传感器测得后轮总前束为 0.00°。

检测总前束：这时举升机、夹具、车辆不动，也就是说在车辆数据不会变动的情况下（图 5-11）用前轮 1 号和 2 号传感器测量后轮总前束，用后轮 3 号和 4 号传感器测量前轮总前束，进行成对前后互测。也就是说，使左前 1 号传感器与右后 4 号传感器对调互测，右前 2 号传感器与左后 3 号传感器对调互测，前后轮总前束测得数据应为 0.00°，如数据为 0.01°，就说明总前束误差为 0.01°。为不影响定位效果，误差不能超过 0.10°，否则应标定。新机误差不能超过 0.05°，除去对调时机械误差，三杰宜传感器在±0.02°。

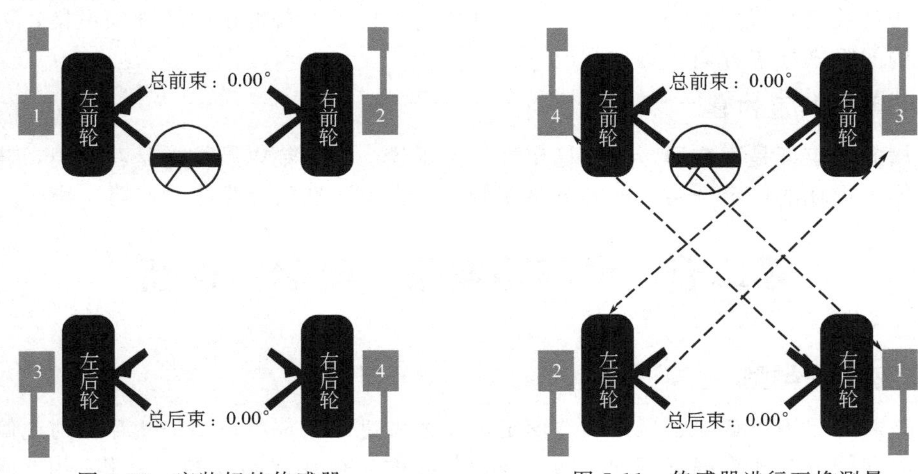

图 5-10　安装好的传感器　　　　图 5-11　传感器进行互换测量

检测外倾：用 4 个传感器测量同一车轮数据不变为精准。同样，某一传感器与其他 3 个数据的平均值误差是多少就表明失准多少，为不影响定位效果，误差不能超过 0.15°，否则应标定。新机误差不能超过 0.10°，除去对调时机械误差，三杰宜传感器在±0.03°

五、定位诊断检查注意

1. 整备质量

整备质量亦称“空车重量”。所谓汽车的整备质量是指汽车按出厂技术条件装备完整（如备胎、工具等安装齐备），各种油水添满后的重量。

注意：有的汽车对后备厢、工具箱或油箱重量有限量要求。

2. 轮胎

如果同轴的轮胎型号、气压、磨损程度不同，应做车轮动平衡及径向圆跳动检查。

3. 悬架高度

检查地面到车身底部的距离，若有问题可能是减振器或弹簧损坏，查明原因并修复或更换；扭力杆式的悬架，其高度可以调整。

4. 减振器与滑柱

观察减振器是否漏油（用眼观察或进行跳动实验），滑柱上支座轴承是否间隙过大，螺栓是否松动，橡胶衬套或缓冲块是否破损。

5. 车轮轴承

检测轴承造成的车轮转动异响（判断轴承失效），检查轴承间隔（车轮是否有水平移动量），如有问题，必须进行清洁、更换或调整。

6. 摆臂、衬套和球头

检查转向摇臂是否弯曲变形，转向摇臂衬套是否磨损松旷，球头是否有径向或轴向移动，若发现问题必须更换。

7. 转向传动装置及转向拉杆球头

转向传动装置是否弯曲变形，转向拉杆球头是否松旷，若发现问题必须更换；可通过检查方向盘的间隙来检查方向机构的状况。

8. 横向稳定杆及衬套

检查横向稳定杆是否变形，检查稳定杆固定螺栓、隔振垫以及铰链是否磨损，若发现问题必须更换。损坏的稳定杆会造成车身过度侧摆，在不平路面会发出“咔嗒”声。

第二节　汽车跑偏与“吃胎”诊断

一、汽车跑偏的类型

跑偏诊断专门用于解决已根据制造商定位规范做过四轮定位，却仍然存在的跑偏问题。

车辆向左侧或右侧跑偏有多种原因。该诊断有助于查找出问题的位置和提供纠正办法。在诊断开始之前，请确认如下情况。

① 轮胎气压要调整正确。

② 前后轮胎与其轮辋尺寸要匹配。

③ 车身高度在制造商的规范内。

④ 制动器或车轮轴承没有阻滞。

1. 发动机启动时方向盘偏转

如果发动机启动时方向盘向某一方向偏转，通常是动力转向控制阀没有调整。调整该阀可纠正方向盘偏转。

2. 制动时车辆跑偏

如果车辆制动时跑偏，原因可能是制动器问题。使用驻车制动器有助于隔离分析问题。制动器温度检查可有助于确定故障位置。参考相应维修手册中的故障排除方法和维修项目。

3. 不规律跑偏

不规律跑偏意味着转向部件有约束问题。将车轮置于转角盘上，转动方向盘从约束位置到另一个约束位置来感知约束情况。间歇噪声也可意味着部件脱位或有约束。放松悬架或转向部件也有助于诊断不规律跑偏。重新检查所有悬架和转向部件。

4. 行驶在颠簸路面时车辆跑偏或跑舵

正常情况下，悬架压缩或伸长时前束会有些变化。悬架伸缩过程中，过大的前束变化会引起向一侧跑偏或跑舵，这种现象称为“冲击转向”。

（1）松弛的部件　可能包括发动机托架松旷，其他坏损或松旷的部件也可能引起冲击转向。

（2）转向几何原理　定位角度或不良的定位元件可能引起冲击转向，应进行冲击转向分析程序。

5. 恒定跑偏

恒定跑偏可能是由于定位角度超标或轮胎锥形所致。

① 定位角度未调整或未知（定位条件不可靠）。在进行跑偏诊断之前，车轮定位设置必须明确在制造商推荐的条件下。

② 定位符合规范而车辆仍跑偏（恒定跑偏）。有时轮胎因制造问题引起跑偏。如果轮胎有轻微的锥形，会引起轮胎弧形滚动，该轮胎状态称为锥形状态。如果轮胎安装在前轮，这会引起更大的磨损。

二、汽车跑偏情况分析

在所有轮胎上标记出原始位置和在轮毂上的位置，将左前轮和右前轮进行换位。

1. 跑偏方向相同

如果车辆仍在同一方向上跑偏，表明不是轮胎锥度问题，将车轮安装回原位置。下面以前轮向左跑偏和后轮向左跑偏为例进行说明。

（1）前轮向左跑偏　一般情况下，后倾角和外倾角等定位角度可用来补偿跑偏。如果车辆向左跑偏，可加大右轮外倾角和/或减小左轮外倾角。单侧和整个外倾角要保持在制造商推荐值的范围内，定位补偿不该用来掩盖主要问题。

① 车辆向左跑偏（补偿后）。调整引起跑偏方向转变（如原先是左跑偏，调整后变成右跑偏），这意味着调整补偿过度，应减小补偿值直至跑偏被消除。

② 车辆向右跑偏（车辆继续向右跑偏）。利用后倾角这一定位角度可补偿引起跑偏的常态条件。另外，外倾角也可用于补偿跑偏，如加大左轮外倾角和/或减小右轮外倾角。单侧和整个外倾角要保持在制造商的推荐值范围内。除此之外的调整，被视作掩盖主要问题。

（2）后轮向左跑偏　一般情况下，后倾角和外倾角等定位角度可用来补偿跑偏。如果车辆向左跑偏，可加大左轮后倾角和/或减小右轮后倾角。单侧和整个外倾角要保持在制造商推荐值的范围内，定位补偿不该用于掩盖主要问题。

① 车辆向左跑偏（补偿后）。调整引起跑偏方向改变，这意味着调整补偿过度，应减小补偿值直至跑偏被消除。

② 车辆向右跑偏（车辆继续向右跑偏）。利用后倾角这一定位角度可补偿引起跑偏的常态条件。另外，外倾角也可用于补偿跑偏，如加大左轮外倾角和/或减小右轮外倾角。单侧和整个外倾角要保持在制造商推荐值的范围内。除此之外的调整，被视作掩盖主要问题。

2. 跑偏方向相反（跑偏在对侧）

两前轮胎对调后，如果跑偏相反，意味着两个轮胎中有一个有故障。左前轮胎与左后轮胎对换。

（1）跑偏已消除　对调左侧两个轮胎后，如果跑偏问题消除，表明左后轮胎有故障，应更换左后轮胎。

（2）跑偏未消除（对换右侧两轮胎）　如果对换左前和左后轮胎没有消除跑偏问题，则对换右前和右后轮胎。

① 跑偏消除。对调右侧两个轮胎后，如果跑偏问题消除，表明右后轮胎有故障，应更换右后轮胎。

② 跑偏没有消除（车辆前轮定位）。安装轮胎到最小跑偏量的位置。如果跑偏仍然不理

想，则利用定位角度来补偿跑偏。

三、行驶跑偏的故障分析与排除

行驶跑偏是指汽车直线行驶时，若驾驶员轻握方向盘，行驶方向会自动朝一侧偏离。造成这种现象的原因主要如下。

① 前轮定位失准，左、右侧轴距不一致。

② 左、右侧行驶阻力不一致。

③ 左、右车轮半径不一致等。

其中前轮定位失准最为复杂，它又包括了主销后倾角不等、前轮外倾角不等、主销内倾角不等几种原因。下面进行具体分析。

1. 主销后倾角不等

汽车转向系统设置主销后倾角的目的，是使汽车在行驶中遇外力作用而产生方向偏离时，能产生回正力矩，使车轮自动回到原来中间的位置。

如图 5-12(a) 所示，在这里用 α 表示主销后倾角。此时作用在车轮的地面垂直反力 F_z，与主销轴线在空间上相错，设置回正力力臂为 b。按照图 5-12(b)，将 F_z 分解为F'_z 和 F''_α，其中 F'_α与主销轴线平行，F'_α与 F''_α相交，则 F''_α产生促使车轮绕主销转动的力矩 M_α。左轮产生的转动力矩 $M_{\alpha_1}=F''_{\alpha_1}b_1$，右轮产生的转动力矩 $M_{\alpha_r}=F''_{\alpha_r}b_r$，如图 5-12(c) 所示，$M_{\alpha_1}$ 有使左轮绕主销向右偏转的趋势，M_{α_r} 有使右轮绕主销向左偏转的趋势。由于左、右转向轮是通过转向机构相互连接的，若 M_{α_1} 与 M_{α_r} 大小相等，则两者相互抵消，行驶方向不会产生偏离；若 $M_{\alpha_1}>M_{\alpha_r}$，行驶方向将向右偏离；若 $M_{\alpha_1}<M_{\alpha_r}$，行驶方向将向左偏离。

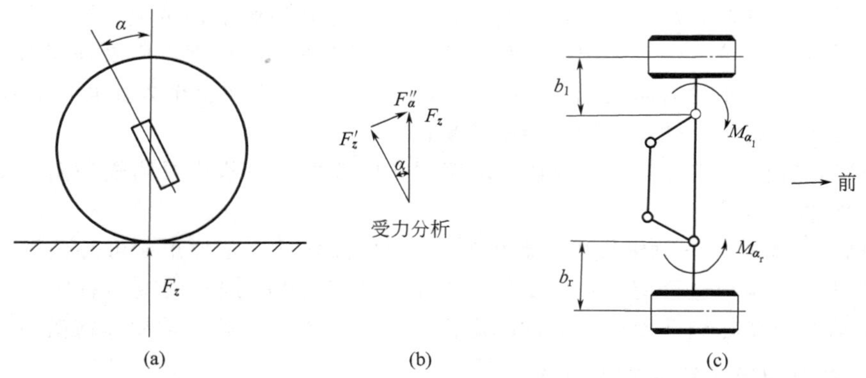

图 5-12　主销后倾角不等对跑偏的影响

综上所述，我们不难看出，在其他条件相同的情况下，当主销后倾角不相等时，汽车可能向主销后倾角较小的一边跑偏。

2. 前轮外倾角不等

设置前轮外倾角的目的，是为了避免其在承载时变形而出现车轮内倾，使轮胎磨损均匀，减轻轮毂外轴承的负荷。如果左、右轮外倾角 β 不一致（图 5-13），将使地面垂直反作用力到主销轴线的距离不一致，在其他条件相同的情况下，将使 M_{β_1}，与 M_{β_r} 不一致。此时汽车将向外倾角大的一侧跑偏。

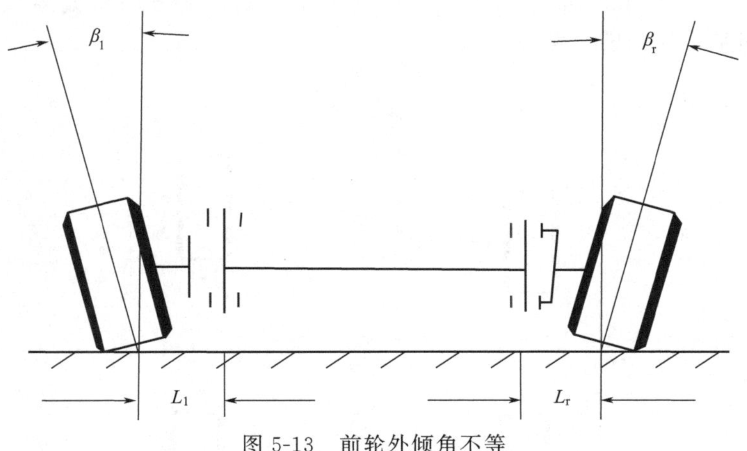

图 5-13　前轮外倾角不等

3. 主销内倾角不等

主销内倾角既有自动回正作用，又有使转向轻便的作用（图 5-14），但若左、右侧主销内倾角不一致，则同样会导致主销轴线接地点到车轮接地点的距离不一致。在其他条件相同的情况下，会导致地面切向反力对主销的力矩不一致。

对于后轮驱动汽车，前轮切向力方向向后，有促使向主销内倾角较小的一边跑偏的倾向，如图 5-14(b) 所示；对于前轮驱动汽车，受驱动力作用时，驱动力方向向前，有促使向主销内倾角较大一边跑偏的倾向，如图 5-14(c) 所示；对于前轮驱动汽车，受到制动力的作用时，切向力方向向后，汽车向主销内倾角较小的一边跑偏，如图 5-14(d) 所示。

以上分析了前轮定位失准对行驶跑偏的影响。同样，后轮定位不准也会对行驶方向产生类似影响。

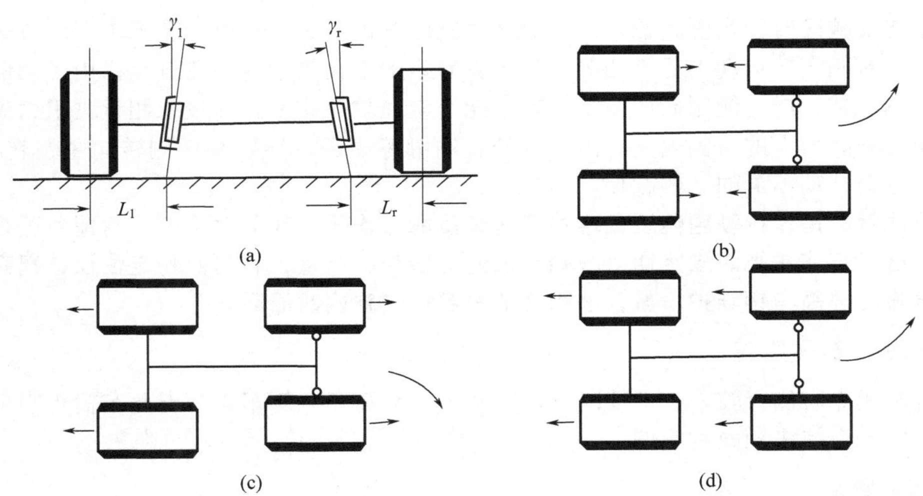

图 5-14　主销内倾角不等

4. 左、右侧轴距不一致

汽车在使用中，由于某种原因车架发生变形，引起左、右侧车轮轴距不一致，此时往往伴随着产生车轮定位失准的状况。车轮定位失准的影响如前所述。对于左、右侧轴距不一致，其影响如图 5-15 所示。假设 $L_r > L_l$，则前轴中点的速度方向将偏离汽车几何中心线，行驶方向将偏向轴距较小的一侧。

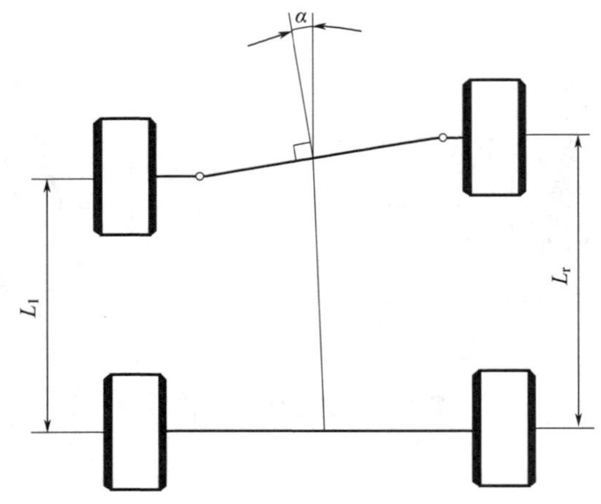

图 5-15　主销内倾角不等对跑偏的影响

5. 轮胎胎面变形

如果轮胎胎面不平，自身不能保持向前直行滚动，则此轮胎自然会引起行车跑偏。一般解决方法是，先将左右轮胎对调来判断是否改变跑偏的方向，如果改变则是轮胎的问题。

6. 转轴磨损的记忆跑偏

这是因为转轴轴承不良摩擦引起的跑偏。其现象如下：当向右转向后，汽车会向右跑偏；当向左转向后，汽车会向左跑偏，如同汽车有记忆一样。排除方法是更换转向轴承。

7. 加减速时的扭力跑偏

汽车在加减速时会产生跑偏，这是非常危险的跑偏。另外，由于磨损不一致或气压不一致导致左、右侧车轮运动半径不相等，汽车将向运动半径较小的一侧偏离；由于两前轮轴轴承松紧度不一致，或一侧制动间隙过小，不能完全释放等原因，导致一侧行驶阻力偏大，则汽车将向行驶阻力大的一侧偏驶；由于调校、润滑等原因，导致某一侧转向主销转动不灵，汽车会向主销转动不灵的一侧跑偏。

应该注意的是，行驶跑偏现象增加了驾驶员的工作压力和劳动强度，高速时更是危及行车安全，必须高度重视。应定期对车轮定位进行检查、调整，利用四轮定位仪，提高车轮定位调整质量，提高车辆维护质量，消除其他引起行驶跑偏的原因。

8. 路面左右高度差

中国车辆靠右侧行驶，正常情况下，左侧车轮会高于右侧车轮，因此车辆重心偏右，故产生的侧向分力使车辆向右跑偏。

9. 侧风影响

车辆高速行驶时，抓地能力下降，较大的侧风会使车辆向顺风方向偏驶。

10. 轮胎

当同一车桥左右安装不同花纹、不同品牌、不同气压、不同磨损程度、不同排水方式的轮胎时都会造成偏驶。

11. 底盘故障

左右车轮轴承磨损程度不同；悬架拉杆、摇臂、胶套变形或破损；制动系统沉重，双回路制动系统不正常。以上底盘问题都会造成车辆跑偏。

四、“吃胎”故障

轮胎不均匀磨损和过度磨损的原因有很多。因为形成的问题原因不止一个，确切查明故障很不容易。

1. 单边、双边或侧面磨损

选择与所观察到的磨损最接近的症状。

（1）内侧磨损　可能的故障原因如下。

① 前束外展。

② 负外倾角。

③ 中间高的路面。

④ 轮胎呈锥形。

⑤ 轮距超差。

（2）外侧磨损　可能的故障原因如下。

① 前束内收。

② 正外倾角。

③ 中间低的路面。

④ 转向过急。

⑤ 城区驾驶。

⑥ 轮胎呈锥形。

⑦ 轮距超差。

（3）边缘磨损或划痕　可能的故障原因如下。

① 充气不足时转向过急。

② 充气严重不足（低于正常气压的25%）。

③ 轮胎摩擦车辆部件。

④ 停车时轮胎摩擦路边。

（4）内外缘均磨损　可能的故障原因如下。

① 充气不足。

② 转弯处高速行驶。

③ 载荷超出轮胎设计限值。

2. 中央磨损

中央磨损（中央“吃胎”）通常只是由轮胎气压过高引起的，有时轮胎与轮惘宽度不匹配也会形成这样的磨损现象。

3. 羽状磨损

从下面的项目中选择与描述羽状磨损最接近的症状。

（1）侧向磨损　以下一个或多个状态适用。

① 前束设置不当。

② 转向过急。

③ 轮胎呈锥形。

(2) 纵向磨损　主要是急加速或制动所致。

4. 斑状磨损

轮胎斑状磨损或斑块磨损可能是以下一个或几个原因所致。

① 轮胎不平衡。

② 减振不良（减振器/滑柱）。

③ 轮胎失圆。

④ 悬架部件松弛。

⑤ 轮胎设计刃使用不匹配。

5. 其他磨损

下列磨损类型是更细微而又不常见的情况。

① 圆斑及圆口。通常，这种情况是过度使用引起过度胎侧挠曲所致。

② 胎壁不规则磨损。可能的故障原因如下。

a. 不正确的前束设置。

b. 不正确的外倾角设置。

c. 轮胎设计/使用不匹配。

d. 充气不当。

③ 鼓包。鼓包通常是轮胎内部损伤引起的。这种损伤可能是路面障碍物所致，或胎侧撞击路缘所致。载重超过推荐限值或充气不足，也可致使内部损伤导致胎面鼓包。

④ 胎面分层。胎面分层通常是轮胎内部损坏引起的。这种损伤可能是路面障碍物所致。载重超过推荐限值或充气不足，也可致使内部损伤导致胎面分层。

⑤ 裂纹和老化检查。环境状况如阳光或臭氧是形成裂纹的主要原因。接触化学制剂或清洁剂也可引起早期老化。

第三节　四轮定位与车辆跑偏诊断

汽车跑偏是汽车行驶在平坦、干燥、硬实和清洁的道路上，方向盘处于居中位置，车辆自行偏向某一侧，车辆前后轴中心的连线与行驶轨迹的中心线不一致的现象。车辆跑偏轻则导致“吃胎”、轮胎报废，重则引发爆胎、车辆失控等危险状况的发生。国家标准《机动车运行安全技术条件》（GB 7258—2017）中，对汽车跑偏有强制规定：“机动车在平坦、硬实、干燥和清洁的道路上行驶不应跑偏，其方向盘（或方向把）不应有摆振等异常现象。”

需要说明的是：国家标准 GB 7258—2017 对汽车跑偏没有量化的标准数据，通常情况下，汽车维修行业对汽车跑偏的规定是不超过 5m/100m。也就是说，车辆在平坦的直路上行驶 100m，车辆跑偏的距离不超过 5m 被视作正常；否则，就意味着汽车存在跑偏故障。

另外，最近几年，汽车对经济性和舒适性的要求越来越高，底盘调校得越来越轻盈，所以很容易受路面、气压、风向等因素的影响而出现轻微的跑偏现象。对于这种情况，不能算作跑偏类故障。维修人员在修车过程中，遇到此类问题时应该合理引导车主，降低车主的期望值，尽可能避免车主由此而产生不必要的抱怨或投诉。

一、主销定位参数对车辆跑偏的影响

主销的定位参数有两个：主销后倾角和主销内倾角。主销后倾的主要作用是减小行驶中

的方向跑偏，可以使方向盘有自动回位的功能，主销后倾角越大，方向的稳定性越好。过大的主销后倾角会导致转向时费力；过小的主销后倾角会使转向系统产生偏摆震动。由此可见，主销后倾有助于减小行驶中的方向跑偏，是影响跑偏的一项非常重要的参数，主销后倾角越大，车辆越不容易出现跑偏的现象。如果前轮两侧转向轴的主销后倾不同，就会产生跑偏的现象，一般来说，车辆会向主销后倾角较小的一侧跑偏。

主销内倾角在转向时具有抬升车桥的作用，这也就使得驾驶员松开方向盘时，转向有靠重力自动回位的功能。同时，主销内倾角的大小会影响主销轴线与路面交点到车轮中心平面与地面交线的距离，从而会增大或减小转向时驾驶员加在方向盘上的力，使转向操纵轻便或加重，同时也可减少从转向轮传递到方向盘上的冲击力。但主销内倾角也不宜过大，否则会加速轮胎的磨损。不同的主销内倾角会产生不同的主销偏置距（图 5-16），主销偏置距越小（或偏向负值），转向越轻便，车辆越容易受到外界路面阻力的干扰，越容易跑偏。一般来说，如果车辆两侧主销偏置距不同，车辆将向主销偏置距较小的一侧跑偏。如宝马的双球节弹簧减振支柱式独立悬架的主销回转点向车轮外侧进行了偏移，使得主销内倾角增加。这样做的好处就是转向系统更加敏感，操控细节有所提高。

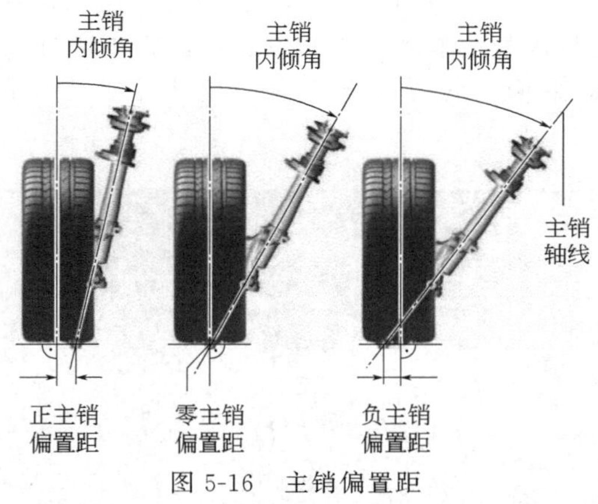

图 5-16　主销偏置距

二、轮胎定位参数对车辆跑偏的影响

轮胎的定位参数有车轮外倾和车轮前束（图 5-17）。

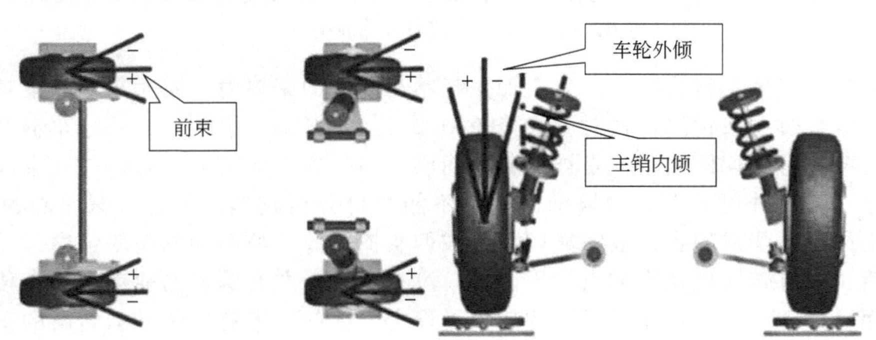

图 5-17　车轮外倾和车轮前束

车轮外倾角是轮胎相对垂直参照线的倾斜角度，其作用是一方面可以使车轮接近垂直路面滚动而滑动减小转向阻力，使汽车转向轻便；另一方面又降低了轴承及其锁紧螺母的载荷，提高了安全性。车轮外倾角会使得车轮有向着轮胎倾斜的方向滚动的趋势，因此也是影响车辆跑偏的重要参数，当左右两侧外倾角不同时，车轮会向外倾角偏大的一侧跑偏。

车轮前束是用来修正前轮外倾引起的车轮向外侧转动。由于有外倾，左右前轮分别向外倾斜，也就会向外侧转动。为了修正这个问题，如果左右两轮带有向内的角度，则正负为零，左右两轮可保持直线行进，减少轮胎磨损。也就是说，车轮前束是为了消除车轮外倾的不良影响而存在的。

那么，车轮前束是否会影响车辆跑偏？对于这个问题，需要对前轮前束和后轮前束分开讨论。

前轮为转向轮的车辆，左右侧前轮通过转向机连接在一起，车辆直行时，前束可以通过转向拉杆来互相传递，再加上地面阻力的作用，左右两轮的前束时刻处于相等的位置。也就是说前轮前束本身不会对车辆跑偏产生直接影响。许多汽修同行不禁会问：为什么许多时候调整车轮前束能纠正车辆跑偏？因为前束的作用是修正轮胎外倾的副作用影响，而车轮外倾会直接影响车辆跑偏，因而调整前束会消除部分外倾导致的跑偏趋势。

另外，也许有人会问：为什么做四轮定位时前轴左右前束值经常不相同（图 5-18）？这是因为做定位时，将方向盘人为地卡到了中间位置，但在车辆行驶过程中松开方向盘，地面的阻力会自动平均分配前束值，此时方向盘有可能不是处在中间位置（俗称“方向盘不正”）。

后轴		调整前检测	车型数据	调整后检测
外倾角	左侧	<-0° 20'>	-0° 25' [-1° 33'] +0° 25'	-1° 32'
	右侧	-1° 13'	-0° 25' [-1° 26'] +0° 25'	-1° 23'
左右外倾角差		<+0° 53'>	[0° 30']	-0° 02'
单独前束	左侧	+0° 50'		+0° 03'
	右侧	+0° 45'		+0° 08'
总前束		<+1° 35'>	-0° 12' [+0° 13'] +0° 12'	+0° 11'
几何驱动轴线		-0° 02'	-0° 12' [+0° 00'] +0° 12'	+0° 02'
前轴		**调整前检测**	**车型数据**	**调整后检测**
后倾角（20度测量）	左侧	+6° 05'		+5° 18'
	右侧	+6° 20'		+5° 28'
转向前展差	左侧	-1° 46'		-1° 57'
	右侧	-2° 05'		-1° 55'
外倾角	左侧	+0° 24'	-0° 30' [+0° 16'] +0° 30'	-0° 02'
	右侧	+0° 46'	-0° 30' [+0° 18'] +0° 30'	+0° 27'
左右外倾角差		-0° 22'	[0° 30']	-0° 27'
单独前束	左侧	-0° 02'	前轴左右前束不等	+0° 06'
	右侧	+0° 08'		+0° 07'
左右前束差		-0° 11'	[0° 12']	-0° 01'
总前束		+0° 06'	-0° 12' [+0° 14'] +0° 12'	+0° 12'
前轴偏位		-0° 01'		+0° 00'

图 5-18　定位时前轴左右前束不等

如果前轮前束值不符合要求，就会加大轮胎与地面的摩擦力，同时车轮前束对轮胎外倾的修正作用就会过弱或过强，这时就会掩盖跑偏或加重跑偏。事实上，此时车辆由于其他参数的影响已经具有跑偏倾向，只是被掩盖了而已。当跑偏倾向被掩盖时，往往会表现出轮胎偏磨的现象。在这种情况下，如果维修人员不能综合分析跑偏的原因，只是盲目地调整前束，就会把原本不严重的跑偏故障显现出来或彻底掩盖掉，从而加剧轮胎偏磨。

由于后轮没有转向机这个前束传导设备，汽车后轴上左右两轮的前束是相互独立的，互不影响，而且正常情况下，左右后轮的前束是稳定不变的（带有后轮随动转向的车型除外），除非底盘悬挂部件变形受到了外力冲击。不同的后轮前束值则会在后桥上产生与车辆中心轴线不重合的推力线（推进角），使得车辆有沿着推力线相反的方向跑偏，尤其是对于后驱车来说，后轮前束的准确与否对跑偏的影响尤为明显（图 5-19）。

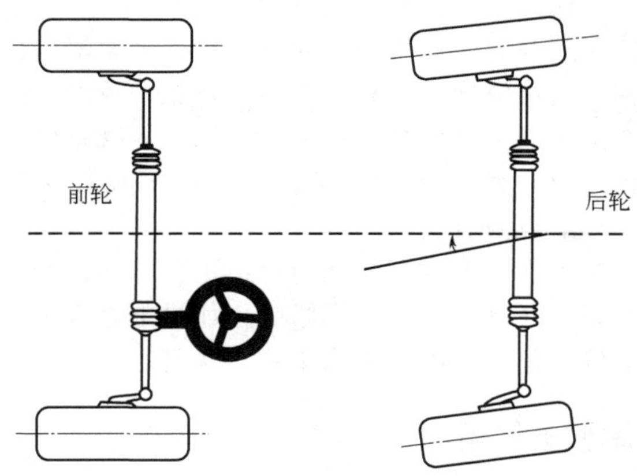

图 5-19　后轮前束对车辆跑偏的影响

三、“方向盘不正”对车辆跑偏的影响

图 5-20　“方向盘不正”时的表现

“方向盘不正”是指车辆在直线行驶时，方向盘不能处于水平位置（图 5-20）。“方向盘不正”仅与前轮前束有关，与其他定位参数无关。因为方向盘与转向机的转向轴相连，而转向机左右拉杆的长度受前轮前束的影响，前轮前束不正确时，方向盘角度就会偏转。

因此，要解决方向盘不正的问题一般只有一种方法：调前束（图 5-21）。下面以转向机在车轴之后的车型为例，介绍方向盘不正时的调整方法。如果车辆直线行驶时方向盘左低右高（向左偏转），就需要缩短转向机左侧的转向拉杆、延长转向机右侧的转向拉杆（简称“左收右放”）；如果车辆直线行驶时方向盘左高右低（向右偏转），则需要对转向机两侧的拉杆进行“左放右收”的调整。对于转向机在车轴之前的车型，调整方法正好相反。

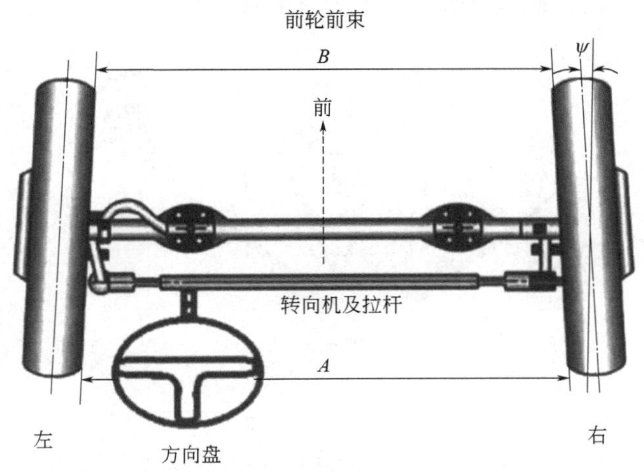

图 5-21　“方向盘不正”时的调整方法

如果车辆仅仅是跑偏，松开方向盘时车辆自动偏向一侧行驶，这个时候方向盘应该是不正的。对于这种情况，应先忽略方向盘不正的问题，只处理车辆跑偏的问题。如果方向盘是歪的，但车辆却不会跑偏，这种情况一般只是方向盘不正的故障，可以参照上面的“左收右放”或“左放右收”的方法来调整方向盘的角度。如果车辆既跑偏又有“方向盘不正”的故障，则应先处理跑偏问题，再调整方向盘角度。车辆跑偏往往会导致“方向盘不正”，而“方向盘不正”一般不会引起车辆跑偏。

另外，由于大部分车主不能正确区分“方向盘不正”与车辆跑偏，常常会把“方向盘不正”错误地描述成车辆跑偏，在日常实际的维修中，如果维修人员不亲自试车确认，维修的结果往往是调了很多的定位参数，却没有得到车主的认可。

四、其他因素对车辆跑偏的影响

车辆跑偏不仅仅与四轮定位的各个参数有关，还与其他诸多因素相关，如轮胎状态（气压、花纹等）、路面、转向助力系统等。

1. 轮胎对车辆跑偏的影响

左右侧轮胎气压不一致，车辆会向气压低的一侧跑偏。轮胎花纹深度、形状不一致或轮胎方向安装不正确也会导致车辆跑偏。有些轮胎的花纹具有方向性（图 5-22），花纹不一致或花纹方向不正确，轮胎与地面的滚动摩擦力就会不一致，使得车辆左右两侧车轮的阻力不相同而出现跑偏。

图 5-22　花纹有方向要求的轮胎

2. 路面对车辆跑偏的影响

处于排水的需要，一般道路路面都会设计成中间高两侧低，所以车辆靠右道行驶时会因为道路右侧偏低而存在向右轻微跑偏的现象。

3. 转向助力系统对车辆跑偏的影响

转向助力系统对车辆跑偏的影响很容易被大家忽视。转向助力系统有液压式转向助力系统（图 5-23）和电子式转向助力系统之分。对于液压式，决定转向助力系统的助力方向和大小的是系统内部的转向控制阀，有时候因为事故或者老化，在方向盘处于中央位置时，阀

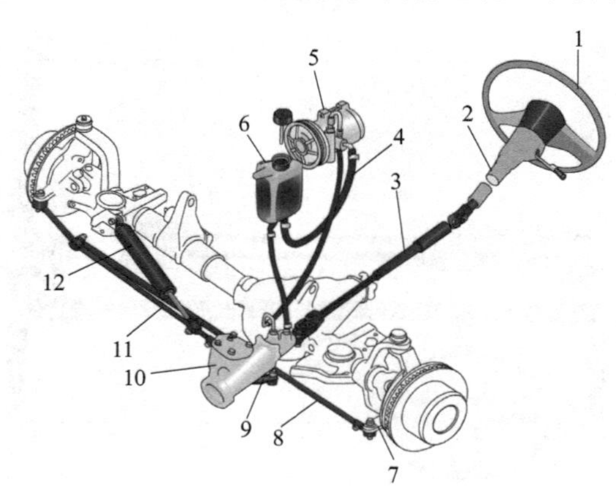

图 5-23　液压式转向助力系统结构

1—方向盘；2—转向管柱；3—转向中间轴；4—转向油管；5—转向油泵；6—转向油罐；7—转向节臂；8—转向横拉杆；9—转向摇臂；10—整体式转向器；11—转向直拉杆；12—转向减振器

芯的左右油腔阀门关闭不严，使得油压错误地引入转向机的动力油缸，导致错误的助力出现。此时，虽然方向盘处在中间位置，但转向助力系统却使车辆自动转向，从而导致车辆跑偏。

如何检验车辆跑偏是否由液压转向助力系统引起的呢？方法其实很简单：在确保安全的前提下，断开助力泵的皮带后上路试车，如果车辆跑偏故障消失，则说明车辆跑偏是由转向助力系统引起的；如果跑偏故障依旧，则说明跑偏故障与转向助力系统无关。

对于电动转向助力系统（图 5-24），由于转向机都没有控制阀，也不会发卡，是不是就不会影响车辆跑偏？电动转向助力系统虽然没有机械的控制阀，但是却多了电子的扭矩传感器。如果在不转动方向盘时，扭矩传感器的数据不是 0，而是正或负的某个数值，那么左右转向助力大小就会不同。现在的电动转向助力系统，完全是靠扭矩传感器的正负来判断方向，靠扭矩数值的大小调节助力电流，而与方向盘转角信号没有任何关系，此外，电动转向助力系统需要校准中间位置、左右的极限位置。如果校准不正确，转向助力系统就会提供错误的方向盘回位功能。

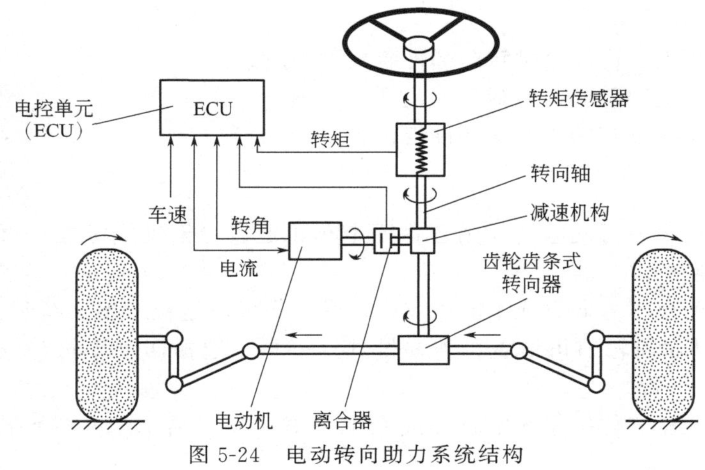

图 5-24　电动转向助力系统结构

因此，电动转向助力系统同样也会引起车辆跑偏的出现，其排除方法同样是断开系统来排除。

4. 制动阻滞力对车辆跑偏的影响

制动系统同样也会导致车辆跑偏，需要说明的是，这里所说的是松开制动踏板时的阻滞力对车辆跑偏的影响，与制动跑偏是两个完全不同的概念。

如果一侧车轮的制动分泵不回位，两侧轮胎的阻滞力就不一致，轻微时会导致制动盘片偏磨，严重时将导致车辆跑偏。这方面的案例虽然不多，但在多年的汽修实践中还是遇到过此类故障。由于此类故障比较少见，车辆因跑偏而送修，维修人员接车后还是习惯性地做四轮定位、检查轮胎等，结果定位、轮胎均未见异常，最后上检测线才发现两侧制动阻滞力差异很大，检修制动系统后，车辆跑偏现象也随之消失。

如何检查和判断车辆跑偏是由制动系统阻滞力引起的？如果有检测线，可以上线检测；如果没有检测线，可以举升车辆让车轮离地，踩刹车踏板后松开，转动车轮，检查左右制动盘片阻力是否一致。

导致车辆跑偏的因素还有很多，如四驱系统、底盘变形、悬挂部件老化松旷、减振器变形或失效、车辆左右轴距不一致、环境风向等。

第四节　转向问题诊断

一、方向盘不正诊断

在水平路面上正直行驶，无须任何转向修正，车辆应沿直线行驶。如果发生了方向盘不正的情况，在路试时，车辆是否有向一侧或另一侧跑偏的现象？

① 如果有跑偏现象，是跑偏问题。在校正方向盘不正状态之前，车辆的跑偏问题必须被修正，应进行“跑偏诊断”。

② 如果没有跑偏现象，则是由方向盘不正引起的。有时候方向盘不正可能是部件损坏或配合不正确导致的。

多数情况下，方向盘不正是不正确的定位角度所致。要想摆正方向盘，前轮前束必须设置成与后轮前束同方向，这称为推进线定位。

1. 部件问题

① 在有些车辆上，可能会是转向部件装配不当所致。

② 检查所有花键轴总成，包括方向盘到转向轴。

③ 通常，定位标记有助于校正部件定位。

2. 定位方式

① 如果后轮前束是可调整的，则选择四个车轮定位（推进线定位）。设置推进角为零，以后轮为基准调整前束。

② 如果后轮前束不可调整或不能被调整，则进行前轮定位（推进线定位）。对于推进角不是0°时，这可补偿前轮前束设置。若要做到这一点，选择四个车轮定位，但不要调整后车轮。

③ 如果可选前轮定位（车体中心线），则前车轮不可与后车轮方向相同，这将导致方向盘不正。

二、不对称诊断

一般而言，汽车左转向和右转向时，其不对称性差值超过0.5°。检测不对称状态的方法如下。

假设左转向时，A＝右前束－左前束，右转向时，B＝左前束－右前束，若 $A-B>\pm0.5°$，应进行如下检查。

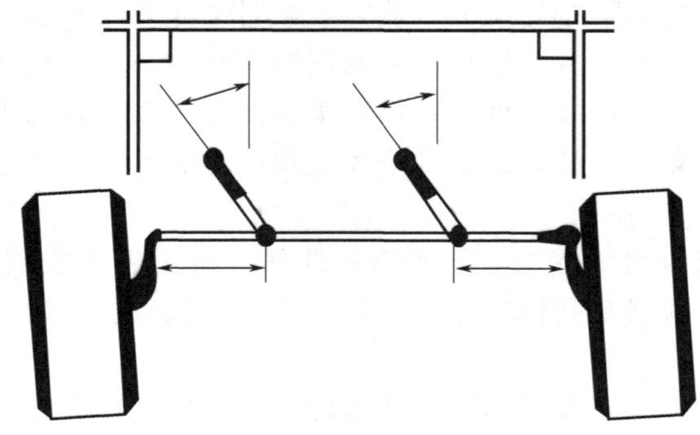

图 5-25　检查转向横拉杆长度不等情况

① 在左右前束相等时检查转向机构居中情况，检查转向横拉杆长度不等情况，如图 5-25 所示。

② 检查转向横拉杆和其他转向拉杆是否笔直，如图 5-26 所示。

③ 当左右轮前束相等时，检查转向齿条是否和前轮轴平行，如图 5-27 所示。

④ 检查转向节到地面的垂直距离，对两侧进行比较，确保轮胎直径相同、胎压相同，如图 5-28 所示。

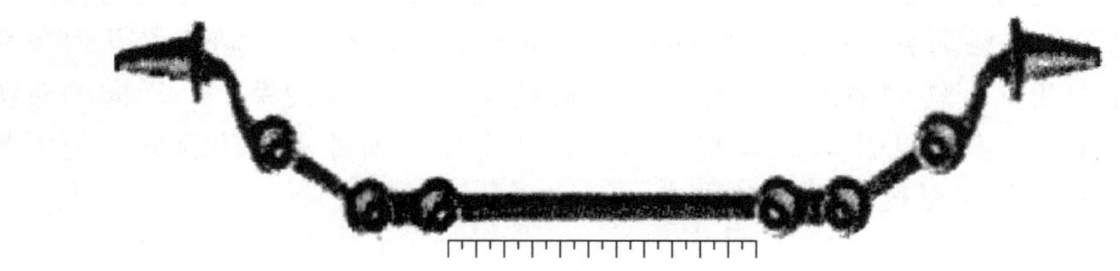

图 5-26　检查转向拉杆变形情况

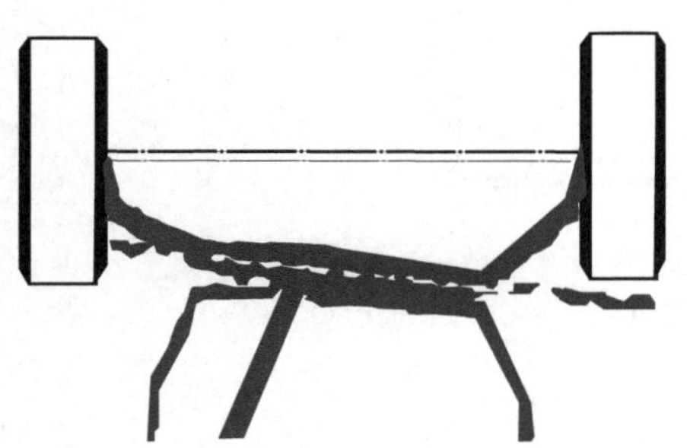

图 5-27　检查转向齿条与前轮轴平行

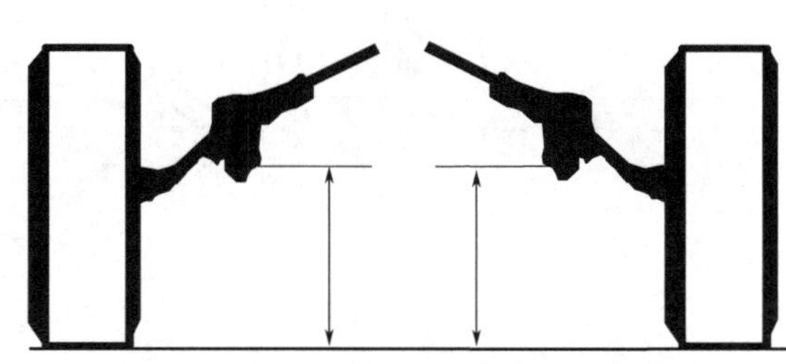

图 5-28　检查两侧转向节到地面的垂直距离

⑤ 检查从转向节到制动盘之间的距离，对两侧进行比较，如图 5-29 所示。

⑥ 检查配件是否有问题，例如转向节长度不匹配，如图 5-30 所示。

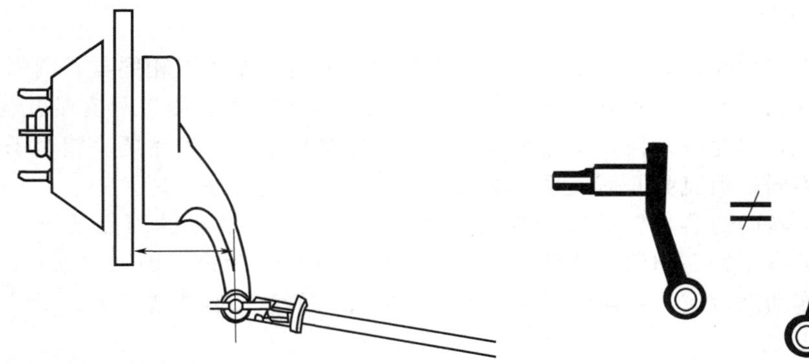

图 5-29　检查两侧从转向节到制动盘之间的距离

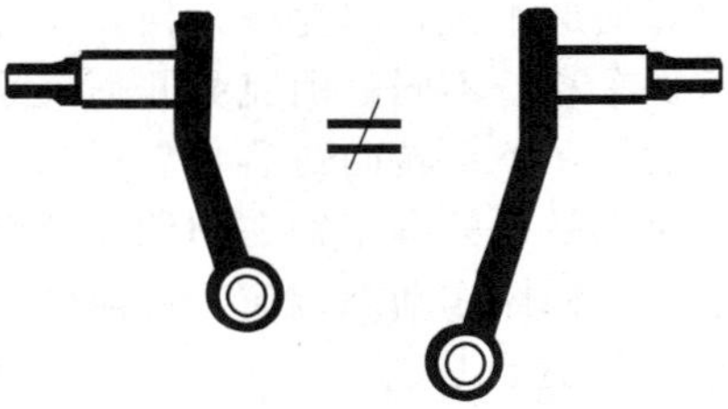

图 5-30　检查配件合格性

三、阿克曼角与转向的关系

1. 阿克曼角

如图 5-31 所示，阿克曼角就是汽车转向时，外侧车轮和内侧车轮的转向角度不一致产生的夹角。由于内外侧车轮转向半径不同，因此内侧车轮总是要比外侧车轮的角度更大一点，才能保证车身转弯的平顺。

阿克曼角是在 1818 年由 Rudolph Ackermann 提出的专利，它是在底盘设计的时候就考虑进去的因素，他是 19 世纪初四连杆转向系统的发明人。

内侧车轮转向比外侧车轮转向更快，这样车辆在转弯时会有更小的轮胎磨损。设计时，在几何关系上所有车轮拥有共同的转向中心，也就是说车辆有着 100%阿克曼几何关系。通常受到其他设计的局限（如操控系统）的影响时，车辆不设计成100%阿克曼几何关系。如果外侧车轮只转到100%阿克曼几何关系的一半，可说成车辆有50%阿克曼几何关系。注意在整个转向过程中四连杆转向系统不会保持在相同的阿克曼几何关系上。转向的对称性可用于确定车辆在校正后悬架是否损坏或调整不当的诊断手段。另外需要注意的是为了与其他设计部分匹配，有些车辆刻意设计成不对称式。

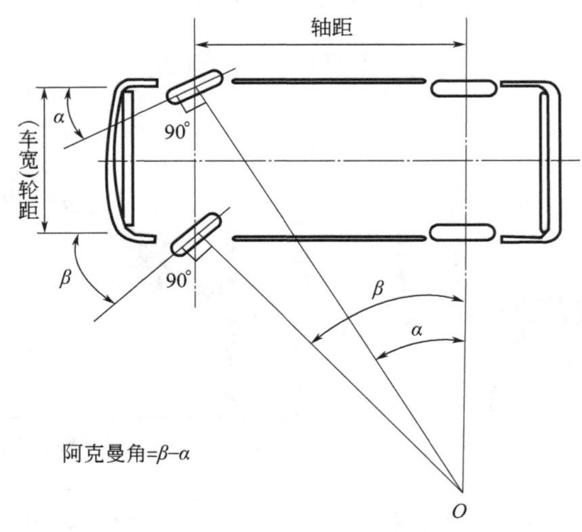

图 5-31　阿克曼角

2. 阿克曼角的作用

转向系统上真正的阿克曼几何关系是指当车辆转向时使所有车轮以相同点画圆弧。随着汽车发展，为了实现轮胎磨损小和适当的操作特性，汽车制造商需要测量阿克曼几何关系。为使轮胎磨损最小化，阿克曼几何关系在货车设计、舰船维护上也相当重要。相对于长途汽车，城运货车有着不同的阿克曼几何关系，这需要通过更换转向臂来实现。

实际上，在整个转向过程中，受转向连杆特性限制，得不到真正的阿克曼角。真正的（100%）阿克曼角只有车辆在超低速急转向时才能获得。其他车辆设计因素（如重心变化、轮胎特性和车辆操作动态响应）可能会要求不同的转向几何关系。通常情况下，所设计的阿克曼几何关系小于100%。

阿克曼误差和阿克曼对称性（或不对称性）也可用于检测转向系统上损坏或不可靠的部件。以整个阿克曼规范（全部与所有转向值交叉的曲线）对转向连接件问题做一个确切的诊断。另外，在其阿克曼特性上，大多数车辆设计成对称式（边到边）。

3. 阿克曼分析

如图5-32所示，图中的说明文字对于左、右参数对称适用。

阿克曼相关描述见表5-1，其值在产品管理上没有被标注。

表 5-1　阿克曼相关描述

项目	左轮	右轮	描述
转向前展角规范	××	××	由制造商提供
阿克曼规范	××	××	定位仪通过制造商的前展角规范计算此规范[①]
阿克曼测量值	××	××	基于所测量的前展角、轴距和轮距计算出来的阿克曼测量值

续表

项目	左轮	右轮	描述
前束外展左右差	××	××	来自制造商的规范，在转向 20°时前束外展的差值
阿克曼左右差	××	××	阿克曼测量值与计算规范（在转向 20°时）之间的差值

① 由于前展角规范是在 20°测得的，该阿克曼规范只适用于转向 20°。

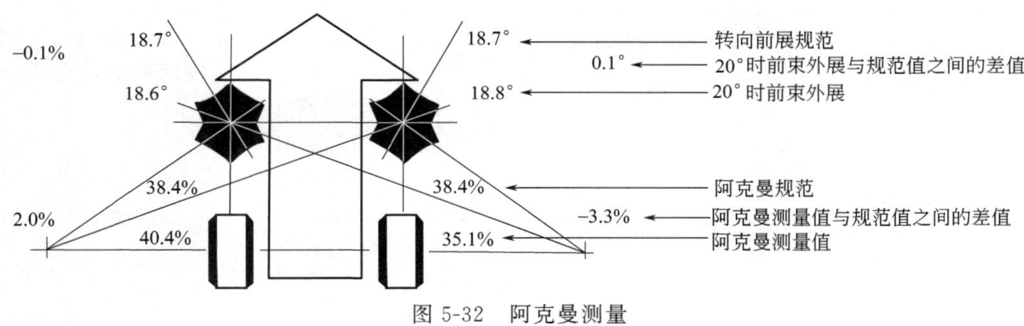

图 5-32　阿克曼测量

4. 阿克曼误差

阿克曼误差是指外侧车轮 100％阿克曼角与外侧车轮在每个转向角度上的测量值之间的差值，如图 5-33 所示。

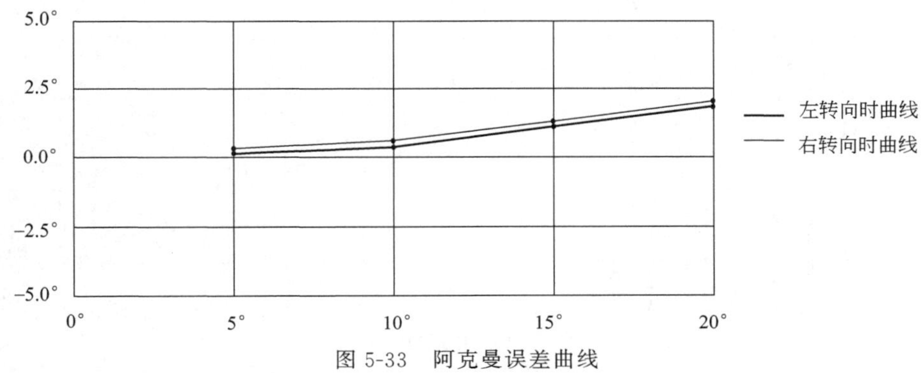

图 5-33　阿克曼误差曲线

5. 阿克曼测量值

阿克曼测量值是以所测量总前束与外侧车轮在每个转向角度以 100％阿克曼几何关系计算的总前束比值（％），如图 5-34 所示。

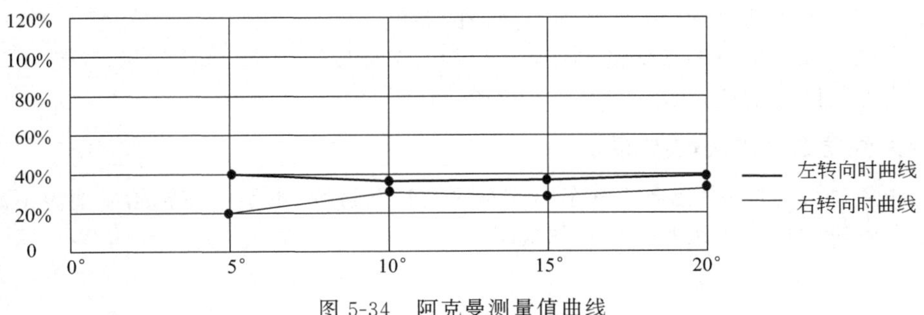

图 5-34　阿克曼测量值曲线

6. 总前束曲线

总前束曲线指在每个转向角度上的总前束连线。如图 5-35 所示为左转向时的总前束曲线和右转向时的总前束曲线。

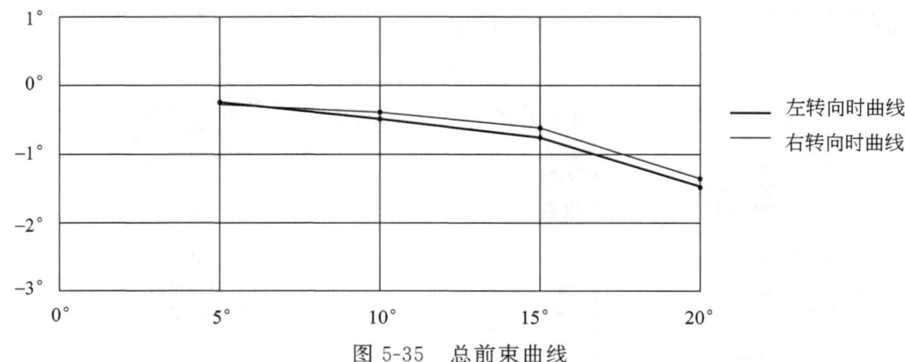

图 5-35　总前束曲线

7. 阿克曼计算

① 计算理论上的 100%阿克曼值（图 5-36）。

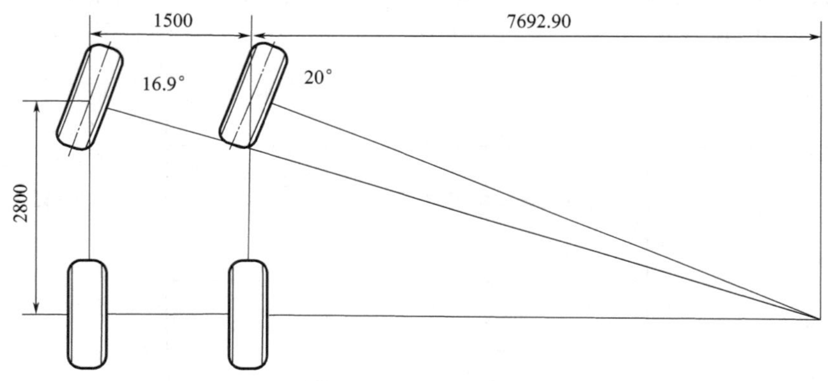

图 5-36　阿克曼计算

轴距＝2800mm，轮距＝1500mm。

内侧车轮转向 20°时，计算与后桥中心线交点：2800mm/tan20°＝7692.9mm。

计算外侧车轮与内侧车轮在相同位置的交点的角度：arctan[2800mm/(7692.9mm＋1500mm)]＝16.9°。

② 计算阿克曼测量值（图 5-36）。

计算内侧和外侧前束理论 100%阿克曼值的差值：20°－16.90°＝3.1°。

计算内侧和外侧前束测量值的差值：20°－18.5°＝1.5°。

计算实际的阿克曼值：1.5°/3.1°×100%＝48%。

8. 阿克曼角过大/过小造成现象

阿克曼角过大/过小，会造成汽车内侧车轮的转向过度/不足，在轮胎抓地力不足的情况下，就会发生轮胎拖滑、跳胎、异响的情况。

第五节　汽车振动诊断

一、汽车振动发生部位

汽车行驶时振动主要是由制动系统、发动机或悬架部件等造成的，对于各种情况引起的振动，分析特殊症状，找到原因。对于振动诊断，先要路试车辆以确定是否在特定速度下车辆发生振颤、抖动，或其他振动，要注意车速和发动机转速。进行路试时，要测试行车制动和驻车制动，要注意在制动过程中是否发生振动。

二、汽车振动分析

1. 只在制动过程中车辆发生振动

只有当驻车制动时才发生振动，这种情况下应检查车轮上的制动鼓或制动蹄片偏心量在驻车制动时的影响。另外，要检查所有四个车轮的偏心量。如果任意一个车轮有过大偏心量，都要通知用户并征得许可后进行维修。制动蹄片或制动鼓进行表面处理后，更换旧衬垫和制动蹄，进行路试，查看振动是否已经消除。

（1）振动已消除　制动器维修已解决问题。检查悬架部件引起振动的潜在问题。

（2）振动没有消除　存在另外的问题。维修解决了制动系统中的一个问题，而还有另外的问题。路试车辆，回到“振动诊断”流程。

2. 发生在某一发动机转速下

（1）发动机相关振动　在空挡热车测试或制动力矩测试时，会产生一个与发动机有关的振动问题。

（2）空挡热车测试　取决于用户报修的情况，该测试设计目的是为找到与振动相关的发动机转速（r/min）。利用该测试验证用户报修的车辆在怠速、升挡或降挡时发生的振动。将车辆置于空挡或驻车挡。

① 缓慢提高发动机转速，查找与用户报修相匹配的干扰。

② 如果有可能，要观察振动发生时的转数值和频率值。

（3）制动力矩测试　该测试可找出发动机转速与在空挡热车测试时没有发现的车辆振动之间的关系。它也适用于与发动机载荷或力矩相关的振动测试。

① 锁止前车轮。

② 将车辆置于驱动挡，同时使用脚制动和驻车制动。

③ 慢慢提高发动机转速，查找用户所描述的振动。

④ 注意振动发生时发动机的转速。如果可能，获取频率值。

⑤ 如果需要，重复②和③步操作。

（4）发动机振动　关闭发动机，检查和校正如下项目。

① 传动带是否松弛或老化。

② 附件支架是否破损或松弛。

③ 电动机或变速器支架是否老化或破损。

④ 风扇叶片是否松弛或损坏。

⑤ 发动机是否调节到了规范状态。

3. 仅在特定速度下产生振动

（1）慢加速测试　这个测试是为找出发动机转速或车辆速度的相关状况。若要进一步分析，需要进行其他测试。

① 在平坦水平的路面上，慢加速至高速。

② 查找用户所描述的振动。

③ 在振动发生时，注意观察车速（km/h）和发动机转速（r/min）。如果有可能，获取频率值。该测试之后，执行空挡降档测试和降挡测试。

（2）空挡减挡测试

① 在平坦水平路面上，提高车速到比振动发生时高一些。

② 将变速杆置于空挡，在整个振动区间减挡，注意空挡时是否出现振动。

如果振动仍然出现在空挡，振动明显是因车速引起的。据此，排除发动机和变矩器是故障原因。根据症状或频率，维修将集中在轮胎和车轮或传动轴和驱动桥。

4. 空挡时不发生振动

空挡时不发生振动执行降挡测试。

① 在平坦水平路面上，提高车速到报修振动发生时，注意发动机转速。

② 接下来，减速降挡至下一级低速挡（从超速挡降到驱动挡，从驱动挡到二挡等）。

③ 以先前的发动机转速来驾驶车辆。如果相同转速时振动再现，发动机或变矩器是最有可能产生故障的地方。可用更低挡和空挡重复进行这一测试，以确认结果。

有些情况，振动因受转矩或发动机负荷的增加而更明显。同样情况也会发生在特定发动机转速或车速（km/h）下。

5. 振动发生在空挡

（1）排除车轮问题　解决车轮问题前，检查和纠正如下问题。

① 轮胎不平衡。

② 车轮和轮胎径向及横向误差。

③ 轮毂和车轮螺栓误差。

（2）驱动系统检查　检查驱动系统不平衡。检查球节或轴承磨损、传动轴角度不当、伸缩式球节阻滞等情况。按制造商的推荐纠正存在的问题。如果没有采取排除振动问题的纠正措施，应进行修理。

所有常规排除故障的手段都已采用，但是轮胎、制动器、发动机、传动系统均没有问题，振动不明显。有些情况，噪声振动可能与底盘振动干涉。其他非共性原因有松弛的轮圈、配件问题、排气系统振动或噪声。

第六节　四轮定位故障案例分析

一、行驶跑偏

1. 宝马 745Li 行驶跑偏

故障现象　一辆 2004 年款进口宝马 E66 745Li 轿车，行驶里程 108258km，驾驶员反映行驶时车辆跑偏，做过四轮定位以后，有所改变，但还是有向右跑偏的现象，维修过多次都没有解决。

故障诊断　接车后，看过汽车底盘，没有发现有被撞过痕迹，检查四轮轴承、转向摇臂、转向横拉杆、平衡吊杆、转向控制臂头球、带橡胶支座压杆、轮胎气压均正常，只是发现前轮左右轴高度有 9mm 的高度差。

首先用 ISTA（宝马专用诊断仪）把前后轮统一调整到标准高度，确认在标准范围内，接着用 KDS（四轮定位仪）检查四轮定位数据，调整前报告左右后轮外倾角、右后轮前束、两前轮前束、右前轮倾角，有不同程度超出了标准范围。按照调整后轮倾角→调整后轮前束→前轮倾角→调整前轮前束的步骤进行调整。经过 KDS 调整后，其数据都在标准范围内。然后路试，有些好转，但还是轻微向右跑偏，怀疑是轮胎有轻微磨损导致。于是左右调换轮胎再试，结果还是一样，这说明真正的问题还没有找到。

以上引起跑偏最常见的基本问题已排除，接下来必须对该车底盘系统进行深入的学习理解，经查资料，宝马（E66）带有 EDC-K（电子减振器）和 ARS（主动式侧翻稳定杆）两大控制系统。EDC-K 的任务是补偿行驶期间作用在车辆上的动态力，这些力有：垂直力（如因路面不平）引起的、横向力离心力（如侧风）引起的、纵向力加速（如制动）引起的。这些力大部分由连续调节式减振器消除。EDC-K 控制单元接收相关传感器信号，然后调节电磁阀电流以控制减振器（图 5-37）。

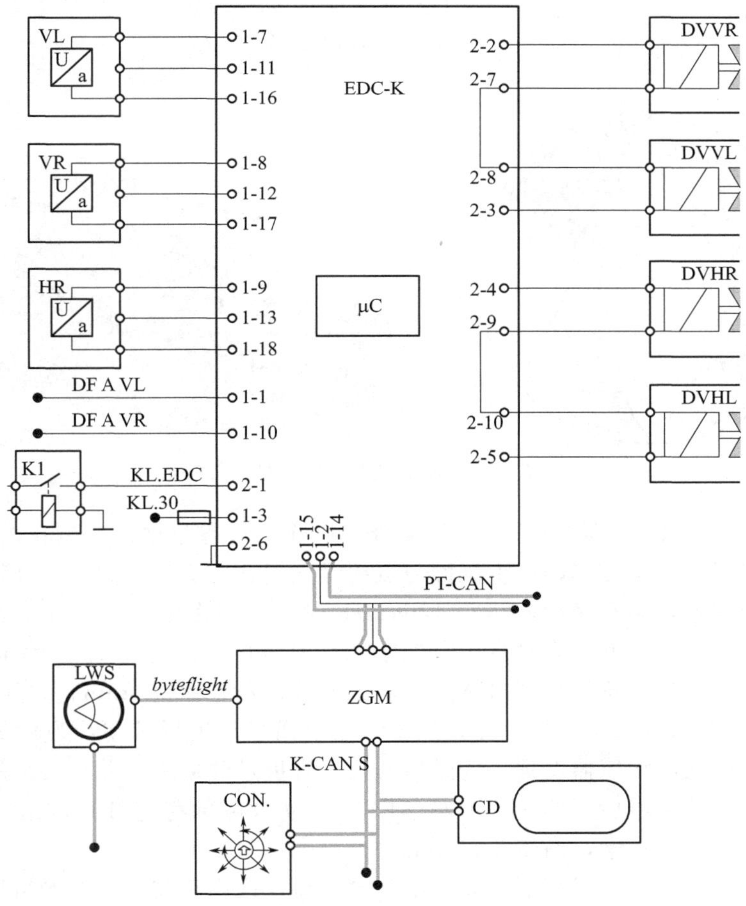

图 5-37　电子减振器工作原理

VL—左前垂直加速度传感器；CD—控制显示；VR—右前垂直加速度传感器；DVVR—右前减振器阀；HR—右后垂直加速度传感器；DVVL—左前减振器阀；DF—A 模拟转速传感器；DVHR—右后减振器阀；CON—控制器；DVHL—左后减振器阀；LWS—SZL 内的转向角传感器；ZGM—中央网关模块

ARS 系统的结构原理如下。

车辆转向时会产生一个横向加速度 a_q，它作用在车身的重心 SP 上（图 5-38），车身绕侧滚轴线侧倾。若车辆带有动态驾驶装置，横向加速度小于 $3m/s^2$ 时，侧倾力矩 M 则完全由被动式弹簧抵消。当横向加速度大于 $3m/s^2$ 时，侧倾力矩 M 由 ARS 系统主动调节（侧翻稳定杆）力矩 MA 进行抵消，以保证车身不会过度倾斜。液压调节的侧翻稳定杆如图 5-39 所示，ARS 系统工作原理如图 5-40 所示。

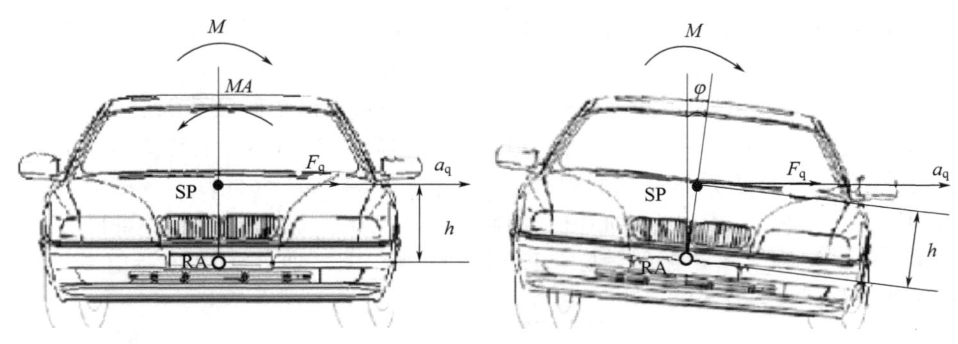

图 5-38　侧倾的影响

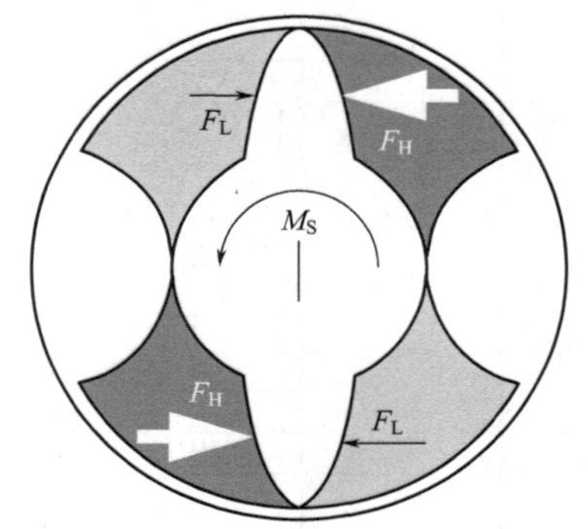

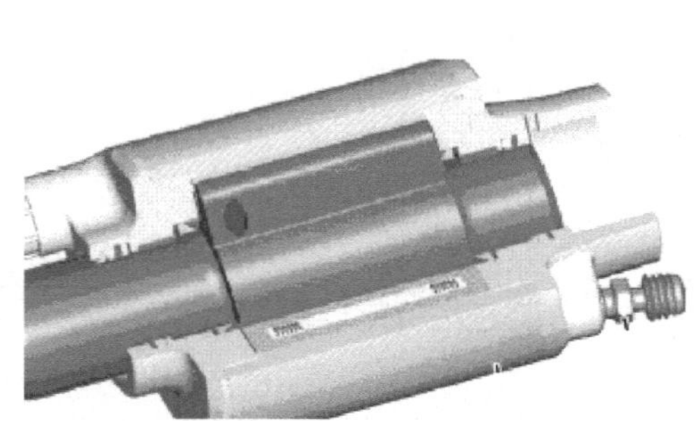

图 5-39　液压调节的侧翻稳定杆

故障排除　用 ISTA 一边路试一边看这两个系统的动态数据流。测得的数据流 EDC-K 包括：在加速或紧急刹车使车辆产生俯仰与点头时数据在±2.5g 内变化，属于正常；左前/右前车轮转速传感器，当车辆由起步至 120km/h 时，它们也由 5～120km/h 变化，轮速传感器信号也正常；用数字万用表测量四个电子减振器电阻，约为 2.2Ω，都正常；再次测量前后轮的高度时，发现前轮的高度居然又出现了偏差，左右相差 9mm。为什么又出现偏差？带着疑问我们又对 ARS 做了一次匹配，试车，结果回来又出现偏差。为什么会出现这种问题？仔细检查右前高度传感器发现，传感器的拉杆有拆过的痕迹，并且安装的位置也有略微偏移，重新安装好传感器后，用 ISTA 对 ARS（主动式侧翻稳定杆）试运行并匹配，测量高度合格后试车，一切正常，高度差在 3mm。

故障总结　后经驾驶人了解到，此车维修过底盘，维修后技师没有严格按照维修标准施工，导致传感器错位误报高度数据，使车身高度出现偏差，因而方向会轻微跑偏。

2. 奔驰 S65 AMG 轿车行驶跑偏

故障现象　一辆行驶里程约 6.5 万千米，装配 V 型 12 缸 275 发动机，底盘号为

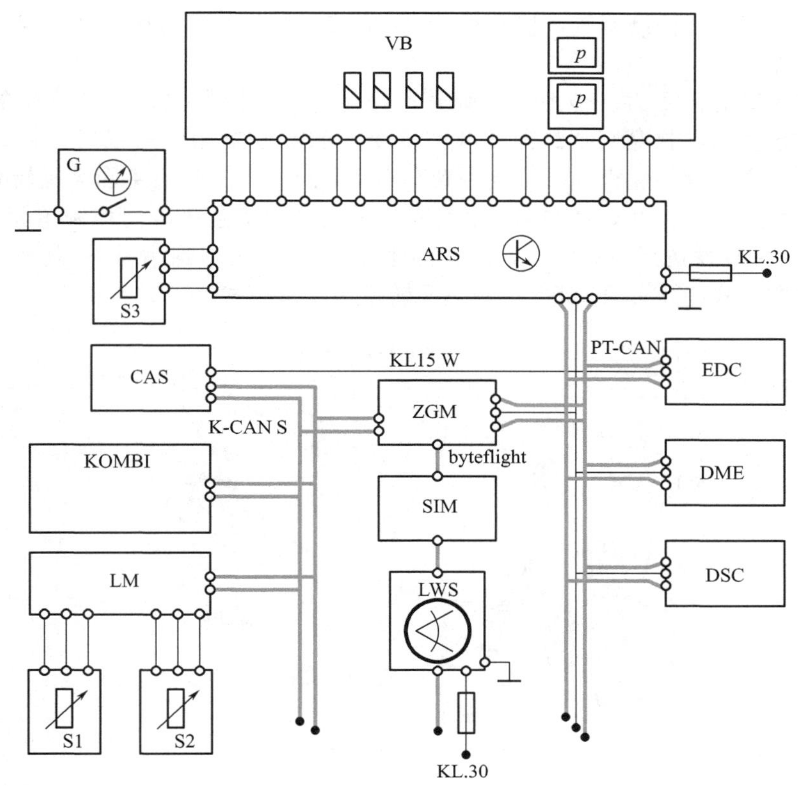

图 5-40　ARS 系统工作原理

ARS—主动式侧倾稳定杆单元；SIM—安全信息模块；VB—阀体；ZGM—中央网关模块；p—压力传感器；EDC—电子减振控制系统；G—油位传感器；DME—数字式发动机电子伺控系统；CAS—便捷进入及启动系统；DSC—动态稳定控制系统；KOMBI—组合仪表；S1，S2—高度传感器；LM—灯光开关控制中心；S3—横向加速度传感器；LWS—SZL 内的转向角传感器

WDB221179 的奔驰 S65 AMG 轿车，驾驶员反映：该车行驶严重跑偏，方向盘不正，并且以 180～200km/h 的车速高速行驶时车身发抖。该车曾因此故障在外面多次进行过四轮定位调整，但无任何效果，因此到店维修。

故障诊断　接车后，首先验证故障现象。进行路试，发现该车行驶过程中一直往右跑偏，由于交通条件的限制，无法以 180～200km/h 的车速进行试车，车速达到 140km/h 时，车身抖动的现象没有出现。于是就和驾驶员沟通，先做一下轮胎动平衡试试看，然后再重点做一下四轮定位，查看一下相关数据。

该车装配的是 ABC（主动车身控制）系统，在做四轮定位前都需要先检查一下左右车身高度是否一致。在校正气压时很明显地可以看出该车车身右侧比左侧低，在这种情况下，即使四轮定位数据正确，行驶过程中也肯定会往右跑偏，于是测量左右车身高度，发现右侧比左侧低 34mm，所以决定先校正车身高度，然后再进行四轮定位调整。

由于奔驰 S65 AMG 车型平时比较少见，再加上 ABC 系统又不同于自动空气悬架系统，在此先介绍一下 ABC 系统的功能原理。如图 5-41 所示，主动车身控制系统是一个全支撑悬架系统，通过 4 个液力悬架滑柱（柱塞机筒）进行控制，每个车轮可以有效地承受可变力。径向活塞泵产生一个液力体积流，并以高压的形式存储在前后轴的中央储液罐中。液压油按照要求通过主动车身控制（ABC）阀门装置供给到单个柱塞机筒中，控制干预功能以约 5Hz

的频率作用。主动车身控制系统由控制单元（N51/2）接收相关传感器的信号，控制并监视执行元件的工作。

可控柱塞机筒的作用力、辅助螺旋弹簧的作用力，可以均匀地调节轮胎的偏移。ABC控制单元始终根据驾驶状况调整悬架和减振特性。ABC控制单元可以通过打开一个车门或后备厢盖唤醒，通过旋转翘板开关可检测到车门是否打开，通过后备厢盖旋转翘板微动开关可检测到后备厢盖是否打开，这些车门和后备厢盖的开启信息由车门控制单元或后SAM控制单元通过CAN B发送至中央网关，然后再通过CAN E发送到ABC控制单元。当接通点火开关时，唤醒模式终止，且ABC控制单元转换为正常模式。

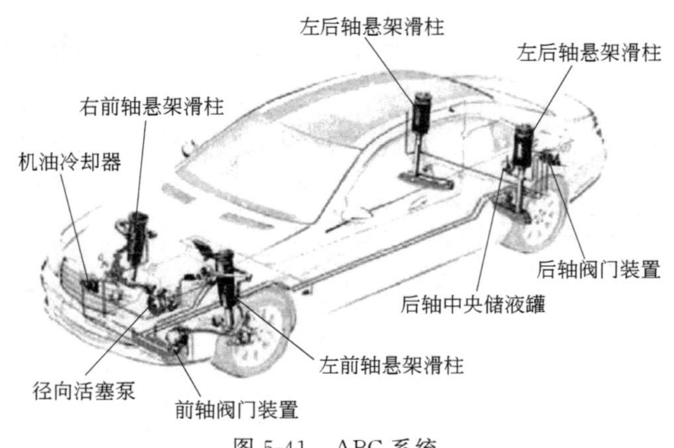

图 5-41　ABC系统

驾驶员可以通过水平调节开关选择正常车身高度或增加高度。悬架工作特性取决于选定的自动变速器模式，如果自动变速器的模式改变，例如从舒适型变为运动型，则悬架工作特性也将改变。4个水平传感器确定当前的车身水平高度，所确定的高度值由ABC控制单元读取，用于主动车身控制系统的功能控制。

连接STAR-D进行快速测试，在ABC控制单元内没有任何故障码储存。由于车身高度左右不一致，于是准备对车身进行水平标定，此车标定方法与自动空气悬架系统不同，进入“控制单元适配”的选项，里面根本没有标定这一项，而是需要进入“试运行”选项，然后选择手动设定新控制单元进行试运行，点进去后选择悬架滑柱已拆卸或已更换，才会出来调整车身高度的界面。用尺子边测量边调整车身，左右高度一致后，再下一步输入水平高度数值，然后才能完成标定。调整完后，再一次检查左右高度，发现左右高度一致，于是将车辆开到四轮定位仪上进行四轮定位测量和调整。

四轮定位调整完成后，进行路试，发现该车依然向右跑偏，且方向盘不正，跑偏程度和以前一样。把该车靠路边停车，将发动机熄火后下车检查车身高度，发现依然是左侧高右侧低，和车身高度调整前一样。这令笔者就感到十分蹊跷，只得将车辆开回进行再次检查。

再次连接STAR-D进行快速检测，依然没有任何故障码储存。于是重新对车身高度进行标定，标定完成后将发动机熄火，发现右前侧车身在发动机熄火后马上就下降很多，而左侧车身高度没有变化。连续试验了几次，发现发动机不熄火的情况下，右前侧车身高度不会下降，发动机一熄火就会立即下降。因为ABC系统传递介质是液压油，由于液体的不可压缩性，所以ABC系统比自动空气悬架系统反应速度要快得多，2s内右侧车身就下降30mm左右。接着又尝试对ABC控制单元进行升级，但故障依旧。

静下心来分析故障原因，ABC系统中的部件比较少，无非就是车身高度传感器把车身高度信号送至 ABC 控制单元，ABC 控制单元再根据需要调节减振器。既然 ABC 控制单元中没有故障码储存，觉得还是应该从车身高度传感器上入手，仔细检查车身高度传感器，发现了问题，车身高度传感器连接杆和上支臂连接处弯曲了（图 5-42）。

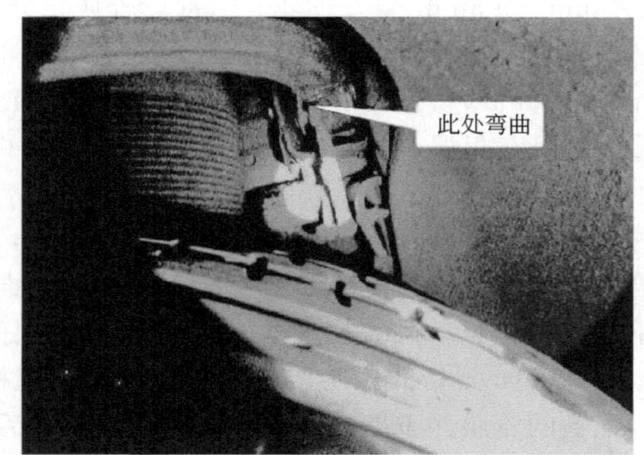

图 5-42　车身高度传感器连接杆和上支臂连接处弯曲

会不会是车身高度传感器连接处弯曲造成 ABC 控制单元读取的数据不准确呢？于是用钳子把弯曲部位拧直后，再次调整好车身高度，但发动机一熄火右侧的车身高度还是会降下来。

向驾驶员了解情况，得知该车刚出过大事故，修竣后就一直行驶跑偏，做四轮定位调整都不能解决问题。在以前做定位时，因为没有人会调整车身高度，而且没有专用的检测设备，因此一直排除不了故障。了解到此情况后，觉得故障点有点方向了，于是重点检查在事故修复过程中曾检修过的地方。把车身升到最高，仔细检查两侧车身上的部件，没有发现异常，但发现车身高度传感器安装支架左右侧位置不一致。经过进一步检查发现，在车身高度传感器安装支架上有个定位卡子，在安装右侧车身高度传感器支架时没有卡到位（图 5-43），尽管区别很细小，几乎看不出来，但数据反映到车身高度传感器上却形成了很大的偏差。

故障排除　把右侧车身高度传感器安装支架正确安装好后，车身会自动上升，重新调整好车身后进行路试，一切正常，上述故障彻底排除。

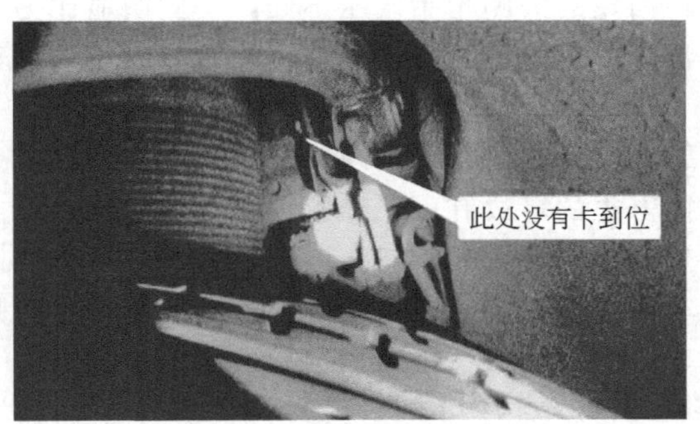

图 5-43　右侧车身高度传感器支架没有卡到位

3. 三菱猎豹黑金刚行驶时跑偏

故障现象　一辆行驶里程仅有约 1000km 的三菱猎豹黑金刚，该车用两驱模式行驶正常，用四驱模式行驶，急踩加速踏板时车辆向右跑偏，松开加速踏板时车辆向左跑偏。

故障诊断　检查轮胎气压及底盘各部位螺栓的紧固情况，均无异常；检查车身左右两侧高度，正常；检查轮胎、轮辋、同轴两侧轮胎的花纹等，均无异常；检查转向及其连接机构、悬架装置等，均正常；检查各制动轮缸的回位情况，均正常。进行四轮定位，检查结果：前束值为3.4mm（标准值为3.5mm±3.5mm），左前轮、右前轮外倾角分别为0°04′、0°44′（标准值为0°40′±30′），左前、右前主销后倾角分别为2°04′、3°48′（标准值为3°±1°），轴距为2732mm（标准值为2725mm±16mm），主销内倾角无参数。把左前轮外倾角调整至0°44′后路试，故障依旧。为了纠正车辆向左跑偏，特意将左前外倾角加大至0°50′后路试，故障依旧。至此已维修了一天，但故障仍未排除。

第二天，维修人员对前一天的维修工作进行了认真冷静的分析，在排除转向、制动及悬架等系统部件损坏或螺栓松动，以及四轮定位参数失准等因素外，推断可能导致该车故障的原因有：轮胎问题；前驱动桥和后驱动桥的减速器传动比不一致。仔细检查轮胎，发现该车安装的不是原厂配备的235/85R16规格的轮胎，而是265/70R16规格的雪地轮胎。

故障排除　换上原厂配备的轮胎并重新检查调整前轮定位参数后路试，发现在四驱模式下急踩加速踏板时车辆不再向右跑偏，但松开加速踏板时车辆向左跑偏加重。当前桥左右车轮外倾角不一致时，如果车辆发生跑偏，一般向车轮外倾角大的一侧跑偏。将左前轮外倾角调整为0°10′，右前轮外倾角调整为0°60′后路试，车辆行驶一切正常，故障彻底排除。

故障总结　该车原厂配备的轮胎规格为235/85R16，其轮胎直径为(235×0.85)×2＋16×25.4＝807(mm)；更换的雪地轮胎规格为265/70R16，其轮胎直径为(265×0.70)×2＋16×25.4＝799(mm)。通过比较发现，更换的轮胎直径比原厂配备的轮胎直径小28mm，并且换成宽的轮胎后，前轮主销外倾角下端的延长线至地面的接触点与轮胎中心线和地面的接触点之间的距离增加，这会影响车辆行驶的稳定性。如果一定要使用雪地轮胎，可更换上规格为265/75R16的轮胎。

4. 斯柯达轿车向右跑偏明显

故障现象　有一辆2012年款斯柯达昊锐1.8T轿车，行驶里程约3万千米。驾驶员反映该车向右跑偏明显。出现故障时间3个月左右，且已经多次进厂维修，始终没有排除故障。

故障诊断　造成汽车跑偏的原因有很多，包括以下几个方面。

① 胎压问题：汽车转向轮的两侧轮胎气压不同，一侧明显比另一侧低。

② 车轮定位问题：汽车的四轮定位数据失准，前轮前束等未调整到位。

③ 车轮动平衡问题：车轮没有做动平衡，左右车轮不平衡。

④ 车辆制动系统问题：车辆制动系统出现单边有制动拖滞现象。

⑤ 车辆出过事故：撞击类的事故有可能导致大梁出现变形。

⑥ 车辆悬架问题：悬架部分发生故障，导致车身一边高一边低。

⑦ 轮胎磨损问题：车辆左右轮胎磨损不均，一边是新胎，一边是旧胎等。

⑧ 车辆装载问题：车上装载物品不平衡也会导致跑偏出现。

另外，依据公路线路设计规范（JTJ 011—94），我国国内公路的路面在设计上为了排水而都具有一定的路拱坡度，一般路面路拱坡度大概在1%～4%的范围内。因为路面存在拱度，所以车辆行驶在良好的路面，在手轻扶方向盘的情况下（不对方向盘施加外力），都存在着向右跑偏的趋势，但并不是特别明显。

首先对车辆进行路试。依据斯柯达维修手册中关于针对车辆跑偏的测试参考方法，以60km/h的速度行驶100m测试车辆跑偏情况。且试车时确保手轻扶方向盘，不能对方向盘施加外力。经测试，车辆确实跑偏明显。再依据驾驶员描述，调出维修车辆记录，如下所示。

① 试车确认，该车向右跑偏明显，行驶 100m 向右约跑偏 10m。

② 检查车辆无事故记录，底盘无损伤痕迹。

③ 调整四轮轮胎气压、两前轮胎换位、四轮定位调整、方向机零位设定、更换方向机，跑偏现象依旧。

依据该维修记录，决定按照操作规范对该车再次全面检查、调整：检查底盘是否有碰撞痕迹，检查四轮胎压，测量车辆左右轴距、车身高度等相关数据是否正常；同时再次对换左右轮胎，进行了轮胎动平衡操作，排除轮胎因素；对车辆进行四轮定位数据调整，测试与调整的数据见表 5-2。

表 5-2　故障车四轮定位检测数据及调整

检测项目		调整前		调整后		标准值
		左	右	左	右	
前轴	外倾角	−0°45′	−0°19′	−0°46′	−0°45′	−30′±30′
	主销后倾角	7°39′	7°35′	7°20′	7°30′	7°34′±30′
	主销内倾角	14°50′	14°48′	14°48′	14°40′	14°48′±1°20′
	前束	0°30′	0°45′	0°10′	0°10′	10′±10′(双轮)
后轴	外倾角	−1°15′	−1°10′	−1°16′	−1°17′	−1°20′±30′
	前束	0°05′	−0°15′	0°15′	0°10′	10′±10′(双轮)

分析该车大部分数据在合理范围内，在前轴前束值上略有超差，经调整至合理范围。同时前轴右侧外倾角也存在调整空间，向调整负极限（−1°）进行调整。考虑到该车采用的是电子助力转向，再次进行方向盘零位设定，设定在 0°。

再次依据斯柯达维修手册中关于针对车辆跑偏的测试参考方法，以 60km/h 的速度行驶 100m 测试车辆，跑偏现象有所改善，但仍然有跑偏现象存在，故障未完全排除。

故障排除　仔细查阅维修手册得知：方向机零位设定在±5°范围内可以进行微调。对方向机零位进行微调后（调整至 1.1°），手轻扶方向盘以 60km/h 时速行驶 100m，车辆向右偏出约 1 个车道，跑偏明显改善，再次对方向机零位进行微调至 1.3°后试车，车辆行驶状态正常，无跑偏现象，故障排除。

故障总结　车辆跑偏故障的原因大多是机械方面原因。在实际维修当中，维修人员在做了一些检查后没有找到故障原因，就开始不断地用更换零部件的办法来测试故障部位，而没有仔细分析不同系统中有些数据是可以设定的，特别是本次案例中，驾驶员进厂多次维修，维修人员都只是在设定方向机零位时调零，而没有注意到其不仅仅只是可以调零，还可以左右稍微调整角度。

5. 速腾 1.8T 轿车行驶中向左跑偏

故障现象　一辆装备手动变速器的大众速腾 1.8T 轿车，该车在直线行驶时松开方向盘后车辆会向左跑偏。

故障诊断　接车后试车，确认故障现象属实。但当该车直线行驶时方向盘位置正确。驾驶员反映，该车为在一辆在综合汽车修理厂刚修过的事故车，事故位置在左前悬架，已更换了左前悬架的大部分零件、主气囊、副气囊和仪表台总成，并做过四轮定位。一般轿车跑偏的原因有：四轮定位不准，左、右轴距不一致，左、右轮胎气压不一致，或左、右轮胎品牌或花纹不一致等。该车已经做过四轮定位，并且驾驶员提供的四轮定位打印数据都在标准范围之内；测量轿车的左、右轴距，相同；测量左、右轮轮胎的气压，也正常。为排除轮胎方面的原因，把轿车的左、右前轮轮胎对调后试车，故障现象依旧。

接着从助力转向系统方面分析故障原因。速腾轿车的助力转向系统与普通车辆不同，其助力方式为双齿轮式机械电动助力式，它的功能有随速转向功能和主动回正功能。助力转向系统中有转向角传感器（G85），它可识别方向盘的转动角速度和转角位置，轿车方向盘不受力时，如果它识别到方向盘不在中心位置（方向盘转角为 0°），则助力转向控制单元（J500）会根据 G85 的信号控制转向电动机（V187）工作，通过转向机器向方向盘提供一个回正力矩，从而使方向盘回到中心位置。G85 识别的方向盘转角可用 VAS5052（44-08-007 区第 1 组数据）读得。

把方向盘转到轿车直线行驶方向（方向盘的中心位置），用 VAS5052 读取 G85 的数据（方向盘转角）为−7.52°（图 5-44），只有把方向盘再向左转一定角度后 G85 的数据才会为 0°。至此，故障原因找到了，在轿车直线行驶时，虽然方向盘位置是正确的，但 G85 所识别到的方向盘转角不为 0°，所以，J500 通过转向器给予方向盘一个向左的回正力矩，结果轿车向左跑偏。

故障排除　用 VAS5052 功能引导程序做 G85 的零点基本设置，然后试车，故障排除。再次用 VAS5052 读取方向盘中心位置时 G85 的数据，为 0°（图 5-45）。

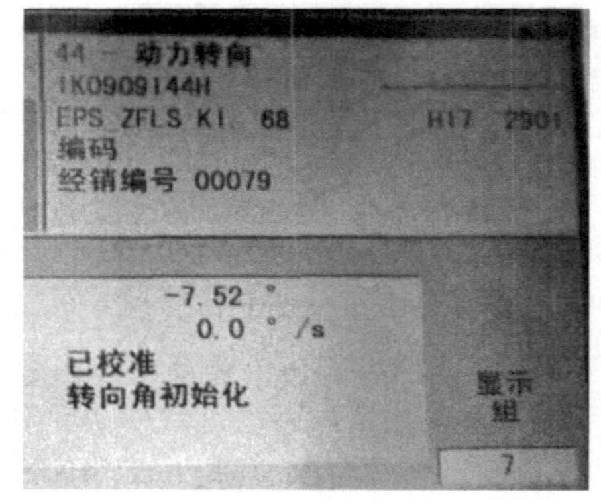

图 5-44　用 VAS5052 读取的 G85 数据

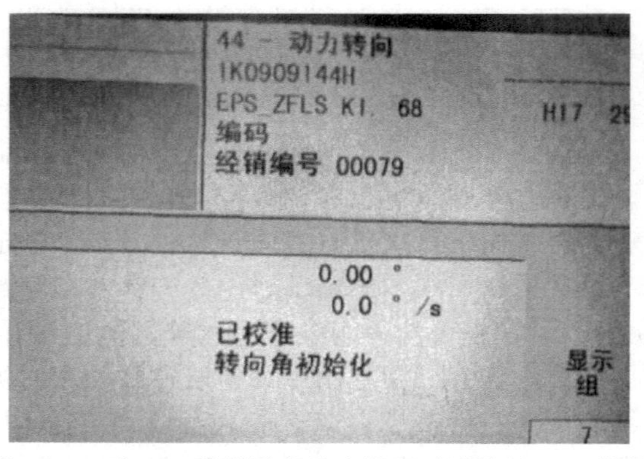

图 5-45　对 G85 进行零点基本设置后读取的 G85 数据

6. 途观车行驶时向右跑偏

故障现象　一辆行驶里程约 3.2 万千米的上海大众途观，该车因行驶时方向向右跑偏而进厂检修。

故障诊断　接车后试车验证故障，确实存在向右跑偏的故障现象。本着由简到繁的故障诊断原则，首先对车辆进行常规检查。检查各车轮的轮胎压力，正常；检查各轮胎的花纹及磨损情况，未见异常；对车辆进行四轮定位，发现前后轮的前束值均存在一定偏差，调整前束后试车，故障依旧。

连接故障检测仪，对转向角度传感器进行基本设定后试车，发现当车辆保持直线行驶时，方向盘始终向右侧偏转一定角度。于是，维修人员将车辆开回修理厂，将方向盘向左转动约 6°后，再次对转向角度传感器进行基本设定，试图纠正车辆向右跑偏的情况。设定完成后试车，发现车辆仍然向右跑偏。正常情况下，如果将方向盘向左侧转动一定角度再对转向角度传感器进行基本设定，车辆行驶时应该向左跑偏，但该车不但没有向左跑偏，就连向右跑偏的情况都没有任何改善。

用举升机将车辆举升，检查悬架及胶套，未见明显异常，只是感觉右前侧三角臂胶套有松旷现象，应该也不至于造成车辆跑偏。谨慎起见，还是将其更换后试车，故障依旧。至此故障排除陷入僵局。

仔细回顾整个检查过程，怀疑是电子转向机构损坏，记录了错误的转向修正角度。

故障排除　更换电子转向机构总成，调整四轮定位，并设置好转向角度传感器后，对车辆进行路试，故障排除。

二、制动跑偏

1. 奔驰 C260 轿车车速在 60～80km/h 急刹时车辆向左跑偏

故障现象　一辆新款奔驰 C260 轿车，配备 274 缸内直喷涡轮增压发动机、722.9 七速变速器。VIN 为 LE42051421L××××××，行驶里程约为 30000km。在行驶到 60～80km/h 急刹时车辆直接向左跑偏。

故障诊断　接车后，与驾驶员一起试车，果不其然，与驾驶员描述的故障现象一模一样，车辆行驶在 60～80km/h 急刹车时方向盘直接向左边转动，感觉被一个力拉过去的一样。

故障现象非常明显，测试了其他车辆，没有这样的现象。这种现象如果在高速公路上是相当危险的，驾驶员要求一定要解决。连接诊断仪，ESP 控制单元里面并没有与之相关的故障码。

对于新车型一般都有技术文件可以查询，查阅奔驰专用的 TIPS 网站，未见有相关技术文件的指导。在这里只能仔细分析一下故障现象了，既然是与制动相关，那么肯定与 ESP 控制模块的关系十分的密切，对 ESP 控制模块进行升级，未发现有新软件。连接诊断仪路试车辆，查看实际值，一切正常。关闭 ESP 测试，故障现象依旧。既然是制动时跑偏，会不会是左右制动力不均衡导致的呢？接下来做了一个制动力测试，发现左右相差都不大，都在正常范围内。由于车辆在一般正常行驶时没有跑偏现象，只有制动时候才有，说明一定与制动相关。

接下来又检查了 ESP 控制模块的液压制动管路，一切正常，未见有弯曲、褶皱的痕迹。重新排空了制动油，还是故障依旧。接着又对调了两前制动分泵、制动片，还是故障依旧。ESP 控制系统几乎已经检查完了，难道还有什么疏漏的地方吗？会不会是轮速传感器信号失真引起的速度差异，从而引起制动时间上的偏差？连接诊断仪试车，结果 4 个轮速都差不多，如图 5-46 所示。

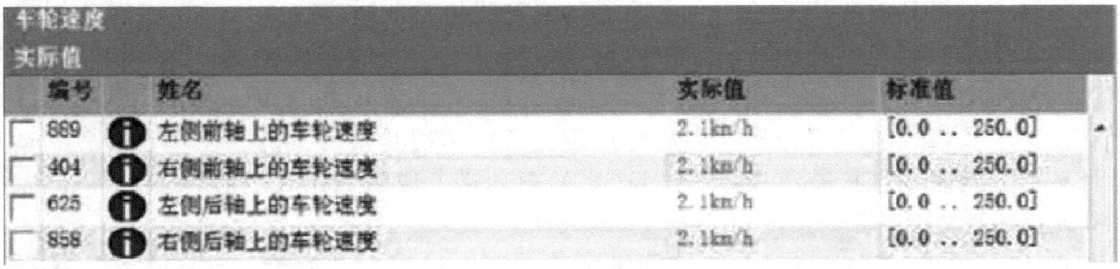

车轮速度

实际值

编号	姓名	实际值	标准值
889	左侧前轴上的车轮速度	2.1km/h	[0.0 .. 250.0]
404	右侧前轴上的车轮速度	2.1km/h	[0.0 .. 250.0]
625	左侧后轴上的车轮速度	2.1km/h	[0.0 .. 250.0]
858	右侧后轴上的车轮速度	2.1km/h	[0.0 .. 250.0]

图 5-46　数据流

故障排除　既然 ESP 都检查得差不多了，思路也应换一换。方向跑偏不只是 ESP 系统才会引起，底盘悬架系统也会引起。底盘悬架系统是否有问题，定位即可知。做了一个四轮定位，结果发现左侧的后倾角比右侧的大 40′，悬架的后倾角是由悬架的斜拉杆胶套决定的，拆开左侧的斜拉杆胶套，一看就发现了问题，感觉并不是205底盘车型的胶套，更像是204底盘车型的。查阅配件号，果不其然，205底盘车型的斜拉杆胶套装成204底盘车型的了，由于后倾角有回正力矩的作用，装错了，所以导致制动方向跑偏。

斜拉杆胶套如图5-47所示。转念一想，为什么会出现这样的错误呢？询问了驾驶员的相关维修记录，原来此车在三个月前左前部位出过一次事故，维修过左前悬挂系统，在外面修理厂维修的，由于缺少新车型的配件，所以就用204车型的斜拉杆胶套应急，刚开始没有问题，这个故障是后来才出现的。

图5-47 斜拉杆胶套

故障总结 这是一起人为不负责导致的车辆维修故障，但还是非常有启发作用的，故障的诊断思路一定要开阔。还有就是提醒我们做事一定要严谨仔细，要对自己维修的车辆负责，不能马虎大意。

2. 别克凯越轿车制动跑偏

故障现象 一辆行驶里程约6万千米的2011年款别克凯越轿车，该车因紧急制动时车辆向左跑偏而进厂检修。

故障诊断 接车后试车验证故障，将车辆加速到约40km/h，然后紧急制动，发现车辆向左跑偏，车尾向右甩，同时ABS警告灯点亮。连接TECH2，读取故障码，得到2个故障码，分别为“00040——右前轮速度传感器开路或短路”和“C0228——左后轮制动压力释放时间过长”。

根据以往的维修经验，首先对信号类故障进行处理。尝试更换右前轮速传感器，清除故障码后再次对车辆进行路试，发现车辆在紧急制动时仍然向左跑偏，ABS警告灯仍然点亮。此外，在试车过程中还发现，紧急制动时车辆的左后轮出现了抱死的情况。再次用TECH2读取故障码，只得到故障码C0228。更换了右前轮速传感器后，故障码C0040消失，说明该车右前轮速传感器确实已经损坏，而故障现象依旧存在，说明右前轮速传感器损坏并不是该车制动跑偏的原因。

结合该车故障现象进行分析，左后轮出现抱死的情况是很反常的。车辆在紧急制动的过程中明显感觉到制动踏板有ABS工作时产生的振动感，说明ABS已经介入工作，但左后轮依然抱死，说明ABS系统存在异常。

读取ABS系统的数据流，故障检测仪显示在制动过程中左后轮制动压力释放阀存在故障，同时发现在紧急制动时左后轮速传感器的数据在其他轮速传感器数据之前变为0km/h。尝试更换左后轮速传感器、ABS控制模块及ABS液压泵总成并装复后试车，但故障依旧，说明ABS控制系统也是正常的。

经过仔细思考，决定以故障码C0228作为突破口。查阅相关维修资料后得知，导致

ABS模块内存储故障码C0228的可能原因有：液压装置被污染；轮速传感器间歇性故障；相关电磁阀卡滞；常规制动系统制动拖滞过大或阻滞过高；悬架系统异常等。于是根据故障码的提示进行排查。检查了车辆四轮定位数据，在正常范围内，可以排除悬架系统异常导致故障的可能性；ABS控制模块及ABS液压泵总成是新换的，可以排除相关电磁阀卡滞的可能性；左后轮速传感器也是新换的，且更换后确实可以读取到正确的数据，应该也没有问题；将车辆举升，检查各车轮是否存在阻滞情况，各车轮转动都很顺畅。无奈之下，尝试断开ABS控制系统的熔丝，人为禁止ABS介入工作并试车，发现车辆在紧急制动时不再跑偏，再次证实故障与ABS系统有关。

查阅相关资料得知，该车ABS系统除了具有防抱死功能外，还有电子制动力分配（EBD）功能，可在制动过程中保证制动力的分配比例，从而保证车辆的稳定性。在紧急制动的情况下，车身重心前移，前轮需要较大的制动力，而后轮需要相对较小的制动力。EBD通过制动轮缸的进油阀和出油阀来控制各轮的制动力。怀疑是制动力分配不均导致车辆在紧急制动时跑偏。

于是用制动压力检测仪测量该车的制动压力，最终检测发现左前轮和左后轮的制动压力几乎一样，且比右侧车轮的制动压力要高很多。这说明本应分配给右前轮的制动力分配给了左后轮。于是重点对制动管路进行检查，最终发现六通阀上的两根制动油管装反了。

故障排除　将制动管路正确安装后试车，故障排除。

故障总结　经询问驾驶员得知，该车曾出过事故，怀疑是事故修复时的疏忽造成的。该车装配的六通阀只是普通的连接管道，其作用是方便制动管路的安装，对液压系统没有控制功能。该车六通阀上的管路接错，使本应该分配给右前轮的油压分配给了左后轮，左后轮因制动压力过大而抱死，ABS控制模块在发现左后轮抱死后对其进行防抱死控制，但其最终控制的确是右前轮，因此左后轮一直处于抱死状态，ABS控制模块监测到左后轮速传感器的反馈信号后，认为泄压阀工作异常，就记录了故障码C0228。

3. 雷克萨斯RX350轿车行驶中松加速踏板时车辆跑偏

故障现象　一辆雷克萨斯RX350轿车，行驶里程约12万千米，搭载2GR-FE发动机。车辆因为左前部事故在外面进行了维修，但是维修之后，车辆就出现了在行驶时松加速踏板时出现明显的跑偏现象。在修理厂进行了检查，但是最终无法判断原因，于是驾驶人到店要求解决该问题。

故障诊断　车辆到店后，首先进行试车，发现确实如驾驶员所说的一样，车速在60km/h左右的时候，如果将加速踏板全部松开后，车辆会明显地往左跑偏，另外感觉在松加速踏板的时候有一股力控制着方向盘，如果在正常行驶的时候，松开方向盘，再松开加速踏板，还能看到方向盘会自动往左边轻微转动的迹象，在正常加速行驶的时候，车辆还存在跑偏的现象，且方向盘不正。

故障原因包括：轮胎；悬架；四轮定位；方向机；车架变形；元宝梁。

首先将车辆顶起来，观察该车之前维修过哪里，更换过哪些部件，发现该车更换过三角臂、左前驱动轴总成。另外检查其4个轮胎的气压，无任何问题，检查前面两个轮胎的品牌和磨损程度，基本一致，首先可以排除轮胎导致的跑偏问题。接着就准备做四轮定位，在调节前轮前束的时候，发现左前调节杆弯曲，不在轴心转动，另外左边的后倾角存在明显的偏差，将车辆顶起来重新检查左前三角臂的安装情况，重新紧固三角臂的螺栓，无任何松动的情况；后倾角偏差，主要还是三角臂的原因，仔细观察，在安装三角臂的螺栓孔处有明显的异常情况，螺栓孔偏大。再仔细观察其元宝梁，正好在安装三角臂的螺栓处有明显的变形

（图 5-48），而本身车架无任何整形，说明后倾角偏差过大应该是元宝梁的问题，于是更换变形的元宝梁和方向机总成，更换之后重新做四轮定位，数据恢复正常，如图 5-49 所示。

图 5-48　元宝梁变形位置

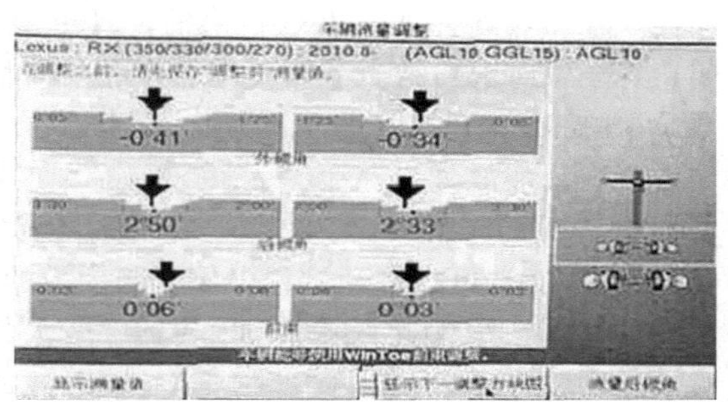

图 5-49　正常数据

此时，再次进行试车，以为故障现象会消失，试车下来，虽然跑偏现象消失，但是松加速踏板时依旧出现车辆跑偏的情况，没有任何变化。尝试放开方向盘后松加速踏板，方向盘在松加速踏板的时候会明显地摆动，说明故障依旧存在。数据都是良好的，那为什么还是存在松加速踏板跑偏的现象呢？一时陷入僵局，再次将车辆顶起来，观察其悬架，无任何异常现象。难道还是什么部件存在变形导致该问题的出现吗？难道是减振器变形？羊角变形？或者左前转向拉杆变形？但是用肉眼看基本都很难断定，一时没有了思路，盲目换件也不是个办法，考虑到悬架件如果存在变形的话，做四轮定位的数据肯定会存在偏差，另外也不至于导致车辆出现松加速踏板跑偏的情况，最多会导致车辆跑偏。感觉最关键的还是要找到为什么在松加速踏板的时候，车辆会存在一股力拖着车辆出现往左跑偏，难道是驱动力的问题？观察驱动轴的安装，无任何明显异常。考虑到车辆是在松加速踏板的状态下，而松加速踏板的时候车辆失去了前进的抓地力，车辆属于惯性行驶的状态，那是不是左前拉杆存在弯曲而看不出来呢？于是重新订购左前转向拉杆，安装上去之后再次试车，故障依旧。故障再次陷入僵局，那还有什么原因会导致呢？

故障排除　考虑车辆在松加速踏板的时候是往左边跑偏，说明左边悬架肯定存在问题，决定再次检查左边悬架，最终发现左前下摆臂球头的螺栓松动（图 5-50），将螺栓紧固后，故障现象消失。

图 5-50　螺栓位置

故障总结　一开始为什么没有考虑到是下摆臂球头的螺栓松动呢？因为该球头螺栓上是有保险销的，总以为有保险销就不会出现螺栓松动的情况，但是事实上该螺栓已经完全松动，用手就能转动该螺栓，而一般情况下，该螺栓是不会松动的，主要是由于车辆事故原因，受到比较严重的撞击后才导致该螺栓松动，最终导致车辆松加速踏板后出现跑偏现象。包括驱动轴的锁止大螺母，也同样会出现松动的情况，导致车辆出现异响。所以，无论是有保险销的螺母还是带锁止功能的螺母，不一定其螺栓就不存在松动的情况，而在出现问题后往往会出现意想不到的故障。

三、其他类型故障

1. 丰田锐志轿车打方向后回位速度慢且不能回位到中间位置

故障现象 一辆2010年款丰田锐志轿车，行驶里程3万千米，驾驶员反映方向盘向右打向到底，其回位速度慢且不能回位到中间位置。

故障诊断 路试此车，车速为15km/h时将方向盘向右打到底，然后轻扶方向盘，让其自动回位，发现方向盘不能及时回位到中间位置，车辆继续向右偏行。考虑到此车装备了电动方向机，用诊断仪进行方向机扭矩校正，但故障现象依然存在。将车辆举升，检查轮胎气压，正常，轮胎也无严重磨损，前悬架与车身、方向机连接构件无松动，但发现右侧车轮钢圈上有撞击的痕迹。因此，用YH3D-6002四轮定位仪检测，定位数据如表5-3所示。

表5-3 丰田锐志故障车四轮定位数据

定位角度	左	右	标准数据
前轮外倾角	−0°23′	−0°26′	0°00′+/−0°45′
前轮前束	2.9mm	3.6mm	0.5mm+/−1.0mm
前轮总前束	6.5mm		1.0mm+/−2.0mm
主销后倾角	7°08′	5°24′	6°55′+/−0°45′
主销内倾角	9°09′	9°16′	9°00′+/−0°45′
后轮外倾角	−1°00′	−0°50′	−0°51′+/−0°44′
后轮前束	−1.00mm	1.6mm	1.5mm+/−1.0mm
后轮总前束	0.6mm		3.0mm+/−2.0mm
几何推进角	−0°06′		0°00′

故障排除 通过四轮定位数据发现，右侧的主销后倾角明显小于标准值，继续检查右前的悬架构件，发现右前悬架下叉臂与转向节球销连接孔处有撞击脱漆的痕迹，因此怀疑是右前悬架下叉臂变形，导致右侧主销后倾角变小，于是更换右前悬架下叉臂，再做四轮定位。

结果主销外倾角恢复至标准值范围内（主销后倾角：左侧为7°11′、右侧为6°40′），并且将前轮前束调整到左侧为0.5mm，右侧为0.4mm，总前束为0.9mm。路试车辆，结果方向盘向左、向右打到底后都能及时回位到正常的中间位置。

故障总结 丰田锐志轿车前悬架采用的是上下不等长的双叉臂悬架结构，这种前悬架在车辆上下运动时能自动调节车轮的外倾角度，减小轮距变化，从而减少轮胎的磨损，并且车辆能自动适应行驶路面，轮胎贴地性好。此车故障是由于右前悬架下叉臂变形使右侧的主销后倾角变小，导致方向盘向右打到底后不能自动回位。汽车转向轮回正主要依靠主销后倾拖距的作用，设计主销后倾角转向主销延长线与路面的交点就在轮胎路面接触区中心点的前方。因此，车轮是从前方被拉着前进，这个拉力减小了车轮的干扰力，从而使车辆能保持直线稳定行驶。在直行过程中，当车轮由于转向或干扰而偏转时，就会产生侧向力（F_2 和 F_2'）。由于主销后倾拖距，这些侧向力具有围绕转向主销轴线的旋转力的作用，这些旋转力试图使轮胎回到原来的位置，即回正力（图5-51）。主销后倾拖距越长，转向轮回正力矩就越大，车辆直线行驶性能就越好。如果主销后倾角变小，则主销后倾拖距缩短，转向轮回正力矩也相应变小，使方向盘的回位变慢，而且方向盘不能回位到中间直行位置。所以，依靠四轮定位仪检测是诊断车辆行驶故障的主要手段。

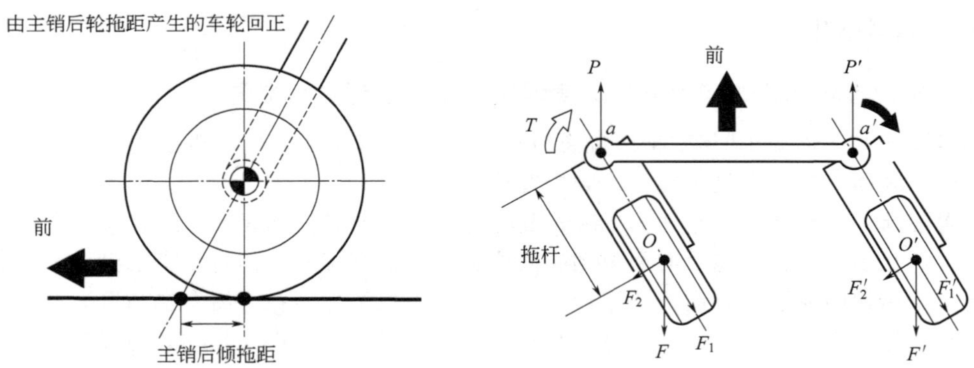

图 5-51　主销后倾角拖距产生的车轮回正力矩示意

P，P'—驱动力；a，a'—转向轴线；O，O'—轮胎与路面接触区域的中心；F，F'—反作用力；F_1，F_2—合力 F；F'_1，F'_2—合力 F'；T，T'—回正力

2. 帕萨特轿车高速行驶中抖动

故障现象　一辆 2007 年产帕萨特领驭 2.8L 轿车，行驶里程约 8 万千米。驾驶员反映当车速达到 140～160km/h 时，方向盘及车身能够明显地感觉到抖动，类似于轮胎动平衡不良所导致的抖动。

故障诊断　接车后，首先进行路试，发现当车速达到 140km/h 时，上述故障开始出现，车速达到 160km/h 时，故障现象最为严重。首先对全车 4 条轮胎进行仔细检查，没有发现轮辋及轮胎有破损现象，随后又对 4 条轮胎进行动平衡校验后路试，故障依旧；检查前后桥及胶套、前桥稳定杆及胶套，只有一个稳定杆胶套损坏，但该胶套的损坏与故障无关（该胶套在检修时已经更换了）；检查前后轮的轴承，无损坏现象。所怀疑的底盘部分均未发现问题，故障是否与发动机有关？为了确定故障点，当路试故障现象出现时，将换挡杆推至空挡位置，此时，故障仍未消除。据此初步推断，该故障与发动机无关，可以将故障点锁定在底盘部分。首先考虑到变速器及传动轴，变速器在路试时升降挡都很平顺，并且没有异响，因此存在故障的可能性基本可以排除，检查左右传动轴也无损伤及明显变形。

经过上述检查，怀疑故障是因为车辆行驶的稳定性差而造成，于是根据四轮定位数据进行分析诊断。影响车辆四轮定位的参数是前轮的外倾角和前束值，对该车进行四轮定位检查，数据见表 5-4。

表 5-4　四轮定位的检查数据

前桥	后倾角	左+30°54′、右+30°48′	+30°30′±00°30′
	内倾角	左+30°06′、右+30°12′	+30°30′±10°30′
	外倾角	左−00°45′、右−00°40′	−00°35′±00°25′
	前束恒定值	左+00°12′、右+00°10′	+00°09′±00°07′
	前束	左+00°08′、右+00°06′，总前束+00°14′	+00°10′±00°05′
后桥	后倾角	左−10°32′、右−10°47′	−10°30′±00°20′
	前束	左+00°12′、右+00°11′	+00°10′ +00°07′ −00°05′

根据表 5-4 的数据显示，虽然各组数据均在标准范围之内，但前轮后倾角的数值偏大，为了验证这个数值是否与故障有关系，对车辆做了如下的改动：将前桥前面的 2 个固定螺栓拆下，在 2 个螺栓处的前桥与车身安装部位之间各加一个厚度为 2mm 左右的垫片后，将螺栓固定，然后重新进行四轮定位的调整，调整后数值显示见表 5-5。

表 5-5　调整后四轮定位数值显示

前桥	后倾角	左＋30°18′、右＋30°10′	＋30°30′±00°30′
	内倾角	左＋30°05′、右＋30°08′	＋30°30′±10°30′
	外倾角	左－00°50′、右－00°45′	－00°35′±00°25′
	前束恒定值	左＋00°11′、右＋00°08′	＋00°09′±00°07′
	前束	左＋00°09′、右＋00°07′，总前束＋00°16′	＋00°10′±00°05′
后桥	后倾角	左－10°32′、右－10°47′	－10°30′±00°20′
	前束	左＋00°12′、右＋00°11′	＋00°10′ ＋00°07′ －00°05′

故障排除　根据表 5-5 可以看出，加入垫片后前轮后倾角明显减小，其他数据基本不变。此时，重新进行路试，当车速达到 140km/h 时，故障消失，当车速达到 160km/h 时，能感觉到轻微的抖动，但方向盘没有抖动的感觉，故障得以排除。

故障总结　后来专门路试了几辆同款帕萨特轿车，发现在车速 140km/h 以上，都有轻微的抖动现象，但没有该故障车辆的抖动严重。根据对维修过程回顾分析，认为这辆车有可能是由于车辆前悬架部位受到过较为严重的外力冲击，造成前轮主销后倾角的硬性改变，导致车辆在高速行驶时出现上述故障。

3. 2007 年款长安之星微型面包车轮胎偏磨

故障现象　一辆长安之星微型面包车开入维修站，经询问驾驶员此车需要做四轮定位，故障为前轮轮胎磨内侧。

故障诊断　车辆在做四轮定位前，询问驾驶员具体故障细节，因为有的车测出来的每个角度的数据都与出厂时的标准数据都一样。由于每一款车的底盘结构都不一样，在载人行驶的过程中底盘的角度会发生变化，数据也会随着改变。

维修站使用的是三杰宜 E528 黄金眼智能四轮定位仪。将“黄金眼”的入车导航功能打开，屏幕清晰可见车辆行驶进入跑台的位置，准确地将车行驶至车轮压在转角盘的最中间位置。然后测量气压，气压的多少，会影响车辆车身高度的变化，高度变了数据也随之改变。经过测量，气压标准，为 2.5bar（1bar＝10^5Pa）。接着检查底盘是否有松动，底盘的松动会使底盘角度不断变化，即使数据调好，它也还会变动。检查后，底盘正常，没有发现松动。一切正常后开始测量底盘数据。拔掉转角盘的固定插销，装好 4 个夹具和 4 个传感器，选好车型开始测量，跟着系统的语音提示和方向箭头进行操作，数据测量出来后，前轮前束正常，左前轮外倾角为＋0.45°，右前轮外倾角＋0.21°，左右差为 0.24°，属正常范围。

注意：左右差是指左轮与右轮的数据之差，如果外倾角两边相差 0.50°，就可能会导致车辆跑偏。

但根据每款车的底盘不一样，该车磨轮胎可能是由于汽车在行驶过程中由于载人、载重发生底盘角度变化，轮胎外倾角变负，从而导致该车磨轮胎内侧。所以根据这种情况，重新调整该车，由于该车的外倾角标准范围是 1.20°～0.20°，所以在调整外倾角时，将角度调整为靠近标准值较大的数据，这时才能保证车辆在载人行驶数据变化后仍然在标准范围内，将外倾角调好后前束也随之改变了，再调前束，用方向盘固定架顶正方向盘，将数据调到范围内，左轮前束和右轮前束代表着两边方向机拉杆的长度，所以两边前束一定要调到一样数值，两边的方向机拉杆才一样长，方向盘才是正的。

故障排除 该款机精确度为 0.01°，显示左右轮前束更精准，按照数据调完后，方向盘更为端正。调整完试车，确认没问题后还需要给驾驶员做个档案，因为这款车的底盘比较软，行驶久了可能还会变化，复查才能确定是否没问题了。储存好驾驶员信息后，进入驾驶员提醒页面，设置为一个月后电脑自动提醒该驾驶员复查，交完车，驾驶员满意而归！

4. 桑塔纳轿车车速 80km/h 以上稳定性变差

故障现象 一辆桑塔纳 3000 轿车，驾驶员提供的信息，当车速到 80km/h 以上稳定性变差。观察轮胎有明显磨损的痕迹，据分析该情况是在更换车轮轴承时使车轮定位参数发生了变化所致。

故障诊断 试车发现故障现象正如驾驶员所说。对前轮车轮螺栓按规定力矩进行紧固（图 5-52）。将车辆开到举升机上并举起检查前桥（图 5-53），摆臂拉杆球头和转向节均正常，无变形和断裂痕迹。

图 5-52 紧固车轮及其他螺栓

图 5-53 检查前桥情况

如图 5-54 所示，检查车轮轴承间隙是否良好，因更换过车轮轴承，考虑到拆过转向节及下摆臂等，并对此部分重点检查，发现转向节臂与转向节安装不到位使前束值发生了变化。对该车进行四轮定位检测，其检测结果如图 5-55 所示。

图 5-54 检查车轮轴承间隙

故障排除 对转向节周围的连接部分重新安装并按规定力矩紧固，依据四轮定位仪提供的标准参数，对车轮前束角进行调整，使其达到标准范围（图 5-56），再次试车，故障排除。

图 5-55 四轮定位的检测信息

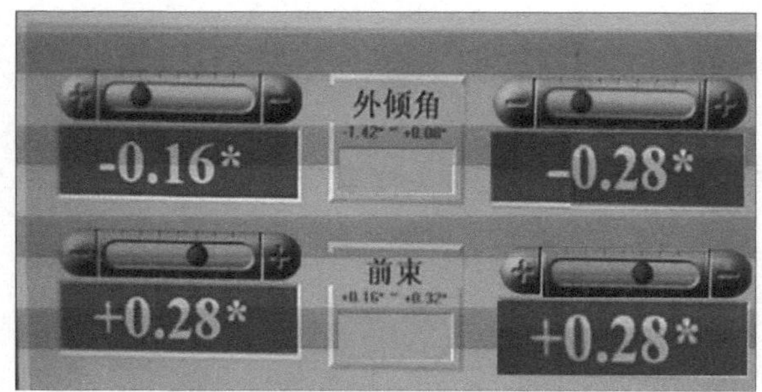

图 5-56 检测后的四轮定位参数

故障总结 测量前束选择的位置和方法不当，没能按说明书要求的测量位置和方法进行。测量前束时没能根据使用中已变化了的外倾角来取前束值，而是硬性选取厂方规定值，造成前束不能抵消外倾带来的不利。横拉杆的长度调整不当，人为造成差值。横拉杆两端（或与独立悬架配用的转向传动机构中的左、右转向横拉杆）的球头、球碗松动或安装松动，造成测量上的不准。转向节臂与转向节安装松动，使前束值测量中或测量后有变化。

参考文献

［1］ 李洪港.四轮定位检测与调整［M］.北京：人民交通出版社，2003.

［2］ 罗进益，周红军.轿车四轮定位检测与调整［M］.北京：人民交通出版社，2002.

［3］ 陆耀迪.汽车四轮定位基础教程［M］.第2版.北京：机械工业出版社，2016.

［4］ 常红涛.汽车四轮定位妙用手册［M］.北京：机械工业出版社，2014.

［5］ 李勇.汽车单片机与车载网络技术［M］.北京：电子工业出版社，2011.

［6］ 马芳志.百斯巴特VAG1995K四轮定位仪使用实例［J］.汽车维修与保养，2009（06）：73-75.

［7］ 杨波.聊聊四轮定位的那点事儿［J］.汽车维修与保养，2018（06）：68-71.

［8］ 李培红.四轮定位参数含义及1995K定位仪操作要点［J］.汽车维修与保养，2016（08）：78-79.

［9］ 王志力.奔驰S65 AMG车行驶跑偏［J］.汽车维护与修理，2014（01）：41-42.

［10］ 刘东.途观车行驶时向右跑偏［J］.汽车维护与修理，2015（04）：94-95.